GUANLI GONGXIAO XUE

杨倚奇 张双喜 王美琪 编著

中国财经出版传媒集团

经济科学出版社

Economic Science Press

图书在版编目（CIP）数据

管理工效学/杨倚奇，张双喜，王美琪编著 . -- 北
京：经济科学出版社，2022.4
ISBN 978 - 7 - 5218 - 3602 - 8

Ⅰ. ①管… Ⅱ. ①杨…②张…③王… Ⅲ. ①管理学
- 工效学 - 高等学校 - 教材 Ⅳ. ①C93 - 05

中国版本图书馆 CIP 数据核字（2022）第 060176 号

责任编辑：刘　莎
责任校对：靳玉环
责任印制：王世伟

管理工效学

杨倚奇　张双喜　王美琪　编著

经济科学出版社出版、发行　新华书店经销

社址：北京市海淀区阜成路甲 28 号　邮编：100142

总编部电话：010 - 88191217　发行部电话：010 - 88191522

网址：www. esp. com. cn

电子邮箱：esp@ esp. com. cn

天猫网店：经济科学出版社旗舰店

网址：http://jjkxcbs. tmall. com

北京季蜂印刷有限公司印装

787×1092　16 开　22 印张　480000 字

2022 年 4 月第 1 版　2022 年 4 月第 1 次印刷

ISBN 978 - 7 - 5218 - 3602 - 8　定价：76.00 元

（图书出现印装问题，本社负责调换。电话：010 - 88191510）

（版权所有　侵权必究　打击盗版　举报热线：010 - 88191661

QQ：2242791300　营销中心电话：010 - 88191537

电子邮箱：dbts@ esp. com. cn）

前　言

　　工效学既是一种有效的工程与技术手段，又是一种设计思想与管理理念，其研究领域跨越生理学、心理学、劳动卫生、管理工程、机械工程、建筑工程以及环境科学等众多学科。一直以来，工效学因其交叉性、边缘性、综合性的鲜明特色，使得已有教材在内容上各有侧重，甚至截然不同——有的侧重于对人的因素的深入剖析，有的深耕于机具、环境系统的具体设计。因此，尽管工效学相关教材越来越多，但却难以找到一本真正适用于管理专业学生使用的工效学教材——要全面，以便从管理理念上树立工作系统人性化设计与改善的整体思路；要基础，以便欠缺运动生理、生物力学以及机械、环境、建筑等相关专业基础的学生能够理解并掌握。

　　在本书的编写过程中，我们始终以全面、易读作为内容安排与取舍的标准，力求将本书设计成工效学的入门基础教材，让管理学背景的读者能够对工效学有较全面的了解。因此，本着工效学"先测量人的各种能力，然后再安排工作系统以适应这些能力"的设计思路，本书将工效学的基本内容分为上下两篇：基础研究篇——人的因素的研究；应用研究篇——员工工作系统的设计与改善。

　　为了让管理学专业的学生更容易理解相对陌生领域的复杂概念，增加教材的易读性，本书列有许多直观的图表，并对专业性较强的相关内容（如人体力学、人的生理机能特征、显示器控制器设计、人机界面设计）等内容作了简化处理；本书使用了很多来自现实社会的实例，以突出重要的概念和观点；本书从管理的角度出发，每章设有案例分析、视野拓展等栏目，力求使各章内容密切关联管理理论与实践。本书中所有的图、表、数据都是从目前国内外比较通用和现行技术标准中选择的，可供直接参考使用。

全书共分十一章，由杨倚奇统编，并编写了第一至第十章；张双喜编写了第十一章，并参与了第二、第三、第五、第六章的编写工作；研究生王美琪参与了第五、第八章的编写工作，并负责全书的初步校对工作；杨倚奇之女许欣帮助完成了部分资料的收集、图片的绘制修饰和表格的校对工作。

本书的编写参考和引用了大量的国内外学者的研究成果及相关教材资料，谨向这些学者致以诚挚的谢意。在本书的编写出版过程中，得到江苏师范大学杨晓丽老师、南京理工大学李涛老师、段光老师和谢义忠老师的大力支持，谨此表示衷心的感谢。

受专业及学识所限，书中疏漏欠妥之处在所难免，恳请广大读者批评指正。

编著者

2022 年 4 月

目　　录

上编　基础研究篇　工作系统中人的因素

下编　应用研究篇　员工工作系统的设计与改善

第一章

管理工效学导论

我相信男男女女们全都想把工作干好，有所创造，只要给他们提供适当的环境，他们就能做到这一点。

—— ［美］比尔·休利特（Bill Hewlett，惠普公司创始人）

第一节　员工工作系统及绩效提高的两个模型

提升员工工作绩效一直是管理和组织行为学领域追求的最终目标。工作过程中，许多因素会影响员工的个体绩效。赵曙明、罗伯特·马希斯和约翰·杰克逊（Robert Mathis and John Jackson，2006）对影响员工个人绩效的因素进行了归纳，概括出员工绩效的 3 个主要影响因素：个人的工作能力、个人的努力水平以及他们所能获得的组织支持，并将它们之间的关系表示为：

$$绩效(P) = 能力(A) \times 努力(E) \times 组织支持(S)①$$

上述关系已经广泛地被管理学的著作所认可。根据工效学的研究理念，本书把上述 3 个因素进一步归纳为两大类：个人的工作能力及其所付出的努力水平归为人的因素；组织提供的支持如工作中的技术装备、工作场所及其环境、工作方法与管理制度等，则为客观的工作系统因素。

工作系统是一个在实际工作中被广泛使用的概念，这个概念在不同的场所被赋予了不同的内涵。如在高绩效工作系统的研究中，工作系统更多地被定义为服务于企业战略目标的一系列人力资源政策和活动。在工效学中，工作系统泛指各种不同的工作条件，是"为了完成工作任务，在所设定的条件下，由工作环境、工作空间和工作过程中共同起作用的一个或多人和工作设备组合而成的系统②。"依据本书讨论的主要内容，我

---

① ［中］赵曙明、［美］罗伯特·马希斯、［美］约翰·杰克逊著：《人力资源管理》，电子工业出版社 2006 年版，第 70 页。

② 中华人民共和国国家质量监督检验检疫总局、中国国家标准化管理委员会：《工作系统设计的人类工效学原则》（GB、T16251—2008/ISO 6385：2004），2008 年 7 月 16 日发布，第 2 页。

们将工作系统定义为"工作中与员工发生直接关系的所有因素的总和"。这些因素包括作业中使用的机器工具、工作的空间场所、工作场所中的物理化学环境以及组织情境（如组织规模与结构、管理制度、组织文化）等。员工在工作中与上述因素相互作用、相互影响，构成一个动态复杂的完整系统，即员工工作系统，见图1-1。

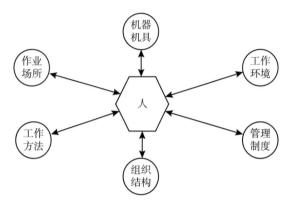

图 1 - 1　以人为中心的员工工作系统

　　在人力资源管理等相关学科中，员工被认为是管理的核心问题，强调人是最有弹性与适应性、最具开发潜力的能动性、创造性因素，因此，它们更关注员工的能力与努力水平等人的因素对生产力的决定性影响。因而在人力资源管理领域，大量的研究聚焦于员工的个性、动机与能力，并致力于通过合理的选拔、培训、配置等改变人的因素的方案提高员工的个体绩效。我们用模型把上述思路表达为：

　　在机器工具、工作环境、作业场所、操作方法等客观条件系统已知既定的条件下，员工的工作绩效取决于员工的能力及其努力程度，也即取决于人的因素：

$$员工绩效 = f(人) = f(员工能力, 员工努力)$$

　　但是尽管人具有广泛的适应性，只要具备从事某项工作的能力，并做出适当的努力，人在相当程度上可以克服困难达到工作与组织的要求。但是，在员工工作系统中，人也是具有很大局限性的要素：有体能的限制，长时间的劳作会产生疲劳与差错；有自己无法随心所欲改变的操作习惯；有即使经过教育培训也无法克服的诸如粗心、认识模糊、注意力不集中等行为缺陷，人们无法像布片那样被随意地裁剪以适应工作与组织的要求。

　　但在生活及工作实践中，人们总是假设人具有无限的弹性与广泛的适应性：胳膊可以随意被拉长以便达到高处的控制器；感觉能力被无限延伸以便可以看到或听到远处的工作信号；认识能力被假设退缩以配合简单重复的工作；操作习惯被强行改变以适应变化的作业方法及工作场所。但是这样做的结果使组织和个体付出如下的代价：成千上万的安全事故、生产效率的降低以及垂头丧气的员工。

专栏 1.1：忽视人的因素的电脑桌椅与不良的计算机操作姿势

目前人们在电脑前的工作、学习和娱乐时间越来越长，电脑桌、电脑椅也成为家庭、办公室等场所的必备家具。然而，目前在电脑桌椅尺寸结构等的设计方面，并没有充分考虑人的特点和需要，造成操作者的不良操作习惯，加大了生理伤害的潜在风险。

当前市场上的电脑桌椅，尽管品种繁多、款式新颖、颜色丰富，但真正考虑人的因素的设计却比较少见。国内学者针对电脑桌椅的分析发现，电脑桌椅在设计上存在如下问题：

（1）缺少必要的支撑，使用者手腕、手臂处于悬空状态，极易使手腕、手臂处的肌肉群疲劳。

（2）对电脑桌面研究不足，现有桌面形状存在极大缺陷，人体支撑方式不适当，导致人的坐姿不正。

（3）桌面放置显示器的位置偏高或偏低，导致颈部肌肉疲劳，无法保证良好的坐姿的视距。

（4）电脑桌面设计过窄，不能保证操作者看显示屏的视距，加重近视。

（5）作业面与桌面边缘处垂直，加重前臂支撑处的皮肤磨损。

（6）电脑椅的设计没有综合运用人因学分析人体坐姿曲线，椅面、靠背等尺寸和倾角不能随坐姿的不同进行全方位调节。

资料来源：陈雷雷等：《基于人因学的大学生电脑桌椅优化设计》，载于《中国现代教育装备》2014 年第 19 期总 203 期，第 12～16 页。

为解决上述问题，工效学把解决问题的逻辑颠倒过来：将人的生理能力、操作习惯以及心理适应性当作是难以改变的外生既定变量。通过改进工作中与员工有直接关系的其他因素，如机器工具、作业场所、工作环境，工作方法等，让它们更符合操作者的特点和需求，也即通过给员工提供更好的条件支持来达到工作和绩效的要求。用模型表达如下：

假设人的生理能力、操作习惯、反应特性及心理适应性等人的因素是难以改变的外生既定变量，员工的个人绩效取决于与其有直接关系的客观工作系统设计得恰当与否，也即员工获得组织支持的程度：

员工绩效 = f(客观工作系统) = f(机器工具,作业场所,工作环境,工作方法……)

人的因素具有无可置疑的重要性。但是一方面，在现代经济中离开了生产中的其他要素，再具献身精神的员工都无法单独形成生产力。正如系统论的基本思想所表达的：无论部分如何优化，而整体未必优化。另一方面，尽管充满能动性并不断思考的人是所有机器、财富的创造者，是企业所有问题的最终解决者。但是与机器和其他要素相比，人也是在工作中最易受其他因素（如机器、环境的湿温度以及工作规范等）影响和制约的因素。因此管理者，即使是人力资源专业领域的管理者，需要研究的不仅仅是员工的动机与能力等人的因素，而是要把自己的研究视野扩大到包括人的因素在内的一个更为广泛的工作系统之中。

这里应当强调的是：模型中的员工绩效取决于工作系统设计的合理性，并没有忽略对人的考虑，它仍然把人的因素放在中心位置。因为这里判断工作系统设计是否优良的原则不是工作系统的先进性、复杂性、经济性，而是它们是否适合人的特点和要求。

对工作系统作适合于人的改善，的确可以大大提高员工和组织的绩效，有时它比选拔、培训等改变人的因素的办法更为有效。美国工效学家钱尼（Chaney）和蒂尔（Teel）在 1967 年时曾做过一个对照实验。他们比较了受过 4 小时培训和得到一套特制的可视仪器和显示器之助的两组检验工的工作效率，结果表明：受过训练的检验工比训练前的工作效率提高 32%，而得到适宜可视仪器的检验工的效率比原先提高 42%。培训是有效的，而设计优良的工作器具更为有效[①]。

当然，上述两个模型及其思维方式之间的区别，在实践中并不像书本上表达得那样泾渭分明。在适当的范围内，员工与客观的工作系统双方都应该调整改进，以使组织和员工绩效尽可能提高。但对于某个学科而言，这种区别有利于我们廓清不同学科的分析框架和解决问题的思路。

第二节　工效学及其研究领域

一、什么是工效学

工效学是一门新兴的边缘学科，它起源于第二次世界大战的欧洲，二战后形成于美国，作为一门独立的学科仅有不足百年的历史。

20 世纪 40 年代以前，各种机械系统相对简单，对使用者的要求也比较低。因此当时人机关系研究的基本思路是"使人适应机器"。工程师设计机器时，往往只着眼于机械效率的提高，很少考虑使用者的需求。心理学家的工作也集中于选拔和训练操作人员使之达到机器的要求。但是，第二次世界大战期间，各种武器装备的性能和复杂性大大提高：新式飞机、新式舰艇和雷达相继出现，使得经过严格选拔和培训的高素质操作人员也很难适应，由此产生了很多操作失误甚至严重的安全事故，迫使人们重新审查武器装备等的设计问题。机器装备的设计思路由"人适应机器"转向"机器适应人"，工效学由此诞生[②]。

---

① ［英］奥波纳著：《人类工程学及其应用》，科学普及出版社 1988 年版，第 2 页。
② 杨怡：《人因工程：冰冷工业世界向温暖人性的归途——访清华大学人因与工效学研究所所长饶培伦教授（上）》，载于《心理技术与应用》2014 年第 3 期，第 6~8 页。

（一）工效学的定义

初期，工效学的研究主要涉及机器设备的人性化设计。早期工效学家查尔斯·C.伍德（Charles C Wood）将工效学定义为：机器设备的设计必须适合人的各方面因素，以便在操作上付用最小的代价来求得最高的效率。被认为工效学创始人的国际工效学会主席查潘尼斯（A Chapanis）也认为，工效学是在设计机械时，求得人在操作机械时的简易化与正确性的一个工具。伍德森（W B Woodson）则强调：工效学在于求得人与机器的合理关系①。因此，工效学创建的初期，其关注的主要课题是机器设备的设计要符合人的特点和需要，使操作者易于控制。强调人机系统的设计和布局要合理，并最终求得高效率以及人在作业时的安全性和舒适性。

随着工效学的不断发展，其致力于让机器更适人的思路被越来越多地应用于其他领域的安排与设计中，工效学开辟出越来越多新的研究领域——工作空间、作业场所、环境条件以及与作业有关的其他问题：疲劳、工作强度、错误、事故、安全、速度、选拔与培训等。随着工效学应用领域的不断拓展，工效学的概念也不断地被赋予新的内涵。

日本人间工学会前会长大岛正光认为，工效学是科学地对人与职业的关系进行研究的一门学问。工效学处理人所使用的机器、工作环境以及整个工作系统3个方面的问题。日本学者浅居喜代治（1992）进一步将工效学的定义扩展为"一门按照人类的各种特性来设计和改进与人类有直接关系的系统的工程学"②。与上述观点相似，2009年，国际工效学学会（International Ergonomics Association，IEA）将工效学定义为：

工效学（或称人因工程学）是关于理解人与系统其他要素之间交互关系的学科，也是一门应用相关理论、原则、数据和方法来进行设计，以实现人的健康和整个系统效能最优的学科③。

在这里，"系统的其他要素"既宽泛又综合，几乎全方位涵盖了工作中、生活中人所接触的所有硬件系统与软件系统。以驾驶汽车为例，汽车在行驶时，驾驶员与汽车（包括汽车中的座椅、方向盘、仪器仪表、物理空间等）与道路、交通标识、交通规则等就构成一个驾驶系统，工效学的任务就是要设计出一个最佳的系统，保证驾驶员在该系统中的效率、安全、健康与舒适。

因此，工效学是一门交叉性、综合性特别强的新兴边缘学科，其研究领域跨越人体科学、工程技术、环境科学、管理科学等不同的学科领域。该学科在各国的发展和实际应用中的侧重点各不相同，因此其命名至今仍未统一。在美国通常被称为"人体工程学

---

① 徐联仓、凌文辁：《国际工效学简介》，载于《心理科学通讯》1981年第5期，第36~44页。
② ［日］浅居喜代治著：《现代人机工程学》，科学出版社1992年版，第3页。
③ ［美］布什著：《工效学的基本原理、应用及技术》，国防工业出版社2016年版，第2页。

（Human Engineering）"和"人因工程学（Human Factors Engineering）"。西欧国家则多称其为"工效学（Ergonomics）"，日本称其为"人间工学"，其他还有人类工程学、人机工程学、人—机—环境工程、工程心理学和人的因素等。在我国，这门学科还在发展的初期阶段，所用名称也不一致，但以"工效学""人因工程学""人机工程学"最为常见。

（二）工效学的目的

作为一门新兴学科，工效学提出了人—机—环境—工作相宜的观点，并倡导设计造物以人为本的核心理念，保证人的操作更简便、省力、可靠、准确、安全、舒适，并最终提高工作效率：

（1）简便——易于学习，降低操作的难度和学习培训的成本；

（2）省力——降低工作中的消耗，减轻人的疲劳；

（3）可靠——减少工作中的不可预见性，增加工作的安全性；

（4）准确——改善工作的质量和效率；

（5）舒适——激发人的情绪，使人身心愉快地投入工作、学习与生活；

（6）工效学的最终目的是提高人的工作效率。

工效学的上述目的之间有着密切的关系。例如，操作者的效率与其工作的准确性紧密相关。准确性越高，效率自然也就越高。不过需要强调的是，准确性不是影响效率的唯一因素，其他如可靠性、速度、体力精力状况等因素都对效率有着重要影响。

工效学的另一重要目的是力求可靠，减少对操作者工作结果的不可预见性，或者说，力求增加工作的可靠程度。它与工效学的其他目的之间虽有一定相关，但却有一定的独立性。一个操作者可以在大部分时间内工作得很安全，但却不一定很可靠。不过，现实中的大量事例说明，安全可靠与效率之间关系密切。因为，一项操作的速度与效率在很大程度上是操作者操作可靠性的函数。

关于"易于学习"即简便的问题，也是工效学研究的一个重要内容。如果一个系统被设计得非常容易使用，那么就会减少训练的时间和费用。而且在紧张的情况下还可以减少差错，提高安全性。

还有"舒适性"的问题，这个要求在目前变得越来越重要。舒适的概念及环绕它的有关内容，在以后的章节里会更加详细地讨论。但现在就足以指出，一个不舒适的操作系统，会增加操作中的事故，并损害作业效率。

最后要强调的是，产业实践中，常常存在为了追求绩效而忽视对人的伤害。因此，效率和舒适安全之间有时还具有一定的冲突。对此，工效学始终有一个基本信念：第一件事情 human well-being，也即人的福利和幸福是最基本的，第二件事情才是 optimize system performance，即优化工程系统的绩效。这是工效学领域的一个毋庸置疑的基本信念①。

工效学研究的任务"就在于强调人和工作环境的协调一致"。它的基本做法是"先测量人类的各种能力，然后去安排工作系统以适应这些能力""人类工程学力图使工作任务适应人，而不是让人去适应工作任务"②。

西方国家对工效学的不同叫法，实际上反映了对该门学科重点强调的不同。美国学者更突出人的因素；而欧洲学者强调最大限度地提高作业者的舒适度及工作效率。我国国家标准化总局人类工效学国家标准化技术委员会综合了国外的各种不同叫法，并考虑到该学科的特点，将该学科命名为"人类工效学"，方便起见，可简称为"工效学"。

二、工效学的发展及其研究领域的不断拓展

工效学致力于让与人有直接关系的系统更适合于人的研究。其具体做法是：先测量人类的各种能力，并把它们当作难以提高的既定外生条件，而后去设计与改善与人有直接关系的系统以适应人的能力。因此，工效学研究领域分为基础研究与应用研究两个方面。它首先需要对人类的各种能力及特点进行研究，其次再对与人有关系的系统进行合理设计与改善，前者属于工效学的基础研究领域，后者为工效学的应用研究领域。

（一）工效学的基础研究领域③

从基础理论上说，工效学对人的研究大致分为 3 个部分。第 1 部分为实体（physical）研究，即看得见摸得着的实际事物，主要包括人的生理，如人的姿势、动作、力量、尺寸这些很经典、很基础的研究领域。实体研究始于工业时代，19 世纪末就已存在发展。第 2 部分为心理认知领域。随着心理学在认知方面的进展，工程领域开始认识到，许多实体领域的问题，其实都涉及心理层面的内容。工程学在心理层面的研究发展很快，已经存在非常多的研究成果与实际应用。例如，很多时候人为失误不是身体的力量不够，而是认知方面发生了错误。以上两部分都是从个体角度对人的因素进行研究，但工程系统或者管理系统一般都是以群体形式运作的，因此人的因素研究又扩展到了群体甚至组织层面。研究一群人因为特定的目标和任务聚合在一起时，怎样协同合作，例如组织结构、政策和过程等。

综上所述，工效学的基础研究领域即对人的因素的研究可以归纳为生理人因、认知

---

① 杨怡：《人因工程：冰冷工业世界向温暖人性的归途——访清华大学人因与工效学研究所所长饶培伦教授（上）》，载于《心理技术与应用》2014 年第 3 期，第 6～8 页。

② 奥波尼（D. J. Oborne）著：《人类工程学及其应用》，科学普及出版社 1988 年版，第 3 页。

③ 杨怡：《人因工程：冰冷工业世界向温暖人性的归途——访清华大学人因与工效学研究所所长饶培伦教授（上）》，载于《心理技术与应用》2014 年第 3 期，第 5～7 页。

人因和组织人因三个方面。生理人因关注人在进行工作活动时的人体解剖学、人体测量学、生理学和生物力学等特征。认知人因即人的认知过程的特点，如感知、记忆、推理和响应等，相关课题包括决策过程、人的可靠性等。组织人因聚焦人的群体行为规律及其特征。

（二）工效学的应用研究领域

工效学的应用研究领域非常广泛，无论是在家庭生活、企业工作还是在街头活动中，人都存在于一个范围相当广泛的客观系统中。比如家庭主妇在厨房里做饭，就与操作台、刀具、炉具、水槽等操作器具、厨房的物理空间尺度及环境的湿温度、照明等发生直接关系。人走在马路上，就存在于一个由道路状况、交通标识、人群密度甚至空气质量、环境噪声等因素组成的客观交通系统中。这些客观的生活、交通系统与人相互作用，影响着人的操作效率、疲劳、安全与舒适。

1. 机械装备适应人的研究

自工业革命以来，技术的进步给我们的生活带来了各种方便。因此，人们就产生了如下的看法：技术越进步，人类也就越幸福。但是，随着技术的不断进步，机器结构越来越复杂，人与人所设计操作的机械之间越来越经常地发生冲突。尤其是第二次世界大战以来，由于注重新式飞机、轮船的性能，忽略了使用者操纵能力的极限，没有考虑到操作者的心理、生理特点，以致人的反应速度无法匹配越来越先进、越来越复杂的机器设备，由此造成了一系列诸如机毁人亡、轮船相撞之类的意外事件。在对这类事件进行调查分析的过程中，人的过失总是被首当其冲地考虑为事故发生的主要原因。保险公司所作的家庭、街头、铁路、生产作业等各种意外的统计报告中充斥着"粗心""态度不认真""警觉不够"等似是而非的意外起因。这是寻找事故发生原因的固有思路。但是，人"孰能无过"，而且人不可能无时无刻保持高度警觉状态，每个人都会有疏忽懈怠的时候。再进一步的分析表明，那些按错按钮、转错方向的误操作者们很多已经经过了严格的选拔，接受过良好的训练，也即人类已经在尽各种可能去地满足机器的要求，然而事故的发生仍然在所难免。

类似事件的一再发生使人们对人—机关系的认识发生了质的改变：在人—机匹配的问题上，不能仅仅根据机器的需要选拔、培训、配置合适的人才，"让人去适应机器"。还应该换一个角度，重新设计与改进机器，"让机器去适应人"。于是，对人—机关系的研究，从使人适应于机器转入了使机器适应于人的新阶段。1947年，斯蒂文斯（Stavens）出版了《实验心理学手册》，开始将"如何使机器适应于人"作为研究内容。1949年，恰普尼斯（A. Chapanis）在其《应用实验心理学》一书中，以"工程设计中人的因素"

为题，展开了对装备设计中宜人原则的探讨①。1949 年 7 月，英国海军聘请了一大批心理学家、生理学家、医生以及工程技术人员，成立了一个交叉学科研究小组，致力于把人所操作的机器设备设计改造得更加符合人的生理心理特点，适合人的需要。工程技术与生理学、心理学等人体科学结合起来，为工效学的诞生奠定了基础。1950 年 2 月英国海军部召开的一次会议上通过了"工效学"（Ergonomics）这个术语。在当时，工效学的研究领域更多地局限在机器工具的设计与改进方面，所以，早期它更多地被称为人机工程学或人机学。

专栏 1.2：人与机械的冲突——大峡谷事件

1956 年 6 月 30 日，星期六上午 10 点 30 分，在美国旧金山附近的大峡谷处发生了一件悲惨的空难事件，环球航空公司的超级星座式客机与联合航空公司的 DC－7 型客机相撞，造成 128 位乘客死亡，无一人生还。飞机残骸及乘客尸体散落在大峡谷深处，面积达方圆 1 英里。这起空难是民航史上最严重的空难之一，事件促使美国彻底改变原有的飞行规则，被称为改变航空史的空难事件，坠机地点被定为一个国家历史地标。

美国民航委员会（CAB）的调查人员在对整个事件进行调查时发现，两架相撞的飞机都是当时航空运输史上最先进、速度最快的客机。DC－7 客机更是由 4 个巨大的怀特 3350 型涡轮活塞发动机提供动力，这是当时技术上的巅峰作品。两架飞机在飞行前均做了定期的保养检查，保证发动机等处于最佳工作状态。两机上的飞行人员也都富有飞行经验，超级星座式客机机长杰克·坎迪（Jack Gandy）是位老资格的飞行员，拥有 1.5 万小时的飞行经验。DC－7 客机的机长夏利（Bob Shirley）的飞行经验比坎迪还丰富，拥有 1.7 万小时的飞行经验。他们精神、生理状况良好，足以胜任其飞行任务。

调查人员经过复杂、困难的调查，最终确认：这起空难事故中没有谁是直接责任人，事故原因不在于飞行员，不在于空管员，人的因素被排除在事故发生的原因之外。"……这次空中互撞的原因是两机飞行员没有及时看到彼此并及时避让所致……"之后，有关专家进一步研究后认为，飞机后方及下方的不良见度可能是大峡谷事件发生的重要因素之一。

一个世纪以前，英勇的飞行先驱翱翔于天空的时候，飞机的驾驶舱完全开放，视野无限。他们可以自由地俯视大地，欣赏左右方甚至背后方的美景。随后，飞机速度大增，外观呈流线型，飞行员被限制于狭窄的驾驶室内。在他们面前，是一大堆的仪表仪器。超级星座式客机的飞行员大约只能见到周围空间的 1/8，DC－7 客机的飞行员更是少于 10%。由于飞行员不能及时发现飞行过程中出现的意外事件，导致事故发生。

---

① 朱晓星：《工效学与企业劳动管理》，载于《中国劳动科学》1990 年第 1 期，第 45～47 页。

与飞行次数相比，飞机相撞事件似乎并不很多。但空难一旦发生，结果一般都比较悲惨，因此飞行员的可见度问题应引起设计人员的充分重视。

资料来源：杨国枢、张春兴主编：《人类工程学》，桂冠图书公司 1984 年版，第 1~3 页。

第二次世界大战以后，工业生产中的民用机械设备朝着更加大型化、复杂化、自动化的方向突飞猛进，人与机器如何适应的问题更加突出了，这样诞生在军事领域的人机工程学及其研究成果就被引入工业企业界及其他部门。欧美等国家先后成立了人机工程学会，如德国的马克思—普朗克协会人类工程学研究所、英国的劳勃路技术学院、美国的哈佛大学等都开展了大量的人机工程学方面的研究工作。休斯航空公司、贝尔电话实验室、福特汽车公司、通用电器公司（GE）、国际商用机器公司（IBM）等工业企业，它们的许多技术人员也被纳入这一学科的研究队伍。人机工程学原理为许多工业工程师所采用。

2. 作业微环境的宜人化设计

设计的人性化是社会发展的必然趋势，"设计适应于人的机器"的理念越来越多地被应用到人们工作生活中的其他领域。

进入 20 世纪 60 年代，环境对人的影响越来越大，工作场所中的噪声、高温、高湿、振动、粉尘以及有害气体所导致的职业病和生产事故等引起社会各界越来越多的关注。工作环境的宜人性问题，成为工效学的一个新的研究领域。这时，工效学研究的指导思想是：将人—机—环境作为一个完整的系统，使系统中人、机、环境获得最佳配合，以保证整体最优。因此，人们还称工效学为人—机—环境工程学。目前，机械工具与微环境的宜人化设计与改进，依然是工效学最主要最核心的应用研究领域。随着工效学研究的不断深入，作业环境的内涵也在不断拓展，除了作业的物理环境、化学环境，还延展到生物环境（包括细菌污染及病原微生物等）、美学环境（造型、色彩、背景音乐的感官效果）和社会环境（社会秩序、人际关系、文化氛围等）。

3. 工作任务的人性化改进

科学管理时期，泰勒和吉尔布雷斯（Frederick W Taylor and Frank B Gilbreth）创立的时间与动作研究，奠定了工效学发展的早期基础。其后，莫根森（Allan H Mogensen, 1932）提出了"作业简化计划（WSP）"，美国巴恩斯（Ralph M Barnes, 1933）发展了吉尔布雷斯的成果，提出了动作经济原则。1934~1938 年，美国奎克（J H Quick）等提出了工作因素法（WF 法），梅纳德（H B Magnard, 1948）等开发了方法时间测量（MTM 法）等。但是，科学管理领域过度的方法化、过于详尽的分工，导致工作过分简化，产生工作单调。简单重复枯燥的工作与人丰富的需求之间产生了激烈的冲突与矛盾，致使员工产生厌烦心理与工作疏远，最终导致事故增加、材料浪费、工作质量差、离职与旷工等现象。"让一切适合人，把人作为核心来衡量一切工作生活系统"的工效学学科原则和基本信念被用于现代工作研究领域，工作设计从"以工作为中心"转向"让工作适应人"，并进而拓展出工效学的另一个崭新研究领域——作业研究及其人性化改善。

作业是一个由人控制完成的，由各种不同的作业程序和方法形成的一个系统。把人—工作（任务）看作一个系统，应用工效学的方法优化人—工作系统，实现人与工作之间的最佳匹配，是工效学的基本任务之一。广义的人—工作系统是一个开放系统，它包括人与硬件、人与软件两个界面。其软件界面包括作业程序、作业规程、方法、制度、标准、规划等，软件系统的设计与硬件系统的设计一样，有一个如何与作业者的特征相适应的问题[1]。目前作业过程中的作业程序与方法、作业姿势、劳动的合理负荷及耗能、工作与休息制度等，成为工效学中重要的研究课题。

至此，工效学与人因工程研究领域已经涉及几乎与"人"有关的所有系统。工效学也被定义为"一门按照人类的各种特性来设计和改进与人类有直接关系的系统的工程学"，而不再仅仅是"让机械设备更加符合人的特点和需要"。

综上所述，工效学的应用研究领域几乎包罗万象，日本工效学家大岛正光将其归纳为以下三个大的方面的课题[2]：

（1）机器和工具的设计与改进：包括显示器和控制器、信息流动及操作中的人机界面、工位及作业场所等的设计与改进问题。

（2）作业微环境的工效学改善：包括环境中的照明色彩、温度湿度气流速度、噪声、振动以及影响舒适安全效率的其他环境因素。

（3）与作业有关的其他问题：包括工作时间、轮班工作制、疲劳、紧张、动作姿势、安全事故，以及工作时的人际关系和工作的组织方面的因素。

三、管理工效学

由前所述，工效学的研究领域极为广泛，不同业务部门和专业的研究者对其的研究各有侧重，研究方法也有所不同。这样，就引申出工效学的不同分支学科。如产品工效学、生活工效学、安全工效学、交通工效学等。对于从事各类管理工作的人员，则更加侧重生产过程与管理领域工效学问题的研究。

人类工效学的产生和发展一直与管理学科有着密切的联系。20世纪80年代初期，人类工效学引入我国，很快引起管理学界的高度关注，为推动工效学在管理领域的研究和应用，管理学界提出管理工效学这一范畴，大大拓展了工效学的应用研究领域。

---

① 杨学涵：《人—作业—环境系统及其管理》，载于《人类工效学》1996年第5期，第53~55页。

② 徐联仓、凌文辁：《国际工效学简介》，载于《心理科学通讯》1981年第5期，第36~44页。

管理工效学研究的是与管理领域有关的工效学问题。它把狭义的机适用于人、环境适用于人的基本思想、原理和方法应用于广泛的生产要素、管理要素与人的相互协调问题上①。

管理工效学是工效学的一个重要分支。与其他分支相比，管理工效学的研究范围非常广泛，它几乎包括工效学研究的所有基础与应用研究领域。它以全面的工作系统为研究对象，以系统中的员工为中心，运用工效学的思想、原理、方法，优化员工与其他要素的关系，使系统中的人与人、人与物、人与机、人与场所、人与工作、人与组织、人与制度等得以相互协调和适应。

本书中，将范围广泛的生产与管理要素归纳为机器工具、作业场所、工作环境、作业方法、企业组织及其管理制度等，如表1－1所示。在工作过程中，这些要素与人适合与否会影响员工的健康、安全、舒适，并最终影响员工与组织的绩效。

表1－1　　　　　　　　　　管理工效学的应用研究领域

范围	对象	举例
机器工具的设计与改进	机械、设备、器具、被服	机床、船舶、手工工具、工作台椅、电话、工作服、安全帽
作业研究及其改进	工作时间、工作负荷、作业疲劳、作业程序与方法、轮班制	车间作业、监视作业、车辆驾驶作业、办公作业等
作业场所的设计与改进	作业空间、个体作业场所、总作业场所	驾驶室、控制台、机房、车间
环境的设计与改进	热觉环境、视觉环境、听觉环境	工厂、车间、控制中心、办公室
组织及其管理制度的评价与改进	组织与管理制度、组织文化、组织氛围	小型组织、制造型组织、服务型组织

四、国内外工效学研究的重要领域

国内外工效学的研究旨在解决生产、生活中的实际问题，适应社会经济发展，研究热点不断更新。

国外学术界工效学主要研究课题包括人体研究、工作负荷与职业健康研究、作业环境研究、作业场所改善、作业方法研究、人因工程与行业研究、特殊人群研究、产品设计与评价、人机系统整体研究、组织和管理中的工效学研究以及工效学项目成本绩效分析等领域，其中工作负荷与职业健康的研究论文最多占17.01%，其次为产品与工具的设计评价，占比16.32%。另外研究人员对组织管理过程中如何应用工效学思想解

---

① 杨学涵：《人—作业—环境系统及其管理》，载于《人类工效学》1996年第5期，第53～55页。

决实际中问题也进行了较多的研究，占比 15.97%。

考察我国人类工效学，研究领域主要分布在人的职业和素质研究、工作环境研究、产品设计与评价、人误与安全、工作负荷与疲劳、作业方法与场所设计改善研究、认知工效、人机系统研究、组织和管理中的工效学问题研究、先进技术中的工效学问题以及人体研究 11 个方面。在我国，占比最大的研究领域为组织和管理中的工效学研究（15.97%），其次是人的职业与素质研究（14.78%）。

研究热点反映某一个时段内，学术界对一些特定问题或领域的关注程度，它在一定程度上反映了某种理论研究的进展和社会实践的趋势。从研究热点上看出，国内外工效学研究主流问题十分相似，但研究侧重点有所不同，郭伏等（2007）将其归纳为表 1-2，由表 1-2 可知，管理领域的实践问题是国内外工效学研究的共同热点话题。

表 1-2　　　　　　　　　　　　　国内外工效学研究热点

分析类型	热点问题	主要内容
国内外共同的研究热点	组织和管理中的工效学问题	绩效考评；薪酬体系设计和管理；激励机制；虚拟团队人员整合；企业人才素质测评与培训；压力研究
	人机系统研究	人机界面设计、人机功能分配研究、特殊人机界面研究；不同人机系统工作绩效评定方法与应用研究；人机环境系统分析与评价方法研究
国外研究热点，国内尚未形成热点	工作负荷与职业健康	体力负荷研究——人的生理能力限度、不同负荷对人身体的影响、骨骼肌肉损伤研究；脑力负荷的测量；职业病防治问题研究
	产品与工具设计的工效学研究	从工效学原则出发，分析产品设计存在的问题，并由事后分析发展到产品设计过程
	作业方法与场所设计与改善研究	对人的作业过程、操作方法、作业场所进行设计、分析、改善，研究紧密结合实际，侧重应用，解决实际问题
	特殊人群研究	关注残疾人、老年人及儿童产品设计中特殊人群的特殊需要
国外非研究热点，国内形成研究热点	人的职业及能力素质研究	职业适应性（特殊作业岗位对人的健康要求及标准）、人的素质及能力要求、职位分析
	工作环境研究	侧重分析微气候等物理环境对人身心以及工作效率的影响，并结合实际提出解决措施
	人为失误与安全研究	通过对交通事故、核电安全、生产系统安全防护问题的分析，研究：（1）人机系统可靠性、人机交互界面可用性；（2）人为失误及事故预防

资料来源：郭伏、孙永丽、叶秋红：《国内外人因工程学研究的比较分析》，载于《工业工程与管理》2007 年第 6 期，第 118~122 页。

第三节　管理工效学的相关学科及其研究方法

一、管理工效学的相关学科

管理工效学是一门涉及很多专业的综合性边缘性学科，具有多学科性、交叉性和边缘性的特点。其研究内容涉及人的特性与需要，涉及机具、场所、环境、作业、组织与管理制度的设计与改善问题。因而，它与人体学科、工程技术学科、环境学科、劳动学科以及管理学科等都有着极为密切的关系。这一点我们可以从工效学研究人员的专业构成清楚地看出来，日本的人间工学会的成员中，有21%是工程技术专业的，14.6%是医学专业的，10.2%是心理学专业的，其他还有来自生物学、数学、物理、化学、管理学、劳动科学、建筑设计、服装设计等各个专业方向的人员[①]。

各门研究人的因素的学科如人体测量学、人体解剖学、人体力学、生理学、心理学、劳动保护学是管理工效学的基础学科，它们为管理工效学研究人的因素提供了科学依据，为管理工效学设计提供了有关人的生理学、心理学方面的理论参数。环境科学如环境卫生学、环境控制学、环境保护学、环境医学、环境监测学、环境工程学等为管理工效学研究如何改善影响人的工作和健康的不良工作环境提供了科学的依据。工程技术学科如机械工程、系统工程、工业工程、安全工程以及管理学科如组织设计、工作分析、人力资源管理、企业管理等都与管理工效学有着极为密切的关系，它们为作业和组织系统的设计提供了相关的理论、方法和手段。工效学的相关学科归纳见图1-2。

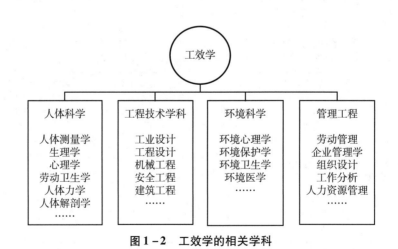

图1-2　工效学的相关学科

---

① 谢庆森、王秉权主编：《安全人机工程学》，天津大学出版社1999年版，第4页。

工效学综合了上述相关学科的原理、成果、方法、数据，将人—机—环境—作业—组织等因素构成有机联系的完整系统，并以人为中心，研究该系统中各要素的相互协调、相互配合的规律，求得整体系统的最优化。

二、管理工效学的研究方法

管理工效学涉及很多学科，因而在研究中也大量汲取了各学科的营养，引用了各学科的研究方法。像社会科学研究中常用的抽样调查、访问调查、建立模型以及心理学生理学研究常用的实验研究、观察测量等方法都是工效学基本的研究方法。同时工效学在发展过程中也建立了一些独特的新方法，如模拟法、系统分析评价法等。

（一）调查法

抽样调查和访问调查是工效学中经常使用的两种研究方法，工效学的目的是使作业者舒适、安全、有效地工作，而使用一种工具或者处在一个环境中是否舒适安全则常常要靠调查获取信息，如工作负荷是否过大、是否处于疲劳状态、人机系统存在的不便操作问题等。

抽样调查研究包括制定合适的问卷或测评体系，并对其信度和效度进行分析，选择适当的样本容量与正确的数据处理方法等。访问调查是指与调查对象进行谈话。访问调查要有一定的询问技巧与访谈方式，并要对被访者身份、性格、心理状态等因素进行详细分析后决定访问内容。

（二）观察法

调查者在一定理论的指导下，依据一定的目的，观察记录被调查者行为表现和活动规律的方法。观察法包括简单（肉眼）观察和使用录像或者摄影器材等进行的观察[1]。观察法可以在不干扰研究对象正常工作的情况下进行记录和评价，如观察作业所消耗的时间、员工疲劳状况、流水线生产节奏等。观察法可分为参与观察（观察者以内部成员的角色参与活动）和非参与观察（观察者以旁观者身份进行观察，不参与被观察者的任何活动）；结构式观察（根据预先设计的表格和记录工具，并严格按照规定内容和程序观察物质表征、动作表现、态度行为等）和无结构观察（对观察的内容、程序事先不作严格规定，依现场实际情况随机决定观察内容）等多种类型。与调查法相比，观察法取得的资料比较客观真实，但也有其局限性，如耗费时间长、成本高、观察资料难以量化、样本数量往往比较小等。

---

[1] 王富江、张忠彬、何丽华：《我国职业工效学研究历程与进展》，载于《工业卫生与职业病》2019 年第 6 期，第 485～488 页。

（三）实测法

即借助于器械设备对研究对象的活动或某些特征进行实际测量的一类方法。例如，人体静态与动态尺寸的测量、人体生理参数的测量、作业的环境温度测量等。实测方法是工效学研究人体外形特征和生理特征的主要方法，许多国家已经把这些测量结果编辑成手册供各行各业的专业人员参考。在我国，这方面的工作还很薄弱，设计师有时需要采用自己动手通过实测的方式获得有关数据。

（四）实验法

实验法是在人为控制的条件下，系统地改变一些变量因素，以引起研究对象相应变化来做出因果推论和变化预测的一种研究方法，是工效学研究中的基本方法，其特点是可以系统控制变量，使所研究的现象重复发生，反复观察，研究结果更容易验证。如控制工作系统中的照度、标志大小、仪表刻度、控制器布置等变量，研究它们对反应时间、失误率、工作质量的影响，发现自变量与因变量之间的关系规律，探寻合理的人与工作的关系。

实测法在多数情况下需要接触被测者或者需要作业人员佩戴设备，这往往会对研究对象的正常工作产生干扰，此时可采用实验的方法进行研究。实验法往往比现场实测的方法应用更为广泛。例如，为了得到某种按键开关的按压力、手感和舒适感等数据，在作业现场和实验室内进行短时间的测试即可。但要了解色彩环境对人的心理、生理和工作效率的影响，短时间的现场或实验室测量是不能解决的，还应在有控制的实验条件下，对各种色彩环境下工作人员的反应进行持续的实验观测，才能得到比较真实客观的测量结果。

（五）仿真模拟和模型试验法

由于工效学的许多研究领域都是很复杂很危险的，还有一些是预测性的，对其实际系统进行研究一般来讲相当困难。因而工效学在进行研究时，常常采用仿真模拟和模型的方法对真实系统进行符合实际的简化（忽略次要因素）。这种模拟和模型试验法不仅简化了研究、减少了花费，同时还可使主要因素更加突出。这类方法还避免了直接测量的不方便性等问题，是工效学中一种常用且有效的研究方法。

人体模型是工效学研究中最常应用的模型。其中最简单的是平面人体模板，可根据需要制成各种比例，用于推敲工作系统的很多尺度。还有三维人体模型，更是在服装、汽车行业中普遍应用。在驾驶安全研究中，通过仿真技术模拟道路交通，协助研究人员对驾驶员的认知、态度、行为和能力进行测试与干预，并对汽车安全装置进行有效性测评。使用机械模型或各种人体模型，可以对研究对象进行逼真的试验或运动跟踪、仿真与工效学评价等，从而获得现实情况中无法或不易获得的数据①。

（六）系统分析评价法

此类方法体现了工效学将人—机—环境等作为一个综合系统考虑的基本观点，此方法是综合运用系统工程、控制理论、统计学等方法，探讨人—机—环境—作业要素间复杂的关系问题。工效学的发展经历了经验工效学、科学工效学及现代工效学三个发展阶段，运用系统分析的方法创造最适合人工作的工作系统，使人—机—环境—工作系统相协调，最终获得系统的最高综合效能，是本学科进入现代工效学的标志。

第四节　工效学设计的成本和收益

工效学设计与改进的对象是工作系统的所有构成要素。但如前所述，它并没有忽略人，虽然人不是工效学所要改变的对象，但却是工效学研究的核心。工效学首先要研究测量人的各方面能力特点和需要，才能做到让工作系统作适应人的设计与改进。因此工效学的设计理念真正体现了对人的尊重、信任和关心，这一点与目前人性化管理理念不谋而合。

对工效学的强调不仅仅因为它与流行的人性管理理念一脉相承，更由于其低廉的成本和带给人的巨大收益，这种收益表现在组织与员工个体两个方面。一方面，对作业者或产品的使用者来说，它使作业者工作（使用）起来更加舒适、安全和高效；另一方面，它也使企业在付出较小成本的前提下获取了较大幅度的效率提高。

专栏 1.3：工效学改进实例——吊车操纵室的工效改进

英国钢铁组合公司的吊车操纵室在进行工效学改进之前，某些吊车司机在挥动吊车的磁性挂钩控制按钮时，总是撞击轨道货车的边上而损坏货车。这家公司当时用在修复货车上的花费大约为每周 60 英镑。研究人员发现，吊车挂钩失控的原因是吊车司机在驾驶室里，不容易够着所有的控制按钮。修改后的设计只是改动了一些按钮的位置（大约花费 270 英镑，相当于 5 周的修理费），上述事故即不再发生。

资料来源：［英］奥博尼著：《人类工程学及其应用》，科学普及出版社 1988 年版，第 9 页。

从员工的立场出发，对与员工有关的各个要素进行符合员工能力及局限的最佳设

① 杨怡：《人因工程：冰冷工业世界向温暖人性的归途——访清华大学人因与工效学研究所所长饶培伦教授（下）》，载于《心理技术与应用》2014 年第 4 期，第 5~7 页。

计，往往会使企业获得直接的经济效益。

在本章的最后还应该指出的是，首先，尽管工效学的设计原则是进行各类设计所必须考虑的重要因素，但它却不是唯一因素，如在薪酬方案的设计中，除了要考虑人的需要与特性，还要考虑企业的运营状况、劳动力市场的供求状况以及政府的一些政策法规等。其次，虽然方便、舒适的确是人们所向往的，而且舒适、方便在大多数情况下，确实能够给组织带来工作绩效的提升。但这并不是说，一切的设计都要尽最大可能使人类更舒适。实际上，过分舒适有可能会导致相反的结果，如工作椅过于舒适反而会使员工昏昏欲睡，办公场所不恰当地舒适化会使员工感到像是在宾馆而丧失了工作的状态。最后，事情总是具有两面性的，虽然工效学强调在系统设计中机、环境、工作适应人的重要性，但同时也并不否定通过招聘、培训等手段达到人对机、对工作适应的必要性，这两个方面的工作是相辅相成的。所以，我们强调工效学的应用，强调工效学给人类带来的巨大福利，但同时我们也强调工效学并非一切设计的中心，它也并不是促进工作效率的绝对武器。

复习与思考

（1）什么叫工效学？什么叫管理工效学？

（2）工效学的相关学科有哪些？

（3）列举你所碰到或知道的明显忽视人的因素设计的例子。

（4）以分析产品广告的形式，调查工效学目前在我国发展与普及的程度。

（5）人力资源管理的其他课程如工作研究或组织设计等课程与工效学有怎样的关系？

（6）简述工效学的意义？你认为工效学是设计工作系统最重要的考虑因素吗？为什么？

案例讨论

沉默还是抵制？40 多家互联网公司被指实行 "996" 工作制

近日，有程序员在知名代码托管平台发起了一个名为 "996.ICU" 的项目，网友可以添加自己所知道的公司加班情况，并给出证据链接，以此抵制互联网公司 996 工作制。此举立即得到大批程序员响应。而 "996.ICU" 意指 "工作 996，生病 ICU"。在这份加班名单中，华为、京东、58 同城等 40 余家公司上榜。有媒体表示，即使员工对这种工作方式表现出了抵制，但其中的很多人最后还是迫于无奈只能默默接受。

资料来源：https://zhuanlan.zhihu.com，2019 - 04 - 06.

问题：搜集"996 工作制"相关信息，并从工效学的视角讨论"996 工作制"带给员工和企业的可能后果。

背景知识

1. 国际工效学协会（International Ergonomics Association，IEA）①

国际工效学协会（IEA）的前身，工效学研究学会（The Ergonomics Research Society，ERS）1949 年成立于英国。欧洲生产力机构（The European Productivity Agency，EPA）成立于 1953 年。1959 年，在 EAP 和 ERS 的联合研究会上成立了 IEA 预备指导委员会，并决议创建国际工效学专门组织。1961 年，IEA 的第一次联合大会在瑞典斯德哥尔摩召开，此次大会正式完成了 IEA 的筹备阶段。1976 年，国际工效学协会成为一个全球性的协会联合会。2011 年，IEA 成为一个国际性非营利组织，并在瑞士正式注册。

主要目标

- 发展相关各学会组织的有效交流
- 促进工效学理论和实践向国际水平的迈进
- 提高工效学学科对国际社会的贡献

国际工效学协组织机构

图 1-3 国际人类工效学协会组织结构

资料来源：李景：《国际人类工效学协会简介》，载于《国外标准组织概览》2017 年第 8 期，第 134 页。

2. 中国人类工效学学会简介②

中国人类工效学学会成立于 1989 年，是由全国工效学工作者依法登记、自愿组成、具有公益性的学术性法人社会团体，本会接受教育部和民政部的业务指导和监督管理。作为国家一级学会和国内人类工效学专业的最高学术团体，中国人类工效学学会以促进我国工效学人才培养与提高、知识普及与推广、学术研究与创新、国内外专业交流与合作为己任，推动"以人为本"的理念、技术、方法、工具在产品和服务设计中的应用，为提高美好生活品质做出贡献。

学会下设 11 个专业技术分会，现有会员 2 000 多人，会员来自 300 多个单位，包括

---

① 李景：《国际人类工效学协会简介》，载于《国外标准组织概览》2017 年第 8 期，第 134 页。

② 中国人类效学：《中国人类工效学学会简介及学会机构》，中国人类工效学学会官网，http：// www.cesbj.org。

大学、科研院所及企事业单位等。当前，中国人类工效学学会秘书处设在清华大学工业工程系，学会期刊为《人类工效学》（双月刊）。

11 个专业技术分会为：

（1）人机工程专业委员会，挂靠在中科院工程热物理所。

（2）认知工效专业委员会，挂靠在浙江大学。

（3）生物力学专业委员会，挂靠在空军航空医学研究所。

（4）管理工效学专业委员会，挂靠在东北大学。

（5）安全与环境专业委员会，挂靠在中钢集团武汉安全环保研究院。

（6）工效学标准化专业委员会，挂靠在中国标准化研究院。

（7）交通工效学专业委员会，挂靠在安徽三联事故预防研究所。

（8）职业工效学专业委员会，挂靠在北京大学医学部。

（9）复杂系统人因与工效学分会，挂靠在清华大学工业工程系。

（10）设计工效学分会，挂靠在东南大学。

（11）智能交互与体验分会，挂靠在北京航空航天大学。

根据国际工效学协会的规定，其成员组织必须有成立满两年的历史以及一些其他条件。中国人类工效学学会按照其规定，于1990年在日本举行的国际工效学协会理事会上提出了入会申请。之后，又于1991年7月在法国巴黎举行的理事会上汇报了简况和回答理事们提出的问题，经投票表决，一致通过接纳中国人类工效学学会为国际工效学协会的正式成员，并有一名中国人类工效学学会人员出任国际工效学协会理事会的理事。

资料来源：中国人类效学：《中国人类工效学学会简介及学会机构》，中国人类工效学学会官网，http：//www.cesbj.org。

上编

基础研究篇　工作系统中人的因素

第二章

人体测量与人体外形结构特征

要认识自己，必须先认识自己的身体……我们的身体可能就是我们的自传。

——［美］伯吉斯（F. Burgess）

对人的因素的研究是工效学研究的始点。在人—机—环境—作业系统中，人是系统的主体和灵魂，是工作系统优化的基础。

人体是一个非常复杂的系统。工效学中，人的因素分为三个大类：生理人因、认知人因以及组织人因。生理人因是对人实体的研究，包括人体外部形态结构以及内在呼吸、消化、循环、内分泌、运动等多个分系统。生理人因是工效学最基础最经典的研究领域。

第一节　人体测量概述

人体测量是一门新兴学科，却具有很古老的渊源。在我国，现存最早的祖国医学经典著作《内经·灵枢》中的《骨度篇》，就有对活体测量详细而科学的阐述。在西方，最初的人体测量主要用于雕刻人像艺术，为确定理想的体型，对人体各部位的比例进行测量研究。1835 年，比利时学者奎特莱特（Quaetelet）首次提出"人体测量"的概念。之后人体测量被广泛应用于建筑、征兵过程中。到了 19 世纪，有关人体测量的方法及测量结果研究的著作陆续问世。但较为系统的人体测量理论的出现则是进入 20 世纪以后，尤其值得一提的是德国人类学家马丁（Martin，1914）的《人类学教科书》，该书不仅系统详细地阐述了人体测量的方法，还对人体测量标准进行了较为深入的探讨，为人体测量学的创立做出了积极的贡献。现在许多国家为了研究国人的体质，进行了广泛的人体测量研究。例如美国通过全国范围的人体测量，制定了全国性的体育锻炼标准。日本更是世界上用人体测量方法开展体质研究最发达的国家。1961 年，美国工业设计先驱亨利·德雷夫斯（Henry Dreyfuss）出版《人体度量》一书，为人体测量在设计界的应用奠定了基础，对后续工效学的发展产生了巨大的影响。

近半个世纪以来，随着科学技术的飞速发展，人体测量学也获得长足的发展。大量合乎实用的测量项目不断增加，新的测点不断确立，新型测量仪器、测量方法不断出现。如皮褶测量计的产生、莫尔拓扑测量法的创立等。

一、人体测量的意义

人体测量有广义与狭义之分。狭义的人体测量就是对人身体的各部分尺寸、重量、体积以及身体运动的深度、广度等进行测量，用以研究人的外部形态特征。广义人体测量还包括人体机能（如肌肉力量、循环机能等）的测量与人体素质、体质的测量。更广义的测量甚至包含情感、个性的测量，这种广义测量被称为素质测评。本书提到的人体测量指狭义的人体测量。

人体测量所测得的人体参数通常包括人体各部位的尺寸、体表面积、肢体容积、肢体重量和重心、肢体活动范围等。这些都是人体测量中进行最早、最多，资料数据相对最全的人体参数。另外，肢体转动的惯量、握力、推力、拉力、肺活量、心血管系统机能，以及人体的骨骼、肌肉、组织的生物物理特性等相对广义的人体测量参数近年来也得到较为广泛的研究与应用。

人体测量不仅在体质研究、美术创作中有广泛的应用，还在健康检查、体育科学研究、服装设计、生物力学研究等方面具有很高的实用价值。人体测量更是工效学研究与应用的一个非常重要的分支学科，是进行人—机—环境—作业系统设计和研究的基本前提。在工效学中，人体的外部形态尺寸及特征，是工作系统设计时必须考虑的基本因素。例如，身高对于确定走廊栏杆的高度、门的大小以及座舱尺寸都是非常重要的依据；骨盆及臀部的尺寸则被用于决定升降口和座椅的大小；手的大小被用于决定控制设施和手动工具的尺寸；而要安装布置工作台的控制器，就必须知道手臂能够达到的最远距离。

专栏 2.1：颈肩腕综合征

久坐电脑桌前的办公室一族都有这样的经验，工作一段时间以后，常常会感觉脖子、肩膀发沉，起身活动一下就好了。肩膀酸痛最常见的原因，是由于不良坐姿引起的。同一姿势保持太久，使脖子和肩膀周围的肌肉紧张，时间一久就导致酸痛感。腕关节的病痛是由于长时间使用电脑，手部的神经受到压迫所致。

办公桌的高度该降降

医学专家分析，造成白领罹患颈肩腕综合征的原因主要有以下几个方面：不符合人体工程学设计的电脑桌和鼠标，再加上不正确的使用方法，使白领患病的概率加大。

北京航空航天大学从事人体工学研究的吴小勇指出，电脑桌高度居高不下，使电脑总是"高高在上",由此加重了操作者颈部、肩部的疲劳,同时给频繁运动的手臂、手腕带来了更多压力,颈肩腕综合征就在不知不觉中找上了门。

吴小勇认为,电脑桌上的键盘和鼠标的高度,最好低于采取坐姿时肘部的高度,最多和肘部等高,这样才能最大限度地降低操作电脑时对腰背、颈部肌肉和手肌腱鞘等部位的损伤。

一个有趣的现象是,平均身高高于中国人的老外,使用的桌子比咱们使用的还矮。英国人办公桌的高度只定在71厘米。日本人的平均身高近年来已经追上了中国人,但是他们规定的男用和女用办公桌的标准高度分别是70厘米和67厘米。而在中国,不论是办公桌、写字台还是电脑桌,高度一般都在75厘米。

其实,日本人也是在饱受了办公桌过高之苦后才降的标准。1971年以前,他们采用的标准高度是74厘米,在发现由此引发了种种职业病后,日本政府对办公用具标准进行了全面修订。

资料来源:《颈肩腕综合征》,载于"百度百科"。

二、静态测量与动态测量

人体测量分静态测量与动态测量两种。静态测量是被测者处于静止状态下,对人体的基本尺度、体型、表面积和重量所进行的测量。静态测量所得到的人体尺寸称人体结构尺寸。

动态测量是在被测者处于运动状态下进行的测量。它测量人体各部分在活动时的相互关系。如各关节能够达到的距离或能转过的角度等。动态测量所得到的尺寸称为人体功能尺寸。人体功能尺寸强调身体各部位的相互关系。

人体功能尺寸分为四肢活动尺寸和人体活动尺寸两类。四肢活动尺寸是指在保持身体原姿势不变的情况下只活动上肢或下肢,肢体所能达到的范围。身体移动尺寸是指身体姿势改变时,躯体活动的范围。

由于人体在作业过程中其作业姿势常常处于动态变化之中,因此,对人—机系统设计而言,人体功能尺寸更为重要。不过,静态尺寸是确定动态尺寸的基础,所以,在本章我们主要介绍的是静态尺寸,动态尺寸将在后续的相关章节里作介绍(见图2-1)。

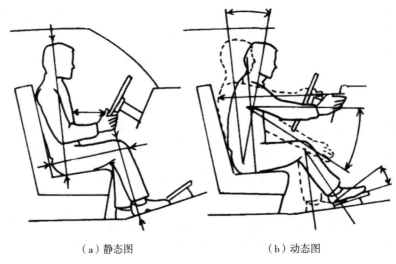

（a）静态图 （b）动态图

图 2 - 1　车辆驾驶室设计的静态图与动态图

资料来源：郭伏、钱省三主编：《人因工程学（第 2 版）》，机械工业出版社 2018 年版，第 221 页。

三、人体测量技术①

从技术发展来看，人体测量技术可分为普通测量技术和三维数字化测量技术。

（一）普通测量

普通测量也称传统手工测量，即采用一般的人体测量的有关仪器，如人体测高仪、人体测量用直角规、弯角规、三脚平行规等仪器，手工对人体的高、宽、各部分肢体长度以及动作范围等尺寸进行测量。传统手工测量工具简单、价廉，测量结果直观。但一般耗时较长，且由于胸、腰、臀等部位为人体敏感部位，测量时容易存在系统误差和偶然误差，难以进行快速、大规模的人体测量。

（二）三维数字化人体测量

三维数字化人体测量是现代图像测量技术的一个分支，是以现代光学为基础，融光电子学、计算机图像学、信息处理、计算机视觉等科学技术为一体，它在测量人体时，把图像当作检测和传递信息的手段或载体加以利用，其目的是从人体图像中提取有用的信息。与传统的手工测量技术相比，三维人体测量技术可在数秒内完成对人体数百个部位尺寸的测量，精确度高，可进行快速、大规模的人体测量。

三维人体测量技术一般由硬件和软件两部分组成，硬件用于人体图像的采集，主要

---

① 王宏付、王永波、柯莹：《三维人体测量技术研究进展》，载于《服装学报》2018 年第 6 期，第 492 ～ 496 页。

包括扫描室、摄像机等；软件部分则用于从图像中提取有用的信息并加以处理，同时通过计算机数据处理软件，还能够对图像进行旋转、缩放和截面处理。

四、人体测量的基本术语[①]

人体测量参数应用广泛，但测量数据易受环境、被测者姿势及测量点等各种因素的影响。如测量时，受测者在直立和仰卧两种姿势下测量的身高，相差可达 2～3 厘米之多。只有在被测者姿势、测量方向、测点等符合要求的前提下，所测得的人体参数才是有效的。为此，国际人类学会、中国国家标准管理委员会等都制定了相应的测量原则及测量规范。国家标准《用于技术设计的人体测量基础项目》（GB/T 5703 - 2010），对被测者的姿势、测量基准面、测量方向、测点等做了较为明确具体的规范。

（一）被测者的姿势

静止的人体可采用不同的姿势，统称为静态姿势。静态姿势主要分为立姿、坐姿、跪姿、卧姿 4 种基本形态。人体测量时主要使用立姿与坐姿。国标 GB/T 5703 - 2010 在附录中对立姿和坐姿进行了详细的规范：

（1）立姿：身体挺直，头部以法兰克福平面（眼耳平面）定位，眼睛平视前方，肩部放松，上肢自然下垂，手伸直，掌心向内，手指轻贴大腿侧面，左、右足后跟并拢，前端分开大致呈45°夹角，体重均匀分布于两足。

（2）坐姿：躯干挺直，头部以法兰克福平面定位，眼睛平视前方，膝弯曲大致成直角，足平放于地面上。

（二）测量基准面

基准面是在进行测量时，为了说明人体各部位在空间的相对位置以及某项测量是在哪一个基准面上进行所规定的人体平面。基准面的定位是由 3 个互为垂直的轴（铅垂轴、纵轴和横轴）来决定的。人体测量中设定的轴线和基准面如图 2 - 2 所示。

---

① 中华人民共和国国家质量监督检验检疫总局、中国国家标准化管理委员会：《用于技术设计的人体测量基础项目（GB/T 5703 - 2010）》，2011 年 1 月 14 日发布，2011 年 7 月 1 日实施，第 1~4 页。

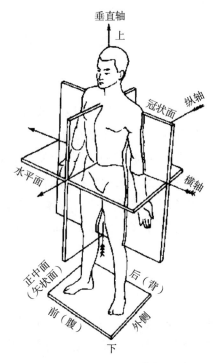

图 2 - 2　人体测量基准面和基准轴

资料来源：郭伏、钱省三主编：《人因工程学（第 2 版）》，机械工业出版社 2018 年版，第 219 页。

（1）矢状面。人体前后方向的正中平面（称正中矢状面）或平行于它的平面（称侧矢状面）。也即通过垂直轴和纵轴的平面及与其平行的所有平面都称为矢状面。正中矢状面将人体分为左右对称的两部分。

（2）冠状面。通过垂直轴与横轴及与其平行的所有平面。正冠状面将人体分成前后两个部分。

（3）水平面。与矢状面及冠状面垂直的所有平面都称为水平面。水平面将人体分成上下两部分。

（4）法兰克福平面，也称眼耳平面。当头的正中矢状面保持垂直时，两耳屏点和右眶下点所构成的标准水平面。这个平面是由德国人类学家提出，并通过 1877 年颅骨测量会议及 1884 年法兰克福国际人种学会议而被采用。

（三）测量方向

在人体的上下方向上，将上方称为头侧端，下方称为足侧端。在人体的左右方向上，将靠近正中矢状面的方向称为内侧，远离正中矢状面的方向称为外侧。在四肢上，将靠近四肢附着的部位称为近位，远离四肢附着的部位称为远位。对于上肢，将挠骨侧称为挠侧，尺骨侧称为尺侧。对于下肢，将胫骨侧称为胫侧，腓骨侧称为腓侧。

（四）测点术语

测量点是根据骨的隆凸、结节和骨骺的边缘来确定的，部分测量点，则依据皮肤皱褶、皮肤特殊结构和肌体结构而定，在活体表面上均有标志。人体测量点有几十甚至上百处，国标《用于技术设计的人体测量基础项目》（GB/T 5703 – 2010）中对较为常用的40个测点进行了规范说明，包括头部13个测点及躯干部和四肢部27个测点，见表2 – 1。

表 2 – 1   人体头部与躯干四肢测点

头部测点		躯干与四肢测点		
头顶点	鼻尖点	颈窝点	肩外侧点	胫骨前下点
枕后点	鼻翼点	颈根外侧点	桡骨点	内踝点
颧点	鼻下点	锁骨点	桡骨茎突点	外踝点
眼内角点	口角点	胸上点	尺骨茎突点	指点
眼外角点	颏下点	乳头点	肘点	指尖点
瞳孔点	下颌角点	腋窝前点	髂嵴点	尺侧掌骨点
眶下点		腋窝后点	髂前上棘点	足后跟点
		肩端点	髌骨中点	趾尖点

资料来源：本书根据《用于技术设计的人体测量基础项目》（GB/T 5703 – 2010）归纳。

五、人体测量的主要仪器[①]

人体测量仪是进行人体测量必不可少的工具，是保证人体测量研究顺利进行的重要条件。我国从1954年起开始人体测量仪器的研究与试制工作。经过不断的努力与改进，现在已经能生产一系列品种齐全的人体测量仪器，这些测量仪器在材质和结构设计方面，已步入世界同类产品的先进行列。常用的人体测量仪器有二十余种，中国国家标准化管理委员会将4种最主要的人体测量仪器列入国家标准项目，制定了相应的国家标准《人体测量仪器》（GB/T 5704 – 2008），包括人体测高仪、人体测量用直角规、人体测量用弯角规、人体测量用三角平行规。

（一）人体测高仪

人体测高仪又称马丁测高仪，是一种应用最广泛的人体测量仪器。主要用来测量身高、坐高、立姿和坐姿眼高以及伸手向上所及高度等立姿和坐姿时人体各部位高度方面

---

① 中华人民共和国国家质量监督检验检疫总局、中国国家标准化管理委员会：《人体测量仪器》（GB/T 5704 – 2008），2008年7月16日发布，2009年1月1日实施，第1~8页。

的尺寸。在它的第一节金属管的固定尺座上各插一支直尺时，可用作大型直脚规，测量范围0~500毫米。各插上一支弯脚规时，可用作大型弯脚规。

人体测高仪由直尺、固定尺座、管型尺框、活动尺座、弯尺、主尺杆、底座7个部分组成，如图2-3所示。用于范围为0~1 996毫米的人体高度尺寸的测量。

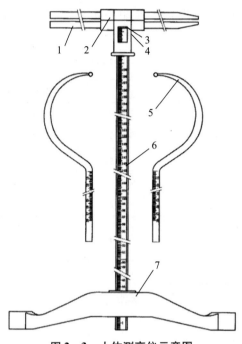

图2-3　人体测高仪示意图

注：1-直尺；2-固定尺座；3-管型尺框；4-活动尺座；5-弯尺；6-主尺杆；7-底座。
资料来源：中华人民共和国国家质量监督检验检疫总局、中国国家标准化管理委员会：《人体测量仪器》（GB/T 5704-2008），2008年7月16日发布，2009年1月1日实施，第2页。

（二）人体测量用直脚规

直脚规是人体测量仪器中使用最多的一种。直脚规主要包括固定直脚、活动直脚等组成部分。固定直脚与活动直脚的一端呈扁平鸭嘴形，主要用于测量活体；另一端尖锐，主要用于测量骨骼。直脚规的主尺范围为0~200毫米，主要用于测量200毫米以内的两点之间的直线距离，特别适宜测量距离较短的不规则部位的宽度或直径，如测量耳、脸、手、足等部位的尺寸。

直脚规由固定直脚、活动直脚、主尺和尺框等组成，如图2-4所示。直脚规根据有无游标读数分为两种型式。Ⅰ型无游标读数，Ⅱ型有游标读数。Ⅰ型无游标读数根据测量范围不同，又分为ⅠA及ⅠB型两种。ⅠA测量范围为0~200毫米，ⅠB测量范围为0~250毫米。

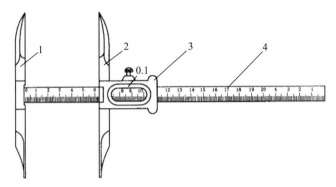

图 2 - 4　直角规示意图

注：1 - 固定直脚；2 - 活动直脚；3 - 尺框；4 - 主尺。
资料来源：中华人民共和国国家质量监督检验检疫总局、中国国家标准化管理委员会：《人体测量仪器》（GB/T 5704 - 2008），2008 年 7 月 16 日发布，2009 年 1 月 1 日实施，第 3 ~ 4 页。

（三）人体测量用弯脚规

弯脚规也是一种应用广泛的人体测量仪器。主要构件为左弯脚、右弯脚和主尺等。弯脚规的主尺范围一般为 0 ~ 300 毫米，可测量 300 毫米以内的，不能直接用直脚测量的两点间距离，如肩宽、胸厚等（见图 2 - 5）。

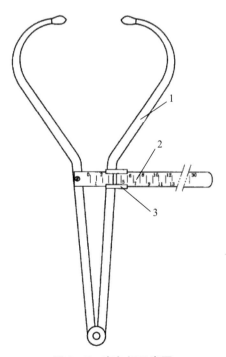

图 2 - 5　弯角规示意图

注：1 - 弯脚；2 - 主尺；3 - 尺框。
资料来源：中华人民共和国国家质量监督检验检疫总局、中国国家标准化管理委员会：《人体测量仪器》（GB/T 5704 - 2008），2008 年 7 月 16 日发布，2009 年 1 月 1 日实施，第 3 ~ 4 页。

第二节　人体测量项目

人类可度量的身体外形尺寸很多，如赫兹伯格（Hertzberg）等曾以美国 4 000 位飞行员为样本，测量了人体多达 132 种不同的身体外形尺寸。1978 年，美国 NASA 出版的《人体测量源书》（*Anthropometric Source Book*）收集了世界各地约 973 个人体测量项目[1]。《用于技术设计的人体测量基础项目》（GB/T 5703 - 2010）中规定了立姿测量项目、坐姿测量项目、特定部位测量项目和功能测量项目 4 类共 56 个人体测量项目[2]。

一、立姿测量项目

立姿是人体较常采用的作业姿势。立姿的有关测量数据在工效学设计中较为常用，如立姿作业空间确定、控制器及显示器的安排、作业台的高度等都需要用到立姿测量数据（见图 2 - 6）。

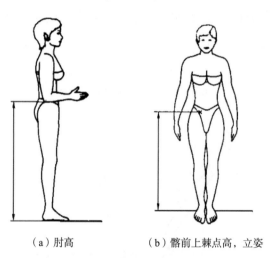

（a）肘高　　　　　　　（b）髂前上棘点高，立姿

图 2 - 6　立姿人体测量项目示例

资料来源：中华人民共和国国家质量监督检验检疫总局、中国国家标准化管理委员会：《用于技术设计的人体测量基础项目》（GB/T 5703 - 2010），2011 年 1 月 14 日发布，2011 年 7 月 1 日实施，第 6 页。

立姿人体测量项目如下：

（1）体重；

（2）身高；

---

① 饶培伦：《人因工程：基础与实践》，中国人民大学出版社 2013 年版，第 70 页。

② 中华人民共和国国家质量监督检验检疫总局、中国国家标准化管理委员会：《用于技术设计的人体测量基础项目》（GB/T 5703 - 2010），2011 年 1 月 14 日发布，2011 年 7 月 1 日实施，第 4 ~ 16 页。

（3）眼高；

（4）肩高；

（5）肘高；

（6）髂前上棘点高，立姿；

（7）会阴高；

（8）胫骨点高；

（9）胸厚，立姿；

（10）体厚，立姿；

（11）胸宽，立姿；

（12）臀宽，立姿。

二、自然坐姿的测量项目

自然坐姿是人体最为自然的姿势之一，也是作业中最常用的姿势。坐姿测量数据是设计座椅、工作台、作业区等必不可少参数资料（见图2-7）。

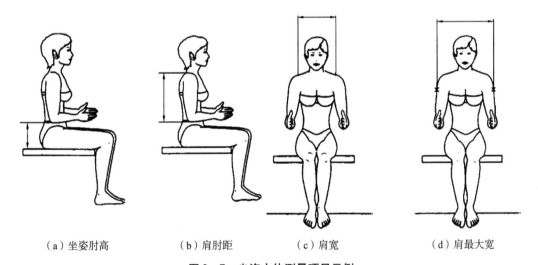

|（a）坐姿肘高 |（b）肩肘距 |（c）肩宽 |（d）肩最大宽 |

图2-7 坐姿人体测量项目示例

资料来源：中华人民共和国国家质量监督检验检疫总局、中国国家标准化管理委员会：《用于技术设计的人体测量基础项目》（GB/T 5703-2010），2011年1月14日发布，2011年7月1日实施，第9~10页。

坐姿测量项目包括：

（1）坐高；

（2）眼高，坐姿；

（3）颈椎点高，坐姿；

（4）肩高，坐姿；

（5）肘高，坐姿；

（6）肩肘距；

（7）肘腕距；

（8）肩宽（两肩峰点宽）；

（9）肩最大宽（两三角肌间）；

（10）两肘间宽；

（11）臀宽，坐姿；

（12）小腿加足高（腘高）；

（13）大腿厚，坐姿；

（14）膝高，坐姿；

（15）腹厚，坐姿；

（16）乳头点胸厚；

（17）臀—腹厚，坐姿。

第三节　人体测量资料的处理

人体测量所得到的原始数据一般需要经过加工处理，才能用于工效学设计。人体测量数据的处理主要包括测量数据的统计分析、测量数据的修正以及人体其他结构参数的估计3部分内容。

一、人体测量数据的统计分析

通过测量，得到的是个体的测量尺寸，即使在测量时选择了大量的样本，得出的依然是每一个样本的个体尺寸。个体与个体之间存在着巨大的差异，个体测量尺寸不能作为工效学的设计依据，因此需要经过统计处理以得出描述总体的人体参数尺寸。

工效学中，对人体测量数据进行统计分析主要是计算平均值、方差标准差、百分位数等统计量。利用这些统计量就能够很好地描述群体的人体尺寸分布及其差异规律。

（一）平均值

所有测量数据的平均值，是表示样本集中趋势的最常用指标，它把大量的数据简缩成为一个值并用它来代表总体的一般水平或典型水平。平均值分为算术平均值、几何平均值与调和平均值多种，最常用的是算术平均值。在一般情况（数据呈正态分布）下，它的代表性非常良好，算法如下。

对于有 n 个变量值 x_1，x_2，$\cdots$，x_n 的数列，我们用简单算术平均法即可算出其均值：

$$\overline{X} = \frac{x_1 + x_2 + \cdots + x_n}{n} = \frac{\sum\limits_{i=1}^{n} x_i}{n}$$

但如果我们所拥有的变量数列为分组资料时，则采用加权平均方式计算均值：

$$\overline{X} = \frac{x_1 f_1 + x_2 f_2 + \cdots + x_n f_3}{\sum\limits_{i=1}^{n} f_i} = \frac{\sum\limits_{i=1}^{n} x_i f_i}{\sum\limits_{i=1}^{n} f_i} = \frac{\sum xf}{\sum f}$$

（二）标准差

标准差目前被认为是最好的描述样本离散程度的指标，即描述各测量数据围绕均值上下波动的幅度，它也是度量平均数性能优良与否的常用参数。对于均值为 $\overline{X}$ 的 n 个样本测量值：x_1，x_2，$\cdots$，x_n，其标准差 S_D 的计算公式为：

$$S_D = \left[\frac{1}{n-1} \left(\sum\limits_{i=1}^{n} x_i^2 - n\overline{X}^2 \right) \right]^{\frac{1}{2}}$$

对于已分组资料，标准差计算公式为：

$$S_D = \left[\frac{1}{\sum f - 1} \sum\limits_{i=1}^{n} (x_i - \overline{X})^2 f_i \right]^{\frac{1}{2}}$$

（三）百分位数

百分位数是一种位置指标，一个界值，以符号 PK 表示，表示设计的适应域。一个百分位数将群体或样本的全部观测值分为两部分，有 $K\%$ 的观测值小于等于它，有 $(100 - K)\%$ 的观测值大于它。人体尺寸用百分位数表示时，称人体尺寸百分位数。工效学中常用的百分位数为第 5、第 50、第 95 三种百分位数。第 5 百分位数是指总体中有 5% 的变量值小于它，95% 的变量值大于它，所以第 5 百分位数代表的是"小身材"。第 50 百分位数是指总体中变量值各有 50% 大于和小于该数值，第 50 百分位数即为我们常说的中位数。而第 95 百分位数是指有 95% 的变量值小于等于该数值，有 5% 的变量值大于该数值，所以第 95 百分位数代表的是"大身材"。百分位数可由均值与标准差求得。

当已知某项人体测量数据均值为 $\overline{X}$，标准差为 S_D，要求任一百分位的人体测量尺寸时，可按下式计算：

$$PK = \overline{X} \pm (S_D \times K)$$

在求 1% ~50% 的数据时，式中取" – "号；求 50% ~99% 的数据时，式中取" + "号。式中的 K 为变换系数，设计中常用的百分位数与变换系数之间的关系如表 2 – 2 所示。

表 2 - 2   百分位与变换系数

百分位（%）	K	百分位（%）	K	百分位（%）	K
0.5	2.576	25.0	0.674	90.0	1.282
1.0	2.326	30.0	0.240	95.0	1.645
2.5	1.960	50.0	0.000	97.5	1.960
5.0	1.645	70.0	0.524	99.0	2.326
10.0	1.282	75.0	0.674	99.5	2.576
15.0	1.036	80.0	0.842		
20.0	0.842	85.0	1.036		

资料来源：郭伏、钱省三主编：《人因工程学（第2版）》，机械工业出版社2018年版，第227页。

如果需要计算某个人体尺寸所属的百分位数，则按如下步骤计算：

（1）求 z：
$$z = \frac{x_i - \overline{X}}{S_D}$$

式中，x_i 为人体测量尺寸，$\overline{X}$ 为均值，S_D 为标准差。

（2）查出对应概率值并计算所属百分位数 P：求出 z 值后，根据 z 值，查标准正态分布概率数值表（见一般统计学教材的附录），查得对应的概率数值 p，最后计算百分位数 P：$P = 0.5 + p$。

二、人体测量数据的修正

通过统计分析，将个体数据转换成群体数据之后，还需要进行测量数据的修正。人体测量数据的修正包括功能修正和心理修正。

（一）功能修正量的确定

1. 着装修正量

进行人体测量时，要求被测者不穿鞋子、不戴帽子，穿单薄内衣，以避免由于被测者的着装影响测量结果的精确性。而设计中所涉及的参数应该是在穿较厚衣服、穿鞋子甚至戴帽子的条件下的人体尺寸。因此必须给衣服、鞋子、帽子留下适当的余量，也就是在测量尺寸上增加适当的着装修正量。

着装修正量随季节、环境、性别、着装习惯等的不同而不同。国外许多国家制定了着装修正量的国家标准，我国学者根据国外标准，结合我国员工着装的实际情况，提出了我国可供参考的着装修正量，见表2-3。

表 2 - 3   正常人着装身材尺寸修正值   单位：毫米

项目	尺寸修正量	修正原因	项目	尺寸修正量	修正原因
立姿身高	25 ~ 38	鞋高	两肘间宽	20	
坐高	3	裤厚	臂—手	5	
立姿眼高	36	鞋高	叉腰	8	
坐姿眼高	3	裤厚	大腿厚	13	
肩宽	13	衣	膝宽	8	
胸宽	8	衣	膝高	33	
胸厚	18	衣	臀—膝	5	
腹厚	23	衣	足宽	13 ~ 20	
立姿臀宽	13	衣	足长	30 ~ 38	
坐姿臀宽	13	衣	足后跟	25 ~ 38	
肩高	10	衣（包括坐3及肩7）	肩—肘	8	手臂弯曲时，肩肘部衣物压紧

资料来源：郭伏、钱省三主编：《人因工程学（第2版）》，机械工业出版社2018年版，第230页。

2. 姿势修正量

在人体测量时要求躯干挺直姿势符合规范。但是人体在进行作业时，躯干为自然放松状态，因此设计时还需考虑姿势不同而引起的变化量，即姿势修正量。经研究，有关学者给出了姿势修正量的常用数据：如立姿的身高、眼高减10毫米；坐姿的眼高则需减44毫米。

3. 操作修正量

考虑实际产品不同操作功能所需的修正量，即操作修正量。例如，上肢前展操作，应考虑"前展长"（后背到中指指尖的距离）这个尺寸。但操作不同控制器时，前展操作动作有所不同，因而应作不同的修正。按动按钮开关时，操作修正量需减去12毫米，扳动扳钮开关时，则要减25毫米。其他相关的操作修正量，可查阅国标《在产品设计中应用人体尺寸百分位数的通则》（GB/T 12985 - 1991）中的相关内容。需要强调的是，GB/T 12985 - 1991只是示例了一些常规的数据，更多的操作修正量还需要设计者根据实际情况，通过实测研究分析来确定。

着装修正量、姿势修正量和操作修正量的总计称功能修正量。功能修正量是为了保证实现产品的某项功能而对作为产品尺寸设计依据的人体尺寸百分位数所作的尺寸修正量。通常通过实验方法求得，也可以从统计数据中获得。如穿着修正量即是通过对人群中的穿着习惯统计研究得出。功能修正量随产品的不同而异，通常为正值，也可能为负值。

（二）心理修正量及其确定

心理修正量是为了消除心理上的空间压抑感、恐惧感或为追求美观等心理需要而作的尺寸修正量。例如，居民楼阳台护栏高度，只要它略高于人体重心，正常情况下就能够防止跌落事故。但身处几十层的高楼栏杆旁，为了克服恐惧心理，有必要加高栏杆。又如，面积较大的空间需要更高的层高，以防压抑，附加的高度就是心理修正量。心理修正量通常也通过实验方法求得，一般通过被试者主观评价的评分结果进行统计分析，求得心理修正量。针对不同人群不同情境，心理修正量的需求有很大不同。如长时间住小房子的人对空间的心理修正量可能偏小，公交车中人们对空间的心理修正量也比教室、礼堂等小很多。

（三）产品功能尺寸

产品功能尺寸是指为了确保实现产品某一功能而在设计时规定的产品尺寸。该尺寸通常是以设计界限值确定的人体尺寸为依据，再加上为确保产品某项功能实现所需要的修正量。产品功能尺寸有最小功能尺寸和最佳功能尺寸两种，具体设定的通用公式如下：

产品最小功能尺寸 = 人体尺寸百分位数 + 功能修正量
产品最佳功能尺寸 = 人体尺寸百分位数 + 功能修正量 + 心理修正量

三、人体各部分结构参数的关系

人体是一个奇妙的系统，正常成人身体各部分尺寸之间是相互关联的，例如，肩宽≈2个头宽；身高≈双臂平展两中指间距离；拳头周长≈脚长。这样当设计中所需要的人体数据没有条件测量，或者直接测量有困难时，或者为了简化人体测量的过程，可根据人体的身高、体重等基础数据，利用经验公式推算出所需的其他各部分数据。

（一）由身高计算人体各部分尺寸

正常成年人人体各部分尺寸均与身高有着密切的关系，身高、体重、手长等人体的基本数据之间往往具有线性关系，设计中常用立姿身高来推算人体其他各部分尺寸。根据大量统计资料和工效学的基础研究，学者们研究得出我国成年人人体尺寸与身高的近似比例关系，如图2-8所示。

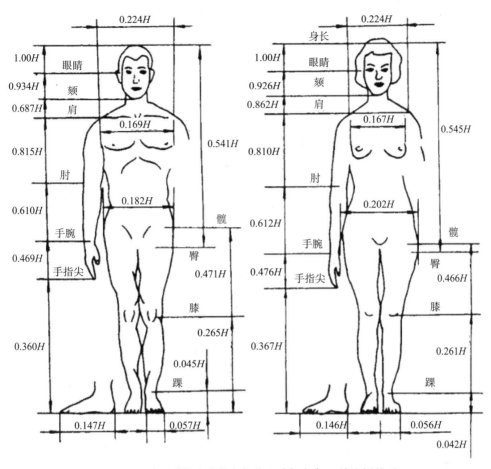

图 2 - 8　我国成年人人体各部分尺寸与身高 H 的比例关系

资料来源：郭伏、钱省三主编：《人因工程学（第 2 版）》，机械工业出版社 2018 年版，第 232 页。

（二）由身高体重计算人体体积和人体表面积

人体体积、人体表面积也与身高体重具有线性关系。

人体体积的计算：

$$V = 1.015W - 4.937$$

式中：V——人体体积（升）；W——人体体重（千克）。

人体表面积的计算：

$$B = 0.0061H + 0.0128W - 0.1529$$

式中：B——人体表面积（平方米）；H——人体身高（厘米）；W——人体重量（千克）。

（三）由身高、体重、体积计算生物力学参数

在知道了人的身高、体重和体积以后，还可以进一步进行生物力学参数的计算。

1. 人体各部分重心位置（离靠近身体中心关节的距离，单位：厘米）

手掌重心位置 $\quad O_1 = 0.506L_1$

前臂重心位置 $\quad O_2 = 0.430L_2$

上臂重心位置 $\quad O_3 = 0.436L_3$

大腿重心位置 $\quad O_4 = 0.433L_4$

小腿重心位置 $\quad O_5 = 0.433L_5$

躯干重心位置 $\quad O_6 = 0.660L_6$

2. 人体各部分的旋转半径（离靠近身体中心关节的距离，单位：厘米）

手掌旋转半径 $\quad R_1 = 0.587L_1$

前臂旋转半径 $\quad R_2 = 0.526L_2$

上臂旋转半径 $\quad R_3 = 0.542L_3$

大腿旋转半径 $\quad R_4 = 0.540L_4$

小腿旋转半径 $\quad R_5 = 0.528L_5$

躯干旋转半径 $\quad R_6 = 0.830L_6$

3. 人体各部分体积（单位：升）

手掌体积 $\quad V_1 = 0.00566V$

前臂体积 $\quad V_2 = 0.01702V$

上臂体积 $\quad V_3 = 0.03495V$

大腿体积 $\quad V_4 = 0.0924V$

小腿体积 $\quad V_5 = 0.0408V$

躯干体积 $\quad V_6 = 0.6132V$

4. 人体各部分重量（单位：千克）

手掌重量 $\quad W_1 = 0.006W$

前臂重量 $\quad W_2 = 0.018W$

上臂重量 $\quad W_3 = 0.0357W$

大腿重量 $\quad W_4 = 0.0946W$

小腿重量 $\quad W_5 = 0.042W$

躯干重量 $\quad W_6 = 0.580W$

5. 人体各部分的旋转惯量（该部分绕关节转动的惯量，单位：千克·平方米）

手掌旋转惯量 $\quad I_1 = W_1 \times R_1^2$

前臂旋转惯量 $\quad I_2 = W_2 \times R_2^2$

上臂旋转惯量 $\quad I_3 = W_3 \times R_3^2$

大腿旋转惯量 $\quad I_4 = W_4 \times R_4^2$

小腿旋转惯量 $\quad I_5 = W_5 \times R_5^2$

躯干旋转惯量 $\quad I_6 = W_6 \times R_6^2$

第四节　人体测量资料的研究及其应用

如前所述，产品的尺寸范围，显示器、控制器的布置，过道及栏杆的设计，作业场所的空间布局等，都需要人体测量的尺寸数据。应用人体测量资料时需要对这些资料进行研究，并了解其在使用时所适用的设计原则。

一、人体测量数据的研究

（一）体型分类

体型分类是产品型号标准中的一个重要问题，其目的不仅是将人体的体型特征区分开来，更重要的是为产品款式和结构设计提供依据，提高产品或场所的宜人性。

体型分类的标准很多，有围度差、前后腰节差及人体特征指数等多种方法。围度差分类法涉及的测量值精确，操作简单易行[①]。如以人体净胸腰差值为依据，将人体划分为 Y、A、B、C 4 种类型。但这种方法仅考虑了围度特征，缺少长度和高度的分析。前后腰节差分类法是指前颈点到腰的长度与后颈点到腰的长度的差值。这种方法考虑到上体体型，可以很好地反映人体背部形态和腹部形态，但不适用于研究下体的分类[②]。

最常使用的分类方法是特征指数法。特征指数用于分析身体的比例，常见的有皮—弗氏指数、罗氏指数、达氏指数和皮氏指数 4 种形体指数。根据指数值的区间范围，将体型分为瘦长型、中间型和肥胖型 3 种，其结果被广泛用于服装设计与作业场所的设计中。

1. 皮 – 弗氏（Pignet – Vervaeck）指数。其计算公式为：

$$皮 - 弗氏指数 = \frac{体重（千克）+ 胸围（厘米）}{身高（厘米）} \times 100$$

2. 罗氏（Rohrer）指数。其计算公式为：

$$罗氏指数 = \frac{体重（克）}{身高^3（厘米）} \times 100$$

3. 达氏（Davenport）指数。其计算公式为：

$$达氏指数 = \frac{体重（克）}{身高^2（厘米）} \times 100$$

---

① 朱慧、李燕、石雪莲：《体型分析与测量方法研究》，载于《山东纺织经济》2019 年 9 月第 9 期，第 21 ~ 24 页。

② 汪海仙、尚笑梅：《人体体型分类方法研究综述》，载于《现代丝绸科学与技术》2019 年 3 月第 3 期，第 37 ~ 40 页。

4. 皮氏（Pignet）指数。其计算公式为：

皮氏指数 = 身高（厘米）－［胸围（厘米）＋体重（千克）］

根据上述指数数值，对体型进行分类，如表 2 − 4 所示。

表 2 − 4   体型的分类

指数	性别	瘦长型	中间型	矮胖型
皮—弗氏（Pignet – Vervaeck）指数	男	~81.9	82.0 ~ 94.2	94.3 ~
	女	~81.4	81.5 ~ 94.7	94.8 ~
罗氏（Rohrer）指数	男	~1.28	1.29 ~ 1.49	1.50 ~
	女	~1.29	1.30 ~ 1.50	1.51 ~
达氏（Davenport）指数	男、女	~26	25 ~ 21	20 ~
皮氏（Pignet）指数	男、女	~50	51 ~ 55	56 ~

资料来源：方彰林、姜世正主编：《人体美学》，北京出版社 2000 年版，第 117 页。

（二）人体尺寸的影响因素研究

不同的产品、场所和环境，使用人群的形体特征有较大的不同。因此设计相应产品和场所的时候，需要将影响形体特征的变动因子纳入考虑，以使设计尽可能地适合使用群体的大多数。

1. 年龄

人身高等外形尺寸随年龄的变化而不断变化。在未成年之前，身体逐渐增高长大，成年后基本稳定，进入中老年又开始萎缩。对未成年人来说，年龄对身高的影响很大，成年之后，这种影响相对很小。年龄对人的力量的影响比对身体外形的影响还要大很多。工效学设计时，应确定设计对象与年龄的关系。如设计栏杆时，应以儿童头部尺寸作为依据。5 岁儿童的平均头围直径为 140 毫米，故栏杆距离应小于 140 毫米，为保证较小头围儿童的安全，一般取 110 毫米，见图 2 − 9。

图 2 − 9　栏杆安全距离的确定依据

资料来源：刘怀敏编著：《人体工程应用与实训》，东方出版中心 2014 年版，第 14 页。

2. 性别

性别对人体尺寸的影响也许是最大的。两性身体尺寸的明显差别从 10 岁开始，一般男女之间的平均身高相差 10 厘米以上。臀宽、肩宽、躯干四肢长度都有显著差别。在工效学设计中应充分注意这种差别。

3. 世代差异

对过去 100 年的观察发现，子女们一般比父母长得高。最近，英国伦敦帝国学院和其他国家的 800 人研究团队的一项研究成果——《百年成人身高变迁趋势报告》在欧洲科学开放论坛发表。研究团队选取各国 1914 年和 2014 年 18 岁人口的身高资料进行分析。结果显示：100 年间，得利于普遍的经济发展和营养状况的改善，世界各国人民的总体身高不断提升，多数国家平均身高 100 年来增高值在 10 厘米以上。伊朗、格陵兰、韩国身高增加值瞩目，分别增加了 16.51 厘米、15.40 厘米、15.17 厘米。马绍尔群岛、巴基斯坦、玻利维亚、南非、毛里塔尼亚五国身高增加值小于 2 厘米。工业革命以后欧洲人身高迅速增长，亚洲国家身高增长速度较快，非洲国家身高增加普遍偏小。近几十年来，中国人身高增长较快并且超过了日本。中国成年男性平均身高从 160.97 厘米增加到 171.83 厘米，增加了 10.86 厘米，中国台湾和中国香港则分别增加了 13.21 厘米和 13.90 厘米[①]。

4. 职业

不同职业的人，身体尺寸及比例存在显著差异。通常体力劳动者如卡车司机、钢铁工人和运动员等，其有关周径的尺寸比脑力劳动者（如研究人员、教师）大，身高则相反。

5. 国家种族

不同国家、不同人种，因地理环境、生活习惯、遗传特性不同，人体尺寸差异十分显著，如成年男性平均身高，越南仅为 1 605 毫米，比利时为 1 799 毫米，设计应用时不能简单参照别国数据。表 2-5 中给出了不同国家的男子身高均值与坐高比。

表 2-5 　　　　　　　　　　部分国家男子身高均值与坐高比　　　　　　　　　单位：厘米

类别	美国	德国	英国	瑞典	法国	意大利	伊朗	日本	中国
身高	177.2	175.5	175.3	174.1	171.1	170.6	168.1	166.7	167.0
坐高比	0.522	0.527	0.524	0.516	0.511	0.526	0.530	0.544	0.528

注：坐高比为坐姿与站姿的身高之比。
资料来源：封根泉编著：《人体工程学》，甘肃人民出版社 1980 年版，第 79 页。

---

① 注：数据来自科学期刊《电子生命》（*eLife*），2016 年 7 月。

由表 2 - 5 可知，不同国家和种族的人不仅在身高上有着较大的差异，身体各部分的比例结构也有较大不同。亚洲人的坐高比高于欧美人。因此，人们坐着工作时，上身高度差异较小，这一点对于汽车、飞机等的座位设计有重要的参考价值。

6. 地域

寒冷地区与热带地区，平原地区与高山地区，城市与乡村，由于饮食、气候以及遗传基因等因素的影响，身体尺寸无论是身高还是身体各部分比例都有较大差异。我国幅员辽阔，不同地区间的人体尺寸差别较大。为了选用合乎地区特点的人体尺寸，国家技术监督局将我国（不包括港澳台地区）划分为以下六大区域：

东北、华北区：包括黑龙江、吉林、辽宁、内蒙古、山东、北京、天津、河北。

西北区：包括甘肃、青海、陕西、山西、西藏、宁夏、河南、新疆。

东南区：包括安徽、江苏、上海、浙江。

华中区：包括湖南、湖北、江西。

华南区：包括广东、广西、福建。

西南区：包括贵州、四川、云南。

表 2 - 6 给出了我国六大区域年龄在 18 ~ 60 岁的成年男女的身高、体重、胸围的均值及标准差 S_D 值。

表 2 - 6   我国六大区域成年人体重、身高、胸围的均值及标准差（18 ~ 60 岁）

区域	性别	体重（千克）		身高（毫米）		胸围（毫米）	
		均值	标准差	均值	标准差	均值	标准差
东北区、华北区	男	64	8.2	1 693	56.6	888	55.5
	女	55	7.7	1 586	51.8	848	66.4
西北区	男	60	7.6	1 684	53.7	880	51.5
	女	52	7.1	1 575	51.9	837	55.9
东南区	男	59	7.7	1 686	55.2	865	52.0
	女	51	7.2	1 575	50.8	831	59.8
华中区	男	57	6.9	1 669	56.3	853	49.2
	女	50	6.8	1 560	50.7	820	55.8
华南区	男	56	6.9	1 650	57.1	851	48.9
	女	49	6.5	1 549	49.7	819	57.6
西南区	男	55	6.8	1 647	56.7	855	48.3
	女	50	6.9	1 546	53.9	809	58.8

资料来源：国家质检总局：《中国成年人人体尺寸》（GB/T 1000 - 1988），1988 年 12 月 10 日批准，1989 年 7 月 1 日实施，第 18 ~ 19 页。

二、人体测量资料的应用原则

（一）适用于极端个体的设计

由于个体之间的显著差异，在进行工作系统设计与改善时，显然不能运用个体数据，那样所设计出来的对象只能适用于个别人。为了解决这个问题，传统的设计原则是使用均值进行设计，即所谓的"平均人"设计原则。但是，虽然有大约一半个体的人体尺寸数据集中在均值附近，"平均人"设计原则设计出来的对象也只能适用于大约一半的使用者。

较为现代的设计原则是使设计出来的对象"适用于大多数人"。为此，在设计有些对象时，要以人体测量的极端值作为设计的标准。

极端个体的设计原则有两种：一种称为极大尺寸设计，它以人体测量资料的较高百分位数（如 P90、P95、甚至 P99）为设计基准。极大尺寸设计通常用于隔离距离的设定，如门的高度与宽度，出入口的高度与宽度等。这样，我们设计出来的对象能为大个子所用，当然也能为小个子所用，符合"适用于大多数人"的设计原则。

另一种极端设计称为极小尺寸设计，它以人体测量资料的较低百分位数为设计基准。控制器与操作员的距离即为一例，如果手臂较短的人能够握到控制器，则手臂较长的人更容易握得到。除了涉及人的健康、安全的产品，选择 P99 和 P1 作为尺寸的上限值、下限值的依据，一般的工业产品，常常选用 P95、P5 甚至 P90、P10 为标准，原因是采用 P99 和 P1 常常需要较高的成本。

《在产品设计中应用人体尺寸百分位数的通则》（GB/T 12985 – 1991）中，将产品类型分为 I 型、II A 型、II B 型和III型 4 类，规定的百分位数选择如表 2 – 7 所示。

表 2 – 7 产品类型及尺寸设计依据

产品类型	说明	尺寸设计依据	示例
I 型	需要两个人体尺寸百分位数作为尺寸上限值和下限值的依据	涉及人的健康和安全的产品，选用 P99 和 P1 作为尺寸上下限值的依据，满足度 98%；一般工业产品，选用 P95 和 P5 作为尺寸上下限值的依据，满足度为 90%	汽车驾驶员可调式座椅的调节范围取 P90 和 P10 为上下限值的依据
II A 型	只需要一个人体尺寸百分位数上限值的依据	涉及人的健康安全的产品，选用 P99 或 P95 作为尺寸上限值的依据，满足度为 99% 或 95%；一般工业产品，选用 P90 作为尺寸上限值的依据，满足度为 90%	门的高度、床的长度，取 P90 作为上限值的依据

产品类型	说明	尺寸设计依据	示例
ⅡB型	只需要一个人体尺寸百分位数作为尺寸下限值的依据	涉及人的健康安全的产品，选用P1或P5作为尺寸下限值的依据满足度为99%或95%；一般工业产品，选用P10作为尺寸下限值的依据，满足度为90%	栅栏结构、网孔直径涉及健康安全，取P1作为下限值的依据
Ⅲ型	只需要第50百分位数作为尺寸设计的依据	选用P50作为产品尺寸设计的依据（平均尺寸设计）	门把手的高度、开关距离地面的高度，取肘高的P50作为设计依据

资料来源：根据《在产品设计中应用人体尺寸百分位数的通则》（GB/T 12985-1991）整理。

（二）可调器具的设计

装备或器具的某些部分的尺寸最好是可以调节的，以便适于各种尺寸的人。汽车座椅的前后调整以及打字员座椅的上下调整都是最常见的例子。设计可调器具时，其调节范围也多为第5至第95百分位数之间。同样这也是从节约成本的角度考虑的。

（三）适用于"平均人"的设计原则

与上述极端设计相比，"平均人"的设计原则比较传统，在一般的设计中，目前尽量避免以它为设计标准。然而，在实际设计中，有时却不得不以平均值为标准，尤其是在那些可调设计行不通，极端设计又不适用的情况下。例如，超级市场的付账柜台就是以平均值为设计标准的，它或许会使身材矮小或高大的人感到有些不适，但它却是所有可能高度中最适当的一个。就总体来说，它所引起的不适或困难必然比较高或较低的设计所引起的要少得多。

三、人体测量数据的运用程序

因为设计过程中环境的多样性以及被设计对象所针对群体的差异性，将人体测量数据应用于特定设计对象时，并没有一套完美的程序可供遵循。人体测量数据的应用，既是科学，也是艺术。下面的步骤仅作为人体测量数据应用的一般参考建议：

（1）确定设计中重要的人体尺寸，如坐位腘高是座椅设计的主要数据；

（2）确定使用该产品的人群（如儿童、妇女、大学生等）；

（3）确定设计中所需要采用的设计原则（极端个体设计、可调器具设计、平均人设计）；

（4）根据相关情况来选择适用人群的百分比（如90%、95%）或根据与该问题相关的一些事项来决定选择；

（5）收集目标人群的人体测量数据表，计算相关的数据（均值、百分位数等）；

（6）如果目标人群需要穿着特殊的服装，就要加入适当的着装修正量；

（7）设计制作相关产品。

复习与思考

（1）简述广义人体测量与狭义人体测量的内容。

（2）什么是人体结构尺寸？什么是人体功能尺寸？伸手上举所及高度是人体结构尺寸还是人体功能尺寸？

（3）人体测量资料在经过哪些方面的处理后才能在设计中得以应用？

（4）为什么要进行人体测量资料的修正？

（5）极大尺寸设计和极小尺寸设计是怎么回事，各在什么情况下使用？

案例讨论

日本的联合收割机事故

第二次世界大战后随着工业的发展，日本农业机械日益普及。20世纪50年代，普及了手扶拖拉机，60年代普及了4轮拖拉机。60年代末，每100公顷拥有农业机械10台。70年代以后，割捆机、联合收割机、插秧机等也逐渐普及。工业的高速发展导致城市人口密集和农村人口减少。1960年日本农业人口为1 454万人，1965年降为1 151万人，1972年进一步下降为899万人。12年间减少了500万人，城市近郊兼职农户增加，1960年为32.1%，1972年上升为58.5%。在这种情况下，实行农业机械化是必要的。日本的农业成了以妇女和老人为中心的农业，壮年男子只在公司休息日从事农业劳动。人们形容日本农业为"老、幼、妇农业"或"休息日农业"。

这样，农业机械就成为日本农业不可缺少的生产手段。农业机械化减轻了人们的劳动强度，提高了劳动生产率。但同时也增加了农业生产事故。1975年，富山县因联合收割机事故，伤亡人数达157人，劳动工伤频数为100.28，劳动损失率为8.18%。按照产业劳动的类别进行比较，农业生产的劳动工伤频数和劳动损失率几乎和煤矿差不多。

12位人机工程专家用工效学的思路对比利时生产的大型联合收割机和美国生产的大型拖拉机进行了作业检查，结果对这两种机械不满意的地方有：进出空间、座椅位置和高度、操作具的配置、脚踏板、控制杆的操纵宽度、视界、操作具的识别标识等。

联合收割机比拖拉机存在的问题更多。它是为身材高大的欧洲人设计的，不适合身材矮小的日本人。日本的驾驶员坐在驾驶台上，车身板和仪表盘挡住了视线，看不见作业装置，而站立操作时，大腿的前部抵住驾驶盘的下部，又不能完全站立，再加上座椅是固定的，人无法向后挪动。于是，驾驶员只好以不自然的姿势站立，操作人员很难能够上操纵杆和脚踏。本来座椅是为作业而设计的，但它和日本人的身体特征产生了矛盾。

资料来源：［日］浅居喜代治著：《现代人机工程学概论》，科学出版社 1992 年版，第 242～246 页。

问题：你从上述事故及其分析中得到什么结论？有哪些启发？请查找一例我国类似的生产事故，并做出自己的分析。

背景知识[①]

1. 国际标准化组织及其人体测量标准

（1）国际标准化组织（International Standardization Organization，ISO）。

目前，最常用的国际标准是 ISO，其他的国家标准有英国的 BS、日本的 JIS、德国的 DIN 以及中国的 GB。这些标准是由专门的标准委员会制定的。

国际标准化组织（ISO）是世界上最大的非政府性标准化专门机构，1946 年成立于瑞士日内瓦，在国际标准化中占主导地位。到 2020 年为止，ISO 有正式成员国 120 多个，我国是其中之一，每个成员国均有一个国际标准化机构与 ISO 相对应。ISO 负责制定在世界范围内通用的国际标准，以推进国际贸易和科学技术的发展，加强国际间的经济合作，其技术工作分别由 2 700 多个技术委员会（TC）、分技术委员会（SC）和工作组（WG）承担。

ISO 将制定的标准推荐给世界各国采用，而非强制性标准，但是由于 ISO 颁布的标准在世界上具有很强的权威性、指导性和通用性，所以各国都非常重视 ISO 标准，目前 ISO 的 200 多个技术委员会正在不断地制定新的产品、工艺和管理方面的标准。

（2）ISO 的人体测量标准。

ISO 各种标准中，涉及人体测量的有很多，比如机械设备设计上的要求，家具的设计要求，英国标准中甚至有对教学设计的要求，这些都和人体的数据有关。这里，我们主要介绍明确提到人体测量部位和人体测量方法的标准，如表 2－8 所示。

表 2－8　　　　　　　　　　　　　　　国际人体测量标准

标准号	标准名称	标准英文名称	标准语言
ISO3635－1981	服装尺寸标识、定义和人体测量步骤	Size Designation of Clothes－Definitions and Body Measurement Procedure（Third Edition）	英语

---

① 方方、张渭源、张文武、郎军：《人体测量标准的研究》，载于《东华大学学报（自然科学版）》2005 年第 1 期，第 132～138 页。

标准号	标准名称	标准英文名称	标准语言
ISO8559 – 1989	服装结构和人体测量、人体尺寸	Garment Construction and Anthropometric Surveys – Body Dimensions（First Edition）	英语
ISO7250 – 1996	工艺设计相关的基本人体测量	Basic Human Body Measurements for Technological Design	英语
ISO15534 – 3 – 2000	机械安全的人类工效学设计、第3部分：人体测量学的数据	Ergonomic Design for the Safety of Machinery – Part 3：Anthropometric Data（First Edition）	英语

资料来源：方方、张渭源、张文武、郎军：《人体测量标准的研究》，载于《东华大学学报（自然科学版）》2005年第1期，第134页。

2. 中国人体测量标准

国际标准化组织（ISO）及美国、英国等国的国家标准委员会，很多是非官方的民间组织。我国的国家标准是由专门的政府部门进行制定、宣传与推广的。因此，政府部门的更替和改名，也造成了标准制定部门的变迁。1956年成立国家技术委员会，下设标准局，经过若干阶段的发展，2001年10月，成立中国国家标准化管理委员会，受国务院授权履行行政管理职能，统一管理全国标准化工作。2018年3月，根据13届全国人民代表大会第一次会议批准的国务院机构改革方案，中国国家标准化管理委员会职责划入国家市场监督管理总局，对外保留牌子。以国家标准化管理委员会名义，下达国家标准计划，批准发布国家标准，审议并发布标准化政策、管理制度、规划、公告等重要文件；开展强制性国家标准对外通报；协调、指导和监督行业、地方、团体、企业标准工作；代表国家参加国际标准化组织、国际电工委员会和其他国际或区域性标准化组织；承担有关国际合作协议签署工作；承担国务院标准化协调机制日常工作。

中国国家标准分强制性国家标准GB和推荐性国家标准GB/T两大类。人体测量类的标准，属于国标中的推荐标准。目前我国现行的人体测量标准归纳如表2-9所示。

表2-9　　　　　　　　　　中国现行的人体测量标准

标准号	标准名称	发布日期	实施日期
GB/T – 1988	中国成年人人体尺寸	1988 – 12 – 10	1989 – 07 – 01
GB/T 12985 – 1991	在产品设计中应用人体尺寸百分位数的通则	1991 – 06 – 08	1992 – 03 – 01
GB/T 18717，3 – 2002	用于机械安全的人类工效学设计第3部分：人体测量数据	2002 – 05 – 17	2002 – 03 – 01
GB/T 5704 – 2008	人体测量仪器	2008 – 07 – 16	2009 – 08 – 01
GB/T 23237 – 2009	腧穴定位人体测量方法	2009 – 02 – 06	2009 – 08 – 01
GB/T 23698 – 2009	三维扫描人体测量的一般要求	2009 – 05 – 06	2009 – 08 – 01

续表

标准号	标准名称	发布日期	实施日期
GB/T 23699－2009	工业产品及设计中人体测量学特性测试的原则	2009－05－06	2009－08－01
GB/T 5703－2010	用于技术设计的人体测量基础项目	2011－01－14	2011－07－01
GB/T 30548－2014	服装用人体数据验证方法用三维测量仪获取的数据	2014－05－06	2015－03－01
GB/T 16160－2017	服装用人体测量的尺寸定义与方法	2017－12－29	2018－07－01
GB/T 22044－2017	婴幼儿服装用人体测量的尺寸定义与方法	2017－12－29	2018－07－01
GB/T 38131－2019	胶装用人体测量基准点的获取方法	2019－10－18	2020－05－01

资料来源：中华人民共和国国家质量监督检验检疫总局、中国国家标准化管理委员会：《推荐性国家标准》，www. sac. gov. cn/。

第三章

人体的作业生理

器官得不到锻炼，同器官过度紧张一样都是极其有害的。

——［德］康德（Kant，著名哲学家）

人类的生产活动是由一定的生理过程来完成的。作为具有活力的生物个体，活动中的人体生理变化是一个极其复杂的生命过程。讨论作业过程中人体生理活动的规律，了解作业过程中能量代谢、心血管系统、呼吸系统等的变化以及神经、运动系统的特征，对员工作业系统的设计与改善，从员工角度评价劳动负荷，重新设计工作方法和程序，以及选择不同的管理方案等，都是十分必要的。

专栏 3.1：能量消耗与工资体系的效率研究

用一般的逻辑推理，好像可以很轻易地得出与工作结果相联系的计件工资比计时工资具有更高的激励效果。事实果真如此吗？对这一问题的一项有趣检验来自菲律宾的布科伊顿。在那里，工人们在一年中从事好几种农业生产的现象是十分普遍的。其中有些工作，雇主们是按时间给工人支付报酬的，即计时工资。而在另一些工作中，雇主则是根据工人的产出向他们支付报酬，即计件工资。这样，我们就能够观察到，对同一个人来说，在两种不同的工资支付体系下，工人们工作努力的程度会有什么不同。研究者们用工人体重的变化和卡路里的消耗两项指标来衡量工人的努力程度。结果发现，工人按工时拿工资比按产出拿工资时所消耗的卡路里要少 23%，而且体重减少也更少。两种指标都表明：工人在计时工资体系中比在计件工资体系中所付出的努力要少得多。

资料来源：［美］伊兰伯格、史密斯著：《现代劳动经济学（13版）》，中国人民大学出版社 2021 年版，第 351 页。

第一节　作业过程中的能量代谢

一、能量代谢

人体与外界产生的物质和能量交换过程，是生命活动最基本的特征。

人体的能量代谢，就是人体能量产生、转移、贮存和利用的过程，单位通常为千卡或千焦。

人体的代谢量与许多因素有关，如劳动时间的长短、人体表面积的大小、机体所处的状态以及作业环境条件等。为了消除时间以及不同个体因素对代谢量的影响，生理学中用能量代谢率即代谢速度来反映能量代谢的不同。

所谓能量代谢率即每小时每平方米体表面积的代谢量，单位为千焦/（平方米·小时）。

按人体状态的不同，能量代谢分为基础代谢量（率）、安静代谢量（率）与能量代谢量（率）。

（一）基础代谢量（率）

基础代谢量是人体处于基础状态时，为维持生命所必需消耗的能量。单位时间内每平方米体表面积的基础代谢量称为基础代谢率，基础代谢常用 B 表示。

所谓基础状态是指在室温 20℃的条件下，被试者处于清醒、空腹（食后 10 小时以上）、安静卧床时的状态。此状态下，人体代谢不受精神紧张、肌肉活动、食物和环境因素的影响。基础代谢率并不是机体最低的能量代谢率，熟睡时代谢率还要再低。

实际测定结果表明，基础代谢率因年龄、性别等不同而有显著差异。相同条件下，男性的基础代谢率高于同龄女性；幼儿和少年高于成人，年龄越大，基础代谢率越低。我国正常人基础代谢率的平均数如表 3－1 所示。

表 3－1　　　　　　　我国正常人基础代谢率的平均值　　　单位：千焦/（平方米·小时）

性别	11~15岁	16~17岁	18~19岁	20~30岁	31~40岁	41~50岁	51岁以上
男性	195.5	193.4	166.3	157.8	158.6	154.1	149.1
女性	172.5	181.7	154.1	146.5	146.9	142.3	138.6

资料来源：郭伏、钱省三主编：《人因工程学（第2版）》，机械工业出版社2018年版，第131页。

在基础状态下，人体各种生理活动都比较稳定，体内能量消耗主要用于维持人体的基本生命活动。基础代谢率在 ±15% 以内的范围内波动均属正常，差值超过 ±20% 则身体有可能发生病理性变化。

由于基础代谢率的测定比较困难，世界卫生组织（World Health Organization，WHO）于 1985 年提出用静息代谢率代替基础代谢率。测定时全身处于休息状态，但不是空腹而是在进食 3~4 小时后测量，此时机体仍在进行着若干正常的消化活动。因此，静息代谢率的值略高于基础代谢率，但两者的差别很小，约为 10% 。

（二）安静代谢量（率）

安静代谢量是机体为保持其各部位的平衡及某种姿势所消耗的能量。由于机体的各种活动都会引起代谢量的变化，所以测定时一定要使机体保持安静状态，即被试者的呼吸、心率等维持在正常水平，一般取作业前或作业后的坐姿进行测定。根据一般的经验，在常温状态下，通常安静代谢量（率）是基础代谢量（率）的 120% ，并记为 R 。

$$安静代谢量\ R = 1.2B$$

（三）能量代谢量（率）

能量代谢量是人体在进行作业或运动时所消耗的总能量，记作 M 。对于确定的作业个体，能量代谢量（率）的大小与劳动负荷直接相关。

三种代谢量的关系如图 3-1 所示。

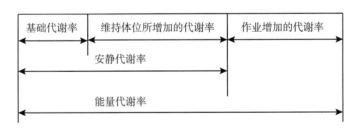

图 3-1 三种代谢之间的关系

资料来源：张广鹏主编：《工效学原理与应用》，机械工业出版社 2008 年版，第 19 页。

能量代谢量（率）是计算工作者一天能量消耗和需要补给能量的重要依据，也是评价劳动负荷合理性的重要指标。因此测定作业过程中的能量代谢量（率）便成为一项重要的工作，为此我们需要了解能量的产生机理。

二、人体能量的产生机理

根据人体科学的基本观点，人体是一个开放的系统，不断地与外界有着物质和能量的交换。人体与外界产生的物质和能量交换过程，是人类能够劳动和生存的最基本生理特征。

作业时，人体全身的各个器官都要增加能量消耗。人体所需能量是由我们食入和消化的食物所提供的，这其中主要是碳水化合物和脂肪（蛋白质也可以用来供能，但在一般情况下，它起的作用不大，除非在严重的营养不良时）。跟踪碳水化合物这一肌肉能量的主要来源，发现碳水化合物要转换成葡萄糖（或肝糖，葡萄糖的一种储存方式），这一转换主要在肝脏内发生。

在肌肉中，葡萄糖或肝糖被分解，释放出能量用作收缩肌肉。但是肌肉不能直接使用葡萄糖或肝糖分解释放出来的能量，这一能量使用过程必须通过一个中间过程。能量被储存在三磷酸腺苷（ATP）分子结构中。ATP 是一种含有高能键的高能磷酸化合物，它是机体各器官、组织和细胞能利用的唯一直接能源。人体活动时，储存在三磷酸腺苷（ATP）中的高能磷酸键裂解成为二磷酸腺苷（ADP）和磷酸根（Pi），同时释放出能量供人体利用，即

$$ATP + H_2O \xrightarrow{\text{水解酶}} ADP + Pi$$

ATP 水解释放的能量并不恒定，受细胞环境介质中 ATP 浓度、温度和 PH 值等反应条件的影响。1 摩尔的 ATP 在体内分解，可产生大约 7～12 千卡的能量。

一般情况下，机体要求细胞中的 ATP 在低浓度保持稳态，浓度过高或过低都会引起细胞异常反应。稳态时肌细胞中的 ATP 贮量非常有限，远不能满足作业时身体活动的需要，必须边分解边合成及时补充 ATP。补充 ATP 的过程称为产能。产能一般通过 3 种途径来实现。

（一）磷酸原系统（ATP – CP 系列）

由肌细胞中的磷酸肌酸（CP）与二磷酸腺苷（ADP）合成予以补充，即

$$CP + ADP \longrightarrow Cr(\text{肌酸}) + ATP$$

磷酸原系统提供能量的速度极快，但磷酸肌酸在体内的储量有限，产生的能量只能在大负荷作业时维持肌肉活动几秒钟至 1 分钟，恢复过程需要约 3 分钟。由于 ATP 和 CP 中均含高能磷酸键，因此将这种能量瞬时供应系统称为磷酸原系统或 ATP – CP 系列。

（二）有氧氧化系统（需氧系列）

在中等劳动负荷条件下，能量需求速度不是很快，氧的供应比较充足的情况下，ATP 是通过糖、脂肪和蛋白质的氧化磷酸化合成得到补充，即

$$\text{葡萄糖或脂肪} + \text{氧} \xrightarrow{\text{氧化磷酸化}} ATP$$

这一系统需要氧参与合成 ATP，因此称为有氧氧化系统或需氧系列。此时 1 摩尔的糖元可以合成 36～38 摩尔的 ATP；1 摩尔脂肪能够合成 130 摩尔的 ATP。在合成开始阶

段，以糖的氧化磷酸化为主，随着作业时间的延长，脂肪的氧化磷酸化转为主要过程。理论上，人体内储存的糖，特别是脂肪一般是不易耗尽的，因而有氧氧化系统的供能量可认为无限大。该系统供能的特点是，可生成大量的 ATP，不产生乳酸类副产物，但供能速率较低，并需要氧的参与。同时研究还显示，当机体内糖的储备消耗到一定程度后，即使有大量的脂肪供能，机体仍会产生疲劳。

（三）糖酵解系统（乳酸系列）

需氧系列需要氧参与合成 ATP。而当作业负荷较大时，能量需求速度较快，受人体供氧能力的限制，通过需氧系列合成的 ATP 不能得到及时补充，这时要靠无氧糖酵解系统来生成 ATP，故称为糖酵解系统或乳酸系列，即

$$葡萄糖（糖原）\xrightarrow{糖酵解} ATP + 乳酸$$

糖酵解系统是机体处于供氧不足时的主要供能系统。三大供能物质中，只有糖能够直接在相对缺氧的条件下（不完全氧化）合成 ATP。这种系统要消耗大量的葡萄糖才能合成少量的 ATP，1 摩尔的葡萄糖通过无氧分解仅能合成的 2 摩尔的 ATP，并同时产生乳酸。因此在体内糖原含量有限的条件下，这不是一条经济的产能途径。无氧代谢的最大缺点是糖分不能充分"燃烧"，并产生乳酸。乳酸的堆积导致肌肉细胞环境酸碱度降低，目前认为这是高负荷体力劳动时容易疲劳的一个主要原因。糖酵解系统供能时间不能持续，一般建议应在 2 分钟之内。但糖酵解的速度要比有氧氧化的速度快 32 倍，它是高速提供能量的重要途径。

根据具体的劳动状况（持续时间与负荷大小），无氧与有氧供能途径，利用时间、顺序及各系列供能的相对比例方面都有所不同。体力劳动或运动过程中基本上不存在任何一种供能系列单独供能的情况。两类供能途径的利用关系见图 3 - 2。

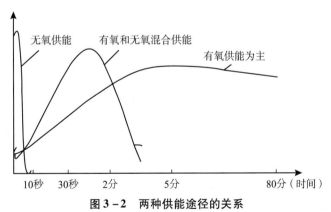

图 3 - 2 两种供能途径的关系

资料来源：顾晓菁、何江明、刘旭主编：《运动人体机能研究的理论与方法》，西南交通大学出版社 2012 年版，第 20 页。

因此，有氧与无氧很少独立存在，也不会一下子从一种代谢状态转换到另外一种状态，更多时候它们互相重叠，只不过有时候有氧氧化占主导，有时候无氧糖酵解占主导。有氧和无氧供能途径是人体在不同运动时间和负荷水平上，根据需氧的不同而进行的紧密联系、不可分割的供能方式。在体力劳动中，两者的供能比例有所不同。负荷较大的短时间作业，ATP 的合成主要由无氧系列提供；时间长，负荷小的体力劳动，能量几乎全部由有氧系列供给；介于二者之间的劳动或运动，则由无氧系列和有氧系列混合供给能量。

三、能量代谢与耗氧量的测定

能量代谢的测定方法有两种：直接法和间接法。直接法是通过热量计测定在绝热室内流过人体周围的冷却水升温情况，得出人体能量代谢量。间接法是通过测定人体作业或运动过程中的耗氧量，再通过卡价、氧热价、呼吸商等求出能量代谢量。

（一）卡价与氧热价

人体所消耗的能量来自人体摄取的糖、脂肪和蛋白质三大供能物质。通常把 1 克供能物质充分氧化后所释放的能量，称为该物质的卡价。糖和脂肪在体外燃烧与在体内氧化所产生的能量是相等的，因此我们很容易得出它们的卡价。不过蛋白质在体内，由于不完全氧化产生的能量小于体外充分燃烧产生的能量，部分热量以尿素形式排泄到体外，各种数据见表 3 - 2。

表 3 - 2　　　　　　　　　　　三种营养物质氧化时的各种数据

物质	产热量（千焦/克）	氧耗量（升/克）	CO_2 产生量（升/克）	氧热价（千焦/升）	呼吸商（CO_2/O_2）
糖	17.15	0.83	0.83	20.66	1.00
脂肪	39.75	2.03	1.45	19.58	0.71
蛋白质	17.99	0.95	0.76	18.93	0.80

资料来源：张广鹏主编：《工效学原理与应用》，机械工业出版社 2008 年版，第 22 页。

物质氧化时需要消耗氧（O_2），某种供能物质氧化时每消耗 1 升氧所产生的热量称为该物质的氧热价。不同物质由于分子结构不同，氧化时所消耗的氧也不相同。具体数据也列入表 3 - 2。

（二）呼吸商

供能物质氧化时，除消耗氧释放能量以外，还产生二氧化碳（CO_2）。人体在同一时间内产生的二氧化碳与消耗氧的比值称为呼吸商。一般混合食物的呼吸商约为0.85。由于蛋白质在体内是不完全氧化的，因此，受试者吸进的氧量和产生的二氧化碳的量应减去验尿测定出的尿氮分解所需的氧量和产生的二氧化碳的量。此时二氧化碳的产生量和氧的消耗量的比值，称为非蛋白呼吸商，见表3-3。不过在实际应用中，经常采用省略尿氮测定的简便方法，即根据受试者在同一时间内吸入氧的数量和二氧化碳的产生量求出呼吸商（混合呼吸商），然后再从表3-3中查出相应的氧热价，推算出能量消耗量。用近似方法计算出的能量消耗没有显著误差。

表3-3   非蛋白呼吸商和氧热价

非蛋白呼吸商	糖与脂肪所占的比例（%）		氧热价（千焦/升）
	糖	脂肪	
0.71	1.1	98.9	19.64
0.75	15.6	84.4	19.84
0.80	33.4	66.6	20.10
0.85	50.7	49.3	20.36
0.89	64.2	35.8	20.56
0.90	67.5	32.5	20.61

资料来源：张广鹏主编：《工效学原理与应用》，机械工业出版社2008年版，第23页。

（三）耗氧量的测量与能量代谢量的计算

作业过程中，氧气的消耗量可以直接测定，并通过呼吸商计算耗能量。

具体做法是：通过面罩将呼出体外的气体收集到气袋中，通过分析其成分就可计算出氧气的消耗量与二氧化碳的呼出量，计算出呼吸商，并通过呼吸商推算出耗能量（见图3-3）。

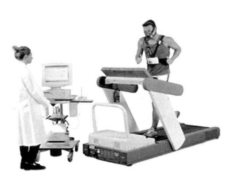

图3-3 氧耗量与耗能量的测定

资料来源：［美］布什著：《工效学的基本原理、应用及技术》，国防工业出版社2016年版，第208页。

第二节　体力作业过程中人体的调节与适应

物质代谢和能量代谢是人体各组织器官机能活动的基础，而体力劳动（运动）能力是人体各种机能活动的集中表现。作业过程中，由于代谢的加强，需氧数量和排出体外的热量均显著增加。因此，循环系统、呼吸系统等也产生一系列与其相适应的变化。而且，变化的强弱程度与作业负荷大小和劳动时间长短有密切关系。工效学中，除了可以用耗能量与耗氧量测定作业负荷和作业量的大小外，还可以通过测量身体其他方面的变化来达到同样的目的。

一、神经系统

神经系统是人体的主导系统，全身各器官、系统的活动均是直接或间接地在神经系统的控制和调节下进行的。人机系统中人的操作活动，也需要通过神经系统的统一调节控制，使人体对工作系统的要求产生相应的反应，保证操作活动的正常进行。

神经系统分为中枢神经系统和周围神经系统两部分。

（一）中枢神经系统

中枢神经系统包括脑和脊髓。脑位于颅腔内，脊髓在椎管中，两者在枕骨大孔处相连。覆在左右大脑半球表面的灰质层称为大脑皮质，它是调节人体活动的最高中枢所在。脊髓则是初级中枢所在部位，它通过上、下行传导束与脑部密切联系，功能受各级脑中枢的制约。

中枢神经系统的结构与功能单位是神经元。据最新估计，脑的神经元约有数10亿个[①]，神经元具有接受刺激，传递信息和整合信息的功能。大脑的神经元之间通过相互发送电信号进行通信。信号沿神经元细胞的轴突（神经纤维）进行快速传导，以便在神经细胞间传递信息。轴突由一层保护性的皮质物包围，该物质称为髓鞘。总之，构造复杂的中枢神经系统可连续工作，以便在神经元之间实现通信，从而产生神经系统所需要的输出控制。

中枢神经系统类似于计算机中的中央处理器，负责身体不同区域的感觉控制和信号处理。大脑皮层按其基本功能，分成不同的区域，如躯体感觉区、躯体运动区和其他功能区，如书写区、说话区、阅读区等。肌肉控制、目视、呼吸、记忆等功能均受中枢神经系统的影响，大脑所具有的功能特点，使人在人机系统中成为最重要的主导环节。

---

① ［美］布什著：《工效学的基本原理、应用及技术》，国防工业出版社2016年版，第40页。

(二) 周围神经系统

周围神经系统从脊髓神经分支后遍布整个身体，它起始于中枢神经，分布于周围器官，为人体提供了主动应对环境变化的能力。周围神经系统根据起始于中枢神经的部位，可分为脑神经和脊髓神经；按分布器官结构分为躯体神经和内脏神经。其基本形态呈条索状和细丝状。

周围神经系统包括感受器、感觉神经元和运动神经元。感受器被内部或外部刺激激活，将刺激转换成电信号，并传送到感觉神经元。感觉神经元连接感受器和中枢神经系统。中枢神经系统处理信号，并通过一个运动神经元发送一个消息返回到效应器官（响应中枢神经系统的神经脉冲的器官）。

因此，周围神经的基本功能是在感觉器与中枢神经间以及中枢神经与应效器之间传导神经冲动。组成周围神经的纤维按其分布的器官结构和传导冲动方向分为 4 种功能成分，即躯体传入纤维、躯体传出纤维、内脏传入纤维和内脏传出纤维。

(三) 神经系统的活动方式与动力定型

神经系统调节机体的活动，对内外环境刺激作出一定的应答反应，称为反射。反射是神经系统调节机体活动的一种基本形式，参与一个反射活动的全部结构组成该反射的反射弧，如膝跳反射的反射弧。不同反射弧的繁简不同，但一般都具有 5 个基本环节，即感受器—传入神经元—中间神经元—传出神经元—效应器。

感受器从外界收集信息，经过传入神经系统输送到大脑皮质，信息在这里经过处理、评价并与贮存信息比较，并经过传出神经送到效应器而作用于运动器官。

作业时，每一个有目的的操作动作，既取决于中枢神经系统的调节作用，特别是大脑皮层形成的意志活动——主观能动性；又取决于从机体内外感受器所传入的各种神经冲动（包括第一和第二信号系统），在大脑皮层内进行综合分析，形成一时性共济联系（transient association），调节各器官以适应作业活动的需要，维持机体与环境的平衡。

若作业者长期在同一环境中从事同一项作业活动，大脑皮质运动中枢，支配肌肉活动的神经元在机能上进行反复的排列组合，使兴奋和抑制在运动中枢内有顺序有规律有严格时间地交互发生，逐渐形成一种程序化、自动化的熟练操作潜意识，称为动力定型（dynamic stereotype），也称习惯定型。

动力定型形成后，员工操作动作熟练，操作准确，不仅能大大提高作业能力，还可使机体各器官从作业一开始就去适应作业需要，使操作协调、轻松，反应迅速，能量消耗经济。动力定型一旦建立，对提高作业能力极为有利。

动力定型在建立时比较困难。研究表明，动力定型的建立需经过泛化、分化和巩固

3个阶段。在泛化阶段，操作者对劳动技能的内在规律并未完全掌握，操作动作僵硬、肌肉收缩不协调，失误率较高。在分化阶段，对操作技能有了初步掌握，多余动作逐步消除，操作连贯。但一旦遇到新异刺激，则会产生精神紧张，多余动作和错误动作又会重新出现。在巩固阶段，经过较长时间的反复操作，具备丰富的经验，动力定型得到巩固。

因此，建立动力定型应该循序渐进，注意节律性和重复性。初建动力定型是比较困难的，它需要大脑皮质进行复杂的分析和综合。动力定型建成后是可以改变的，当外界刺激形式发生变化时，皮质的动力定型也会随之改变。但因为存在一定的惰性，用新的动力定型取代旧的定型时，必须首先破坏已建立的动力定型。这对大脑皮层形成很大的生理负担，不宜转变过急，以免造成高级神经活动的紊乱。因此，当作业性质或操作复杂程度需要做较大变动时，不可操之过急，必须重新进行循序渐进的训练。这对保障员工身心健康，避免安全事故具有重要意义。

中枢神经系统特别是大脑皮层的机能状态，对作业时机体的调节和适应过程起着决定性的作用。此外，体力劳动的性质和负荷在一定程度上也能改变大脑皮层的活动。如大负荷作业能降低大脑皮层的兴奋度，引起条件反射的紊乱；轻度和中等作业强度能使条件反射良好，长期脱离某项体力劳动，将使该项体力劳动的动力定型消退并呈现反射迟钝。

体力劳动负荷还会影响感觉器官的功能。适度的中轻度作业能使眼睛的暗适应更敏感，大负荷体力作业则会使眼睛的暗适应敏感性下降；大负荷作业还能引起视觉及皮肤感觉的时滞延长，作业结束后数十分钟才能恢复；而轻体力作业后视觉和皮肤感觉的时滞反而会缩短。

二、心血管系统

心血管系统也称血液循环系统，由心脏和密布全身的血管组成。心脏分为左右心房和左右心室4个腔室。它在神经系统控制下自动地发生节律性的收缩和舒张，保证血液沿一定方向循环流动。心脏为人体的血液循环提供动力，是心血管系统的"主泵"。血管分为动脉血管、静脉血管和连接它们的毛细血管，它们是运送回流血液以及进行血液与组织间物质交换的所在。

血液循环系统的结构示意图如图3-4所示。血液循环是指血液在心泵的作用下由心室射出，并经动脉、毛细血管、静脉返回心房的周而复始的过程。根据循环的途径，血液循环分为肺循环（小循环）和体循环（大循环），并互相连接，构成完整的循环系统。

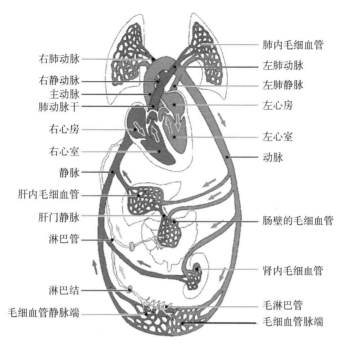

右肺动脉

右静动脉

主动脉

肺动脉干

右心房

右心室

静脉

肝内毛细血管

肝门静脉

淋巴管

淋巴结

毛细血管静脉端

肺内毛细血管

左肺动脉

左肺静脉

左心房

左心室

动脉

肠壁的毛细血管

肾内毛细血管

毛淋巴管

毛细血管脉端

图3-4 心血管系统及其构成

资料来源：郭伏、钱省三主编：《人因工程学（第2版）》，机械工业出版社2018年版，第30页。

肺循环是静脉血液（低氧血液）自右心室搏出，经肺动脉到达肺泡周围的毛细血管网，并在此排出二氧化碳，吸收新鲜氧气，变成动脉血液（高氧血液），经肺静脉流回左心房。肺循环路程短，血液只通过肺，其主要功能是为血液加氧，并排出二氧化碳。

体循环则为高氧血液由左心室射出，经主动脉及其各级分支到达全身毛细血管，血液在此与周围组织、细胞进行物质和气体交换，血液变成低氧血液，经各级静脉，上下腔静脉返回右心房。体循环路程长，流经范围广，其主要功能是以含氧高和营养物质丰富的动脉血营养全身各部，并将代谢产物运回心脏。

心血管系统是一个密闭的循环管道，血液在其中流动，将氧气、激素以及各种营养物质供给全身组织和器官，又将组织代谢的废物运送到排泄器官。运输各种营养物质和代谢产物，保证机体新陈代谢的正常进行是血液循环的首要任务。此外，机体内环境的相对稳定、体液调节和血液防御功能的实现，也都依赖于血液循环。循环功能一旦发生障碍，机体的新陈代谢便不能正常进行，一些重要的器官也将受到严重损害。

作业时随着作业时间的持续和体力作业负荷大小的变化，心率、心输出量、血压和血液成分等都会做适应性的变化与调整。

（一）心率与恢复期心率的变化

人体作业时，最明显的变化就是心率加快。心率是单位时间内心脏跳动的次数。心率随年龄、性别、体质、训练水平和生理状态等因素的不同而在一定范围变化。正常成人在安静状态下，心率在 60～100 次/分钟之间，平均 75 次/分钟。工作或运动过程中心率有较大范围的变化，可从安静状态下的 75 次/分钟，增加到 180 次/分钟，甚至更高。但人的心率增加有一定的限度，心率增加的上限即最大心率。最大心率随年龄的增长而逐渐减少，一般用年龄来推算最大心率。

$$最大心率 = 220 - 年龄$$

最大心率与安静心率之差称为心搏频率储备，可用它来表示体力劳动时心率增加的潜在能力。

从事一般负荷的体力劳动时，心率在作业开始后 30～40 秒内迅速增加，大约经 4～5 分钟，即可达到与工作负荷相适应的水平。负荷小的作业，心率增加不多，当心率达到与工作负荷相适应的水平之后，即随作业的延续保持在该恒定水平上。大负荷作业时，心率将随作业的延续不断加快，直到个体的最大心率值，通常可以达到 150～195 次/分钟。作业停止后，须经过一段时间，才能恢复到安静状态时的心率。一般负荷劳动停止后几秒至 15 秒内心率迅速降低，然后缓慢恢复到安静心率。大负荷劳动则需更长时间甚至需要几小时才能恢复到安静心率水平，如图 3－5 所示。

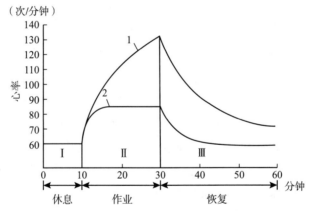

图 3－5　不同工作负荷的心率变化曲线

注：1：工作负荷 150 牛·米/秒；2：工作业负荷 50 牛·米/秒。
　Ⅰ：安静心率；Ⅱ：作业心率；Ⅲ：恢复心率。
资料来源：王保国、王新泉、刘淑艳、霍然编著：《安全人机工程学（第 2 版）》，机械工业出版社 2014 年版，第 87 页。

心率指标的重要性体现在其能取代能量消耗作为生理负荷的评估指标上。有研究指出，在相同条件下，心率会随体力劳动负荷的增长而线性增加。心率与肺换气量和能量消耗量之间呈现高度相关关系（相关系数高达 0.90）[1]，故心率值可用来估测能量消耗，

---

[1]　饶培伦主编：《人因工程》，中国人民大学出版社 2013 年版，第 21 页。

并作为劳动负荷大小的评价指标。

目前，利用心率推测耗氧量和劳动负荷的方法已经被肯定。根据 18～30 岁受试者在实验室条件下所获得的数据，心率与最大耗氧量之间关系的密切程度表明了心率指标的可信性。实践中，体力劳动负荷在一定限度内（次最大负荷或低于次最大负荷工作）时，心率与耗氧量之间呈近似线性关系。当体力劳动作业接近最大强度时，这一关系有所变化。

心率、耗能量、氧耗量与生理负荷之间的关系，还牵涉肌肉数量、静负荷作业、工作条件等因素。年轻人中，心率在 180 次之前稳步上升，然后逐渐平缓，然而耗氧量却一直上升。因此，在较大工作负荷的情况下，以心率推测氧耗量存在一定的误差。另外，不考虑年龄而以心率推测最大耗氧量也会发生误差，年轻人在心率为 160 次时可能仅以 65% 的最大耗氧量进行工作，而 60 岁的人可能已经在 95%～100% 最大耗氧量进行工作。作业过程中的静态作业占比也影响心率预测的精度。人体某部位进行静态收缩时，理论上氧耗数量并不高，但由于心缩排血量受限，此时心率可能较高。另外，高温要求血液循环系统加速，以便热量更快的散发。即便是较小的工作负荷，也可能引起相对较高的心率值。

虽然以心率推测耗氧量存在一定的误差。但是，当所有受试者年龄相当、作业过程以动态作业为主，环境条件相同时，心率仍然是评价心血管适应能力的最有价值的指标。

此外，由于耗氧量的测量难以避免面罩效应的发生，而工作时进行心率追踪测量也可能干扰实际作业过程，产生的交互影响甚至造成受测者不适。因此，在国际劳动生理学和运动生理学领域中，越来越多地趋向于使用恢复期心率变化作为一项替代指标。心率及恢复期心率指标常涉及以下术语：

（1）静息心率，即作业开始前的心率；

（2）作业心率，即作业时的心率；

（3）作业心率增加值，即作业心率与静息心率之差；

（4）恢复心跳总数，即作业停止到恢复静息心率时间内的心跳总数；

（5）恢复期平均心率，即作业结束到恢复静息心率时间内的平均心率。

恢复心跳总数可以表示人的体力疲劳程度，疲劳程度也反映出体力作业的负荷。因此，恢复心跳总数本质上是体力作业负荷的一种度量。恢复期的平均心率，是工作停止后人体偿还氧债的过程，也是计量作业负荷非常好的一个指标。一般来说，如果恢复期的平均心率高于 100 次/分钟，则不论恢复期的长短，均可认为作业是在超负荷的状况下进行的。

测量恢复期平均心率的方法如下：

作业停止后 30 秒后开始记录脉搏，并以 30 秒为一段，测量 3 段时间内的脉搏，然后计算 3 段时间内的平均心率，即为恢复期平均心率。

第一段：30 秒 ~ 1 分钟（作业停止时起算）；

第二段：1.5 ~ 2 分钟；

第三段：2.5 ~ 3 分钟。

以恢复期心率为指标也可建立允许体力作业的负荷极限，标准为：第一段时间内心率不得超过 110 次/分钟，第三段时间比第一段时间心率每分钟至少减少 10 次。满足以上条件，即可以连续工作 8 小时。

（二）心输出量

心脏每搏动一次，一侧心室所射出的血量称为每搏输出量，简称搏出量，以毫升为计量单位。每分钟由一侧心室释放出的血量称为心输出量，心输出量 = 心率 × 搏出量。搏出量因年龄、性别、训练等因素，个体差异很大。研究表明，安静状态下，正常成年人的搏出量约为 60 ~ 80 毫升，心输出量约为 4.5 ~ 6.0 升/分钟。一般人心输出量最多可增加到 25 升/分钟。女性心输出量比相同体重的男性约低 10%。

心脏不断地泵出血液，以适应机体代谢的需要。劳动或运动过程中，在心率加快的同时，搏出量快速、渐进地增加到个体的最大值。随后心输出量的增加依赖于心率的加快。在中等工作负荷时，心输出量可比安静时增加 50%，极大负荷的体力劳动，心输出量可高达安静时的 5 ~ 7 倍。

作业停止后，心输出量逐渐恢复到安静状态时的水平。恢复的快慢与劳动负荷的大小有关，也与个体的健康状况、训练程度等因素有关。

（三）血压

血压是指血管内血液对于单位面积血管壁的侧压力。从左心室射出的血液流经外周血管时，不断克服血管中所遇到的阻力，血压不断消耗。因此，血压随着血液在血管流动距离的不断延长会逐渐降低，也即压力在各类血管中并不相同。血压被分为动脉压、毛细血管压、静脉压和循环系统充盈压。一般所说的血压是指血液在体内循环时的动脉血压。

在心动周期中，动脉血压随着心室的收缩与舒张会发生有规律的波动。心室收缩时，动脉血压升高，在心室收缩中期达到最大，即为收缩压（日常称高压）；心室舒张时动脉血压下降，在心舒末期降至最低，即为舒张压（日常称低压）。收缩压与舒张压之差称为脉压。实际上，通常以上臂肱动脉血压代表动脉血压。

血压一般以毫米汞柱为单位，安静时动脉血压比较稳定，正常人的收缩压在 100 ~ 120 毫米汞柱，舒张压为 60 ~ 80 毫米汞柱。血压受性别、年龄以及其他生理情况的影响。一般来说，男性略高于女性，老年人高于中青年人。特别是收缩压随年龄增长而显著升高。

影响动脉血压的因素有很多，心率、每搏输出量、外周阻力、动脉弹性等都对血压有显著影响。体力劳动开始后，由于心输出量增多，收缩压立即上升，并随着劳动负荷的增加而持续升高，较大负荷作业可使收缩压大幅超过正常水平，直到最高值。在此之间，舒张压几乎保持不变或略有升高，因此脉压增大，如图3－6所示。

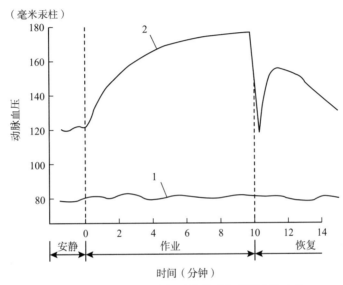

图3－6 动态作业至力竭时收缩压与舒张压的变化

注：1：舒张压；2：收缩压。
资料来源：王保国、王新泉、刘淑艳、霍然编著：《安全人机工程学（第2版）》，机械工业出版社2014年版，第88页。

如果大负荷作业时间较长，人体已经疲劳或糖原储备接近耗竭，则会出现收缩压下降，舒张压上升的状况，二者的综合作用使脉压下降。因此，脉压逐渐增大或维持不变，是体力劳动可以持续有效进行的标志，若出现下降则表明机体需要休息；若脉压下降至其最大值的一半，则表明体力劳动应尽快停止。血压恢复期的长短视劳动负荷的大小和环境条件的舒适程度而定，一般在5分钟内便能恢复正常。但在大负荷作业后，脉压降低，此时需要经过30~60分钟才能恢复正常。所以血压的变化状况和恢复期的长短也可作为衡量作业负荷的指标，同时也是工间休息安排的重要依据。

布鲁哈（L. Brouha）发现，在中等负荷和大负荷劳动时，心率和血压的绝对值可呈现三种状态：收缩压大于心率、二者几乎相等、收缩压小于心率，如图3－7所示。每次作业时只能呈现一种状态，若心率和血压的关系呈现（a）状态，则表明人体可以适应作业。当作业负荷增大或作业时间延长时，呈现状态将向（b）、（c）移动，恢复时则相反。呈现（c）状态时，表明作业者已经不能胜任该项作业。

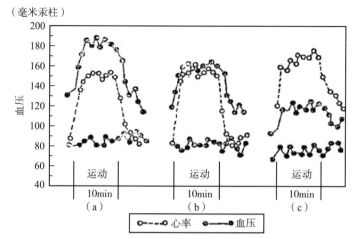

图3-7 体力劳动负荷时的心率与血压（收缩压与舒张压）

资料来源：张广鹏主编：《工效学原理与应用》，机械工业出版社2008年版，第29页。

静态作业时血压的变化有所不同。静态作业时由于肌肉持续收缩，压迫外周血管，导致血液流动阻力显著增加，从而使收缩压、舒张压立即升高，而此时心率和心输出量（耗氧量）相对增加较少。

（四）血液再分配

人体处于安静状态时，血液流向肾、肝及其他内脏器官较多。体力作业开始后，通过神经反射，使内脏、皮肤等处的小动脉收缩，结果使内脏和不参与运动的骨骼肌的血流量减少，射出的血液大部分流向心脏和骨骼肌，满足其代谢增强的需要。在运动开始时，皮肤的血流量也减少，但随着肌肉产热增加，体温升高，通过体温调节机制，使皮肤血管舒张，血流增加，以加快皮肤散热。表3-4列出了安静状态和重体力劳动时，血液流量的分配状况。由表可知，进行重体力劳动时，流向骨骼肌的血液量较安静时多20倍以上，心肌血流量增加5倍。

表3-4　　　　　　　　　　安静时和重体力劳动时的血液分配

器官	安静休息		重体力劳动	
	%	升/分	%	升/分
肝脏	20~25	1.0~1.25	3~5	0.75~1.25
肾	20	1.00	2~4	0.50~1.00
肌肉	15~20	0.75~1.00	80~85	20.00~21.25
脑	15	0.75	3~4	0.75~1.00
心肌	4~5	0.20~0.25	4~5	1.00~1.25
皮肤	5	0.25	0.5~1	0.125~0.25
骨	3~5	0.15~0.25	0.5~1	0.125~0.25

资料来源：王保国、王新泉、刘淑艳、霍然编著：《安全人机工程学（第2版）》，机械工业出版社2014年版，第89页。

（五）血液成分的变化

安静时，机体血糖含量为 100 毫克/100 毫升。作业开始后，机体中血糖、乳酸、二氧化碳等的含量随之发生相应变化。

轻体力作业时，肝糖原能不断得到补充，血糖可保持在稳定的水平上。中等负荷体力劳动下，开始时由于肝糖原尚未被充分动员出来，血糖稍有降低，但很快就从肝脏中动员出较多的糖原，补偿肌肉活动所需的血糖，使血糖维持在较高的水平，直到作业停止一段时间。但若作业负荷较大或作业持续时间较长，由于肝糖原贮备不足，则可能出现血糖降低的现象。当机体内血糖降至正常含量的一半（50 毫克/100 毫升）时，即表明糖原储备耗竭，此时不宜再继续作业。人体内糖原贮量约为 300 ~ 400 克，其中一半在肝脏。若作业时的氧需为 1.5 升/分钟，持续作业 4 ~ 6 小时就会引起糖原耗竭。

乳酸是糖酵解的终产物，主要在骨骼肌内生成，称肌乳酸。然后透过细胞膜进入血液，称为血乳酸。肌乳酸的产生量与肌纤维收缩强度的大小有密切关系。人体在剧烈活动时，由于供氧限制，有氧供能不能满足大负荷活动的需要，糖酵解供能系统就成为供能的主要途径，生成大量肌乳酸，血乳酸的浓度随之增加。研究表明，血乳酸值与活动负荷关系密切，血乳酸越高，说明人体运用无氧糖酵解供能的比例越高，运动负荷（工作负荷）越大。血乳酸已成为评定无氧代谢能力和工作负荷的常用指标。

安静时，血液中乳酸含量为 10 ~ 15 毫克/100 毫升；中等负荷作业开始时，无氧糖酵解开始生成丙酮酸，乳酸含量略有增加，其后维持不变；大负荷作业时，无氧系列持续生成丙酮酸，并导致血液中乳酸含量大幅度增加，血液中乳酸含量可增加到 100 ~ 200 毫克/100 毫升或更高。

三、呼吸系统

（一）呼吸频率、需氧量与肺通气量

如前所述，人体在新陈代谢过程中，需要不断地从外界环境中摄取氧气和排出二氧化碳。人体这种与环境之间的气体交换称为呼吸。氧气由口、鼻、喉、气管吸入肺部，在肺泡内通过四周的毛细血管进入动脉血中。与此同时，肺泡也从废物丰富的静脉血中吸收二氧化碳，并通过呼气排出体外。一次呼与吸的动作，即完成一次呼吸系统的循环。单位时间内人体的呼吸次数称呼吸频率。

呼吸系统具有为人体提供氧气的重要功能，呼吸频率的高低与工作中所需要的氧气数量关系密切。人体维持各种生理活动所需的能量和维持体温所需的热量，都来源于体内能源物质的氧化。单位时间内人体氧化体内能源物质供代谢需要，以维持各种生理活动而需要氧的数量，称为需氧量，记为 VO_2。安静状态下，成人每分钟的需氧量为

190~290毫升。体力劳动或运动时，活动负荷越大，持续时间越长，氧需量也越多，如表3-5所示。

表3-5　　　　　　　　运动负荷、持续时间与需氧量的关系

运动项目	负荷（米/秒）	持续时间（秒）	需氧量（升/分钟）	总需氧量（升）	氧债绝对值（升）	氧债百分率（%）
短跑	9.8	10~20	40	7~14	6.3~12.5	>90
中跑	6.8~8.0	1~4	2.5~8.5	25~30	19~20	40~53
长跑	5.8~6.3	8~29	4.5~6.5	50~150	7~15	10~15
马拉松	5	2小时以上	2~3.5	700以上	5	少许

资料来源：吴鉴鑫、黄超文编著：《运动生理学（第2版）》，广西师范大学出版社1995年版，第85页。

作业时，由于需氧量与二氧化碳的呼出量增加，肺通气量也随之增加。

肺通气量是指单位时间内人体吸入或呼出的气体数量。一般指肺的动态气量，它反映肺的通气功能。肺通气量等于潮气量与呼吸频率的乘积，其中，潮气量也称呼吸深度，是指一次呼吸中进入或排出肺部的气量。肺活量是指一次尽力吸气后，再尽力呼出的气体总量。安静状态下，成年人的潮气量为500毫升左右，呼吸频率为12~18次/分钟，肺通气量则为6~8升。在体力劳动或运动过程中，肺通气量随活动负荷的增加而增加。

肺活量=潮气量+补吸气量+补呼气量。补吸气量是指平静吸气末，再尽力吸气所能吸入的气体量。补呼气量是指平静呼气末，再尽力呼气所能呼出的气体量。对于锻炼有素者，肺通气量的增加主要靠增加肺活量来适应，一般的作业者则靠加快呼吸频率来适应。

持续进行体力劳动时（持续时间在1分钟以上的劳动），能量的提供主要依赖有氧代谢。安静或轻度作业时，氧需量有限，呼吸浅而缓。中等或大负荷作业时，能量消耗多，有氧代谢旺盛，所需氧气也增大。为了保证氧的供应，呼吸频率随之加快，大负荷体力作业时呼吸频率可达30~40次/分钟，极大负荷作业时可达60次/分钟，肺通气量也由安静时的6~8升/分钟增加到40~120升/分钟。作业停止后，呼吸频率和通气量恢复正常，呼吸的恢复期较心率和血压的恢复期都短。

（二）摄氧量、氧亏及氧债补偿

由毛细血管供给人体的实际氧气量叫摄氧量，通常以每分钟体积（升/分钟）为单位计算。一般情况，安静时人体每分钟的摄氧量与需氧量是平衡的。在剧烈运动时，人体需氧量可能比安静状态增加20倍。但人体的摄氧能力却有一定局限。机体在劳动过

程中，单位时间内能够摄取并利用的最大氧气量叫最大摄氧量（也称氧上限）。对同一个体而言，随着劳动强度的持续增加，摄氧量不再随强度的增加而增加，或增加甚少时，即达到最大摄氧量。最大摄氧量可用绝对数表示，也可用相对数表示。前者用升/分钟，后者以绝对值除以体重，即毫升/（千克·分钟），相对值更能反映人体的供氧能力，反映人体的有氧工作能力。最大摄氧量主要取决于循环系统的机能，其次取决于呼吸器官的功能，是评价有氧能力最常用、最有效的指标。成年人的最大摄氧量一般不超过 3 升/分钟，经常锻炼者可达到 4 升/分钟。

体力劳动过程中，需氧量随着劳动负荷的增大而增加，但人的摄氧能力却有一定的限度。当需氧量超过摄氧量时，机体在缺氧状态下进行活动，造成体内氧亏负，叫作氧亏。当作业停止后，生理反应并不会立即下降至安静水平，而是以缓和方式恢复。恢复期内的过量氧耗就是用于偿还运动中的氧亏，因此把它称为氧债。

根据摄氧量和需氧量的关系，布雷杰斯（Briggs）将体力劳动负荷分为三种，见图 3 − 8。

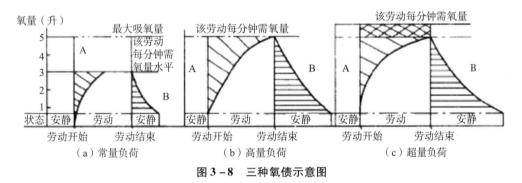

图 3 − 8　三种氧债示意图

资料来源：陈毅然主编：《人机工程学》，航空工业出版社 1990 年版，第 65 页。

（1）常量负荷。该种情况下，劳动负荷适当，作业所需要的氧气量小于最大摄氧量。因此，作业过程中摄氧量与需氧量可以保持平衡。因此常量负荷下，只是在作业开始后的 2 ~ 3 分钟内，由于心肺功能的生理惰性，不能与肌肉收缩活动同步进入工作状态。肌肉暂时在缺氧状态下工作，略有氧亏产生，如图 3 − 8（a）所示的 A 区，被称为非乳酸性氧债。此后，随着心肺功能惰性的逐渐克服，呼吸和循环系统的活动逐渐加强，氧气的供应得以满足，机体的摄氧量与需氧量保持在动态平衡的稳定状态。这种状态下的体力劳动可以持续较长时间。停止作业后的恢复期内，人体还要继续消耗比安静状态下更多的氧气量，以补偿工作初期的氧亏，如图 3 − 8（a）中的 B 区。理论上，A 区应等于 B 区。恢复期长短视氧亏多少而定，常量负荷下一般约为 2 ~ 10 分钟。

（2）高量负荷。指需氧量接近或等于最大摄氧量。此时，在需氧量上升期也出现氧亏，到达最大摄氧量后，便维持在平衡的稳定状态。该类劳动负荷大于常量负荷，因此稳定期相对较短，恢复期更长，见图 3 - 8 (b)。

（3）超量负荷。由于劳动负荷过大，作业过程中的需氧量超过人体的最大摄氧量，人体一直在氧亏的状态下进行工作，此时发生的氧债被称为乳酸性氧债。由于机体担负氧债的能力有限，超量负荷的工作不能持久。因此该类作业能够维持的时间更短，并需要给作业者更长的恢复期（有时可达 1 小时以上）以偿还氧债，如图 3 - 8 (c) 所示。

常量负荷和高量负荷，工作初期有氧亏产生，随后便进入动态平衡的稳定状态。稳定状态是身体负荷最经济的表现，其出现的迟早与工作负荷有关，负荷越大，出现的越迟。

超量负荷劳动负荷过大。心肺功能的惰性通过调节机理逐渐克服后，需氧量仍高于最大摄氧量，无法达到稳定状态，机体一直在缺氧状态下工作。超量负荷作业持续的时间仅局限在人的氧债能力范围之内。根据研究，一般人的氧债能力约为 10 升，训练有素的运动员可达 15 ~ 20 升。

在有氧债发生的情况下，体内透支 1 升氧气，会产生 7 克乳酸的代价，直到氧债能力衰竭为止。氧债能力衰竭，可导致血液中乳酸含量急剧上升，pH 值下降，这对肌肉、心脏、肾脏以及神经中枢都很不利。因此合理安排工作负荷及工间休息，对于重体力劳动者至关重要。

四、其他系统的调节与适应

（一）肾脏

人体将物质代谢产物、进入机体的异物、有害物质以及摄入的过剩物质，经血液循环通过一定途径排出体外的过程，称为排泄。肾、呼吸器官（排出 CO_2、H_2O 和挥发性物质）、皮肤（以泌汗形式排出部分水、少量的尿素和盐）和消化道（排出尿胆素、粪胆素及无机盐等）是人体排泄的 4 条途径。其中肾较之其他途径排泄物种类最多、排泄数量最大，且排泄的种类和数量可以根据机体的需要进行调节，因此是人体最重要的排泄器官。

人体在正常条件下，每昼夜排尿量为 1.0 ~ 1.8 升。很多因素影响人体的排尿量，如食物的性质、饮水量、气候条件、劳动负荷、体位、轮班、年龄、性别等。

体力劳动一段时间后，受腹腔神经支配下的血管收缩的影响，汗液分泌增多及血浆中的水分减少，加之血流重新分配使肾小球血流量显著减少，故排尿量减少。减少的量随劳动负荷的变化而有较大的变化。

尿液成分随着劳动负荷的变化也有较大的变化。安静时肾脏每小时排出的乳酸量约为 20 毫克，作业过程中排出的乳酸可达 100 ~ 1300 毫克，乳酸排出量的变化，对维持体内酸碱平衡起着重要的作用。

（二）汗腺

汗腺具有调节体温和排泄代谢产物的双重功能。汗液中 98% ~ 99% 的成分是水，其余为无机盐、尿素、乳酸和其他蛋白代谢物。气候条件、精神兴奋和作业负荷等因素都能影响汗腺活动。体力劳动时，汗液中的乳酸含量增多。同时在腹腔神经支配下汗液分泌增多，因此排汗量可以用来衡量劳动负荷。

（三）体温

体力劳动一段时间以后，体温会比安静状态有所升高。这种升高，有利于全身各器官系统的活动。体温升高幅度与劳动负荷、作业持续时间及环境条件都有关系。一般认为正常作业时体温不宜超过安静时的 1℃，否则人体难以适应，工作也不能持久，若勉强进行作业会导致不良后果。由于直肠温度表示人体的核心温度，劳动生理领域用直肠温度作为衡量劳动负荷的指标。

第三节　脑力劳动及持续警觉型作业

随着科学技术的发展，大量繁重的体力劳动逐渐被机器与机器人所取代，体力劳动的比重和负荷趋向不断地降低和减少，智力劳动和持续警觉型的作业越来越多。如大型复杂机器的操作、航空飞机和舰艇的驾驶等。这类工作除了需要具备较高水平的知识技能外，还需要精力高度集中，以及时处理数据和调节操纵手柄或旋钮控制器，工效学中，称这类作业为持续警觉型作业。

一、脑力劳动的生理变化特征[1]

相对于体力劳动，脑力劳动的过程更加复杂，其生理变化并不是显而易见的。因此如何进行脑力劳动负荷及数量的测量已经成为当今管理学与人类学研究的热点和难点课题。

（一）脑力劳动的氧代谢

脑的氧代谢较其他器官高，安静时约为等量肌肉耗氧量的 15 ~ 20 倍，占成年人体总耗氧量的 10%。但由于脑的重量仅占人体总重的 2.5% 左右，因此，即使大脑处于高度紧张的状态，氧气消耗的增高也不致超过基础状态的 10%。葡萄糖是脑细胞的主要供能物质，平时大脑活动所需能量的 90% 都靠它来提供。但脑细胞中贮存的糖原较少，

---

① 廖建桥著：《脑力劳动负荷与效率》，华中理工大学出版社 1996 年版，第 67 ~ 74 页。

只够大脑活动几分钟，因此大脑活动所需葡萄糖要靠血液输送来提供。因此，脑组织对缺氧、缺血非常敏感。

脑力劳动时一般心率会减慢，只有在特别紧张时，可引起舒张期缩短而使心跳加快、血压上升、呼吸频率提高、脑部充血、四肢及腹腔血液减少。

脑力劳动时，血糖一般变化不大或稍有增加，对尿量无影响，尿液成分也无明显变化。但在极度紧张的脑力劳动时，尿中磷酸盐的含量会有所增加。脑力劳动时的排汗量及成分、体温均无明显的变化。

因此，体力劳动的常用评价指标——耗氧量、心率、血压、呼吸频率、血糖、尿量、排汗率以及体温等，并不适合对脑力劳动进行评价。

（二）心率及心率变化率

现有的研究表明，简单的心率指标不适宜测量脑力负荷的大小。于是研究者把注意力转移到心率的变化上。研究发现，脑力负荷增加时，心率的变化率减少。马尔德（Mulder）等研究发现，脑力负荷增加时心率变化率在 0.1 赫兹附近的振幅变小，而当任务变简单了之后，0.1 赫兹附近的振幅增大，后续的几项研究证明上述结论是正确的。如文森特（Vincente）等在一项实验中发现人的心率变化率，特别是心率变化率的频率分布在 0.1 赫兹附近的振幅与人的努力程度是相关的，而努力程度是脑力负荷的一个重要指标。这项研究是对马尔德提出方法的有力支持。

（三）瞳孔大小

眼睛是人心灵的窗口，工作信息有 80% 以上是通过视觉接收的。日常生活中，可以观察到有人在思考问题时，两眼发直，似乎说明脑力负荷与眼睛有关。

卡尼曼（Kahneman）等研究发现，当让被试者记住几个数字时，被试者的瞳孔比之前变化了 0.6 毫米，由此他们认为，瞳孔可以作为脑力负荷的一个指标。随后，学者们通过不同的实验来验证瞳孔直径对脑力负荷的敏感性。研究发现，刺激信号不同，语音的复杂程度不同，数学逻辑推理不同，都会引起瞳孔直径的相应变化。因此，研究人员认为，瞳孔直径可以用来测量脑力负荷的大小。目前的研究表明，瞳孔大小可能是脑力负荷测量中最有前途的一个指标。但是，瞳孔的测量非常敏感，需要很精密的仪器，这使该指标的应用打了一个很大的折扣。

此外，电脑电位 P_{300}、肌电波（EMG）、脑电波（EEG）等都被推荐用来测量脑力负荷。脑力负荷良好测量指标的研究，仍在进一步的探索中。

二、持续警觉型作业

持续警觉型作业通常是在刺激环境单调和脑力活动以注意为主的条件下，长时间保持警觉状态。在化工厂、发电厂、雷达站和自动化生产系统中的仪表监控工作以及舰艇、飞机的驾驶，都要求操作者长时间地保持警觉状态。

在持续警觉型作业过程中，人随时随地遇到预先不知道或完全不知道的情况，系统源源不断地供给操作者各种各样的信息。人体正确的信息处理就是恰当地判断来自人机结合界面的信息，然后通过人的行为准确地操作机器。持续警觉型作业的核心在于判断、处理的正确与否，这不仅取决于知识与经验，还与本人生理和心理条件的限制或影响也有很大的关系。大脑皮质受着心理和生理活动状况的影响，进行信息加工时，其处理能力存在一定的局限。对于相继接收到的各种信息，大脑皮质并非全部都能进行正确的处理。

持续警觉型作业中，信号漏报是常见信息处理错误。信号漏报是指信号已经出现，但观察者却报告没有发现信号。随着作业时间的持续，信号漏报的比例会越来越高，即发现信号的能力越来越低。

若以接近感觉阈限的信号即临界信号的出现频率为横坐标，以发现信号率为纵坐标，即可画出如图 3-9 所示的曲线。该曲线表明，信号频率增加时，发现信号的百分比也随之增加，但信号频率增加到一定程度后，再继续增加，发现信号的百分比反而下降。由此可见，信号频率存在一个最佳值。作业中，信号频率低于最佳值时，观察者处于警觉降低状态；而信号频率高于最佳值时，观察者又处于信息超载状态，即超过了人的信息加工能力。两者都将导致作业效能的降低。图 3-9 中信号频率的最佳值为 100~300 信号数/30 分钟。

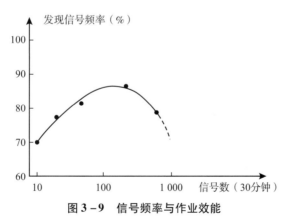

图 3-9 信号频率与作业效能

资料来源：王保国、王新泉、刘淑艳、霍然编著：《安全人机工程学（第 2 版）》，机械工业出版社 2014 年版，第 90 页。

若以觉醒状态为横坐标，以作业效能为纵坐标，可得觉醒—效能曲线，见图 3-10。它与图 3-9 曲线形状相似。觉醒—效能曲线是工效学一条极为重要的理论曲线。通过该曲线可以获得与人的最高作业效能相对应的觉醒状态，即最佳觉醒状态。通常作业性质与作业内容不同，所要求的最佳觉醒水平也不同。如连续进行的内容单调、简单的作业，要求觉醒水平高；而难度大，需要进行复杂判断的作业，要求的觉醒水平则较低。

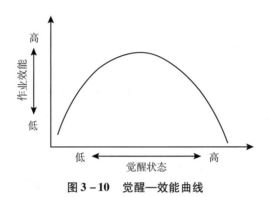

图3-10 觉醒—效能曲线

资料来源：王保国、王新泉、刘淑艳、霍然编著：《安全人机工程学（第2版）》，机械工业出版社2014年版，第90页。

影响持续警觉型作业效能的主要因素有：信号出现的时间规则、作业环境（如噪声、温度、无关信号干扰）、信号强弱、信号频率等。个体的主观状态，如情绪、疲劳及睡眠状况也对持续警觉型作业的效能有着显著的影响。

持续警觉型作业的效能，可通过如下措施获得一定程度的改善：适当增加信号的频率和负荷，增强信号的可分辨性；根据持续警觉型作业一般在作业开始30分钟后，效能呈逐渐下降的规律，以及有意注意可维持的最长时间，科学合理地设置作业时间，改善不良作业环境，减少无关刺激的干扰，培养和提高作业者良好的注意品质。

第四节 静态作业及其生理影响

一、静态作业与动态作业

肌肉收缩的方式可概略分为静态收缩与动态收缩。静态收缩是指肌肉为维持某个姿势而长时间处于收缩状态，亦即肌肉长度不变的收缩，也称等长收缩。如以左手持平板计算机的姿势，基本上左手的相关肌群在作业期间固定不动。静态收缩为主的作业为静态作业。

动态收缩是指肌肉在活动中进行的收缩，此时，肌肉收缩与伸展，呈规律性的交替出现，并伴随肌肉长度的改变，如骑自行车时双腿的踩踏动作，此时肌肉可以交替收缩与放松。此外，等张收缩也属于动态收缩，它是指肌肉内张力固定而肌肉长度改变的收缩，典型例子是双手反复提举哑铃，此时在肌肉长度变化的前提下，产生大小固定的力量以支撑哑铃重量。动态收缩为主的作业称动态作业。

动态作业时，血液随着肌肉的舒张和收缩进入和压出肌肉，物质能量和代谢物都能顺利进入和排出肌肉。这样的作业只要把握好节奏，就可以持续较长时间。如走路时，肌肉的作用就像血液循环系统的水泵一样，收缩时把血液压出肌肉，紧接着的舒张又把新的血液带到肌肉中来。这种状况下，血液供应可以达到休息时的 20 倍[①]。因此在动态作业中，肌肉有充分的血液供应，始终保持着高能状态的糖和氧，同时废物被随时带走。

静态作业中，肌张力对局部血管产生压力，阻止血液进入肌肉。造成物质能量、代谢物不能正常进入与排出，甚至造成局部肌肉缺氧。更为不利的是废物不能被排出，这些废物积累起来，形成我们所感觉到的肌肉疲劳和酸疼。

在静态作业时，血液流动所受到的阻力与静态作业的负荷是成正比的。根据研究，静态收缩时，肌肉供血受阻的大小与肌肉产生的力成正比。当用力大小达到最大肌力的 60% 时，血液输送几乎完全中断。在用力是最大肌力的 15% ~ 20% 时，血液循环保持正常，在这样的情况下，即使是静态肌力，也可以维持一段时间；在用力是最大肌力的 50% 时，肌肉收缩的时间最长只能维持 1 分钟。显然，肌肉产生的力量越大，即肌肉的紧张程度越高，肌肉就越容易疲劳。

因此，在静态作业下，不能持续工作很长时间，疼痛和疲劳将迫使工人进行休息。而动态作业可以持续相对较长的时间，前提是选择一个合适的节奏。

二、静态收缩的生理影响

静态收缩会造成氧气和能量的消耗加大、心率加快和恢复期延长等生理现象。造成这些现象的主要原因是供氧不足，无法通过需氧系列提供充足的能量；其次是肌肉内累积了大量的乳酸，需要更多的氧气进行氧化。研究发现，学生手提书包比背书包要多消耗 1 倍多的能量，这主要是由于手臂、肩和躯干部分的静态收缩引起的，如图 3-11 所示。

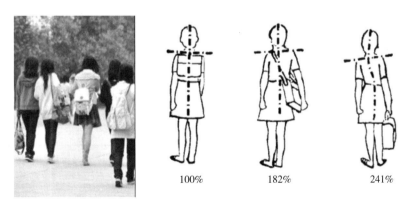

图 3-11 双肩背、单肩背、手提书包三种方式的比较（静态收缩越多能耗越大）

资料来源：赵江洪编著：《人体工程学》，湖南科技出版社 1988 年出版，第 23 页。

---

① 饶培伦主编：《人因工程》，中国人民大学出版社 2013 年版，第 18 ~ 19 页。

长时间的静态收缩会诱发一些疼痛性疾病：一类是较容易恢复的劳累性疼痛，一般位于肌肉和肌腱，疼痛时间较短；另一类疼痛位于关节，此时身体内的一些组织已经发生病变，会产生一些长期疼痛、活动不便等严重后果。如长期处于某一工作体位不变，导致局部肌肉静态施力过大是椎间盘疾病的主要诱因；一些需要长期重复动作的职业，如货物搬运或需要长时间电脑操作的职业等，都会引发腱鞘炎等疾病。这些损伤不仅涉及肌肉，还涉及骨、关节、肌腱以及身体的其他结构，这一类问题统称为肌骨失调。永久性的肌骨失调还会影响到邻近的关节和其他组织。当外部的负荷消失之后，疼痛并不消失，而是继续存在。根据相关调查，永久性的肌骨毛病在常年操作同一机器，或手工操作但工作台过高或过低的老龄工人中非常常见。

一些调查已经表明静态作业与下列疾病是相关的：

（1）关节浮肿。

（2）肌腱梢浮肿。

（3）肌腱节点附近发炎。

（4）关节坏死，慢性关节炎。

（5）肌肉抽筋。

（6）脊椎毛病。

表3-6中，归纳了静态作业可能导致的问题。

表3-6   静态作业与肌骨疼痛

工作姿势	可能影响的部位
固定于一个位置	腿和脚：静脉曲张
座位无背靠	背部的伸肌
座椅太高	膝关节、小腿、脚
座椅太低	肩和颈
站着或坐着时躯干前倾	腰椎、脊椎：椎间盘症状
手臂向前或向侧面伸出	肩和手臂：肩周炎
过度地向前或向后低头	颈和脊：椎间盘症状
手不自然地抓握工具	前臂：腱部炎症

资料来源：杨公侠著：《建筑·人体·效能建筑工效学》，天津科学技术出版社1999年版，第16~18页。

三、减少静态作业的常见设计方法

其实，在日常生活中，在我们所有的职业活动中，都有不同程度的静态施力，如伏案书写、弯腰取物等，静态收缩是难以避免的。

静态作业与动态作业之间并没有明显的界线，通常某个特定的工作一部分是静态的，另一部分是动态的。由于静态作业比动态作业更艰难，在混合负荷情况下，静态作业具有更大的重要性。

通常情况下，不自然姿势产生静态施力。如使用传统鼠标（非人体工学鼠标）和工作台面高度宽度不适宜时，操作者的手腕常常处于不正常的"扭曲"的状态，长期使用患腱鞘炎的概率非常高，如图 3 - 12、图 3 - 13 所示。

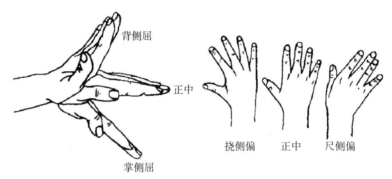

图 3 - 12　使用鼠标时，手腕不自然的弯曲

资料来源：冯国红主编：《人因工程学》，武汉理工大学出版社 2013 年版，第 122 页。

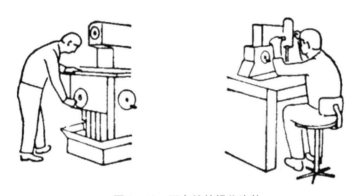

图 3 - 13　不自然的操作姿势

资料来源：朱序璋主编：《人机工程学》，西安电子科技大学出版社 2006 年版，第 88 页。

减少静态作业的设计要点概括如下：

（1）避免向前或向侧面弯腰等不自然的身体姿势，身体和头向两侧静态施力危害会更大。

（2）避免抬手过高，造成降低操作精度和影响人发挥技能的姿势。

（3）避免用手握住东西不动。

（4）避免将手向前水平地伸出。

（5）避免一只脚踩踏板时把身体的重量都放在另一条腿上。

（6）避免在一个地方站着不动很长一段时间。

（7）避免推或拉很重的物体。

（8）一般情况下，坐着比站着工作好。但工作椅应使操作者易改变坐、站姿势。

（9）双手操作应相反或对称，有益于神经控制。

（10）当手不得不在较高位置时应使用支撑物。

第五节　人体运动系统及作业中的疾患预防

一、人体运动系统的构成

运动系统是人体完成各种动作和从事生产劳动的器官系统。人体完成一个完整的动作或保持某个姿势，需要骨、骨骼肌与骨连结之间的协调动作。骨、骨骼肌与骨连结三部分组成人体的运动系统。骨是运动的杠杆，骨连结是运动的枢纽，骨骼肌提供运动的动力。

（一）骨及骨骼

骨是体内坚硬而有生命力的器官。人体共有 206 块骨，除 6 块听小骨属于感觉器外，依其所在部分可分为颅骨、躯干骨和四肢骨三部分。依其形态则可分为长骨、短骨、扁骨和不规则骨四种。骨的复杂形态是由骨所负担的功能多样性决定的，骨的主要功能有：

（1）骨与骨通过关节连接成骨骼，构成人体支架，支撑人体的软组织（如肌肉、内部器官），与肌肉共同维持人体的外形；

（2）骨构成体腔的壁，如颅腔、胸腔、腹腔与盆腔，以保护其内脏器官，并协助内脏器官活动；

（3）附着于骨的肌肉收缩，牵动骨绕着关节运动，使人体形成各种活动姿势和操作动作。因此，骨是人体运动的杠杆，工效学中的动作分析与这一功能密切相关。

（二）骨连结与关节

骨与骨之间借纤维结缔组织、软骨或骨组织相连结，称骨连结。骨连结分为直接连结与间接连结两种形式。直接连结为骨与骨之间借助于结缔组织、软骨互相连结，其间无腔隙，活动范围很小或完全不能活动，故称不动关节。如胸骨和第一肋骨的软骨结合以及骶骨椎间的骨性结合等。间接连结是骨与骨之间借膜性囊互相连结，其间具有腔隙，有较大的活动性，这种骨连结称为关节，主要见于四肢。

关节的运动是绕轴的转动，其运动形式与关节面的形态有密切联系。关节面的形状决定人体各部分运动的深度与方向，因而也决定着各运动器官的动作特点。手指、肘和膝头用类似铰链的关节相连，它们的运动范围仅限于一个平面内；而腕、踝等，其表面不平，可在两个平面内运动；最后，臀及肩关节是球和球窝式连接，因而可作较大范围的运动。其中，臀关节的球部几乎被一个较深的球窝完全包住，借以增加其机械负荷，但同时也限制了运动范围。肩关节的球窝较浅，运动范围较大，但容易脱臼。

脊柱关节较为特殊，椎骨两端，是结缔软骨盘，这些软骨盘的作用是吸收振动，同时又允许全身有较大范围的运动。脊柱的椎骨间，由弹性韧带连接，以维持脊柱的正常曲率。脊椎骨的韧带可能是唯一经常处于受力状态的韧带。由椎骨、软骨盘与韧带组成的脊椎能使人体向前弯曲约180°，但后弯的程度却不能很大。除了弯曲之外，椎骨还允许人体作旋转运动——脊椎可转90°，颈椎约30°。在臀部保持不动的情况下，颈椎加上腰椎的转动，可使眼睛的视野范围达到360°。

（三）肌肉与骨骼肌

无论骨骼—关节构造如何完善，如果没有肌肉提供力量，人体就无法动作。肌肉差不多占人体总重量的40%。人体的肌肉，根据其形状构造、分布和功能特点，分为3种类型：第一类是控制骨骼动作的骨骼肌，由细长圆柱状纤维束组成，一块肌肉包含10万～100万这样的纤维，纤维的终端组成一块肌肉筋。长肌肉纤维是成串地连接在一起的，肌肉筋连在一起形成一个硬的、无弹性的肌腱，并通过肌腱与骨骼相连。第二类是平滑肌，人体不能随意控制。平滑肌收缩缓慢，具有很大的延展性，其作用是维持内脏器官的正常功能。第三类是心肌，只组成心脏本身，类似于骨骼肌和平滑肌的混合物。

工效学关注的主要是骨骼肌。骨骼肌分布在身体的各个部位，骨骼肌的收缩性较强，可以缩短到正常尺寸的一半左右，这种现象被称为肌肉收缩。人体就是靠骨骼肌的收缩完成各种动作的。骨骼肌只能沿一个方向收缩。动作时，肌肉收缩的力叫肌力，肌力的大小取决于肌肉所包含的纤维数量与体积、收缩前的初长度、肌肉对骨骼发生作业的机械条件以及神经系统的机能状态等。例如，小腿肌纤维数量比上臂多，因此小腿动作较为有力。

不同的人群在肌力上存在很大的差别。有资料表明，中国男性的握力约为美国男性的95.5%（左手计），腰拉力则仅为美国男性的84.4%；中国女性的握力为美国女性的81.9%（左手力），腰力则为美国女性的69.7%。不同职业人群，肌力也存在显著差异。

（四）大脑运动区

骨骼肌的一个区别于其他类肌肉的重要特点是其收缩受神经系统支配，神经系统的机能状态是肢体力量的重要影响因素。因此，与人体运动有密切关系的还有大脑的运动区（见图3-14）。肌纤维的收缩是由神经冲动引起的，神经冲动传入肌肉才能引起收缩，神经冲动的负荷取决于运动神经的兴奋程度，运动神经元与大脑皮层的运动区有密切的关系。当对大脑的运动区进行电刺激时，与图中相对应的部分就发生收缩。上肢特别是手指部分在运动区所占的比重最大，因而手掌和手指比身体的其他部位更加轻巧灵活。

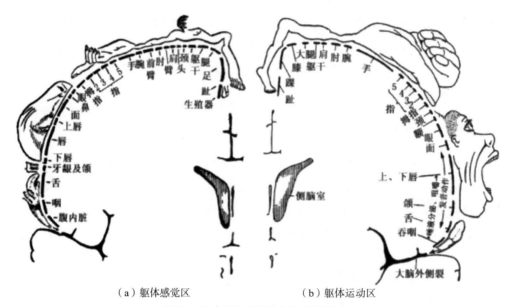

（a）躯体感觉区　　　　　　　　（b）躯体运动区

图3-14　大脑感觉区与运动区分布

资料来源：丁玉兰主编：《人机工程学（第5版）》，北京理工大学出版社2017年版，第37页。

二、人体运动系统的特点及其局限

人体运动系统的特点及其局限是劳动工效学设计的基础。运用生物力学理论研究作业动作可以使作业效率成倍提高，并做到省力、安全。事故统计结果表明，许多事故都是在用力不科学及超过人体运动能力上限的情况下发生的。

劳动工效学及运动生物力学，一直致力于研究人体运动系统的特点及局限，为操作动作设计提供了许多可供参照的基本原理：

（1）肢体的力量一般左手弱于右手，向上用力大于向下用力，向内用力大于向外用力。

（2）肢体所有力量的大小，都与持续时间有关。如拉力由最大值衰减到1/4时，只需4分钟，任何人劳动到力量衰减到一半时的持续时间都差不多。如图3-15所示。连续操作时最大推力仅为100牛，拉力为300牛，而瞬时拉力最大可达1100牛。男子的平均水平有703牛，女子为386牛。

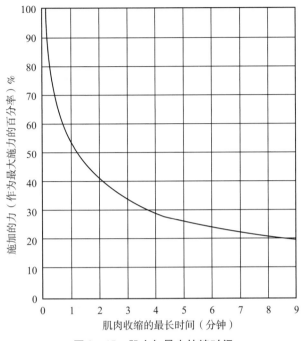

图3-15 肌力与最大持续时间

资料来源：杨公侠著：《建筑·人体·效能建筑工效学》，天津科学技术出版社1999年版，第16页。

（3）人体各关节的活动都有一定的限度，超过这一限度必然造成损伤。因此，作业动作及机具设计时，应使关节处在一定的舒适调节范围内。关节活动的范围常称为关节活动域。关节活动域受关节的结构、关节附近的肌肉组织状况，韧带弹性等因素的影响，不同关节的活动域有显著差别。图3-16、图3-17为肩关节及肘关节的活动域。

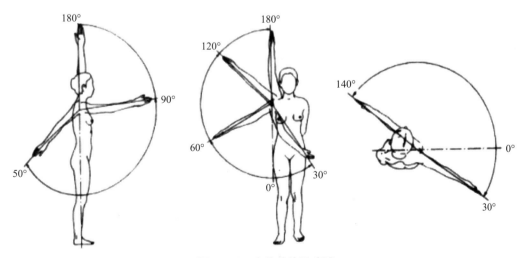

图3-16 肩关节的活动域

资料来源：吕荣丰编著：《人体工程学》，重庆大学出版社2014年版，第40页。

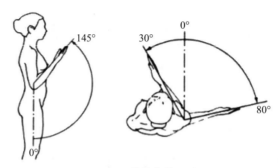

图 3-17 肘关节的活动域

资料来源：吕荣丰编著：《人体工程学》，重庆大学出版社 2014 年版，第 40 页。

（4）最大力量和最大运动范围两者是相互矛盾的。人体骨杠杆的原理与力学杠杆完全一样。杠杆具有省力不省功的原理，若使肌肉产生的较大的力量，则运动范围（幅度）需相应减小。在设计操纵动作时应考虑这一原理。

三、人体动态施力的安全要素

人体施力过程，经常会因为施力的姿势、方式、位置不对而引发对人体的伤害，人体施力的安全及施力状态问题，也是作业姿势设计时必须要考虑的要素。

（一）提起重物的施力安全

腰椎连接着人体上半身骨骼和下半身骨骼。上半身的重量通过脊椎传递到腰椎，再从腰椎传递到下半身。因此，腰椎本身就承受着很大的压力，产生损耗易发病。人体的腰椎由 5 块椎骨组成，人直腰时，5 块椎骨叠加受力，均匀受力直线传导，有利于力的转移，可以减轻腰椎压力。而在弯腰施力时，5 块椎骨弯曲，改变了腰椎的自然曲线形态，改变了压力分布，使椎间盘受压不均，前缘受力增大，向后缘方向压力逐渐减轻，导致椎骨前缘易损伤，如图 3-18（a）所示。因此，提起重物时宜取直腰屈膝姿势，如图 3-18（b）所示。

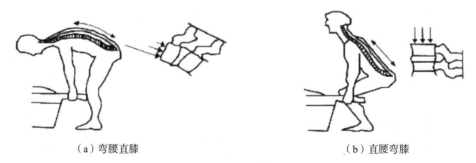

（a）弯腰直膝　　　　　　　　　　　　　　　　（b）直腰弯膝

图 3-18 弯腰、直腰抬起重物时的腰椎承受压力特点

资料来源：丁玉兰主编：《人机工程学（第 5 版）》，北京理工大学出版社 2017 年版，第 88 页。

（二）人体重心安全问题

人体重心一般在身体正中面上第三骶椎上缘前方7厘米处，并因性别、年龄、体型不同而略有不同。在直立站姿时，人体重心不会有安全问题。但是当人体姿态发生变化时，重心随之变化。如身体下蹲则重心下移，身体前倾则重心前移。因此，在环境空间的安全设计方面，要避免护栏类设施低于人体的重心。

复习与思考

（1）人体产能途径有哪些，各有什么特点？

（2）能量消耗的常用测定方法是什么？说明其原理及计算方法。

（3）人体运动系统的组成部分有哪些？

（4）关节构造的哪些特点对人体动作有影响？

（5）大脑的运动区是什么，它的哪些方面的特点影响人体运动？如何影响？

（6）什么叫静态作业，它对人体有哪些方面的影响？

视野拓展

工作导致的肌肉骨骼疾病

世界卫生组织（WHO）认识到了工作相关的肌肉骨骼疾病（Work related Musculo-skeletal Disorders，WMSD）对人体组织——肌肉、神经、动脉和血管等的不良影响。目前，WMSD在国际上广受关注。

与工作有关的肌肉骨骼类疾病类型：

（1）背部损伤。背部是身体最容易受伤的部位（每170万损伤中有22%发生在背部）。过度用力是这些疾病损伤的常见原因。背部损伤是在椎间盘经历了长时间的重复性的负荷加载而形成的，原因是不适当的提举方法或其他用力方式。这些损伤是日积月累形成的。有些看起来急性的损伤实际上是长期的操作影响所致。

（2）腕管综合征。手和前臂部位的WMSD就是腕管症（CTS）。CTS是腕管（手腕）的正中神经受到压迫的疾病。CTS的早期症状包括手指麻木和麻痛感以及灼热感。更严重的问题涉及疼痛、拇指根部消瘦、手掌发干发亮以及手部笨拙。很多症状在夜间首次发作，并发生在手部的特别部位。如果不加以治疗，疼痛感会蔓延到肘部和肩部。

（3）肌腱炎。即关节周边的腱鞘发炎，其发炎部位有局部压痛感，活动时疼痛变得严重。肌腱炎是由于创伤或关节过度使用造成的，会影响腕关节、肘关节（通常称网球肘）和肩关节。

（4）腱鞘炎。腱鞘炎是由重复性活动导致的肌腱包括滑膜鞘受损，常见的腱鞘炎疾病是 DeQuervain 症，这种疾病对腕部的肌腱和肌腱鞘以及拇指根部产生影响。

（5）交叉型综合征及 DeQuervain 症。交叉型综合征及 DeQuervain 症出现在手部操作活动较多的工作者中，其特点是腕部和拇指根部的肌腱和肌肉有慢性炎症。疾病症状包括疼痛、刺痛、麻木以及活动拇指时的不适感等。

（6）扳机指。如果手指腱鞘炎加重，可能导致肿胀，过度肿胀会使肌腱卡在肌腱鞘中。如果让手指活动，可能导致手指的"噼啪"声和抽搐，这种情形称扳机指。扳机指会发出"噼啪"声和"咔嗒"声，这些声响意味着在弯曲和伸直手指。偶然情况下，会有一个手指的活动卡住或受阻，只能保持弯曲或伸直状态。

（7）缺血。缺血是由于组织供血不足造成的。其症状包括麻木和疲劳，根据缺血的程度和周边血管堵塞的程度而有不同程度的疲劳。缺血通常是由于手掌所受外力过大导致。

（8）振动综合征。振动综合征常指雷诺综合征，也称为手臂振动综合征。振动或低温环境下会导致这类疾病。其特征是由于手指动脉的完全关闭而出现的周期性手指发白。由于低温使得流向肢体末端的血液减少，使这种病加重，因此在长时间的低温环境中应该对手指采取温度调节措施。

（9）胸廓出口综合征。胸廓出口综合征是指上肢神经（臂神经丛）和/或血管（锁骨下动脉和静脉）受到压迫所发生的颈与肩之间的区域（胸出口）疾患。胸廓出口是由几个结构联系在一起：斜角肌的中前部，第一根肋骨、锁骨及较低点的胸小肌的肌腱。其症状包括：胳膊或肩膀处疼痛、胳膊感到沉重或容易疲劳；外手臂麻木，尤其是第四和第五手指；手和臂肿胀伴有手指僵硬、寒冷或手苍白。

（10）腱鞘囊肿。神经节是组织的节点。腱鞘囊肿是指神经节成球状的囊，充满了胶状物质。这种疾病常见于肌腱或手掌上的手指根部。这些囊肿并不总是带有疼痛，并且随着重复性操作活动的减少可不做任何治疗。WMSD 汇总见表 3-7。

表 3-7   WMSD 汇总

疾病	职业风险因素	症状
肌腱炎/腱鞘炎	重复腕部运动 重复肩部运动 持续的手臂过度伸展 长时间肩部负荷	疼痛、虚弱、肿胀、烧灼感、隐隐作痛
肘腱鞘炎（上髁炎）	前臂重复或用力旋转的同时，手腕进行弯曲	疼痛、虚弱、肿胀、烧灼感、隐隐作痛

疾病	职业风险因素	症状
腕管综合征	重复腕部运动	拇指根部疼痛、麻木、刺痛、烧灼感、肌肉流失，手掌干燥
DeQuervain	重复手部揉搓或用力握	拇指根处疼痛
胸廓出口综合征	长时间的肩部弯曲 在肩部以上高度伸展臂 用肩扛东西	手部疼痛、麻木或肿胀
颈部紧张综合征	长时间固定姿势	疼痛

资料来源：［美］布什著：《工效学的基本原理、应用及技术》，国防工业出版社 2016 年版，第 164～170 页。

第四章

人的感知响应系统与信息处理

随着信息的发展，有价值的不是信息，而是你的注意力。在信息社会里，硬通货不再是美元，专注就是硬通货。

——［美］赫伯特·西蒙（Herbert A Simon，经济学家、管理学家、社会学家）

人的认知活动几乎贯穿人的一切有目的的活动过程。认知活动是人体对外界环境一切刺激信息的接收和反应活动，它是人生理功能的一个重要方面，也是产生心理活动的重要生理基础。在我们的工作和生活中，人无时无刻不在接收大量的外界信息，并将其输入中枢神经系统，在大脑中进行识别加工判断，最后做出反应。

将人的工作活动范式与机体生理系统关联起来，可用图4-1表达。

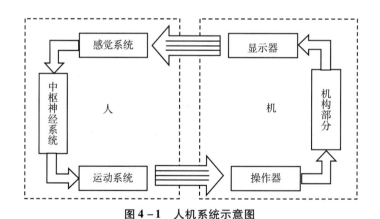

图4-1　人机系统示意图

资料来源：［日］林喜男著：《人类工效学》，甘肃省质量能源标准化信息中心1988年版，第10页。

在图4-1的人机系统中，人与外界发生直接联系的主要是3个子系统：感觉系统、中枢神经系统和运动系统。感觉系统、中枢神经系统和运动系统在信息处理过程中的规律、特点和局限，是认知心理学的重要研究内容，其研究结论在工效学中的应用极为广泛，涉及信号识别、信息加工和作业动作及语言输出等许多重要的工效学应用领域。

20 世纪 50 年代中期起，西蒙受计算机科学的启发，采用信息理论的概念解释研究人的认知活动，西蒙认为人的认知过程与计算机信息加工的原理相类似，见图 4 - 2。

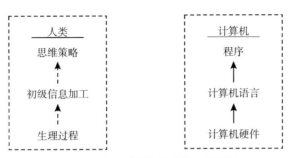

图 4 - 2 人与计算机信息加工的类比

资料来源：朱新明、李亦菲著：《驾设人与计算机的桥梁：西蒙的认知与管理心理学》，湖北教育出版社 2000 年版，第54～55页。

西蒙将对人体认知活动的研究分为三种不同的水平。最基本的水平是生理过程研究，即对感觉器官、神经结构的研究。第二级水平即是对简单信息加工过程的研究，包括感觉、知觉的形成及其规律等。最高水平是对人体复杂思维的研究，如对人的问题解决、概念形成和语言现象的研究。20 世纪心理学的发展过程中，大多数研究者的工作长期集中于第二级水平，最基本的生理过程和最高水平的复杂思维研究并没有多大进展。因此，西蒙指出，未来认知心理学需要加强人体行为不同层次的研究，并进一步探讨高层次的思维和初级信息加工过程之间的关系。

第一节　感觉与知觉

一、感觉及其规律

人认识世界、适应环境，首先要依靠感觉。感觉系统是由分布在体表或组织内部能够感受到机体内外变化的组织或器官组成。一般来讲，人的感觉系统主要指眼、耳、鼻、口、皮肤等外感觉器官，它们是接收外界刺激信号的专门装置，并由此产生了视觉、听觉、嗅觉、味觉、与触觉，即"五觉"。不过更为广义的感觉还包括人体的运动感、平衡感与内脏感，相应地，肌肉、内耳、内脏等也被称为人体的内感觉器官。

（一）感觉的定义

感觉是人信息处理的第一个阶段。人体的内外感觉器官是实现感觉过程的生理装置，由感受器、神经通道和大脑皮层感觉中枢三部分组成。人通过感受器获得关于周围环境和自身状态的各种信息，并将刺激的物理化学特性转变为神经冲动。神经通道负责传导神经冲动，并在传输过程的不同阶段进行有选择的加工。在大脑皮层感觉中枢，刺激信息被加工为个体实际能体验到的具有不同性质和强度的感觉，如图4-3所示。

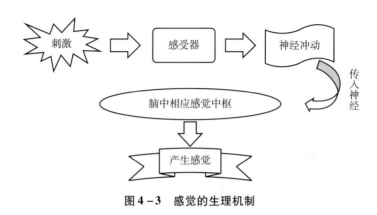

图4-3 感觉的生理机制

资料来源：周瑛、胡玉平主编：《心理学》，吉林大学出版社2007年版，第51页。

感觉是人脑对直接作用于感觉器官的客观事物个别属性的反应。一只苹果放在人的面前，通过眼睛便产生了红色的视觉，摸一下则产生光滑的触觉，闻一下便产生清香的嗅觉，吃一下便产生香甜的味觉。视觉、触觉、嗅觉、味觉等都属于感觉。感觉还反映人体本身的活动状况。如正常的人体能够感觉到自身的姿势和运动，感觉到内部器官的工作状况，如饥饿、疼痛等。

（1）感觉是人认识客观世界的开端，是一切感知的源泉。

（2）感觉是一切比较高级、复杂心理活动的基础，是认知的初级阶段。

（3）感觉是人正常心理活动的必要条件。

（二）感觉的规律

1. 适宜刺激

感觉的发生需要有外界环境的刺激，但感受器并不是对任何变化都能感受到。各种感受器只对某种形式的刺激特别敏感，这种刺激叫作该种感受器的适宜刺激。

当适宜刺激作用于该感受器时，只需很小的刺激量就能引起感受器的兴奋反应。而对非适宜刺激，感受器则不敏感甚至根本不反应。例如，眼睛仅对380~780纳米的电磁波敏感并形成视觉，对其他电磁波如红外线、紫外线、无线电波等则没有反应。另外，电或机械刺激虽然也能在眼内引起感觉，但需要较大能量，而且那些感觉相当粗糙。耳朵也仅能接受一定频谱范围（20~20 000赫兹）的机械振动波，对非适宜刺激的超声波和次声波均无反应。人体主要感受器的适宜刺激及感觉反应，总结归纳见表4-1。

表 4 – 1   适宜刺激与感觉反应

感觉种类	感觉器官	适宜刺激	刺激来源	识别外界特征	作用
视觉	眼	一定频谱范围（380～780纳米）的电磁波	外部	色彩、明暗、形状、大小、位置、远近、运动方向等	鉴别
听觉	耳	一定频谱范围（20～20 000赫兹）的机械振动波	外部	声音的强弱和高低，声源的方向和位置等	报警、联络
嗅觉	鼻腔顶部嗅细胞	挥发和发散物质	外部	香气、臭气、辣气等挥发物的性质	报警、鉴别
味觉	舌面上的味蕾	能被唾液溶解的物质	接触表面	酸、甜、苦、辣、咸等	鉴别
皮肤感觉	皮肤及皮下组织	物理或化学物质对皮肤的作用	直接和间接接触	触觉、痛觉、温度觉、压力等	报警
深部感觉	肌体神经及关节	物质对肌体的作用	外部和内部	撞击、重力和姿势等	调整
平衡感觉	半规管	运动刺激和位置变化	内部和外部	旋转运动、直线运动和摆动	调整

资料来源：朱序璋主编：《人机工程学（第2版）》，西安电子科技大学出版社2006年版，第56页。

人对外在环境的感知有一定的范围，这是由人的生理机能决定的，它表明人体的感觉器官有一定的生理局限。为了弥补感觉器官的局限，人们运用人特有的发达大脑和长期积累起来的智慧，发明制造出许多的仪器仪表。利用这些技术手段，大大扩展了人类可感知的范围，如发明雷达、收音机探测接收无线电波，B超仪接收并分析从人体各组织反射的超声波。这种靠仪器仪表等技术装置将原始刺激转换成人的感受器能够接收的信息，被称为间接感知。随着科学技术的飞速发展，生产的规模、速度、加工对象、生产工艺等都在发生急剧变化，刺激信息越来越繁复多变，导致人体的感官对信息的直接感知越来越困难，间接感知的作用将越来越重要。

2. 感觉阈限

所有感觉都与外在刺激的强度有关。只有强度在一定限度内的刺激才能产生感觉。若刺激强度太小，就不能引起感官的神经冲动；若刺激强度太大，又会对感官造成不可逆转的损伤。感官的这种对信息刺激强度范围的要求称为该感官的感觉阈限。其又分为：

（1）感觉阈下限。刚刚能引起感觉的最小刺激量。

（2）感觉阈上限。能产生正常感觉的最大刺激量。若刺激量超过感觉阈上限，不仅无效，还会引起相应感觉器官的损伤。

（3）差别感觉阈限。刚刚能引起差别感觉的刺激的最小差别量，也称最小可觉差。并不是任何刺激量的变化都能引起机体的差别感觉。例如，在100克质量的物体上加上1克，任何人都觉察不出质量的变化。一般情况下，至少增减3～4克，人们才能觉察出质量的变化，即质量的差别感觉阈限。需要强调的是，每一种感觉器官所产生的心理量差别并非与刺激的物理量成正比。如一个房间内，用40瓦灯光换下20瓦的灯泡，人们不会感到亮度增加1倍。2个苹果相差20克，人们易于区分轻重，但2个西瓜差20克，就难于觉察其重量差别，这就是差别阈限的问题。1846年，韦伯（E H Weber）提出重量差别阈限和标准刺激成正比。它随最初的刺激强度的不同而变化，并且两者之比是一个常数，这一关系被称为韦伯定律。后来费希纳（G T Fechner）对韦伯定律加以修正，提出感觉量（心理量）E 和刺激量 R 之间呈现对数关系，称作韦伯—费希纳定律，公式如下：

$$E = K \lg R$$

式中：$K = \Delta I$（差别阈限）$/ I$（标准刺激强度）为常数，是特定感觉道的定值，也叫作韦伯比例或韦伯分数。

表4-2为人体主要感觉的感觉阈限。

表4-2　　　　　　　　　　　　　　人的主要感觉阈限

感觉	感觉阈限		例如
	下限	上限	
视觉（焦）	$(2.2 \sim 5.7) \times 10^{-17}$	$(2.2 \sim 5.7) \times 10^{-8}$	晴朗的夜里距离48公里外的蜡烛光
听觉（焦/平方米）	1×10^{-12}	1×10^{-2}	寂静房间里，距离6米外手表的嘀嗒声
嗅觉（千克/平方米）	2×10^{-7}		弥散于3个房间的一滴香水
味觉（摩尔/升）	4×10^{-7}		9升水中的一匙白糖
触觉（焦）	2.6×10^{-9}		从1厘米高处落到脸上的一个蜜蜂翅膀
温冷觉［千克·焦/（平方米·秒）］	6.28×10^{-9}	9.13×10^{-6}	皮肤表面处1℃温差

资料来源：吕杰锋、陈建新、徐进波编著：《人机工程学》，清华大学出版社2009年版，第40页。

3. 适应

感受器经过持续一段时间的刺激后，会产生适应现象，即敏感性降低。例如，当人们从明亮的地方走进黑暗的地方，会突然看不到物体，然后才能慢慢地看到黑暗中的物体轮廓。这种从明亮环境突然变化到黑暗环境时，视觉逐步适应黑暗环境的过程叫暗适应。暗适应一般需要经历4～6分钟，完全适应则需要30～50分钟。与此对应，当从暗环境进入到亮环境时，人眼最初会感觉发眩，出现暂时性视物不清，然后才逐渐看清事物，这种现象叫明适应或光适应。明暗适应是人眼感受性逐渐降低的过程。

此外，人体还有冷适应与热适应、味觉适应、痛觉适应等。所谓"居芝兰之室，久而不闻其香；入鲍鱼之肆，久而不闻其臭"，即嗅觉的适应性。

适应能力是有机体在长期进化过程中形成的。因为适应能力，人可以在不断变化的环境中调节自己以配合环境条件。但适应的存在又给感觉事物造成了一定困难。在经常变化的环境中有可能忽视一些重要信息，从而成为安全隐患。对此，工作系统设计与改善中需要特别予以关注。

4. 相互作用

各感受器若同时接收信息，相互之间会产生影响。在一定条件下，各种感觉通道对其适宜刺激的感受能力都会因受到其他刺激的干扰而发生变化。例如微弱的声音可以提高视觉的敏感性，而强大的声音则使视觉的敏感性显著降低。因此，在飞机噪声的影响下，黄昏视觉感受性会降到无噪声刺激时的20%。而且飞机刺耳的"吱吱"声，不仅使听觉器官受到强烈刺激，还使人的皮肤产生冷感。另外，食物的颜色、冷热会影响人的味觉；闪光刺激下声音会被感觉为起伏变化。感觉相互作用的一般规律是弱刺激能提高另一种感觉的感受性，强刺激则会使另一种感觉的感受性降低。

感觉之间相互作用的一种特殊表现是感觉代偿。所谓感觉代偿是指某种感觉缺失后，可以由其他感觉来弥补。例如，盲人失去视觉机能后，可以通过自己的脚步声来辨别地形，也可以通过触摸来阅读盲文，即视觉的缺失使得听觉和触觉更为灵敏。各种感觉的相互代偿，扩大了人的感觉渠道，对保障安全具有积极的意义。

不同感觉之间之所以具有相互作用，归根结底是因为人体是由各种感觉构成的一个有机整体。不同器官虽然功能不同，但它们之间存在相互联系，因而可以相互影响。但是需要特别注意的是，感觉器官之间的相互作用，有时会使接收到的信息失真，妨碍判断决策的正确性。

5. 对比

同一感觉器官接受两种完全不同，但属于同一类刺激的作用而使感受性发生变化的现象称为对比，如黄色的字在白纸和黑纸上显现的明显程度截然不同。另外，几个刺激物先后作用于同一感受器时，也会产生对比，称为继时对比，如吃糖之后再吃酸的食物会觉得更酸。

人的感觉对于工作的意义在很大程度上在于可以觉察危险的存在。感觉的对比规律，在工作系统设计中有着广泛的应用。例如，在铁路与公路交叉处或城市马路的护栏处，设计成一环白、一环黑的颜色，就是运用对比来提高警觉性，引起人们的注意，提高交通系统的安全性。

6. 余觉

刺激消失后，感觉还可以存在一段极短的时间，这种现象就是余觉。例如，在暗室里急速转动一根燃烧的火柴，可以看到一圈火花，就是由许多火点留下的余觉组成的，灿烂的烟花也是无数亮点在眼中的余觉。

人体各个感觉器官的感受能力是不平衡的，不同的职业对感受能力的要求也各不相同，如音乐工作者需要有较高的听觉分辨能力，美术工作者及某些行业的检验人员要求具有较高的视觉颜色分辨能力，而自动化系统的监控人员，则要求其视觉和听觉都要有较高的感受性。

二、知觉及其规律

知觉是人脑对直接作用于感觉器官的客观事物整体属性的感知。与感觉相同，知觉也是大脑对当前客观事物的直接反应。但二者又有区别——感觉反映的是客观事物的个别属性，知觉反映的是客观事物的整体属性。

感觉和知觉是紧密联系的，感觉是知觉的基础，没有反映个别属性的感觉，就不可能产生反映事物整体属性的知觉。感觉到事物的个别属性越丰富、越精确，对事物的知觉也就越完整、越正确。

在实际生产和生活中，很少有孤立感觉的存在，人们总是把客观事物个别属性的感觉综合成整体属性的知觉，并加以运用。例如，当你走在马路上，后面汽车的马达声、喇叭声传入耳朵，从而产生听觉。但你一定会综合这些感觉而形成"汽车来了"的知觉。正因为如此，人们通常把感觉和知觉合二为一，称为"感知"。

（一）知觉的分类

知觉种类多样，按不同标准可分为以下几大类：

（1）根据知觉起主导作用的分析器，可分为视知觉、听知觉等。视知觉即指在知觉形成过程中，视觉起主要作用，其他感觉起次要作用。

（2）根据知觉对象，可分为空间知觉（又包括形状知觉、深度知觉、大小知觉和方位知觉等）、时间知觉和运动知觉三种，它们分别反映客观事物的空间特性、时间特性和运动特性。在工效学中，它们是作业场所、作业方法等设计需要考虑的重要方面。例如，当人们从事单调乏味的工作时，会觉得时间过得特别慢而对工作产生抗拒厌烦心理，影响工作效率的提高。因此工作设计时应避免工作单调。

（3）根据有无目的，可分为无意识知觉和有意识知觉。

（4）根据是否正确反映客观事物，分为正常知觉和错觉。

（二）知觉的基本规律

1. 知觉的选择性

对来自纷繁复杂的外部世界的各种刺激，人不可能同时全部产生反应，而总是有选择地把少数刺激物作为知觉对象，从而对它们做出清晰的反应，而对其他刺激的反应则模糊笼统（这些其他刺激被称为背景）。知觉的这种特性称为知觉的选择性。例如，琳琅满目的商场中，柜台中陈列的形形色色的商品，让人眼花缭乱、目不暇接，但是能在我们大脑中留下深刻鲜明印象的，只有其中的一小部分，这些就是被人知觉选择到的对象。

知觉对象与背景在一定条件下是可以相互转换的，如图4-4的"鲁宾之杯"反转图形。若以黑色为知觉对象，白色为背景，则知觉为两个面对面的人头像；反之则为花瓶。知觉的选择性取决于下列因素：

图 4 - 4　两可图形与知觉的选择性

资料来源：徐涵、刘俊杰、陈炜编著：《人机工程学与应用》，辽宁美术出版社 2014 年版，第 35 页。

（1）知觉对象与背景之间差别越大，对象越容易从背景中被区分出来，并优先给予清晰的反映。

（2）在固定不变或相对静止的背景下，动态刺激容易成为知觉对象，如示波器上跳动的波形图。

（3）人的主观因素会影响知觉对象的选择。如任务、目的、知识、兴趣、情绪等的不同，知觉对象便会有所不同。

知觉的选择性一方面使人们免于淹没在纷繁复杂的外界刺激中，造成对感官和神经系统的过重负担，也使得在认知外部世界的过程中能够突出重点，提高对知觉对象的感知效果。但另一方面，知觉的选择性也是造成感知不全面的重要因素。因此，在工作系统设计中应该尽量加大工作信息与背景信息的反差。例如，仪器仪表指针的形状颜色一定要跟其他的背景有显著区别，以提高工作信息捕捉的精度和速度。在闹市区，因各种声音刺激强度差别不大，一般声音刺激不易被人知觉。消防车、警车即利用这一原理，加大对听觉的刺激强度，以引起人们的注意并及时避让。

2. 知觉的整体性

任何知觉所反映的都是客观对象或现象的综合属性而不是个别属性。比如看一个室内效果，是知觉整个室内的材料、色彩、光影等形成的总效果，而非其中之一的某一特性。把知觉对象的各种属性、各个部分综合成一个统一的有机整体，这一特性称作知觉的整体性。

知觉的整体性可使人们在感知自己熟悉的对象时，只根据其个别属性或主要特征，即可形成一个整体而被知觉。影响知觉整体性的因素有：

（1）接近。如图 4-5（a）所示，图中圆点被看成四个纵行，因为圆点的排列在垂直方向上显著比水平方向上更接近。

（2）相似。如图 4-5（b）所示，点与点之间距离相等，但同一横行各点颜色相同，因此，这些点被知觉成 5 个水平横行。

（3）连续。如图 4-5（c）所示，受连续因素的影响，图中的散点被知觉为连续曲线段画成的人形。

（4）封闭。在图 4-5（d）所示中，由于封闭因素的作用，把图中凹凸的圆弧连接起来，感知成一个完整的封闭图形——椭圆形。

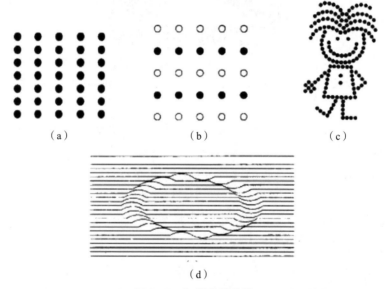

（a）　　　　　　　　　（b）　　　　　　　　　（c）

（d）

图 4-5　知觉的整体性

资料来源：周美玉编著：《工业设计应用人类工程学》，中国轻工业出版社 2001 年版，第 38 页。

知觉的整体性可提高人们在感知自己熟悉的对象时的效率。如见到建筑群中的冷却水塔，电力工程师立即会知觉到一个热电厂的存在。但感知对象有可能被知觉整体性歪曲。

3. 知觉的理解性

一般情况下，人们在感知当前事物时，往往根据以往的经验和知识来理解它们，认知理论把这种特性称为知觉的理解性。如图4-6所示，可以认为它是一幅画，而不同的人因既有知识和经验的不同，可以对这幅画有不同的解释。

图4-6 知觉的理解性

资料来源：徐涵、刘俊杰、陈炜编著：《人机工程学与应用》，辽宁美术出版社2014年版，第36页。

知觉的理解性说明知觉并不是一种纯粹的感性活动，而是与部分理性活动相联系，是具有一定思维活动的心理现象。与感觉相比，知觉在很大程度上更依赖于人的主观态度和过去的知识经验。同样的外界刺激，具有不同经验和知识背景的人，知觉到的内容有很大的差异。对某个事物的知识经验越丰富，对其认识也就越深刻。例如，同样一幅画，艺术欣赏水平高的人，不但能了解画的内容和寓意，还能根据自己的知识和经验感知到画的许多细节。

言语的指导和提示、实践活动的任务、情绪状态以及心境等也影响对知觉对象的理解，如图4-6所示。提示者可以把它提示为年轻的女孩，也可以提示为老年妇女。随着提示者的语言可以知觉成不同的图形。尤其在复杂环境中，知觉对象隐蔽、外部标志不显著、提供信息不充分时，语言的提示或思维的推论，可唤起过去的经历，帮助人们理解当前的知觉对象。例如，当路况复杂、交通标识不明显时，他人的言语提示，有助于对复杂交通状况的理解。在企业安全培训过程中，对新入职的员工进行安全教育，提醒他们注意哪些设备易出危险，可以强化他们的安全意识。

4. 知觉的恒常性

当知觉对象在一定范围内发生改变时，知觉的映像仍然保持相对不变，知觉的这种特性即为知觉的恒常性。比如一扇门从全闭到全开，门扇的形状有多种变化，全闭时是长方形，全开时是垂直条形，半开时则变为近边长远边短的梯形。在眼睛的视网膜上，随时因门的角度不同反应出来，这是以生理为基础的视觉现象。但我们凭心理性知觉经验，却知道这扇门的形状是保持长方形不变的，此为方向恒常。如图4-7所示。

图 4 - 7　知觉的恒常性

资料来源：宋专茂主编：《设计心理学》，广东高等教育出版社 2007 年版，第 60 页。

知觉的恒常性体现在许多知觉领域中，其中以视知觉最为明显。如同一个人，站在距我们 3 米、5 米、10 米等不同距离时，按物理规律，他在我们视网膜上的成像因距离不等，大小也不一样，但却被我们知觉为身高未变的同一个人，即大小恒常性。此外，还有形状恒常、明度恒常、颜色恒常等。

知觉恒常性的积极意义在于，它保证人在瞬息万变的环境条件下，仍能感知事物的真实面貌，从而有利于人对环境的适应。但是，知觉的恒常性也会给人带来错误的判断，因为它对于真正变化了的情况仍用原来的经验或老眼光去理解，因而易犯经验主义的错误，从而对判断决策带来消极的影响，有时会危及安全。例如吊车司机，在进行整体吊装翻转作业时，往往不下车检查起吊绳套拴挂情况，而且由于工作位置所限，看不到挂绳套的人。他们常常凭着"挂绳套的人手向上伸"的经验，想当然地判断挂绳套的人已经离开。但有时情况并非如此，此时扳动操纵杆起吊，可能将挂绳套的人挤压在设备夹缝中，造成重伤。

三、错觉

错觉是对客观事物不正确的知觉。错觉产生的原因一般认为有主客观两个方面：客观环境的变化和人们已有的认知或经验，使知觉系统对客观事物的解释产生了偏差，因而形成错觉。

错觉可产生于各种不同的感觉通道之中，有视错觉、听错觉、嗅错觉、味错觉、肤错觉以及运动错觉和时间错觉。错觉可以说是知觉恒常性的颠倒。如在视觉恒常性中，尽管视网膜上的映像在变化，但人的知觉经验却完全遵从物体的实际大小和形状而保持不变。错觉表现的是另一种情况，视网膜上的映象并没有变化，而人的知觉刺激却不相同。在所有的错觉现象中，视错觉表现得最为明显和常见，也是人们研究最多的错觉现象。见图 4 - 8。

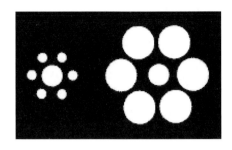

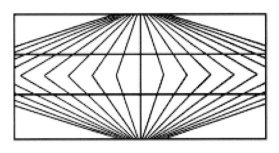

两个位于中心的圆哪个大?

这两条水平线是平行的直线吗?

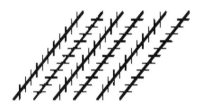

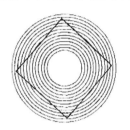

看清楚,上面的直线会相交吗?

这个菱形的边是不是直的?

图 4-8 常见的视错觉图

资料来源:[日] 朝仓直已著:《艺术·设计的平面构成》,中国计划出版社 2001 年版,第 157~163 页。

错觉不同于幻觉。幻觉是在没有外界刺激时所产生的虚幻知觉,它在一定时间内可消失;而错觉则是在有刺激物的情况下发生的,一般不会消失。有些错觉因人而异,有些错觉几乎人人都发生。

错觉是不正确的知觉,它提供给人们的是不正确的信息,依据不正确的信息做出的判断和决策必定是错误的。因此,错觉直接影响人们对事物的正确认知,进而影响工作效率,甚至带来安全隐患。我国空军对飞行空间定向障碍(spatial disorientation, SD)做了大量研究观察,"飞行 SD 是飞行人员在其飞行生活中或多或少,或轻或重都会发生的一种现象,95%~100% 的飞行员都发生过飞行错觉""据有关部门统计,因飞行错觉直接导致的飞行事故占所有飞行事故总数的 20%~30%"。

因此,错觉有时会影响工作效率,并有安全隐患。错觉的消除,主要有三种办法:一是掌握错觉发生的规律性,注意识别并避开其消极影响;二是注意实践模拟错觉培训,识别错觉,规避风险;三是利用仪器、仪表等加以辅助判断。

专栏 4.1:警惕最危险的五大驾车错觉

由于受生理、心理、年龄、身体条件、环境等因素的影响,驾驶员在行车中往往会产生各种各样的错觉。这些错觉与错看、漏看不同,它是人类知觉的一种特性,驾驶员应掌握这些特性,保证行车安全。

距离错觉。对于路上各种类型的车辆,驾驶员有时会对来车的车长、会车间距、跟车距离产生错觉，使会车的距离不够和跟车的距离过近而导致事故发生。常见的有：同样距离，白天看起来近，而在夜间较昏暗时感觉远；前面是大车时感觉距离近，是小车时感觉距离远。

速度错觉。行车过程中驾驶员大多是根据观察到的景物移动作参照物来估计车速的，并不是完全依靠车辆自身车速表的指示针来判断。路边景物多时易高估车速，景物少时易低估车速；长时间以某一速度行驶后会对该速度产生适应，对其余速度易于错估，特别是误将高速低估是非常危险的。机动车从郊区驶进城区易发生追尾撞车事故，就是这个原因。

弯度错觉。驾驶员在公路上行驶的快慢，经常随公路的弯度而改变。一般对于未超过半圆的圆弧，驾驶员往往感觉到的曲率半径总是比实际小，圆弧的长度越短越感到曲率半径越小。在连续转弯的山道上行驶，驾驶员会感到山区比平地容易转弯，所以在行驶中高速连续急转弯是很危险的。

颜色错觉。在市区等交通复杂路段，周围景物五颜六色，相互交错，容易分散驾驶员的注意力，特别是夜间，容易将路口红绿灯当成霓虹灯；把停驶车辆的尾灯当成行驶车辆的尾灯；把前车的刹车灯错看成尾灯等。另外，夏季戴墨色太阳镜时易将浅色物体"滤"掉，产生错觉。

光线错觉。太阳光、反射物体的亮光、车头迎光、夜间远光灯强光等会使驾驶员的视觉一时难以适应，如平头车的明亮车窗、阳光下路旁树木交替变换的阴影、原野上积雪的反光、进出隧道时光线的变化等，都容易使驾驶员产生眩晕，形成光线错觉，从而导致操作失误。

资料来源：佚名：《警惕最危险的五大驾车错觉》，载于《驾车园》2015年第7期，第81页。

四、人的感知系统的局限综述

人的感知是生理分析器工作的结果。分析器是复杂的神经结构，由感受器、传递神经和大脑皮质三部分组成。感知分析系统构造精巧，使得人们可以直接、准确、及时感知到许多的信息刺激。但是一方面各种感受器都有其固有的生理局限；另一方面，各种由感知器官接收的信息，并不是被原封不动地传递到相应的大脑皮层，而是要经过分析器处理之后，被主体内的信息进一步地选择和建构。所有的知觉过程均有人的主观经验参与其中，有时会干扰客观实际反映对象的刺激。情绪、态度等主观因素也对正确知觉外在对象有显著影响。也即所有外界输入的信息，经由神经系统传递到大脑皮层时，会受到感知系统生理局限性、大脑内固有信息和主体其他因素甚至主体所处生态文化环境的影响和干扰，而发生某种"折射""变形""衰减"或"增添"，打上主体的烙印。"一个人看到的不仅依赖于他在看什么，而且也依赖于他以前的视觉经验已经教会他看什么。①"所以，大脑所接收的并不是感觉世界的一个摹本，而是由一系列感觉特征解释与组织起来的知觉。

（一）许多信息不能直接感知

人与外界接触时，有的信息可以直接感知，但也有很多信息不能直接感知。

（1）非适宜刺激。每种感受器只能接受一种刺激，识别一种特征，并且该种刺激必须在适宜刺激的特定范围之内。与机器相比，人体可以感知到的信息范围十分有限，非适宜刺激不能被人体直接接收，如微波炉是否泄漏、饮水是否被污染等。此时必须借助特定仪器，如借助收音机或电视机，将无线电波转成声音或图像，耳朵眼睛才能接收。

（2）阈限值以外的刺激：人可以感觉到微小刺激。与机器相比，人的感知有更高的灵敏性，绝对阈限较低。但是信息刺激必须在一定的强度范围内，在阈限值以下或以上的信息，人体不能正常接收。

（二）信息接收不够精确常常有歪曲甚至错误

人的感官及其神经系统对客观刺激进行编码与整合而形成感知觉。不同量或不同质的刺激所引起的各种感觉之间交互作用，会影响感知的准确性甚至产生与客观对象不符的错误感觉。知觉的理解性、恒常性、完整性以及错觉，都表明人在知觉信息刺激的过程中，受自身经验、知识以及神经系统机能的影响，感知到的信息具有较强的主观色彩，主观感知与客观刺激之间存在较大的差距。

（三）信息接收常有遗漏

主要原因是人体的感知系统抗干扰能力较低。在实际工作和生活中，当有多种信息同时作用时，人往往只倾向于选择其中的一部分而忽视其他。如果是两个信息配合反映同一件事物，如电视的图像配合伴音，便起加强作用；如果两个信息内容互相干扰，如听课时，有人在耳朵边说话，便会起减弱作用。此外，当感受器处于过多刺激当中时，知觉的选择自动过滤掉一些信息，造成感知的不全面。造成信息遗漏的另外一个重要原因是感觉适应，感受器经过一段时间的连续刺激，敏感性会显著下降。

（四）感知到不存在的信息

感觉的发生一般必须有外在事物的刺激。外在事物发出信息，感觉器官负责信息的

---

① ［美］托马斯·库恩著：《科学革命的结构（第四版）》，北京大学出版社 2012 年版，第 95 页。

接收和传递，相当于信息通道，大脑负责信息的接收，相当于信宿。但是，由于感知系统的适时信号存储机制的存在，有时在刺激已经消失的状态下，感觉在一极短的时间内仍会存在如余觉。在监视仪器仪表时，消失刺激所产生的后像会导致员工的误识别、误判断。

总之，我们的感知系统并不是在忠实地直接"复制"这个世界的图像。深入研究感知系统特点，会发现外部世界在人的感受器中留下的"复制"是多么的粗糙。人的感知对于工作系统的意义在于正确掌握工作系统的状态和需求，觉察危险的存在。不能正确地感知，随后的决策与行为就可能产生失误。例如，在昏暗的光线条件下，驾驶员没看清路况或者路标，就可能出事故。一些误识别是许多重大安全事故发生的主要原因。因此，研究与了解人体感知系统的局限对于工作系统设计和安全事故预防有着极其重要的意义。

第二节　注意与记忆

人是一个信息加工系统，人在工作系统中的作用，在一定意义上可以被看作信息的传递与加工。

工作过程中有关工作的信息，通过各种显示设备（视、听、触等显示器）发出，感受器（由眼、耳朵、皮肤等构成的感觉系统）接收，并传递给中枢信息处理系统。感受器内部有存储器，以短暂存储中枢信息处理系统暂未接收的感觉信息，即感觉储存。如果这些信息在 1～2 秒内未能顺利传入中枢信息处理系统，则信息在这里消失。中枢信息加工系统（也被称为认知系统或决策系统）接收到来自感觉系统的信息后，对信息进行编译、整理、选择、决策。这个过程中，要不断与人的记忆发生联系，从记忆中选择相关信息，并把有用的信息贮存到大脑中，以做出相应的分析推断和决策。之后反应系统（手脚、躯干、语言器官）执行中枢信息处理系统发出的命令，产生操作输出（各种运动和语言反应），改变工作的状态。

同时，信息经过感知、决策、反应三个阶段时，几乎都离不开注意。注意不是独立的心理过程，它参与上述每一个具体环节，是知觉、记忆、思维、想象过程的共有特性，并把它们紧密地联结为一个统一的认知过程。

目前，关于人类信息加工过程的研究和模型很多，其中影响最广泛的是威肯斯（Wickens）的信息加工模型，如图 4－9 所示。

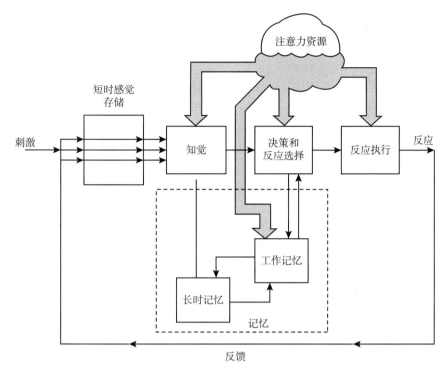

图 4 - 9 Wickens 的信息加工模型

资料来源：朱祖祥编著：《工业心理学》，浙江教育出版社 2001 年版，第 61 页。

一、注意

注意是人的心理活动对一定对象的指向。心不在焉、视而不见、听而不闻，都说明离开注意，人的信息加工过程就不能进行，注意是认知活动顺利进行的必要条件。

在工作系统中，许多事故的发生都可以从注意上找到原因。例如，司机可能由于只顾前方道路出现的变化而没有注意到旁侧横穿马路的行人；工人在操作机器时，注意力被同事的呼叫分散而忽视了仪表指示的信号，出现误操作等。注意也被认为是人的信息处理系统的一个关键瓶颈。

（一）注意的生理心理机制

由于感觉器官接收信息的能力有限，短时记忆容量有限，输入信息溢出；中枢信息处理能力有限，输入信息丢失等。因此，人不可能把外界的所有刺激全部接收并产生意识。也即当注意某一方面的信息时，就不能注意其他方面的信息。

中枢系统能否意识集中而注意，依赖于意识水平层次的高低。睡觉时意识丧失，一切行为失去了可靠性；觉醒时，意识水平提高中枢处理能力增强。

意识层次模型将大脑的觉醒水平分为 5 个层次，见表 4 - 3。该模型表明，大脑觉醒水平在第Ⅲ层次时，是注意行为积极主动，注意范围广泛，可靠性最高的状态。习惯性的作业或操作，多数属于第Ⅱ层次意识水平。此层次的意识水平下，常表现为心不在焉和不注意。

表 4 – 3   意识水平层次与注意

层次	意识水平	对注意的作用	生理状态	可靠度
0	无意识，神志昏迷	—	睡眠、癫痫发作	0
Ⅰ	正常以下，发呆	不起作用	疲劳、单调、打瞌睡、醉酒	<0.9
Ⅱ	正常，放松	被动的，内向的	平静起居休息、一般作业时的状态	0.99～0.99999
Ⅲ	正常，明快	主动积极的，注意范围广	积极活动时的状态	>0.999999
Ⅳ	超常，极度兴奋、激动	注意集中于一点，判断停止	紧急防卫时的反应，慌张以至惊慌	<0.9

资料来源：朱序璋主编：《人机工程学（第 2 版）》，西安电子科技大学出版社 2006 年版，第 74 页。

注意还与持续时间有关。麦克沃斯（N H Mackworth，1950）的实验结果表明，30 分钟是精神持续活动的变化点，30 分钟以后，注意力也会显著下降，即"30 分钟效应"，超过这个时间注意力分散，可能会出现低级失误[1]。

意识水平的高低，可以通过脑电波、诱发电位、眼球单位时间的运动次数等生理指标表现出来。

应激与觉醒水平对注意的影响是工效学研究的重要课题。研究发现，人体处在高度应激或高度觉醒状态时，会引起注意范围的缩小和注意选择对象的减少。操作人员在碰到紧急情况时，往往由于高度应激而看不到或想不到平时容易看到或想到的情况。因此，工效学设计的一个重要目标，就是如何确保操作人员在高度应激状态下，也能够注意到关键的工作信息，以便采取有效措施。

（二）注意的品质

1. 注意的选择性

注意的选择性是指个体在同时出现两种或两种以上的刺激时，选择其中一种进行注意而忽略其他。由于人体信息处理系统能力的限制，在一定的时间内，人只能从众多的信息源中选择部分信息源进行加工处理。

信息刺激源的物理特点如刺激的数量、强度、作用方式，以及信息源所处的环境条

---

[1] 朱序璋主编：《人机工程学》，西安电子科技大学 2006 年版，第 74 页。

件等，这些是影响注意选择的客观因素。那些位于视野中央的、明亮的、动态的、新颖的或者具有其他突出特点的刺激，一般容易被注意。因此，在设计工作系统时，警告信号、关键的操作信息都需要安排在中央视野范围内，并设计成与其他背景刺激有较大差异的特点，以便引起操作者的注意。

影响注意选择的主观条件包括人的需要、兴趣爱好、知识经验、情绪状态以及培训等。

2. 注意的持续性

注意的持续性是指注意在一定时间内持续保持在某个客体或活动上，也称注意的稳定性。人对同一对象的注意，很难长时间固定不变，而是经常地、周期性地加强或减弱。注意的这种周期性的变化，称为注意的起伏现象。注意的持续性是衡量注意品质的一个重要指标。员工必须具有稳定的注意，才能正确地进行生产操作，排除障碍和各种意外事故。

注意对象的特点和人的主体状态都会影响注意稳定性。内容丰富、富于变化的注意对象，容易保持注意的持续性。在一定范围内，注意的持续性随着注意对象的复杂性的增加而提高。如笔直宽阔的高速公路，对于个体来说相当于单调的刺激，不利于注意的持续。因此，高速公路设计应有适度的变化，以有利于安全行驶。另外，信号的强度和持续时间、信号频率、信号间隔的持续时间等，都会影响注意的持续性。

人对所从事活动的认识越深刻、态度越积极、越感兴趣，注意就越持久。人身体健康、精力充沛、心情舒畅时，注意的持续性也随之提高。

3. 注意的分配性

注意的分配性是指人在同一时间内，把注意分配到两种或两种以上的对象上，即所谓一心二用或一心多用。许多工作都需要分配注意力，如汽车司机在驾驶汽车时需注意方向、速度，眼睛还要注意路况、路标和行人等。

注意分配是注意集中的对立面。一般来说，不利于注意集中的因素都有利于注意分配。刺激的空间位置、相似程度、强度、语义内容等。例如，假如有两个信息源处于邻近的空间范围内，当工作中只需专注于其中之一时，另一个信息源会成为强干扰刺激而妨碍注意集中，这时操作者需要做出更大的努力才能够有效率地工作。因此工作系统设计时，需要尽量避免此种情况的发生。反之，假如操作者的任务需要对两种信息源同时进行信息加工，则应使它们处于相邻空间内，以有利于注意的分配。

4. 注意的转移

注意的转移是人根据当前活动的需要，有目的地、主动地把注意从一个对象转移到另一个对象上的能力。注意转移的快慢与难易，取决于注意的转移能力以及原来注意的紧张度和新注意对象的特点和性质。灵活型的人比不灵活的人，注意转移容易且速度快。对于有些工作，注意转移特别重要。如飞行员、司机就必须有较好的注意转移能力，能够迅速注意到前方的紧急情况并进行处理。

二、记忆

在信息处理过程中，大脑能够把输入或经过加工的信息存储起来，在需要的时候再把这些信息取出，这一过程称为记忆。记忆是高层次信息加工活动的基础，人在工作系统中的作用受到记忆特点和规律的深刻影响。因此，对记忆机制的研究具有特别重要的意义。

（一）记忆的过程

记忆是一个复杂的心理过程，一般被划分为识记、保持、再认、再现 4 个阶段，对它们的生理心理学解释和信息论的解释见表 4-4。

表 4-4　　　　　　　　　　　　　记忆的解释

记忆阶段	识记	保持	再认	再现
生理心理学的经典解释	大脑皮层中暂时神经联系（条件反射）的建立	暂时神经联系的巩固	暂时神经联系的再活动	暂时神经联系的再活动（或接通）
信息论的观点	信息的获取	信息的贮存	信息的辨识	

资料来源：陈士俊编著：《安全心理学》，天津大学出版社 1999 年版，第 51 页。

（二）记忆的种类

根据信息的输入、加工、存储、提取方式的不同以及存储时间的长短，记忆有各种不同的分类。按照在记忆过程中意志的参与程度，可分为有意记忆与无意记忆；按记忆采纳的方法，可分为机械记忆与意义记忆；按照信息加工水平的高低以及保存时间的长短，可区分为瞬时记忆、短时记忆和长时记忆。

瞬时记忆的信息加工水平最低，长时记忆的信息加工水平最高。瞬时记忆、短时记忆与长期记忆相互联系组成人体的记忆活动或记忆系统。信息的长期保持是在一定条件下将信息由瞬时记忆转入短时记忆，再由短时记忆转入长时记忆。记忆的信息加工过程可用图 4-10 表示。

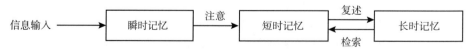

图 4-10　典型的记忆信息三级加工模型

资料来源：李建中、曾维鑫、李建华主编：《人机工程学》，中国矿业大学出版社 2009 年版，第 71 页。

1. 瞬时记忆

瞬时记忆是外界刺激以极短的时间一次呈现后，一定数量的信息在感觉通道内迅速被登记并保持一瞬间的过程，又被称为感觉记忆、感觉贮存或感觉登记。瞬时记忆是记忆的最初阶段，也是最短暂的记忆，这种感觉信息贮存过程衰减得很快，因此通常以毫秒为计量单位。人有两个最重要的瞬时记忆：一个是视觉信息存储，保持时间在 0.25～1 秒；另一个是听觉信息存储，保持时间约 2 秒，最长不超过 4 秒。

瞬时记忆的特点是：具有鲜明的形象性，信息保持时间极短；信息容量较大，几乎进入感官的所有信息都可以被登记。相对于短时记忆，瞬时记忆可同时贮存大量的潜在信息。但由于其记忆持续的时间极短，只有其中一些被特别注意的或者被赋予一定意义的信息才能转入短时记忆，其余则迅速消失。瞬时记忆的功能在于给大脑提供对输入信息进行选择和识别的时间。

2. 短时记忆

由于人的感觉通道是有一定容量的，而人所接收的输入信息又大大趋近中枢神经的"容量"，因此只有一部分信息能够进入神经中枢的高级部位。

短时记忆是指在 1 分钟以内的记忆。短时记忆对内容已进行了一定程度的加工编码，因而对内容能意识到，但如不加以复述，大约在 1 分钟内消退，且不能再恢复。短时记忆往往是人在即时活动中所要求的，是操作性的，因而也被称为操作记忆或工作记忆。有学者认为用工作记忆这个术语更精确①。

在工作系统中，短时记忆非常重要。例如，在现代化的自动控制系统中，操作者根据仪表所显示的数据进行操作和控制，操作完毕后，数据已无用，即可忘记。此外，几乎所有的工作活动都离不开工作记忆，如检修机器的工人需要短时记忆机器的变化状态；打字员打字时短时记忆稿件字句；等等。

（1）短时记忆的特点。

①信息保持时间很短。在无复述的情况下，一般只能保持 5～20 秒，最长不超过 1 分钟。

②记忆容量很小。1955 年，美国著名心理学家米勒写了一篇著名的文章《奇妙的 7》，文中他提出人的短时记忆容量大约是 7 个元素，更现代的研究指出可能只有 5 个元素。一般认为，根据个体的差异短时记忆大概在 5～9 个元素。因此，在工作系统设计中，不能过分要求短期记忆，否则会加重操作者的心理负荷，造成人为差错。

但是短时记忆对于存储单元的长度并不敏感。因此，在记忆过程中，将输入的信息重新编码，将小单位联合成为有意义、有关联的较大单位——称之为组块。组块即记忆的单位。组块提供了超越短时记忆存贮限制的一种手段。如给定 3784921124 数字系列，

---

① ［美］桑德斯等著：《工程和设计中的人因学（第 7 版）》，清华大学出版社 2009 年版，第 54 页。

如果你熟悉的家人或朋友生日恰好是 1992 年 11 月 24 日，这样你就仅仅需要记住 3、7、8、4、生日就行了，从而可以通过组块，扩大短时记忆的容量。组块的方法也适用于其他性质的材料，如将字母组合成单词，再将单词组合成熟悉的短语，都可大大提高短时记忆的容量。

③对中断高度敏感。短时记忆极易受到干扰。例如，很多人都有这样的体验，正在拨打电话时，突然有人喊你的名字，此时拨号常常以错误的或不完整的状况结束。受干扰的程度，取决于短时记忆中存贮信息量的多少。贮存很少量信息时，需要有较多干扰记忆才有可能中断；反之，很少的干扰即可中断记忆。

④短时记忆的信息可被意识。通常人们意识不到在瞬时记忆和长时记忆中的信息，但完全可以意识到短时记忆信息的存在，也即只有短时记忆中的信息才能被操持在人们当前的意识之中。贮存于长时记忆中的信息，需要时只有先提取回溯到短时记忆系统，在这里进行有意识的加工，并与当前的刺激相结合时，才能付诸应用。

（2）短时记忆的提高对策。

根据短时记忆的特点和局限，我们可以采用以下措施，增加短时记忆的信息量，提高作业效能：

①最小化短时记忆的负荷。

②提供视觉反馈。

③利用组块。

④考虑短时记忆的限制，指标语言尽可能简洁醒目。如：

指标：在做 X 和 Y 之前做 A。

指标：做 A，然后做 X 和 Y。

显然，后一个提示拥有更高的短时记忆效率。

3. 长时记忆

长时记忆是保持 1 分钟以上到几年，甚至终生不忘的记忆。

如果将短时记忆的内容加以复述或编码，则可以转入长时记忆。从信息来源说，它大多是对短时记忆加工复述的结果，也有些是由于印象深刻而一次形成的。长时记忆比较稳定，具有备用的作用，对人的活动不会增加过多的负担。人的长时记忆容量很大，有些学者认为它几乎是无限的。

长时记忆是最重要也是最复杂的记忆系统。许多实验表明，长时记忆是以比较高水平的语义编码形式来储存信息的。短时记忆则是在感觉记忆的基础上主要以语音听觉的编码形式储存信息。瞬时记忆和短期记忆的能力都非常有限，前者记忆时间不到 1 秒，后者只能保存很少几个单元，而长时记忆的能力几乎不受限制。凡保持到几分钟以上的每件事情必然存在于长时记忆之中。一切后天获得的经验，包括语言规则在内，都是长时记忆的组成部分。

瞬时记忆、短时记忆、长时记忆是人类记忆系统的三个子系统或阶段，三者相互关联，相互补充，各有特点，也各有用途。瞬时记忆是对内容的全景式扫描，为记忆的选择提供基础；短时记忆作为工作记忆，对当时的认知活动具有重要意义；长时记忆将有意义和有价值的材料长期保存下来，有利于经验的积累和日后对信息的提取。三种记忆的比较见表4-5。

表4-5 　　　　　　　　　　　瞬时记忆、短时记忆和长时记忆的比较

瞬时记忆	短时记忆	长时记忆
单纯存储	有一定程度的加工	有较深的加工
保持1秒	保持1分钟	大于1分钟以至终生
容量受感受器生理特点决定	容量有限，一般为7±2个组块	容量很大
属于活动痕迹，易消失	属于活动痕迹，可自动消失	属于结构痕迹，神经组织发生了变化
形象鲜明	形象鲜明，但有歪曲	形象加工、简化、概括

资料来源：丁玉兰主编：《人机工程学（第5版）》，北京理工大学出版社2017年版，第69页。

信息时代，人机系统设计的主要问题往往不再是减轻体力负荷，而是减轻脑力负荷，记忆负荷是其中的一个重要方面。在工作系统设计中，当信息量无法减少时，需要用规则和分类来处理世界上的复杂事物。把复杂的信息用分级的方法分解成较简单的组成部分，帮助我们理解和记忆。

第三节　思维与决策

思维与决策是信息处理的绝对核心。人的行动是决策的执行，决策的优劣直接关系到行动的成败。在决策过程中，人需要依据已有的知识经验和客观条件对问题进行分析比较判断等一系列思维活动。思维是决策的依据和前提。

一、思维

思维是借助语言、表象等对客观事物本质和规律的认知过程。我们平常所谈到的"想一想""考虑""思考"等都发生在这一阶段。与感知的直接性不同，思维是人脑对客观事物间接和概括性的认识过程。在这一过程中，人要对即时收到的信息和记忆中保存的信息进行分析，以揭示事物之间的关系，形成概念，并利用概念进行判断、推理，做出决断，解决各种问题。思维是人体信息处理过程中最复杂、最富有创造性的工作，是人认知过程的高级阶段。

任何事物都具有多种属性，有些是常见的、具体的，可以依靠感觉与知觉直接把握；有些则是抽象的，属于"类"的一般属性，必须借助于思维这种理性认知，探寻深藏在现象背后的内在本质及规律。

（一）思维的特征

（1）思维的间接性。指思维对事物的把握和反应，是借助于已有的知识和经验，去认识那些没有直接感知过的或根本不能直接感知到的事物，以及预见和推知事物的发展进程。如人们常说的"以近知远""见微知著""举一反三"等，就反映了思维的间接性。

（2）思维的概括性。指思维是人脑对于客观事物的概括认识过程。所谓概括认识，即它不是建立在个别事实或个别现象之上，而是依据大量的已知事实和已有经验，通过舍弃各个事物的个别特点和属性，抽出它们共同具有的一般或者本质属性，并进而将一类事物联系起来的认识过程。通过思维与概念，可以扩大和加深人对事物认识的广度和深度。

（3）思维与语言的不可分性。一般情况下，人的思维活动都是借助语言实现的。语言的构成是"词"，而任何"词"都是已经概括化的东西，如机器、人机系统等，反映的都是一类事物的共有或本质特性，是以往人类经验和认识的凝结。利用语言进行思维，大大简化了思维的过程，也减轻了人脑的负荷。

（二）思维加工方式

1. 分析与综合

分析与综合是思维的基本过程。分析是将事物的心理表征进行分解，以把握事物的基本结构要素、属性和特征。综合是与分析相反的信息处理方式，是将事件的结构要素或个别属性、特征联合成一个整体。通过综合可以认识事物的各个结构要素或各个属性之间的关系，把握事件的整体结构和规律。分析与综合是紧密联系的思维过程中不可分割的两个方面。

2. 比较

比较是将各种事物的表征进行对比，以确定它们之间的相异或者相同关系的心理过程。比较是以分析为基础的，只有先将不同对象的特征区分开来，才能进行比较。同时，比较还要确定各个部分之间的关系，所以比较又是一个综合的过程。只有通过比较才能发现事物之间的相同点或不同点，将事物归为不同类别，最终把握事物的本质和规律。

3. 抽象与概括

抽象是将事物的本质属性抽取出来，舍弃事物个别非本质属性的过程。例如，人们对各种钟表的抽象就是抽取出本质属性"可以计时"。概括是在抽象的基础上进行的，是将抽取出来的本质属性综合起来,推广到同类事物中去。公式、定理、概念等往往都是以概括为基础构建的。

二、推理

推理是指从具体事物中归纳出一般规律,或者根据一般原理推演出新的信息的心理过程。它可以当作一个相对独立的思维活动出现,也经常参与许多其他的认知活动,如知觉、学习、记忆等。推理过程中,需要提取长时记忆中的知识,并且和当前的一些信息在工作记忆中进行综合。

推理有归纳推理和演绎推理。归纳推理是通过观察事物从而得到一个新的结论,本质是概念的形成。演绎推理是从原理出发,通过逻辑验证事实,本质上属于问题解决的范畴。

三、决策

决策是人确定行动目标、选择行动方案并将方案付诸实施的过程。在决策过程中,人们权衡各种候选方案并从中选取一种行动方案。这个复杂过程涉及搜寻相关信息、评估各种结果出现的概率以及给预期结果赋值等步骤。

许多研究表明,人并不是最佳的决策者。在决策过程中存在着许多固有的主观偏好,从而产生一些非理性行为。比如,人们通常会给早期发现的证据或信息过高的权重,而对随后出现的信息不够重视;人们通常较为保守,而没有能够从信息源中最大限度地提取有用的信息;人们总是将所有信息都当成同样可靠的来加以处理,但事实并非如此;当潜在的损失和获利相等时,人们会认为损失带来的后果相对严重,因而对决策有更大的影响等。

上述种种偏好可以部分地说明为什么人们在掌握信息的情况下,依然不能作出最佳的决策。维修人员排除设备故障,医务人员诊断疾病,或者由你我决策购买哪种汽车——所有这些都因为受制于人类处理和评估信息的能力限制,而没有能够作出最佳决策。

四、人的信息处理的局限综述[①]

记忆与思维是较为复杂的认知活动,是人认知活动的瓶颈。未来随着新技术的发展和工作系统的越来越复杂,对工作人员能力与局限的进一步理解将变得越来越重要[②]。

(1)通道容量的限制。对于不断接收到的众多信息,大脑皮层不可能一时全部正

---

① 冯国红主编:《人因工程学》,武汉理工大学出版社2013年版,第29~30页。
② [美]桑德斯等著:《工程和设计中的人因学(第7版)》,清华大学出版社2009年版,第56~57页。

确处理。如前所述，人的感觉信息通道容量约为 7 比特/秒，大脑皮层处理信息的能力在 100 比特/秒左右。感觉通道的容量形成了信息瓶颈。例如，人不能同时处理两个以上的信息，即所谓的单通道机制。此外，对于各种信息，如果处理的时间不够充裕，或者接收的信息在时间上错综复杂，也可能无法处理。此时人对信息会表现为：①不加处理；②错误处理；③拖延处理；④偏离信息内容处理；⑤降低质量处理等。

（2）注意的极限。每个人集中注意力处理事物的时间存在极限值，超过这个值会出现瑕疵或错误，一般来讲，这个值在 30 分钟左右，但小学生大部分注意极限在 25 分钟，超过这个时间做题可能会出现低级失误。

（3）计算能力的限制。人的计算能力弱，速度慢，错误相对大，如很少有人能在不用笔的情况下准确地计算出 3 456×3 456 等于多少。超出人的能力范围且在没有其他工具帮助的情况下就需要进行猜测。但人的猜测能力有限。试验结果表明，人对平均值的估计相对比较准确，但对均方差的估计误差非常大。人在用外推法进行预测时，其值一般偏小。人在估计各种事件的概率时，会尽量避免给极端值。总的来讲，人的估计是偏保守的。

（4）短时记忆的限制。在进行决策的过程中，有大量的信息需要临时贮存起来，它们只能被存放在短时记忆里。人可以实现大容量的长时记忆，并能同时和几个对象实现联系。但短时记忆相对很差，这就造成大量信息的丢失，这种能力限制也影响了人的决策。

（5）长时记忆的限制。在决策过程中，人需要从长时记忆中提取必要的信息。虽然长时记忆容量是无限的，但这并不能保证人的记忆中已经有决策需要的一切信息。例如，在解决某一问题时，解的空间大小对结果有十分重大的影响，如果人根本就不知道某一方法的存在，就显然不会应用这种方法解决问题。

（6）错误记忆。错误记忆是指人们会回忆或再认那些没有出现过的事件，或者对经历过事件的错误回忆。长期以来记忆研究只侧重于真实记忆的一面，普遍忽略了对错误记忆的分析。1932 年巴特莱特（Bartlett F. C.）就已证明了人类记忆的重构特征，部分地触及错误记忆的概念。1995 年罗迪格和麦克德莫特（Rodiger & McDermott）正式提出错误记忆的经典研究范式——DRM① 之后，许多心理学家开始对错误记忆现象寻求更多的理解。很多实验表明，人的记忆，会受到暗示性问题、错误信息、个人经历、当下情绪的影响，是不可靠的。那些我们以为我们亲身经历过、看到过的东西，并不一定是真的。错误记忆会对人们的思维和行为产生深远的影响②。

（7）大脑运算速度的限制。心理学试验表明，人的大脑进行一个单位的运算大约

---

① DRM 研究范式是罗迪格和麦克德莫特对德泽（Deese，1959）的研究范式扩展而来，简称 DRM 研究范式，主要用于研究关联词语的错误记忆现象。

② 孙远波主编：《人因工程基础与设计》，北京理工大学出版社 2010 年版，第 36 页。

需要 0.1 秒。这个速度显然是非常慢的。在时间压力比较大的情况下，大脑只能通过"偷工减料"来完成任务，这直接影响人思维和决策的精度和效果。

（8）决策的非理性。在决策过程中，常常表现得不够理性，在决策中人总是会受固有偏好、情绪、情感等非理性因素的影响，不能完全根据客观的得失概率采取行动。

人的认知能力的种种局限影响着许多人类的行为与决策。也正是因为这些局限，所以提倡计算机辅助决策。计算机的发展，为人类提供了一个有力的决策工具。但最好的计算机也不能完全替代人的决策。在人机系统中，人是系统的决策者，人的决策水平对确保系统安全有效地工作起着极其重要的作用。

因此，可以从两个方面着手，提高系统的决策水平：一方面根据系统的要求，通过选拔和训练提高操作人员的素质，培养他们的决策能力；另一方面，在系统设计上充分考虑人的决策行为特点和决策能力局限，并为操作人员提供决策所必需的条件和决策辅助工具。

相对于机器，人类信息处理系统存在诸多局限的同时，还具有机器所不具备的特点，如灵活、随机应变等长处。在复杂的工作情景中，①人能够识别利用有用信息，简化复杂情景；②有随机应变的能力，可利用不同的方法达到相同的目的；③有创造能力，对尚未接触的事物可诱发进行决策；④具有归纳思维能力，能处理出乎意料的事情；⑤适应性强，有一定的预测能力。所以，无论机器如何先进，却永远无法完全替代人的劳动。

第四节 信息输出——操作执行

信息加工后是信息输出。人体的信息输出主要通过手、脚、躯干、口等效应器官的运动来完成。根据输出反应的方式，可分为语言输出和运动输出；根据输出的自动程度，又可分为以技能为基础的信息输出、以规则为基础的信息输出和以知识为基础的信息输出。在实际工作系统中，信息输出最重要的方式是运动输出，因此本节主要讨论运动输出的速度和精度。

一、响应时间

响应时间是指刺激出现到动作输出完成的时间间隔。这个过程包括感受器官接受刺激后产生感知，经由神经系统传至大脑，中枢神经系统加工形成决策，再由大脑发出命令给操作反应系统，反应系统运动输出，作用于外界的某个客体。这一系列的过程所需要的总时间称为响应时间。响应时间分为反应时间和动作时间两个部分。

（一）反应时间

人体对刺激的反应时间是衡量反应品质的最重要维度，它对生产的安全与效率具有重要的意义。例如，在交通运输行业中，反应时间对安全驾驶是非常重要的。过慢或有时过快的反应，都有可能导致事故的发生。

反应时间也称反应潜伏期，指刺激出现到反应开始之间的时间间隔。有两种类型的反应时间：简单反应时间和选择反应时间。简单反应是指一个人事先知道某一特定刺激将要出现并只对出现的刺激做出反应。选择反应是在几种可能的刺激中出现某一种，或者需要在几种反应方式中选择其中需要进行反应的方式。简单反应与选择反应，反应时间都受感受器官的特征、刺激信息的特征及个体主观状态等多方面因素的影响。选择反应时间还与可选择的刺激数量和反应种类等因素相关。

1. 感觉通道的特点

不同感觉通道由于加工处理信息的速度不同而导致反应时间有显著差别，见表4-6。

表4-6 反应时间与感觉通道 单位：毫秒

感觉通道	反应时	感觉通道	反应时
触觉	110~160	温觉	180~240
听觉	120~160	嗅觉	210~390
视觉	150~200	痛觉	400~1 000
冷觉	150~230	味觉	330~1 000

资料来源：丁玉兰主编：《人因工程学》，北京理工大学出版社2004年版，第111页。

2. 刺激信号的特点

刺激信号的性质、强度、面积大小及清晰度、持续时间等的不同，反应时间也有较大的差异。如表4-7所示，不同性质的刺激信号，由于涉及的感觉通道不同，反应时间不同。

表4-7 反应时间与刺激性质 单位：毫秒

刺激	反应时间	刺激	反应时间
光	176	光和声音	142
电击	143	声音和电击	131
声音	142	光、声和电击	127
光和电击	142		

资料来源：颜声远等、许彧青等编著：《人因工程与设计》，哈尔滨工程大学出版社2011年版，第87页。

3. 人的机体状态

(1) 机体的适应状态。可以把机体的适应水平作为刺激强度的影响因素。在暗适应情况下，光刺激强度变强，反应时间短。

（2）机体的疲劳程度。机体疲劳以后，反应时间变长。因此反应时间可以作为测量疲劳程度的一项指标。环境条件是影响机体疲劳的重要因素，因此间接影响反应速度。如高温作业条件下，工人的反应时间随工作环境气温的升高而延长。

（3）机体的准备状态和刺激间隔时间。机体的准备状态如何也是影响反应时间的一个重要因素，主要表现分为两种情况。一是有准备状态还是无准备状态。1971 年约翰逊和鲁莫尔（Johansson & Rumar）在一个研究中要求汽车司机听到一个声音信号时踩制动踏板。在事先有警告信号的条件下，司机的平均反应时间显著小于无事先警告时的情形。二是预备时间长短对反应时间也有影响。预备时间太短，反应准备不充分；时间太长，可能造成反应衰退，这都会延长反应时间，如图 4 - 11 所示。埃尔福德（C. W. T. Elford）等的研究表明，间隔时间为 1 秒时反应时间最短，其次为 2 秒。在 1 ~ 9 分钟出现一个信号的效率，比间隔 10 ~ 15 秒出现一个信号，效率要低 10 倍。

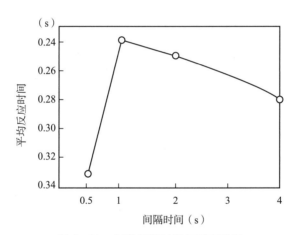

图 4 - 11 刺激间隔时间与反应时间

资料来源：何杏清、朱勇国主编：《工效学》，中国劳动出版社 1995 年版，第 138 页。

（4）通过练习可使反应时间明显缩短。如把警告信号与命令信号的时距固定在 0.5 秒左右，经过反复练习，有些人几乎可以使反应与刺激同步，简单反应时间接近于 0。

（二）动作时间

动作时间始于动作开始，结束于动作完成。动作时间与动作特点、目标距离、运动方向、动作轨迹特征、负荷重量等因素有密切关系。

1. 动作特点

人体各部位由于运动反应的速度不同引起动作时间的差异。例如，手的反应比脚快，躯干运动时间相对最长，如表4－8所示。而且，即使是同一部位，动作的类型、运动轨迹不同，运动时间也有较大的不同。

表4－8 　　　　　　　　　　　　　反应时间与效应器官　　　　　　　　　　　　 单位：毫秒

动作部位	动作特点		最少平均时间
手	握取	直线/曲线	70/220
	旋转	克服阻力/不克服阻力	720/220
脚	直线的/克服阻力的		360/720
腿	直线的/脚向侧面		360/720 ~ 1 460
躯干	弯曲/倾斜		720 ~ 1 620/1 260

资料来源：丁玉兰主编：《人因工程学》，北京理工大学出版社2004年版，第111页。

2. 动作的方向

由于身体结构的特点，我们完成某些方向的动作会比其他方向的快。以手肘为轴心的受控手臂动作往左下或者右上要比大幅度的上臂或肩部动作往右下或左上费时少很多。此外，人手的垂直动作快于水平动作，手从上往下运动比从下往上运动更快。动作的方向影响动作速度，这一点对于工作场所的设计很有意义，如确定装配工作中零件箱摆放的位置。

3. 动作距离和需要的准确度

有研究者对定位运动时间（作业过程中人体根据作业要求，由一个特定位置运动到另一个特定位置的运动）进行了实验研究。该实验设定目标距离为76、152、305毫米三个等级，目标宽度为25、13、6和3毫米。要求被试者尽快地将笔从起点移向目标区。结果发现，随目标距离增加，定位运动时间增多；随目标宽度增加，定位时间缩短。

二、准确性

准确性是反应输出质量的另一个重要指标。反应的准确性包含两个方面的内容：一是反应错误，它是由于错误决策而对系统施加了错误的控制；二是反应不准确，也就是效应器的运动准确性没有达到目标要求引起的。这里我们主要讨论效应器官运动的准确性问题。

（一）速度—准确性互换特性

运动准确性与所容许的运动时间有关。菲茨定律表明，定位运动时间与目标宽度成反比。目标宽度越宽，定位运动的误差容限越大。在运动速度与准确性方面也存在着相似的关系，即操作速度越快，出现的差错或误差越多；反之，降低操作速度，可减小误差提高准确性。因此，从绩效角度，人们常常需要在速度和准确性之间进行取舍。速度与准确性两者之间这种互相补偿关系称为速度—准确性互换特性。如图 4-12 所示。

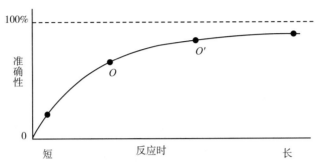

图 4-12　速度—准确性操作特性曲线

资料来源：朱祖祥编著：《工业心理学》，浙江教育出版社 2001 年版，第 139 页。

由图 4-12 可知，反应时间越长（即速度越慢），准确性越高。但是当反应速度减至一定程度后，曲线渐趋平坦。这说明在操作过程中过分强调速度或过分强调准确性都不会增加绩效。曲线的拐点处称为最佳工作点。在这一点，操作出现的错误较少，反应时间也相对较短。因此实际工作中，建议操作者将工作点选在最佳工作点右侧的某一位置上。

（二）运动范围和方向对准确性的影响

在操纵控制装置追踪一个目标时，操作者往往对目标的小范围移动过度调节，对目标的大范围移动调节不足，这种现象称为范围效应。过小或过大的运动范围都会降低运动的准确性。

根据手臂运动方向对准确性影响的实验研究，在垂直面上，手臂作前后运动时颤抖最大，错误次数最多，其颤抖是上下方向的；在水平面上，做左右运动的颤抖最小，出现错误次数最少，颤抖方向是前后的。

（三）手的灵活性与操作的准确性

手的灵活性影响到操作的准确性，手的灵活性通过练习可以得到发展。然而由于手的解剖特点和手的不同部位的随意控制能力有所不同，手的某些活动比另一些活动更灵活，某些操作活动比另一些操作活动更准确。例如，旋钮操作比指轮操作（如鼠标滚轮操作）更准确，指轮操作又比滑块操作更准确；水平安装的旋钮比垂直安装的旋钮操作更准确；向下按的按钮比向前按的按钮操作更准确等。

（四）盲目定位运动的准确性

盲目定位运动是一种开环的控制行为，它要求人们在没有视觉帮助的条件下根据对运动轨迹的记忆凭借运动觉反馈进行定位运动。在实际操作中，当视觉负荷很重时，往往需要作盲目定位运动。例如，当视觉集中注意于一种目标，同时伸手去抓控制器就属于盲目定位运动。菲茨（1947）研究过手的盲目定位运动的准确性，发现：正前方盲目定位准确性最高，右方稍优于左方。在同一方位，下方和中间均优于上方。

三、人与机器信息处理特点的比较

在工业文明早期，机器不过是人肌肉的扩张——各种工具、机械等都是用来增加人的体力工作能力的。目前，机器早已不再是单一的，而是整体化、系统化的。它们不仅是肌肉的扩张，更多地在执行信息感知加工的功能，是脑力的扩张。

计算机的信息加工过程类似于人的信息加工过程，但与人又有所不同。二者的不同及其比较在人—机系统设计中有着极其重要的意义。归纳本章各节内容，表4-9列举了人与机器在信息处理上的不同特性。

表4-9 人与机器信息处理的特性比较

信息处理阶段	人的特性	机器的特性
信息接收	(1) 感觉的信息种类和范围有限； (2) 能感觉微小刺激，敏感性高，绝对阈低； (3) 对刺激反应时间长，最小值为200毫秒； (4) 能在高噪声环境中检出需要的信号； (5) 抗干扰性低，有主观倾向性； (6) 识别图形的能力强； (7) 能阅读和接受口头指令，灵活性强； (8) 接收信息只能单通道	(1) 能在人不能感觉的领域工作，感觉范围大（红外线、超声波）； (2) 很少有人那样低的感觉阈，敏感性低； (3) 反应时间可达微秒极； (4) 较难检出噪声掩盖下的信号； (5) 抗干扰性高，重复性好； (6) 识别图形能力弱； (7) 学习能力较低，灵活性差； (8) 能够多通道同时接收信息
记忆思维与决策	(1) 计算速度慢，易出差错； (2) 能实现大容量长期记忆，并能实现同时和几十对象联系，但短期记忆差； (3) 有随机应变的能力，可利用不同方法达到相同的目的； (4) 有归纳思维的能力，但不易得到战略最佳效果； (5) 有创造能力，对尚未接触的事物可诱发进入决策； (6) 能处理完全出乎预料的紧急事件，适应性强，有一定预测能力； (7) 难以监控偶然发生的事件	(1) 计算速度快，准确重复性好，但不会修正错误； (2) 能进行大容量短期的数据记忆和提取； (3) 无随机应变能力，常规重复机能可靠性高； (4) 只能理解特定的事物，但能用程序使事件得到最佳方案； (5) 没有自发的创造理解能力，只能作出是与否的简单决策； (6) 只能处理已知事件，适应性弱，预测能力有很大局限性； (7) 监控能力强

信息处理阶段	人的特性	机器的特性
操作反应	（1）超精密重复操作差，可靠性较低； （2）能够进行复杂的艺术性工作，有从经验中发现规律，利用经验改变操作的能力； （3）易疲劳，对简单重复动作厌烦，不能容忍长时间大负荷操作； （4）输出功率有限效率低，但能做精细调整； （5）通用性强； （6）要求环境舒适，但对特定的环境能很快适应； （7）技术水平、熟练程度、生理状态、心理状态等的不稳定性均会影响可靠性	（1）能连续进行超精密重复操作和按程序进行常规操作，可靠性高； （2）只能进行特定的工作，不能利用经验数据； （3）不疲劳，可不厌其烦地重复简单或复杂动作，胜任长时间、大负荷的操作； （4）输出功率可大可小，效率高，但较难进行精细调整； （5）缺乏通用性，有的只能专用； （6）可在恶劣环境下工作，不能随意改变工作条件

资料来源：郭伏、钱省三主编：《人因工程学（第2版）》，机械工业出版社2018年版，第267页。

专栏4.2：人工操作与机器操作的特点比较

操作是人的一种行为方式，但并非人的所有行为都是操作行为，如散步、体育锻炼等行为。操作行为是指人在同物打交道时，为了改变物的存在方式或运动状态而发生的行为方式。这里的物是一个广义的概念，它可以是一辆汽车、一台机床、一件工具、一根原材料等。在生产过程中，人更多的是和机器直接打交道。因此"人—物系统"通常也称为"人—机系统"，所谓操作行为，实质上是人与机器（物）的相互作用过程。

随着科学技术的发展，生产过程中，传统的"人—机系统"的相互关系发生了根本变化，人的体力和脑力越来越多地被机器替代。人是否可能被完全取代？人在人机系统中还有何作用？这些问题引起了许多学者，也被社会各界广泛关注。

1. 人工操作的优点

（1）人可以接收多样化的信息。

（2）存储信息量大，存取途径多。

（3）能够联想，有学习的本领。

（4）人有自修复能力，可靠性高。

（5）人能处理突然发生的意外事件和低频率事件。

（6）人能及时修错并采取灵活对策。

（7）人有很强的综合能力、归纳推理能力和预见能力。

（8）人有很强的条件适应性。

（9）人有积极主动性和创造性。

2. 人工操作的缺点

（1）人对外界刺激觉察受感官的生理限制。

（2）人的注意力不能持久。

（3）没有工具或机器的帮助，人难以单纯用心算进行准确迅速的计算。

（4）人的能量输出有限。

（5）人的反应时间较长。

（6）人的操作精度和一致性水平较差。

（7）人不能长时间地从事单调重复的操作。

（8）人的心理、情绪、情感、意志都会受机体本身、工作性质、外界环境状态的影响，使操作出现不准确不正确或漏操作，造成失误，影响安全。

资料来源：陈士俊编著：《安全心理学》，天津大学出版社1999年版，第162～164页。

复习与思考

（1）人的感知系统的局限性有哪些？

（2）举例说明在日常生活中，在哪些情况下我们主要凭感觉信息采取行动。

（3）对本章的信息处理模型中的元素进行描述。

（4）列举人的思维决策的局限性？并阐述这些局限性在管理中的应用。

（5）影响反应时间的因素有哪些？

案例讨论

"坏苹果理论"

关于"人为差错"，有一种观点叫"坏苹果"理论。这种观点认为：

（1）如果没有那些不靠谱的人（坏苹果）的错误行为，整合综合系统是良好的。

（2）超过2/3的事故是由"人为差错"引起的。

（3）故障是突然发生的，不是系统应有的属性。之所以发生在系统身上，是因为人都是不可靠的。

"坏苹果"理论认为安全问题是由系统中的几个"坏苹果"造成的。这些"坏苹果"没有遵守规章，疏忽大意。他们破坏了井井有条的严谨体系，所以导致了安全问题。"坏苹果"理论的所有观点可以归纳如下：

（1）绝大多数事故的背后都有着人类的脆弱，而"人为差错"是主要原因。

（2）安全规章、预防程序、管理办法都是用来监控人类的错误行为的。

（3）由于那些不靠谱的人没有按规矩执行，所以这些监控的作用被削弱了。

（4）一些坏苹果对待安全的消极态度影响了他们的行为。所以不重视安全是个人问题、动机问题、个人选择问题。

（5）不靠谱的人破坏了组织精心建立起来的多重安全防护系统。

因此，为避免安全问题的发生，员工应该按照被告知的去做，执行那些经理们为员工制订的方案。的确，经理的职位在他们之上，肯定要比他们聪明，他们已经制定了安全规章、预防程序、管理办法，迟钝的员工只要照章办事就行了！这有什么难办的呢？如果确实难办的话，那也是因为员工的消极态度影响了他们的行为。因此，需要采取措施（贴海报、宣传鼓动、纪律惩戒）等，促使员工转变态度。

资料来源：西德尼·德科著：《理解"人为差错"实战指南》，中国工人出版社2017年版，第1~2页。

讨论：认可"坏苹果该理论的观点"吗？说说你的理由？

第五章

人的心理与行为因素

我觉得人类的各种知识中最有用而最不完备的，就是关于"人"的知识。我敢说，德尔菲神庙里唯一碑铭上的那句箴言"认识你自己"的意义，比伦理学家们的一切巨著都更为重要、更为深奥[①]。

——［法］让－雅克·卢梭（Jean－Jacques Rousseau，启蒙思想家、哲学家、文学家）

关于人性理论、人的心理及行为特征方面的学说，充斥着各个时代的管理学教科书，并不断演化出各种各样的理论，成为设计工作条件以及制定管理制度的前提和基础。例如，耳熟能详的需求层次理论；X 与 Y 理论；经济人、社会人、自我实现人、复杂人的假设等。

许多理论与假设彼此之间是相互矛盾的，这表明它们可能并不完全正确。许多研究表明，人体自身是一个丰富、复杂甚至矛盾的系统，具有许多截然相反的特征。一方面，人有着不可思议的广泛的适应性、丰富的创造力和无穷的工作潜能，蕴藏于人体之中的这种伟大力量使人成为当代最重要的生产要素；另一方面，人自身又有着巨大的局限性。很多情况下，人是矛盾、愚蠢和非理性的，而且这些局限在很大程度上具有固定、难以改变的特点。人类的这些原始、荒诞及不易改变的特性，也给企业管理与发展带来了诸多的困惑与障碍。

谈到人的属性及其心理行为特征，一方面，不同的人，其需要与行为特征各有不同，千差万别；另一方面，人类行为中又有许多普遍的，人们所共有的稳定的特征。在一些研究中，研究者感兴趣的是"个体属性"和"群体属性"，某个个体或群体所特有的属性——性格特点、需求层次以及行为反应。在另一些研究中，研究者感兴趣的是人类共同的潜能、局限以及行为认知偏差，涉及人类的共有属性，即"类属性"。本章更关注后者，关注员工中共同存在的、相对固定的特征，尤其是共有的弱点与局限。

了解人类这些看似荒诞的特性对管理者是十分重要的。一方面，承认人的弱点及局

---

① ［法］让－雅克·卢梭：《论人类不平等的起源和基础》，商务印书馆1962年版，第62页。

限，对达成管理者与员工之间的相互理解与尊重起到相当重要的作用；另一方面，对人的弱点及局限的承认与了解，可以帮助管理者通过改变企业的情境变量来回避人类缺陷带给企业的困扰。

专栏 5.1：员工需要与满足——国际商用机器公司的联欢会

人需要受到瞩目，需要与众不同。但在实际工作生活中，大多数人又都只是芸芸众生中非常普通的一员。为了满足员工出人头地、受人瞩目的需要，许多公司想方设法，充分利用各种场合与机会满足员工需要。国际商用机器公司的联欢会为此提供了一个非常突出的例子。国际商用机器公司的一个 100 多人的分销点，在一个新年来临时，曾租用米兰体育场开联欢会。值得一提的是，联欢会精心设计了这么一个环节：当每个推销员下班后通过体育场的暗道跑步进入体育场时，电子记分牌上就向在场的人群显示出这个推销员的姓名。这时，来自公司总部的经理人员、其他办事处的员工以及家属和在场的朋友们，都一起发出热烈的欢呼声，让每位步入体育场的员工都感受到明星入场般的待遇。国际商用机器公司通过这个行动满足了员工自我表现的需要，同时也显示了它不同凡响的气魄。

资料来源：麦考密克、伊尔根著：《工业与组织心理学》，科学出版社 1991 年版，第 248 页。

第一节　"人的一般性"问题——人性研究

人性与人性假设是管理模式及管理理论建构的基础和前提，是人的行为根本的、真正的原因。"所有的人类关系，所有的人类制度，以及整个人类文化，都是以人性为依据的。我确信，过去曾尝试过的各种价值体系……它们的失败，主要是由于它们是建立在错误的人性和社会概念之上的。[①]"在这个领域人类已经取得了相当丰硕的成果。据不完全统计，西方管理思想史上曾先后出现过 240 余种人性假设[②]。

一、人性研究：管理学与管理心理学的人性假设理论

回顾历史上管理学对"人性"所持有的几种常见观点，会发现它们虽然彼此对抗，但在某种程度上，却又都可以解释人在企业中的行为，说明人性本身具有复杂和难以捉摸的特点。

现代经济学、管理学和心理学研究人性的目的在于更好地解释、激发、引导和组织人类的行为。因此，它们撇开对人性的基本价值判断，更多地从实证的角度考虑人的基

---

① ［美］亚伯拉罕·马斯洛著：《动机与人格》，中国人民大学出版社 2007 年版，第 305 页。
② 陈长里：《管理中的人性假设的回顾与展望》，载于《商场现代化》2006 年第 10 期，第 101～102 页。

本属性和特点，并把其作为制定管理制度与决策的前提——人性假设理论。

（一）"理性—经济人"假设与 X 理论

"经济人"假设是古典经济学家和古典管理学家关于人的特性的基本假设，在 19 世纪末至 20 世纪初在西方广为流行。

"经济人"或"理性—经济人"（rational-economic man）的思想，起源于"享乐主义"哲学观和亚当·斯密（Adam Smith）劳动交换的经济理论。这种思想认为人们行为的目的是为了最大化他们的个人利益，工作的根本动机是为了获得经济报酬。后来，由爱德加·施恩（Edgar H Schein）在《组织心理学》中首次提出"经济人"的假设。

美国麻省理工学院管理学教授道格拉斯·麦格雷戈（Douglas M McGregor）于 1960 年出版了《企业中的人性问题》一书，围绕着"人的本性"论述了人类行为的规律及其对管理的影响，并且提出了新的管理理论。他认为，传统的管理理论有很大缺陷，溯其原因，主要是对人性作了错误的假设，他将建立在"经济人"假设基础上的传统管理理论称为 X 理论（以便与他所提出的新型管理理论——Y 理论相对照），并且对"经济人"假设及其管理措施作了概括。

"经济人"假设的基本观点如下：

（1）多数人天生是懒惰的，他们总是想方设法地逃避工作。

（2）多数人都没有雄心大志，不愿意负任何责任，而心甘情愿地受别人指导。

（3）多数人的个人目标都是与组织目标相矛盾的，必须用强制、惩罚的方法，才能迫使他们为达到组织的目标而工作。

（4）多数人工作都是为了满足基本生理需要和安全需要，只有金钱和地位才能激励他们努力工作。

（5）人大致可以划分为两类：一类是多数人，都是符合上述设想的人；另一类是能够自己鼓励自己、能够克服感情冲动的人，这些人可以担当管理的责任。

"泰勒制"就是"经济人"观点的典型代表，泰勒所倡导的科学管理，基本出发点就是如何提高生产率，而对工人的思想感情漠不关心。泰勒还主张把管理者与工人严格分开，反对工人参与管理，即使劳动者更熟悉工作的情况。此外，泰勒提倡的"计件工资制"则完全依靠金钱来刺激工人的生产积极性。

"理性—经济人"的人性假设在某种程度上具有一定的合理性。这可以从我们的日常经验和工业发展的历史中得到一定程度的验证。例如，在很多不同类型的组织里，金钱以及个人奖酬都已被证明是促使人们努力工作的有效激励因素。但是，"理性—经济人"假设也存在着不少问题和失败的例证。例如，假如工人们指望能从组织那里得到的唯一东西就是薪酬，那么他们总是越要越多，欲壑难平。随着生活水平的不断提高，员工的薪酬期望也会越来越高，仅仅通过物质奖励激励员工会变得越来越困难。随着工业化的不断发展，工作变得越来越复杂，企业间的竞争也越来越激烈，迫使管理者越来越倚重工人的判断力、创造力和忠诚心。因此，管理科学与组织行为学的专家们开始反思"经济人"假设的简单化和一般化的偏误，并对人性的本质及其真正的行为模式进行了更深入的研究。

（二）"社会人"假设与人际关系理论

霍桑实验引人注目地揭示出被传统管理理论忽视的一个事实——就是人们有想被自己的同事接受和喜爱的需要，这种需要可能比经济性的物质奖励更为重要。这个实验还进一步表明人们往往可以通过跟别人的联合，解除组织或管理层强加给他们的竞争处境。

随着研究的不断深入和积累，引出了关于人性的新假设——"社会人"假设。这种主张最先由因霍桑实验而闻名的乔治·埃尔顿·梅奥（George Elton Mayo）及其同事明确地表达出来，并创立了人际关系学说。

社会人假设的主要观点：

（1）不能把人看成单纯的"经济人"，而要看作"社会人"，即人是具有社会动机并受社会制约的社会人。员工不仅有经济需求，还有社会的、心理的需求。

（2）工作条件、工资报酬等不是影响绩效的第一因素，生产率的高低主要取决于员工的士气，而"士气"则取决于家庭、社会和企业中人与人之间的关系。

（3）不应只重视企业中的"正式群体"问题，如组织结构、职权划分和规章制度等，还要注意企业中存在着某种"非正式群体"。这种无形的组织所拥有的独特规范（情感、惯例、倾向等），影响着群体成员的行为。

（4）新型领导的能力在于正确处理人际关系，善于倾听和沟通员工意见，使正式群体的经济需求（利润和收益）和非正式群体的社会需求之间保持平衡，通过提高员工满意度来提高士气。

"社会人"假设除了在工业心理学和管理学的经典研究中得到支持以外，还在许多组织的管理实践中也得到了验证。在工作实践中人们发现，一些员工对经济刺激无动于衷，很多员工在某种情境下更介意维持个人的尊严和地位。工作场所发生的许多劳资争议都是因为工人们感受到了来自上司或同事的威胁或侮辱，这种感受的影响远比工资或劳动条件之类的因素深远得多。

从"经济人"假设到"社会人"假设是管理思想的巨大进步。"社会人"假设在看到人的自然需要的同时，更重视人的社会需要，主张从满足社会需要入手去调动人的积极性。这种转变促使企业的管理思想和方式发生了一系列的重大变化。

（三）"自我实现人"假设与 Y 理论

"自我实现人"假设是由美国人本主义心理学家马斯洛（A. H. Maslow）提出。在其著名的需要层次理论中，马斯洛认为，人类需要的最高层次是自我实现。所谓自我实现，是指人都需要发挥自己的潜能，表现自己的才能，也即"每个人都必须成为自己所希望的那种人"。

马斯洛通过观察调查，概括了"自我实现人"应具备的 15 种特征：敏锐的观察力、思想高度集中、有创造性、不受环境偶然因素的影响、只跟少数志趣相投的人来往、喜欢独居等。马斯洛认为，最理想的就是"自我实现人"。但是在现实中，多数人不能达到"自我实现人"的水平。主要原因是受到社会环境的束缚，没有为人的自我实现创造适当的条件。施恩吸收了马斯洛的思想，提出"自我实现人"的假设。

麦格雷戈总结归纳了马斯洛、施恩以及其他人的类似观点，结合管理问题，提出了 Y 理论。Y 理论与 X 理论是根本对立的，自我实现人的假设如下：

（1）一般人都是勤奋的，如果环境条件有利，运用体力和脑力的工作，犹如游戏或休息一样自然。

（2）外来的控制和惩罚的威胁不是实现组织目标的唯一方法，人们在执行任务中对自己所参与的行动能够实行自我指导和自我控制。

（3）在正常情况下，一般人不仅会接受，还会追求责任，而逃避责任、缺乏雄心和强调安全，是经验的结果，而非人的天性。

（4）在人群中广泛存在着高度的想象力、智谋和解决组织问题的创造性。

（5）在现代工业条件下，一般人的智慧、潜力只利用了一部分。

总之，Y 理论实际上概括了"自我实现人"的假设，并且观点更加清晰明确。

对"自我实现人"的假设最清楚的证据来自对专业工作者、管理人员和工程技术人员的研究，这些人都有强烈参与工作的倾向，他们的核心价值观是追求挑战性与有意义的工作。"自我实现人"的另一个显而易见的证据是采用斯坎隆计划（收益分享）的企业，员工们一旦把组织目标视为己任，不仅可以大大地提高员工个人绩效，还能提出降低成本的革新，这种革新以往常常是工程师花费巨大努力也难以达成的。

（四）"复杂人"假设与超 Y 理论

"复杂人"假设是 20 世纪 60 年代末 70 年代初被提出的。长期的研究证明，无论是"经济人""社会人"还是"自我实现人"的假设，都各有其合理性的一面，但又都并不适用于一切人。人是复杂的，需求因人而异，而且随着年龄的增长、地位的改变、情境的变化而变化。施恩（1970）将其归纳为"复杂人假设"。

1970 年，美国管理心理学者约翰·莫尔斯（John J. Morse）和杰伊·洛希（Jay

W. Lorsch）发表《超 Y 理论》，他们根据"复杂人"假设，提出了既不同于 X 理论，也不同于 Y 理论的超 Y 理论。1974 年出版《组织及其成员：权变方式》一书，书中对超 Y 理论作了进一步阐述，并在此基础上提出权变理论。因此，超 Y 理论也称为权变理论，即应根据具体情况的不同，采取不同的管理措施。

"复杂人"假设的主要观点如下：

（1）人的需要是多种多样的，并随着人的发展和生活条件的变化而变化，每个人的需要也各不相同。

（2）人在同一时间内有各种需要和动机，它们会发生相互作用，并结合成一个统一整体，形成错综复杂的动机模式，共同决定人的行为。

（3）人们是否愿意为组织目标做出贡献，取决于他们自身的需要状况以及他们与组织之间的相互关系。

（4）由于人的需要的不同、能力的差异，对同一管理方式会有不同的反应。因此，没有一种管理方式适合于任何人。它要求管理者根据具体问题具体分析，采取行之有效的措施，因人而异，因事而异。

随后，日裔美籍管理学家威廉·大内提出了一种根据具体情况（美国工人和日本工人）的不同，采用相应管理措施的"Z"理论。"Z"理论既突出了管理方式的灵活性，也体现被管理者个性的差异性，成为权变管理理论的重要组成部分。

"经济人""社会人""自我实现人"的假设都试图概括人的共同性。它们在特定的历史条件下，对部分人是适用的，有着合理的一面，因而提出的管理主张和管理措施有许多至今仍有借鉴意义，但都存在着以偏概全的问题。

"复杂人"假设和超 Y 理论，特别强调根据不同情况，针对不同的人，不同时期，采取灵活多变的管理措施。这一假设符合人的个性特点的多样性和可变性，也符合客观环境的复杂性和多变性。因此，对于管理实践具有一定的启发意义。但是，"复杂人"假设过于强调人与人之间的差异，在某种程度上忽略了人的共性的一面，忽视了普遍性，因此有一定的偏颇。设想一个规模庞大的企业，根据不同个体采用不同的管理方式，即使忽略管理者疲于应付的问题，这种在实际上没有一般规律性的管理也会丧失管理理论的基本意义。

二、人性研究：管理哲学视域下人的本质属性

管理理论对人性的考察更多地从工具性的需要出发，聚焦于人的基本动机和行为模式，主要对人在特定情境下的行为逻辑进行研究。人性假设具有人的"类本性"和"现实本性"的双重视角，既具有一定普遍的、共有的特点，同时又有动态的、具体的和片面的特点，代表着人性特定背景下"行为表现"的分析层次，并未深入到人性的本质和根源层面，在总体性、普遍性和固有性方面有所欠缺。

管理工效学

"经济人""社会人""自我实现人""复杂人"等人性假设，都是提出者根据所观察到的有限事实推导得出的结论：人穷时，主要追求金钱，于是就是"经济人"；生活水平提高以后，人们会寻求社会交往和尊重，于是变成"社会人"；再进一步发展，人的需求多了，而且不断变化，就成为复杂人。这些归纳不同程度地犯有"根据现象直接进行本质界定，把现象等同于本质"的低级归纳错误。

人性是指人所具有的区别于其他动物的特有属性，即一切人（包括古今中外，不分性别、年龄、种族、民族、国籍、阶层、职业等）普遍具有的共同属性的总和①。人性是人类的共同属性，包括人的自然属性、社会属性和精神属性，它是从根本上决定并解释人类行为的那些固定不变的天性。哲学及管理哲学人性本质的探讨，往往通过人与其他动物的比较，超越对人具体属性的感知，归纳出人性中最主要、最本质的部分。

（一）人类本质属性的推导

1. 物性——求我生存

人性是与物性相对应的。对人性的考察，是以人与动物的共性与差别性作为参照系的。

动物和人都是有生命的存在物。物虽无灵却有其性，即物性。物之性就在于"求我生存"。一个简单的逻辑是：存在物的本性如果是为了不存在，那么这种存在又如何"存在"呢？为何鲜花不生长在沙漠？为何苍蝇要长那样的眼睛？为何狐狸要吃鸡、老虎要吃人等，究其原因，全在于它们要生存。物的这种"求我生存"的性质就这样内含在万生万物之中，它是所有物类固定不变的天性，并从根本上决定、解释着物类的"行为"。所以，物性就是"求我生存"。

2. 人性——求我幸福

人是从物梯次进化而来的，"从最初的动物中，主要由于进一步的分化而发展出动物无数的纲、目、科、属、种，最后发展出神经系统获得最充分发展的那种形态，即脊椎动物的形态②。"

因此，人是自然的产物，作为动物而存在，具有一般的动物属性，即求我生存的生理属性，"所有的有机体都有着维护其自身存在的内在倾向。""存在着是自我维护的'本能'，一个有机体的首要任务就是活下去。③"这种自我存在的本性是人最原始的、最基本的需求，是人性最基本的内容，也是人存在的依据。

但是，作为自然进化最高等的形式，那个代表着物性全部内容的"求我生存"，对

---

① 车文博著：《人本主义心理学元理论（第8卷）》，首都师范大学出版社2010年版，第46页。
② ［德］弗里德里希·恩格斯著：《自然辩证法》，人民出版社1984年版，第17页。
③ ［美］艾瑞克·弗洛姆著：《寻找自我》，工人出版社1988年版，第24页。

人来讲却远远不够了。就如马克思申明的,人"必须从'我',从经验的、肉体的个人出发,不是为了……陷在里面,而是从这里上升为'人'。①"人与物还有着本质的不同。

从本质存在的角度,人在生物进化的阶梯上,有高于一般动物的能动性和创造潜能。人是一种能动之物,这是人与其他动物最本质区别。这种有明确目的、具有创造精神的能动特性,是人与生俱来并且是人类所独有的。"与动物形成鲜明的对照,饥、渴和性的冲动得到满足以后他的最迫切的问题并未解决,而是刚开始露头""'人还有超越动物性欲力范围的'其他必不可少的内在需求,这些需求才'构成人的生命特质,并成为人的生命的主要特征'②。"

因此,单纯的"求我生存"非但不足以说明人性的全部,而且随着人类的发展及其生存条件的逐步改善,它在人性中的分量必将日益减小。猪吃饱喝足了就会睡觉,但是,人远远不会满足于吃饱喝足,"老老实实"睡觉的生存状态。

因此,人类的本质属性应该使人的能动本能和肉体组织同时得以协调地实现,这里我们可以表达为"物质和精神产品的极大丰富"。

如果用"幸福"一词来表达人类自然产生的这种双重需要,就可以推导出:人性就是"求我幸福"。此外,"求我幸福"在不同的学科里还存在着许多不同的表述,如心理学中人类趋利避害的本性、经济学中人的自利性等。

事实上,"求我幸福"这条人性法则支配着迄今的人类史,管理学、经济学、心理学中的许多关于人的假设,如害怕惩罚屈服于威胁、追求经济利益,以及自我完善、自我实现的高层次需求,究其实质都是人围绕着自身的需求和利益,极大限度地追求自己的幸福。需求的具体内容在变,但人类行为的终极目的始终不变。

人性是人自身比较稳定的属性,固定不变。如果外界硬要强加给人一些东西,想去改变这种属性,那是极其有害的。现实社会的很多令人不满的状况和人的行为,都是人性压抑以后的强烈反弹。

(二)人性的实现手段——社会性

如前所述,从存在的意义上讲,能动是人区别于其他动物的本质特征。人的能动本能使得人性不再简单地表现为"求我生存",而是具有更丰富内容的"求我幸福"。

对无灵的物而言,"求"就是"选择",这是一种存在物与大自然之间的相互选择。沙漠如果选择森林,就毁灭了它自己;森林如果选择沙漠,后果也是一样。结果它们便互不选择。显然,这种选择是没有"意识"的,然而它却是自然界生生不息的运动

---

① 《马克思恩格斯全集(第27卷)》,人民出版社1972年版,第13页。
② [美]艾瑞克·弗洛姆著:《寻找自我》,工人出版社1988年版,第332页。

规律。

但当用"求"字来分析有灵物的时候,"求"就是"寻找"。寒冷的冬季,大雁便往南飞,南飞背后隐藏着的"大雁之性"。再进一步,对人这种最高级的有灵动物,"人性"的实现,又有着更丰富的内容和行为模式。

人类这种"求我幸福"的固有属性从本质上说具有很鲜明的利己特点。但是,自从人作为类存在以来,甚至在向人类进化的过程中,"群性"(社会性)就一直伴随着人类。进入文明时代以后,各种不同性质的组织更是无处不在。这种组织性社会性强烈地影响、促进着人类本身的进化与发展。

由于人类生理条件的天然不足(如在力量上人不如牛、在速度上人不如马等),使得人类"求我幸福"这种本质属性遇到了巨大的阻碍。如果一味地求"自我的幸福"而发出单纯"利己"的行为,常常非但不能求到幸福,甚至连"求生存"都成为问题。为了解决这个矛盾,人类利用自己特殊的能动性结成各种复杂的、完善的组织,这种组织使人类积聚了巨大的能量。这样他们不仅可以被自然所"选",还可以向自然"寻求",甚至改变自然,以更好地谋求生存,更好地实现人性。

但是,需要着重指出的是,尽管人的社会性自始至终、随时随地地深刻影响着人性,它甚至就是人现实意义上的"本质",是人区别于物的重要标志。但是,从人存在的意义上看,从人性的实现上看,社会性并不是根本目的,它只是实现人性的手段,或者说它只是人性的现实表现形式之一。认清楚这一点,无论从整个社会的角度还是从企业组织的角度都是特别重要的,因为如果将社会性这个现实手段当作根本目的来看待,那么人类社会或企业组织就会出现异化。

三、人性的社会生物学解释

达尔文所发起的知识革命,使人类看到了自己的"动物界出身"。"我们是进化来的,这一点已经成为公认的事实,任何真正的人性论都无法对此提出异议[①]。"19 世纪后期以来,生物学、人类学和心理学的领域中,有关人的本能或生物天性对人的行为的影响的研究越来越深入,使得对于人类精神的理解充满了来自生物学的建议。

生物人性论带来了人性研究范式的转变。社会生物学创始人爱德华·威尔逊(Edward O Wilson),将人类纳入社会生物学的分析系统。他相继发表《社会生物学:新的综合》《论人的天性》《基因、心智与文化》等多部著作,成为关于人性的生物遗传假说的集大成者。

威尔逊在其社会生物学的框架内,把达尔文的生物人性论,推进到了一种具有当代水平的全新形式上。与达尔文的观点有所不同的是,威尔逊认为,自然选择的单位既不

---

① [英]莱斯利·史蒂文森著:《人性七论》,商务印书馆 1999 年版,第 174 页。

是个体也不是群体，而是基因。社会生物学从基因这种微观层次出发，解释人性和人的行为模式，说明人性中尤其是人的利己和社会本能等的形成，并由此进一步说明人的各种社会行为。其主要观点如下：

（1）人受着以基因为基础的本能的引导，人类无法完全摆脱自己基因的控制，达到仅仅受到文化制约的程度。这是人类行为的生物必然性和生物理性。

（2）基因的生物本能是生存和繁衍。基因作为自然选择的基本单位，它唯一的目的就是生存，基因是自私的。"生物体的基因永远是自私的，其目的就是繁衍滋生，个体只是基因的仆从。[①]"生物的进化过程就是基因的选择和繁殖的过程。个体只不过是繁殖基因的机器。基因要生存复制自己，就要行为自私，否则就难以度过自然选择、优胜劣汰这一生物进化过程。"自我利益的基本单位既不是物种，也不是群体、家族。严格来说，甚至也不是个体，而是遗传单位——基因。"

（3）适应性强的生物得以生存，社会性是生物的高级形式，是基因最远端的表现。

（4）人的四大天性，即攻击性、性、利他和宗教，都可以从基因理性的角度得到合理的阐释。

毋庸置疑，社会生物学的人性解释引起了巨大的争议。从人的生物起源来探究"人性"的做法被一些学者认为是一个谬论。"有压倒一切的证据表明，决定人类行为的最重要的动机性因素是情境相关的角色。""人性是固定不变的，并且是由一套在每个人身上以同样方式起作用的单一动机组成，这种假设一直没有得到多少科学研究的证实。"人类行为存在的"一致性可能源于我们通过被社会化到一种文化、一个家庭、一个社会经济阶层、一个社团甚至一个组织角色中的各种经历而采取的共同观点。[②]"

另外，还至少有两点值得引起关注，这就是自由意志是否存在和教化是否必要。当社会生物学把动物（包括人类）的行为看作受自然选择力量的操纵时，这似乎意味着，人的行为受其本性的驱使，也就谈不上自由选择的可能。而且，人性与生俱来，人的行为单纯由本性所决定，那么后天教化的意义何在？还有一些批评者认为，威尔逊以基因遗传来说明人类行为，实际上把人类社会许多不合理的特点：阶级划分、独裁、种族歧视等都看成了基因选择和自然进化的必然产物，也就成了理所当然的存在。

这些批评在一定程度上是正确的，社会生物学错误的实质在于，只承认人的生物性特征，是自然的产物，但忽视了人也是社会产物的一面。除了生物性以外，人还有极为复杂的社会性，而且正是由于社会性，人才成为人，才与其他一切动物区分开来。

但是，社会生物学肯定人类行为中本能的重要性，对认识人类行为的生物学规律，无疑有重大的启发意义。

---

① ［英］理查德·道金斯著：《自私的基因》，中信出版社出版 2018 年版，第 220 页。
② ［美］埃德加·施恩：《组织心理学（第三版）》，中国人民大学出版社 2009 年版，第 47～49 页。

第二节 人的心理因素

第四章中，我们讨论了人是如何感知、记忆、推论和提取信息的。相对来说，这些都是智力的、由信息驱动的过程。但是，在工作领域和工作过程中，员工还存在着各种各样的心理活动，情感、需要、动机直接影响着人们的认知过程、行为方式以及行为结果。例如，一个员工对所从事的工作是否热爱，工作时是否快乐，对上司的指令是否接受等这些心理活动，一方面，直接影响员工在工作中的认知过程、工作态度和工作效率；另一方面，成员之间心理活动的相互交流影响，还会对整个团队的氛围和效率产生有利或不利的影响。

研究人类及动物的心理现象、精神功能和行为的科学称为心理学。心理学研究的目的在于描述、解释、预测和影响行为。工效学家关注人的心理特征的目的在于提高人类工作生活的舒适与安全程度。工效学研究人、机、环境与规范相互之间的适合性问题，要求产品设计、环境条件和制度规范适合人的心理特征，使人更加愉悦、舒适、高效和安全。心理学从人的心理过程和个体心理两个方面研究人的心理因素，如图 5 - 1 所示。

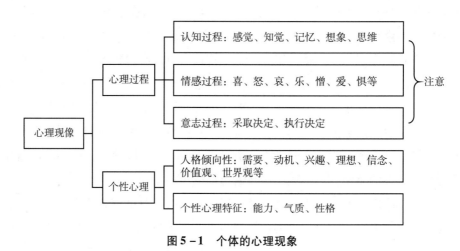

图 5 - 1　个体的心理现象

资料来源：张文婷主编：《心理学基础教程》，新华出版社 2008 年版，第 4 页。

一、心理过程的规律与特征

心理过程是指心理活动的动态过程，即人脑对客观现象的反映过程，包括认知过程、情感过程和意志过程。第四章的感知觉及思维即为认识过程。本节介绍情感过程与意志过程。在工作过程中，员工首先认知工作与情境，并形成一定的态度和情感，最后拟定计划和目标，产生意志和行为。

（一）情感过程：情绪和情感

"人非草木，孰能无情。"面对客观事物时，人总是抱有一定的态度，或喜欢或厌恶，或忧愁或兴奋，或满意或失望，这些心理现象，就是各种形式的情绪和情感。人的一切活动都带有情感的印迹，并深刻影响着人的认知过程和结果，进而对人的操作行为产生影响。情绪情感是工作系统设计需要考虑的重要的人的因素。

情绪是指有机体受到环境刺激时，由生物需要是否满足而产生的暂时性的较剧烈的态度及其体验。根据情绪发生的强度、速度、持续时间和紧张度，可以分为心境、激情和应激三种基本状态。

情感是和人的社会性需要相关联的一种比较复杂而又稳定的态度体验。人所持有的高级社会情感有道德感、理智感和美感。

1. 情绪的功能与操作效果

情绪是人重要的心理过程，其功能效果体现在对活动的瓦解和促进两个方面。当人处在良好的情绪状态下时，更易回忆那些带有愉快情绪色彩的材料，说明情绪有干预记忆效果、记忆内容以及根据情绪进行归类的功能。情绪还具有组织功能，当人处于积极乐观的情绪状态时，倾向于注意事物美好的一面，态度和善、乐于助人、干劲充足、动作协调准确、精神集中；而消极的情绪状态则使人产生悲观意识，失去希望与渴求，也更易产生攻击性。

研究表明，情绪能影响认知与操作的效果，其影响效应取决于情绪的性质与强度。心理学研究发现，情绪具有动机作用。无论从事简单劳动还是复杂劳动，都必须以一个合适的情绪激活水平为背景。中等唤醒水平的愉快和兴奋情绪，能为认知活动提供最佳的情绪背景。对负性情绪而言，痛苦、恐惧、厌恶的强度与操作效果密切相关。情绪强度达一定水平后，情绪强度越大，操作效果越差，二者关系被称为赫布曲线，如图5-2所示。

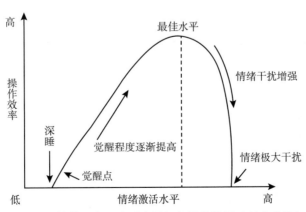

图5-2 情绪强度（唤醒水平）与操作效果（赫布曲线）

资料来源：薛振田、刘启辉、董振娟编著：《管理心理学原理与应用》，中国海洋大学出版社2005年版，第79页。

赫布曲线说明对某一特定的工作，有一个最佳的情绪状态。为了揭示不同工作所需的最佳情绪状态的差别，耶克斯（R. M. Yerkes）与多德森（J. D. Dodson）进行了进一步研究，认为不同工作达到最高效率所需的情绪水平是不一样的。比较简单容易的工作，最佳情绪水平较高；困难复杂的工作，最佳情绪水平偏低，即耶克斯—多德森法则。

2. 情绪适应不良

情绪是人类自然属性和社会属性的交织。就社会本质而言，情绪作为交际手段和活动动机，受到社会规范的制约；就自然属性而言，它受脑的低级中枢的支配，在一定程度上带有不可控性。同时由于环境事件及其对人的意义的复杂性，以及各类情绪在维量上的交织，致使情绪发生时的变异性很大，产生的频度与强度均可不同。

负性情绪原本具有一定的适应性功能，但若它们发生的频度和强度过度时，就会发生情绪之间、情绪与认知及人格之间的冲突，这时就会导致适应不良。如果经常处于超负荷状态，会导致严重的不适应，以致社会适应行为异常，从而可能导致一些心理疾病的发生，上述现象常被称为情绪适应不良。

情绪之间的转化与合并，互相补充或加强，削弱或抑制，都在人的主观上产生复杂的体验。例如，痛苦被压抑可导致忧郁，愤怒与厌恶结合可能产生敌意等。情绪激活效应在一定程度上构成情绪的不可控性。因此情绪常常是超理性的。

（二）意志过程

意志过程是一种经过思考的、根据一定目的去支配和调节行动的心理过程。意志既可以推动人去从事为达到一定目的所必需的行动，也可以制止与预定目的相矛盾的行动。如一个技术工人发现机械出了故障，为避免事故，他必须紧急排除机械故障。在这个过程中，除了操作熟练迅速外，还需要思考判断事故原因，排除无关因素。期间需要有意志的支持。任何有明确目的的行动，总会包含这样或那样的矛盾和困难。工作中，尤其是恶劣环境中的工作，必须有意志活动的参与，才能顺利完成任务。

意志品质有积极的，也有消极的。积极的品质表现为自觉性、果断性、自制力和坚定性。消极的品质表现为依赖性、冲动性、脆弱性和盲目性。

意志与认知、情感有密切的联系。认知过程是意志产生的前提，因为意志行动是深思熟虑的结果，同时意志调节认知过程。特别是在艰苦、复杂、精密的工作中，更需要顽强的意志，排除各种干扰和诱惑去完成推进各项工作任务。

二、个体心理

据说，在地球上找到两个指纹相同的人的可能性是十亿分之一。因此指纹识别罪犯就成为刑侦学上一直沿用的古老而又可靠的方法之一。事实上，正如在体貌上各具特点一样，人在精神和心理上相互之间也存在差异。心理学中把这种表现出人与人之间差异的，代表着一个人区别于另一个人的单个人的整体心理特征，称作个体心理。人的个体心理是指在一定的先天生理基础上和一定社会背景条件下，在社会实践活动中表现出来的经常的、相对稳定的个性心理特征和个性倾向性的总和。

（一）个性心理特征：气质、性格与能力

每个人身上经常地、稳定地表现出来的心理特点就是个性心理特征，主要包括气质、性格与能力。

1. 气质

气质是指主要由遗传因素决定的、相当稳定的心理活动的动力特征，这些动力特征主要表现在心理过程的强度、速度、稳定性、灵活性以及指向性上。如有的人情绪稳定、反应迟缓，动作语言少而缓慢；有的人则表现情绪强烈易变，反应敏捷，动作、语言多而快。气质使每个人的心理活动过程都带有个人独特的色彩。

气质类型无优劣之分，但每种气质类型都有自己的优势和劣势，不同的职业又要求操作者具有不同的心理品质。因此，在职业选择和分配时，需要考虑人的气质，使操作者与岗位工作相匹配，扬长避短，提高工作的安全性和效率。尤其是选择从事特殊职业的人员，如宇航员、飞行员、大型动力系统调度员时，更是必须测定其气质类型。

2. 性格

性格一般是指个体对现实的稳定态度以及与之相适应的习惯化的行为方式，是一个人有别于他人的最重要、最明显的个性心理特征。性格具有显著的社会性，是人们在长期的社会生活实践过程中逐渐形成的。已形成的性格，通常比较稳定，贯穿并指导着人们的一切行为举止。

性格在人的个性心理特征中占据核心地位，决定人的行为和思维方式。因而与工作效率、职业与安全等有着较密切的联系。在其他条件相同的情况下，冷静型性格的人比急躁型性格的人安全性强，马虎的人容易出现工作失误，懒惰的人更易怠工。原则性、纪律性、自觉性、克己自治等，是许多工作要求的良好性格。

人的性格特征范围广泛，分类多种多样，大体上可归纳为四个方面，见表 5-1。

表 5-1	性格特征
表现方面	主要特征
对现实的态度特征	表现为对社会、对工作、对他人、对自己的态度，如正直、积极、诚实、谦虚等，与其相反的则为圆滑、虚伪、消极、懒惰、骄傲等
意志特征	独立性、自制性、坚持性、果断性等，与其相反的则为易受暗示性、冲动性、动摇性、优柔寡断等

表现方面	主要特征
情绪特征	热情、乐观、幽默等，与其相反的是冷淡、悲观、忧郁等
理智特征	深思熟虑、善于分析与善于综合等，与其相反的是轻率、武断、主观、自以为是等

资料来源：朱序璋主编：《人机工程学（第2版）》，西安电子科技大学出版社2006年版，第72页。

气质和性格在一个人身上是统一的，两者既有共同的生理基础，决定于高级神经活动类型，又有互相渗透和制约的关系。从工作系统的角度来看，不同气质和性格的人各有其特点和弱点，适用于不同的工作和岗位。在员工培训、选拔和岗位配置时需要加以考虑。

专栏5.2：人格倾向性与安全事故

詹金斯（Jenkins T N，1956）从事各种工业事故以及伤害者多发组与对照组的比较，归纳出事故倾向性的7种类型。

（1）注意力易涣散。

（2）欠谨慎，不顾后果，缺乏抑制力。

（3）不合作，攻击性强，对他人取否定的、独立的态度。

（4）感受性不足，无罪恶感，羞耻心。

（5）不以刺激、处罚为痛苦之事。

（6）优越感强，情绪不稳定。

（7）自我表现、权力欲强，欲引起别人注意。

资料来源：[日] 三隅二不二等著：《事故预防心理学》，上海交通大学出版社1993年版，第41~42页。

3. 能力

能力是指一个人顺利完成一定活动所表现出的稳定的心理特征，它直接影响活动的效率。

能力总是与活动联系在一起并在活动中表现出来。完成活动需要多种能力的结合，通常可以划分为一般能力与特殊能力。一般能力主要是认知能力，也称智力，包括观察力、记忆力、注意力、思维力、想象力等，是人们从事各种活动都需要的能力。特殊能力是从事某种专业活动所需要的能力，如写作能力、管理能力、机械操作能力等。

人的能力以先天素质为前提和基础，又在后天环境和教育影响下发展。人的能力是有个体差异的，这种差异可以表现在能力发展水平上，也可以表现在能力类型或者年龄差异上，表5-2为各种能力随着年龄发展和衰退的情况。

表5-2　　　　　　　　　　　能力发展水平的年龄差异

能力类型	10~17岁	18~29岁	30~49岁	50~69岁	70~89岁
知觉	100	95	93	76	46
记忆	95	100	92	83	55
比较和判断	72	100	100	87	69
动作及反应速度	88	100	97	92	71

资料来源：丁玉兰主编：《人因工程学》，北京理工大学出版社2004年版，第77页。

个性心理特征是相对稳定的，但当人和环境相互作用时，它又是可以改变的。同一个人在不同环境下会产生不同的生产行为。因此，改善工作系统是提升工作效率与安全的基本手段。

（二）个性倾向性：需要与动机

对某种事物产生的需要、动机、兴趣以及一个人形成的信念与价值观，同样表现出极大的个性差异，这些属于个性倾向性的范畴。

在人的生命活动中，需要—动机犹如一台永不停息的发动机，驱使人们进行这样或那样的活动。因此，需求与动机的研究对于工作系统设计而言是非常重要的内容。

1. 需要

需要是在一定条件下，个体或群体对客观事物的欲求。对需要的研究，最著名、应用最广的就是马斯洛的需要层次理论。需要层次理论建立在三个基本假设之上：

（1）人是有欲望的生物，人的需要可以影响其行为，只有未被满足的需要才可能激发行为，已满足的需要不再是行为动因；

（2）人的需要是按重要性，也就是按层次，从基本需要到复杂需要的顺序排列的；

（3）人只有在较低层次的需要得到起码满足时，才会向更高层次的需要前进，即由基本需要向高层次需要迈进。

根据上述假设马斯洛提出"需要层次理论"，将人的需要分为生理需要、安全需要、社交需要、尊重需要和自我实现需要五种，并以层次形式从低到高排列，如图5-3所示。

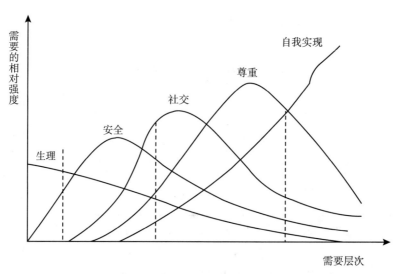

图 5 – 3　马斯洛的需求层次发展模式

资料来源：廖可兵、张力主编：《安全人机工程学》，中国矿业大学出版社 2009 年版，第 55 页。

马斯洛认为这五种需要基本上反映了在不同文化环境中，人类共同的特点。员工工作及管理措施应随着员工需要的变化做出相应的改变，以最大限度地激励与保护员工。

2. 动机

（1）动机及其作用。

动机是激发和维持有机体行动，并将行动导向某一目标的心理倾向或内部驱力。

如果用机械来比喻的话，动机的力量发动了机器并且保持它前进。动机是一个人做某事的原因，具体来讲，它由三个因素组成[①]：

①方向：个体试图要做的事情；

②努力：个体所做的努力有多大；

③坚持性：个体的努力坚持了多长时间。

动机是一个非常广泛、普遍的概念，是一个典型的内隐概念，它不能被直接观察到。与目标不同，目标是一种个体希望达到的、具体的、更具情景性的结果的认知表征。因此，目标实际上是内隐动机的一种外在表达。

行为科学家通常把个体的动机归纳为两类：一类是驱动力，这是指能驱使个体采取特定行为的内在力量，包括欲望、感觉、需要、愿望、情绪、冲动和努力等；另一类是诱惑力因素，如当个体感知到自己的行为能引起某个结果，所产生的兴趣、抱负、刺激和目标。

---

① ［英］约翰·阿诺德等著：《工作心理学》，经济管理出版社 2006 年版，第 219 页。

（2）工作动机。

劳动与工业心理学家对员工的工作动机进行了大量的研究。工作动机，是指一系列发起与工作相关的行为，并决定这些行为的形式、方向、强度和持续性的个体内部与外部力量[1]。在解释和理解员工行为时，工作动机是最基础、最重要的议题之一。

动机是心理行为领域最复杂的问题，已经有各种各样的不同理论解释人们为什么会在工作中做出这样或那样的行为。一些理论强调工作场所中各种因素的影响，另一些理论则关注员工个体的内在特性。

与工作有关的具体动机多种多样，如胜任、好奇、成就、交往、公平等。许多研究表明，成就是其中最重要的工作动机。成就动机是指人们追求成就、努力获得成功的动机。麦克利兰（McClelland）和他的同事们认为，对成就的需要是后天学会的，哪里的人们普遍存在成就需要，哪里的事业就繁荣昌盛。他们断定，限制经济发展的主要因素是由于文化中缺乏对成就的需要。

实践中，员工的工作动机是由受多种条件制约和影响的复杂心理构成的。学者们将引起动机的因素归纳为内部动力、目标引力和外界压力三大类，如图 5-4 所示。

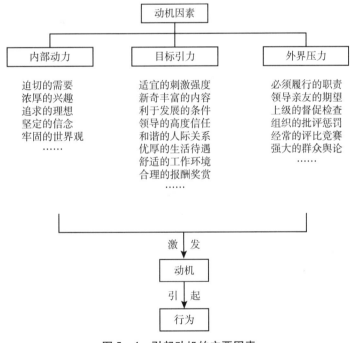

图 5-4 引起动机的主要因素

资料来源：丁玉兰主编：《人因工程学》，北京理工大学出版社 2004 年版，第 77 页。

---

[1] ［美］保罗·马金斯基：《心理学与工作——工业与组织心理学导论》，机械工业出版社 2014 年版，第 239 页。

专栏5.3：社会规范让人更有动力

杰西卡·诺兰（Jessica Nolan, 2008）想知道是否有可能只通过信息就能改变人们的行为。如果可能，什么类型的信息最能导致行为的改变。

诺兰设计了以下五种关于省电的信息。

（1）省电保护环境。

（2）省电让你更有社会责任。

（3）省电帮你省钱。

（4）你的邻居就很省电。

（5）你的用电量 ***。

最后，唯一做到省电的是听到信息（4）的那组。当得知邻居相比自己的用电量是多是少之后，人们就会改变行为。

人很容易受到他人的影响。大多数人倾向于效仿周围人的规范和行为。如果得知自己行为与邻居规范行为的对比信息，大多数人会改变行为以更好地符合他人的所作所为。

资料来源：［美］苏珊·魏因申克著：《设计师要懂心理学（第2版）》，人民邮电出版社2021年版，第135页。

第三节　心理空间与空间行为

在第二章人体测量里，我们介绍了人体结构尺寸和人体功能尺寸，这些决定了人们的基本生活空间范围。然而，在更多的时候，人们并不仅仅以生理的尺度去衡量空间，对空间的满意程度及使用方式还决定于人们的心理尺度，即心理空间。一般来说，人的心理空间要大于操作空间的物理要求，如图5-5所示。当人的心理空间要求受到限制时，就会产生消极或回避反应。

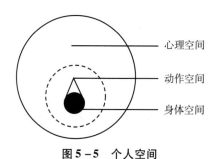

图5-5　个人空间

资料来源：艾学明主编：《公共建筑设计（第2版）》，东南大学出版社2015年版，第13页。

一、领域性

（一）人与动物的"领域"

领域，是一个较为常用的概念，它是指一个具有可见边界的特定的物理空间或区域，其位置和大小不随条件的变化而变化。在动物界，领域是普遍存在的。观察动物的活动会发现，不同的动物常常固定在自然界的特定位置或区域，各自保持一定的生活空间，即使在同一种动物内部，也能观察到它们特有的空间分布方式。如在放牧牛群时，牛通常在它们占有的地带上均匀地散布开来，各自占有自己固定的位置。这样可以减少对于生活环境的相互竞争，这是动物在长期的生存进化过程中演化出来的行为特征。

对空间的占有和支配，是生命的渴望和本能。领域性行为是所有动物的行为特征，也是人的基本需要。事实上，带有领域性特点的环境空间是大量存在的。许多工厂，外人不得擅入；专用办公室，未经允许闲杂人员不得入内；居民小区，有物业设岗；家庭住所，更是非请莫入。这类空间，都经常处于封闭或半封闭状态，专为部分人群所有。商店、邮局、公共图书馆，几乎所有人都可以出入。一般把任何人都可以出入的空间场称为公有领域。私人领域则只可能由一个人或部分人占领，他们有权决定允许或不允许其他人进入，否则就是对私有财产的侵犯。

在工作场所中，领域指人在工作中希望不被外界干扰或妨碍所需要的生理和心理范围，这是人的一种自我维护能力，是人与他人及群体进行人际交流、接触时所需的心理尺度（距离）。

（二）领域的功能

与动物有所不同，人的"领域性"在多数情况下对人已不再具有生存竞争的意义，更多的是心理上的影响。

领域最重要的功能首先体现在它的组织性上。没有对一定空间的所有权、占有权和控制权，人们的相互交往会一片混乱。领域是人社会身份的显示，体现人的社会角色。由于领域的存在，人们可以规范自己和他人的行为以适应不同的场所。领域可以提升我们对生活的可预见性、秩序性和稳定性，给人们提供归属和安定的感觉。即使在空间非常狭小的国际空间站，也总会给空间站工作的宇航员保留一小块个人可以控制、进行个性化装饰的空间。宇航员可以把家人的照片贴在墙上，可以很踏实地坐在属于自己的椅子上，让宇航员在属于自己的领域形成归属的感觉。

其次，领域能满足人的私密性、控制感和个人独处的需要。领域可以使个体暂时与外界隔开，满足个体独处的需要，有助于个体进行内省等活动。

最后，领域还具有防卫性功能，使人们可以控制和传递个人认同的感觉，增强人的认同感。

阿尔特曼观察了美国海军的一些被限制的成员，他们被要求在某固定空间内停留8天，结果他们中的许多人坚决要求在期限到达之前离开。阿尔特曼发现，没有半途而废的人表现出更强的"领域性"行为。另外，对环境的某个特征始终如一的偏爱还可以和谐社交关系。

因此，领域性是人类有关空间行为的一个重要概念。了解人类的领域性行为及其影响是特别重要的。不同的社会和政治环境中，人们主宰自己领域的规则各不相同。

作业场所从总体上讲是个公有领域，似乎不存在别人不能侵犯的私人空间。但是，设计人员发现，由于人在本质上有着较为强烈的占有一个私人空间的倾向。因此，在本来的公有领域上建立半私有的领域是一个值得探究的课题。例如，工作场所中的工位、饭店中的座位、轮船上的床铺等。一个具有良好通风、湿温度及噪声控制的演讲厅或会议室，如果缺乏心理空间以及领域性方面的考虑，也会使效果不佳。工作场所设计中，要求设计人员尽量给每一个作业者安排一个属于自己的领域。

二、个人空间与人际距离

（一）个人空间

个人空间与领域既有关联，又有差异，它们都是个体对空间环境的要求和反应。根据美国心理学家罗伯特·萨默（Robert Sommer，1969）的定义，所谓个人空间就是"环绕在人体周围，侵入者不得进入的无形领域[①]。"与领域相比，个人空间是一个没有边界、没有固定大小的区域，它的存在只有在它受到侵犯时才表现出来。个人空间实质上是一种心理感受，或者说是一种心理需求。

个人空间的存在有很多的证明。如在图书馆、餐厅及在公园的草地上，相互间不熟悉的人们，总是尽可能找一个距他人较远的位置。在一些公共空间里，如果空间并不拥挤，没有人愿意夹在两个陌生人中间。在日常生活和工作中，人与人之间也通常保持一定的距离。人们用各种不同的方法来限定空间，如在公园长凳上，对坐得太近的陌生人怒目而视，或者将手提包或帽子放在自己和陌生人之间作为界限。人与人之间的密切程度就反映在个人空间的交叉和排斥上。

个人空间如影随形，人们走到哪里这个空间就会跟随到哪里。国内外专家对个人空间有不少深入的研究。心理学家通过实验证明，个人空间是以人体为中心，向四周发散的气泡。这个气泡并不是一个正规的球形，而是前部最大，后部较小，两侧最小的近似

---

① ［美］罗伯特·萨默：《个人空间：设计的行为偏差》，转引自葛列众主编《工程心理学》，中国人民大学出版社2012年版，第283页。

椭球形，如图5-6所示。如果在某一方向上的可用空间受到限制（如天花板太低），则在其他方向上的要求就要大一些。

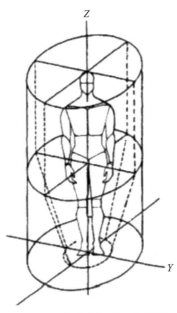

图5-6　个人空间的三维模型

资料来源：徐涵、刘俊杰、陈炜编著：《人机工程学与应用》，辽宁美术出版社2014年版，第36页。

每个个体所需要的个人空间的大小与其所处的客观环境、心理环境直接相关。不同条件、不同个体所需的个人空间有较大差异。夜晚在空旷广场上行走的个体，若有人接近，则会认为有侵犯意图；而在假日拥挤的商店或地铁上，人们即使贴身而过或紧密相挨站立，也被认为是习以为常的事情。前者的个人空间显然远远大于后者。此外，文化背景、性别、年龄等因素对个人空间的大小都有较大影响。

（二）人际距离

人际距离即人与人之间的距离，是个人空间在人际交往中的具体表现形式。由于"个人空间"这个概念的存在，人与人相处时需要保持一定的距离。

人际距离的大小取决于人们所在的社会集团（文化背景）和所处情况——熟人还是生人、身份高还是低等。身份越相似，人际距离越近。霍尔（Hall E. T, 1966）把人际距离分为四种：亲密距离、个人距离、社交距离和公共距离[1]，如图5-7所示。

---

① 葛列众主编：《工程心理学》，中国人民大学出版社2012年版，第284页。

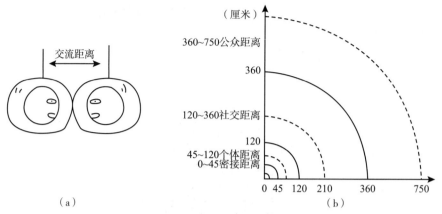

图 5 - 7 人际距离的分类

资料来源：（a）张侃、牟书编著：《工程心理学笔记》，商务印书馆 2013 年版，第 154 页；（b）葛列众主编：《工程心理学》，中国人民大学出版社 2012 年版，第 284 页。

四种人际距离都分为近相与远相。

密接距离：0～45 厘米，指与他人身体密切接近的距离，密接距离小于个人空间。近相为 0～15 厘米，指亲密者之间发生的爱抚、安慰、保护、交流的距离，此时身体接触气味相投；远相在 15～45 厘米，在此距离内头脚部互不相碰，但手能相握或抚触对方。亲密距离只适合存在于关系亲密的人之间，如配偶、母女等。不同文化背景下，密接距离的表现有所不同。如我国在公众场合下，上述两种状态的密接距离都应尽量避免。

个体距离：45～120 厘米，是与他人之间能够伸手相握友好交流的距离，个体距离与个人空间基本一致，是朋友和熟人可以自由进入的空间。近相在 45～75 厘米，此距离宜促膝交谈并可与对方接触；远相为 75～120 厘米，可清楚地看到对方表情，是近距离交谈的适宜距离。

社交距离：120～360 厘米，指人们参加社会活动时所需要的距离。同样分两种状态。近相为 120～210 厘米，是工作中常用的人际距离；远相在 210～360 厘米，为不密切的社会交往常常采用的距离。正式会谈、礼仪等多按此距离进行。社交距离适于不需要过分热情的公务和商业场合，此距离范围外，往往不利于相互沟通与交往。

公众距离：360～750 厘米或更远，指演出、演讲、报告会等较正式场合采用的距离。小型报告会、自然语音的讲课一般采用 360～750 厘米；采用扩音器和身体语言的大型演讲，一般距离保持在 750 厘米以上。

适宜的人际距离方便人们之间的沟通与交往。在亲密距离内交流，视觉、触觉、听觉、嗅觉器官均可发挥作用，随着距离的增加，视觉和听觉将起主要的作用。

交往中人们还可通过人际距离表达自己的感情和态度。如果在交往中不断扩大人际距离，或者逐渐缩小距离，可以判断对方对相互交往的态度。例如，请对方坐下，坐得很近或者很远，可以传达自己对对方关系的态度。

与个人空间一样，人际距离同样受年龄、性别、社会文化背景等因素的影响。因而在环境空间设计时，不仅要考虑个人空间及人际距离，还要进一步考虑该空间使用群体的有关特征。

（三）私密性和尽端趋向

私密性，已经成为人们所熟悉的日常用语，私密不是空间问题，但它与个人空间、领域等有密切关系。私密是人独立自在、单独活动的行为趋向。私密并非仅仅指离群独居，而是对交流对象和交往方式的选择与控制。奥尔特曼（Altman，1975）将其定义为"对接近自己的有选择的控制"[①]。

私密是人的本能需要，它可使人按照自己的想法来支配环境，从而保障人的安全需要。私密有助于个人建立自我认同感并与他人和谐相处。私密还有助于个人建立和保持自律，从而增强独立性和选择意识。

私密性在空间环境中表现出个体的领域性需求。在工作场所或办公室，可利用隔断形成领域；在教室或图书馆，一般不选择对面或邻座有人的位置，以免互相干扰。在公共场所中，为了满足这种私密性的需求，人们往往喜欢选择尽端和人流稀少、相对隐蔽的地方，称为尽端趋向，见图5－8。餐厅座位应尽可能靠墙而设。

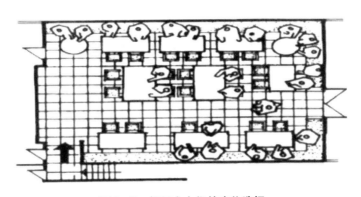

图5－8　餐厅中人们的座位选择

资料来源：刘怀敏编著：《人体工程应用与实训》，东方出版中心2008年版，第20页。

当个人信息过分暴露，尤其是视觉暴露时，会使人感到私密性受到侵犯而产生一种对环境失去控制的消极情感，而这种情感有可能产生反社会倾向。工作场所内受空间面积的限制，员工之间距离非常近，致使大家每天都生活在众目睽睽之下，常常导致私密性的缺失，容易引发员工的不满甚至冲突。

[①] Altman. I Enviroment and Social Behavior. CA：Brook/Cole，1975。转引自葛列众主编：《工程心理学》，中国人民大学出版社2012年版，第285页。

三、空间环境与人际交流

人类的行为模式与空间位置有密切的关系。学者们研究了不同空间布局中发生的人际交流的类型，发现那些位于空间布局中央的人有较多的朋友。日本学者库利哈拉研究了医院床铺位置与人际交流的关系。图5-9是根据他的研究画成的，该图表明，在医院中床铺位置不同，人们之间熟识程度也有较大的不同。研究清楚地表明了空间对人际交流的影响。

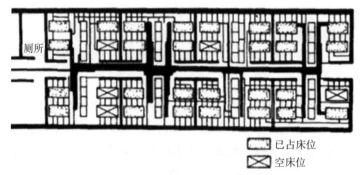

　　□ 已占床位　　⊠ 空床位

图5-9　医院中友好关系的类型

资料来源：张月编著：《室内人体工程学》，中国建筑工业出版社1999年版，第209页。

专栏5.4：个人空间与权力地位

古今中外的人际交往中，个人的空间定位常与其权力和地位相对应。例如，中国封建社会，百官文东武西分列两侧。中国人的宴会也分上座与下座，上座留给贵宾或长者。据说希特勒喜欢在会议室采用长条形会议桌，他自己总是占据前方端头位置，以显示元首权威。在国际会议上，位置不仅代表个人地位，还象征着国家的权力和尊严。

1959年5月，在苏联和西方国家之间关于德国前途的会谈中，对座位安排问题进行了激烈的争论。苏联想让民主德国和联邦德国享受同等地位，西方国家则表示反对，因为这意味着承认民主德国。最后达成协议：为主要谈判国家设置一个大圆桌，另为民主德国和联邦德国分设一个较小的长方桌，把民主德国和联邦德国视为会议观察员。

结束越南战争的巴黎和谈因争论谈判桌的大小和形状而耽搁了12个月，直到1969年1月15日，才最后达成协议——用一个直径8米的完整圆桌。

资料来源：徐涵等著：《人机工程学》，辽宁美术出版社2014年版，第69页。

第四节　人的行为倾向

行为是为实现某种目标所采取的直接行动。在一般的心理学模型中，动机引起行为。而动机则是由于需要没有被满足，引起人们心理紧张所致。上述行为动机模型更多的指生活中的具体行为，如缺勤、辞职、穿越马路等。但本节我们主要关注的是人类各种行为背后，一些不易改变的特殊倾向。人类的行为倾向（习性）是人类在长期生活和社会发展中，由于人和环境的交互作用，人类对外界环境以及对环境中的各类资源的适应而逐步形成的许多适应环境的本能。

一、人的捷径反应和躲避行为

（一）捷径反应

当人们清楚地知道目的地的位置，或是有目的地移动时，总是有选择最短路程的倾向。而在没有目的闲逛时，则选择较少付出的路径。这些行为称为捷径反应或抄近路行为。

帕森和劳密斯对穿过展室的观众所作的观察表明了这一倾向的存在。观众一旦走进展室，更多地停在头几件作品前，然后逐渐减少停顿的次数，只有少数人完成全部的观赏活动，如图 5 – 10 所示。还有学者通过上下楼实验对捷径反应进行实证。实验让一些成年实验对象随意选择上下楼的方向。结果 75% 的实验对象都选择下坡、下楼方向，在男性中青年实验人群中，该比例更是高达 80%。只有那些腿脚不便和穿高跟鞋的女性较多选择上楼梯。

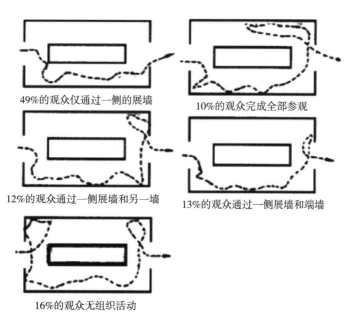

49%的观众仅通过一侧的展墙

10%的观众完成全部参观

12%的观众通过一侧展墙和另一墙

13%的观众通过一侧展墙和端墙

16%的观众无组织活动

图 5 – 10　穿过式展厅观众的捷径反应

资料来源：徐涵、刘俊杰、陈炜编著：《人机工程学与应用》，辽宁美术出版社 2014 年版，第 73 页。

这种捷径反应在日常生活工作中还有许多表现：随意穿越马路、铁路，翻越栏杆；在公交车及公共场所，则表现为出入口总是聚集着比别处更多的人群（入口效应）；人们不愿意把自己的车停放在车棚而就近放置在路边；一片草地即使在周围设置了简单路障，仍旧被不断穿越，久而久之，就形成一条人行便道；在道路的交叉口，人们总是不愿意走人行天桥。

人的这种抄近路的行为倾向是相当顽固、不易克服的，但多数时候却是相当不理性的。根据学者的研究，很多情况下捷径反应并不省力。如穿越地道与过天桥，两者消耗能量相当。选择走地下道只是心理因素决定的，并无科学的合理性。另外，一些抄近路行为虽然减少了能量消耗，或者节省了时间，但由于违反了相关规定，导致其他更大风险的产生，有时甚至会冒生命的危险，如穿越铁轨、闯红灯等。因此，与所承担的风险相比，捷径反应带来的收益基本上是微不足道的。根据有关报道，中国火车事故每小时就有一人被火车撞死，而其中大部分人是因为违反规定，穿越铁路或在铁路上行走而丧生的。

由于捷径反应的顽固性，管理者除了通过制定相关规定对这种有害行为进行约束以外（在工厂车间随意穿越机器，易造成安全事故），在设计管理制度、布置作业场所等时，还应充分考虑人的这一特点，尽可能满足人们抄近路的行为习性。

（二）躲避行为

当发生危险时，人们有一些共同的避难行为，这些行为特征构成了躲避行为。例如，发生火灾时，取离逃难口最近的距离，向火烟伸展的方向逃，取障碍物最少的途径，顺着墙，向亮处，按左转弯方向，沿着进来的方向和路线，沿着习惯的道路出口，顺着人流，向着地面方向（高楼向下，地下室向上）进行躲避的行为。

实验研究表明，当人面临正前方的撞击，例如，有石块投来时，为不被击中，向右躲避的人数约占28%，向左躲避的人数约是向右的一倍，另有20%的人未做反应或躲避不及时。当危险物从上方落下时，约有80%的人并不躲避，或躲避无效。说明人对上方的危险抵御能力很差。

二、侧重行为（惯用一侧）

（一）优势半球与惯用手

大脑半球左右两侧构造是相同的，但在语言、运动等机能上，总是只有一侧占有优势，称为优势半球。威尔尼克等对失语症的研究证明，大多数人的语言中枢位于左半球。人的肢体左右侧面的知觉和运动，由于神经交叉结构是受对侧面半球控制的，这就造成了两侧肢体和感觉器官在机能上的差异，机能较强的侧面就是惯用侧。

脑的优势半球并不必然引起对侧肢体为惯用肢体。因为对惯用手的解释，还存在着其他理论，例如，传统论认为古代战斗中为保护心脏用左手持盾，右手执戈，形成右利习惯和传统；惯用眼理论认为是惯用眼导致同侧肢体优越化；重心论则认为内脏分布偏右，导致右利。

绝大多数人习惯用右手操作工具和做各种用力的动作。对惯用右手的人来说，他们的右手灵活有力，此时右手为优势手或称为右利。但人群中也有5%～6%的人惯用左手操作和做各种有力的动作，其左手就成为优势手。因为人群中多数右手为优势手，所以一般器具及场所设计时，如果在操作上有左右手区别，则一般按右利原则进行设计，各种装置需要操作的部分也都安装在右手的一侧。

（二）行为的非对称性

除惯用侧问题外，在步行、运动等行为中也存在偏重一侧的倾向。

（1）通行的侧重。在人群密度较大（0.3人/平方米以上）的室内和广场上行走的人，一般会无意识地趋向于选择左侧通行。

研究者认为，这可能与人类右侧优势而保护左侧有关。了解这种习性对工作场所、工位安排及流水线方向等有重要的指导意义。

（2）非对称性选择。当左右侧都能走到同一地点时，日本学者藤泽伸介的研究表明，向左绕行者约占2/3。但是，在自由选择座位的教室、会场、影剧院中，选择左侧或右侧座席，同出入口的位置有关。人类有向左转弯的行为习性。在公园里游玩的人群的行为轨迹可以清晰地显示这一习性的存在。有学者研究发现，向左转弯所需的时间比同样情况下，向右转弯的时间短。因此，很多运动场都是左向回转的（逆时针方向）。

有学者认为，左侧通行和左侧转弯可使人体的主要器官——心脏靠向建筑物，有力的右手向外，在生理上、心理上比较稳妥。人体重心偏右，站立时略向左倾，而且右手右脚比较有力，容易向左侧移动。

这种习性对于建筑和室内通道、避难通道的设计具有指导作用。

三、其他行为习性

（一）同步行为（同步倾向）

人在遇到自己难以判断和难以接受的事态时，往往使自己的态度和行为与周围相同处境者保持一致，这叫同步行为（或同步倾向）。自我意识薄弱、对威胁和强迫的抵抗力较差的人，同步倾向很强，其表现多为被动的、受暗示的、服从权威的。一般女性比男性更容易采取同步行为。虽然程度有所不同，但同步倾向是每个人都有的几乎称得上本能的一种倾向。

这种同步倾向在日常生活及工作中表现为从众行为以及对权威的崇拜与服从。对权威的崇拜与服从是存在于组织成员中的一个非常明显的特性。耶鲁及斯坦福大学的学者们通过两次著名的服从实验——电击实验和监狱实验明确地证实了这一点。

服从试验表明，人们对权威的崇拜有着不辨是非、相当盲目的特点。人们对权威的这种唯命是从表明了人性中阴暗面的存在。其实服从是人的一种基本心理倾向，卡耐基把人的本能列为18种，服从即是其中之一，包括对人的服从和对规范的遵从。对于人的这种天性，如果引导得当，可以方便地对员工加以控制以更好地实现组织的目标，加强组织的整合度。但若引导不当，这种相对盲目的服从则有可能造就恐怖的文化控制。

同步倾向的另外一个常见表现是对行为表率的模仿行为。模仿也是人的一种本能倾向。这种倾向在群体行为中尤其显著，它可以促进社会的整合和发展。人们通过模仿，使自己适应环境，得到好处，或产生一种满意感。模仿达到内在的更深层次时，被称为认同。这时，模仿者已经能够认识到被模仿的那种行为的意义和价值，产生一种喜爱的情绪体验。所以认同发生在组织成员对组织文化和组织制度之上时，组织管理者解决矛盾冲突的工作就会急剧减少。

（二）聚集效应

人类有"随大流"的习性，如果发生灾害或异常情况，如何使首先发现者保持冷静是很重要的。

许多学者研究了人群密度和步行速度之间的关系。研究发现，当人群分布不均且密度较大（超过1.2人/平方米）时，步行速度会出现明显的下降趋势。当空间人群密度分布不均时，则出现人群滞留现象，如果滞留时间过长，就会逐渐集结人群，这种现象叫作聚集效应。在设计室内通道时，一定要预测人群密度，设计合理的通道空间，尽量防止滞留现象，避免造成阻塞。另外，展览馆等场所的设计中，可设置很多模特儿造成人群聚集的假象，以吸引顾客。同时室内陈列不宜太过分散，顾客活动空间不宜过大，造成"人挤人"的现象。

（三）幽闭恐惧

当空间形式断绝了人们与外界的直接联系时，人易产生恐惧感。幽闭恐惧在人们日常生活中或多或少都会存在，有些人表现得严重一些，有些人轻一些。如在双门轿车的后座上、电梯中、狭窄的机舱里，总有一种危机感，会莫名其妙地认为"万一"发生问题会跑不出去，原因在于对自己的生命抱有危机感。这些并不是胡思乱想，原因在于这几个空间形式断绝了人们与外界的直接联系。

现代建筑空间的构成日趋复杂庞大，这种相对隔绝与封闭的空间也越来越多。如何解决这些问题，以避免人们产生危机感，学者们进行了各种各样的研究。有学者对房屋的开窗问题进行了研究，发现窗对于人的影响并不在于采光、通风，因为这些都可以通过其他人工的方法得以解决。窗的最大功能是使人与外界发生联系。由此人们在处理这类封闭空间时总希望能有某种与外界联系的途径。如在电梯中、浴室中安装电话。

（四）恐高症

登临高处会引起人血压和心跳的变化。人们登临的高度越高，恐惧的心理越重。在这种情况下，许多在一般情况下是合理的或足够安全的设施也会被人们认为不够安全，如栏杆的高度和牢固程度，在这里人们衡量的标准主要是心理感受。还有一个值得考虑的问题，5 层住宅和 40 层住宅房间的尺寸一样，但从人的感觉来说，层数越高越觉得空间越狭窄，这是因为离开地面会产生一种与世隔离的孤独感，还有可能是因为通向四周的通道被截断。

因为建筑物越来越高，"恐高"的问题越来越需关注，但其至今在我们的工作与生活中还没有得到认真的对待。

上述研究可以看出，在人与人之间的相互作用及人的行为方式中，空间环境的形态起着很大的影响作用，正如阿尔特曼指出的："可以认为空间的使用既由人决定，同时又决策人的行为。"

复习与思考

（1）什么是人性？人性的内容有哪些？人性有哪些特点？

（2）对工效学而言，考察研究人性的目的何在？

（3）列举你所知道的或观察到的人性的弱点。研究人性的弱点对于工效学有什么意义？

（4）在进行人机系统设计时，应注意哪些人的心理现象？

（5）人类有哪些特殊的行为习性？简述各个特殊习性的影响。

视野拓展

非理性的心理因素与违章行为

根据实践情况及安全心理学研究，一般认为，下述一些心理状态极易导致违章行为，并且是造成事故的重要隐患。

（1）省能心理。人类在同大自然长期斗争和生活中养成的一种心理习惯，总希望以最小能量（付出）获得最大效果。在生产过程中，省能心理常常表现为嫌麻烦、怕费劲、图方便，形成得过且过的惰性心理和简化作业的行为，成为导致安全事故的重要心理因素。

（2）**侥幸心理**。即无视事物本身的性质和事物发展的规律，违反维护事物发展而制定的规则，根据自己的需要或者好恶来行事。这种心态的人，不是不懂工作规程，也不是技术水平低，多数是"明知故犯"。在他们看来，"违章不一定出事，出事不一定伤人，伤人不一定伤我。"侥幸心理是许多违章人员在违章行动前的一种重要心态。

（3）**逆反心理**。指客观环境要求与主体需要不相符合时所产生的一种强烈的反抗心态。逆反心理是一种无视社会规范或管理制度的对抗性心理状态，在行为上表现为"你让我这样，我偏要那样""越不允许，我越要干"等特征。在生产过程中，具有逆反心理的人对工作规范也容易产生对抗行为，破坏工作秩序，影响工作效率，甚至导致事故发生。

（4）**凑兴心理**。指个体为了获得心理上的满足和温暖，同时也为了对同伴表示友爱或激励，和其他个体凑在一起开开玩笑、交换些马路新闻等。凑兴心理有增进人们团结的积极作用，但也常导致一些无节制的不理智行为，如工作时间嬉笑、争开飞车等，影响生产与安全。

（5）**群体心理**。社会群体生活是人们的基本生活方式，但个体一旦参加到群体之中，由于匿名、感染、暗示等因素的作用，常会丧失理性和责任感，表现出冲动的、凶残的反社会行为。例如，有害的从众心理会像传染病一样迅速蔓延，极大地危害着生产效率和安全。

资料来源：邵辉、邵小晗编：《安全心理学（第2版）》，化学工业出版社2018年版，第57~59页。

下编

应用研究篇 员工工作系统的设计与改善

第六章

员工工作的特征及其改进

公司里有许多鼓励鞭策员工的计划，有鼓舞人向前的奖励，也有在后面鞭策的惩罚，但没有一种计划可以和松鼠的精神相比：想象自己手上的工作十分重要，足以改变整个世界的方向，足以实践上帝的计划①。

——［美］肯·布兰佳（Blanchard, K.，管理大师）；

雪尔登·包乐斯（Bowles, S.，企业家）

工业化、现代化给人类带来了高度的物质文明，给社会、企业、员工带来巨大的物质财富。但同时，也使工业化时代的工人陷入被严重异化的泥潭。机械化、专业化、流水线不仅让员工不得不屈从于机械的节奏，而且还经常让他们降低自己的心智以适应简单机械被动工作的要求。同时也让他们的工作安全感、成就感更少，每个人都只是一个巨大组织中被工作及上司随意支配的棋子——人们身心疲惫，很多人表示出对工作的厌恶甚至恐惧。不愉快的工作影响了人们的身体和心理健康，给人带来了忧郁、焦虑和烦恼等不良情绪，并进而引起心脏病、溃疡病、支气管哮喘、头痛、癌症等身心疾病。

除了众所周知的流水线工人对作业的高度不满以外，从事其他各种各样工作的人们也同样表示出对工作的厌倦。美国作家斯特兹·特克尔（Studs Terkel）与来自各行业的100多名从事各种工作的人就他们的工作进行了访谈，发现人们对工作的抱怨是相当普遍的现象。"这种工作很乏味，确实是一项重复性的工作……"一位银行审计员抱怨工作重复单调②。"广告制作者往往被这两种情况搞得筋疲力尽：推销产品和推销自己。假如他们叫你干什么，你就干什么，那你就会被操纵；假如你不按他们的要求去做，那你就会被解雇。"一位广告公司中层经理抱怨工作中始终被监督，缺乏自主性。在国内，员工对工作的抱怨更是比比皆是。"我的工作每天就是做一些无聊的事。但还很忙，经常加班熬夜，我觉得这份工作已经影响到我的正常生活了，害得我饭吃不好、觉睡不好，

---

① ［美］肯·布兰佳、雪尔登·包乐斯著：《共好》，延边人民出版社2003年版，第36页。

② ［美］斯特兹·特克尔著：《美国人谈美国》，中国对外翻译出版公司1995年版，第123页。

一想起明天的工作，今天晚上就睡不着了，一想起来下午的工作，中午饭就吃不下了。"
知乎上吐槽工作的"打工人"这样说。

专栏 6.1：美国的工作

1973 年，美国政府发布一份名为《美国的工作》报告书，道出了许多人的心声。
报告中揭示，大多数员工都不满意其工作。

员工不满的主要原因，是工作范围本身的局限。基本理由是：（1）受泰勒及其信
徒的不利影响，推行工作分解和专业化。（2）工作自主的机会减少，主要原因是自我
雇用式或小企业转变为大企业或政府官僚式工作。

虽然，对上述趋势的认识已经有数十年历史，但是 1973 年的这份报告指出在许多
劳动成员中，态度及价值观念发生了根本性变革，其中包括年轻人、少数民族和妇女。
随着教育程度的提高，个人期望也提高了。大多数人对物质报酬看得较轻，而更加重视
工作本身的意义。

资料来源：［美］霍杰茨著：《管理的理论、过程与实践》，煤炭工业出版社 1991 年版，第 207~208 页。

高度紧张高度单调的工作已经引起员工身心各方面的症状。目前，员工所从事的
工作很多都没有经过精心科学的设计。员工的工作方法基本沿用前代员工流传下来的
传统习惯，工作负荷及工作时间取决于企业整体的业务状况。即使是所谓科学的工作
设计也主要来自 20 世纪早期以泰勒、弗兰克和莉莲·吉尔布雷思夫妇为代表人物所
发展的工业工程方法。这些方法主要以工作为中心，很少考虑人的需要。60 年代以
后，这种方法设计常常产生更为简单的工作，成为导致员工对工作普遍不满的重要
原因。

本章对员工工作的分析与讨论是针对上述状况所做的改善。它试图通过对员工特点
及需要的考虑，设计出更适合员工、更有兴趣、更有吸引力的工作，使员工能够被工作
本身的内在特征所吸引，而无须特别地给予外部激励的强化，如金钱、赞扬或认可。

第一节　工作研究的内容及其发展

工作研究（或作业研究）是以作业系统为研究对象，是设计、建立和改进作业系
统的最基本的工业工程技术。工作研究最基本的准则是遵循科学的步骤，在相应的环境
下，寻求效率最高、成本最低的工作标准。

任何一种工程活动，其目的都是为了设计、建立或改进目标系统，使之更为经济有
效。实施工作研究，目的正是寻找最佳作业方法和标准作业时间，通过简化工作内容、
改进工作方法，实现对人力、物力各项资源的有效利用，提高工作效率。

工作研究肇始于泰勒关于科学管理的实践。1898 年泰勒在伯利恒钢铁厂通过改进搬运工工作程序与休息的节奏，成功地使每个搬运工每天的工作产出由 16 吨增加到 59 吨。这种研究经过后来的发展即成为目前工业工程中"程序分析"的主要内容。同时为了确定有效率的工作量及工资率，他还在管理实践中使用标准时间，开创了"时间研究"技术。

之后，吉尔布雷斯夫妇通过动作分析将砌砖者的动作由 18 个减至 5 个，有一个场合甚至减少到 2 个，使砌砖的工作效率提高了 200%。1912 年他们又借助电影摄影机和计时器完成了"微动作"的研究，之后又用灯光示踪法研究"动作轨迹"，这一系列研究构成了目前方法研究的重要内容。

工作研究的主要步骤是：（1）进行方法研究，通过程序分析、作业分析、动作分析，从作业的总过程出发，深入研究操作者的每一个细微的操作动作，以探寻最佳的工作程序和工作方法，达到工作程序和作业方法的标准化。（2）在方法研究的基础上，进行时间研究，使用专门技术，对已经标准化的工作程序、工作方法进行时间测量，找出完成工作的标准时间。

一、方法研究

方法研究（method engineering）是对现有的或拟议的工作方法进行系统观察、记录和分析，以开发和应用更简便、高效、安全和经济的工作方法。方法研究基本上是由泰勒的程序分析与吉尔布雷斯的动作分析发展起来的。

（一）程序分析

人们完成一件工作或生产一个部件，总要经历生产准备、原材料搬运、投入生产、加工、增配、检验到成品出厂等多个的步骤（工作程序）才能完成。因此，程序分析是从整个生产过程出发，对生产过程的大体步骤进行分析，即通过分析各工序之间、各机器（或设备）之间，以及操作者与机器（或设备）之间的关系，选择必需的活动环节，去掉复杂、烦琐、不必要的步骤，使生产过程更简单合理。

根据目的不同，程序分析又分为操作程序分析、产品流程分析和联合程序分析三种。

（二）动作分析

吉尔布雷斯夫妇的动作分析，旨在寻求"唯一最完善的作业方法"。他们采用特种电影摄影机、微动作计时器和动作时间轨迹影片技术，对多种行业工人的劳动进行动作分析。

动作分析是从操作者出发，研究操作者工作时所发生的手、眼、身体其他部分的动作，经比较、分析、研究后，去掉其中多余的动作、减少等待时间，把必要的动作组合成标准动作系列，以提高工作效率。根据动作分析的精确度差异，动作分析主要分为目视动作分析、录像分析和动素分析三类。

动素分析主要是观察分析操作者身体的各部位,包括双手的工作及其配合状况。吉尔布雷斯把人的动作分解成 3 类 17 个要素,称为萨布里克(Therblig,动素)分类,后来美国机械工程师学会研究,增加了"发现"这一动素,共 18 个动素,见表 6-1。第一类是完成作业的必要动作,第二类是辅助性动作,除了非用不可,应尽量避免此类动素。第三类是多余的动作,应设法取消的动素。经分析去掉多余动作,精简辅助动作,通过工作场所重新布置改进必要动作,使之符合动作经济原则。这种以提高动作效率为目的的分析方法不一定对任何工作设计都有用,但其指导思想却对所有的工作设计都有借鉴价值。

表 6-1   萨布里克动作分类

第一类	伸手 RE	抓握 G	移物 TL	装配 A	使用 U	拆卸 DA	放开 RL	检查 I
第二类	寻找 SH	选择 ST	计划 PN	对准 P	预置 PP	发现 F		
第三类	拿住 H	休息 R	不可避免迟延 UD		可避免迟延 AD			

资料来源:朱祖祥主编:《工业心理学》,浙江教育出版社 2001 年版,第 457 页。

美国机械工程学会经过综合研究,对吉尔布雷斯的动素符号进行了修正,将上述 18 种动素,合并为 5 种:

(1)〇(直径为 10 毫米的圆)——操作,表示生产过程的加工工序或操作。

(2)⇨(空心箭头)——搬运,表示被研究对象,从一个位置移动到另一个位置。

(3)□(边长为 10 毫米的正方形)——检验,表示对工作质量和数量的一次检验。

(4)D(大写英文字母 D)——延误,表示预定的下一步程序尚未执行而形成的时间空当。

(5)▽(每边为 10 毫米的倒三角形)——储存,表示生产过程中必要的储存。

二、时间研究

泰勒在致力于提高工人劳动效率的同时,发现工人们因担心提高生产效率会导致工资率的降低,于是集体怠工,只做一些远比实际能力低得多的工作。鉴于此,泰勒试图通过科学的测量,找出"在一定时间内所应达到的合理的作业量。[1]"

时间研究是一种工作测量技术,用以记录在一定条件下进行的某种作业的工作速率和时间,从而得到按照规定标准完成作业所需时间,并据此制订工作计划、检查工作效果、核算标准成本、制定员工的合理工作量、决定工资额。时间研究是目前广泛使用的提高工作效率的一种技术手段,具体方法可以分为两大类。

---

[1] 陈莞等:《最经典的管理思想——100 年来最具影响力的 33 种管理思想》,经济科学出版社 2003 年版,第 17 页。

（一）直接测量法

直接测量法是对一定时间内作业的执行情况进行直接观察的技术。它把工作时间、工作数量、工作评定和工作宽放等数据都——记录下来，最后计算确定出标准工作时间。

（二）间接测量法

间接测量法是根据事先编制的操作单元（或动素）的基本时间资料或经验数值，合成为标准时间的方法。具体做法如下：

（1）把作业解析为单纯的要素动作；

（2）排除工作中所包含的不必要动作；

（3）测定每一项要素动作所需要的时间；

（4）考虑不可避免的延迟和中断（富余率）；

（5）求出为消除疲劳所必需的休息时间与休息次数；

（6）对一次作业所包含的各种要素动作所需要的时间进行汇总，再加上相应的富余率和休息时间，从而决定一次作业的最佳时间；

（7）求出一个工作日可以进行的作业次数，即"公正的一日工作量"。

泰勒将时间研究用于贝斯雷姆制钢公司的一个工厂，取得了令人震惊的效果。实行3年后，工厂原有 400～600 名从业人员，被 140 名完全替代。从业人员每人平均搬运吨数，由 16 吨增加到 59 吨。平均日收入从 1.15 美元增至 1.88 美元。搬运 1 吨所需要平均成本从 0.072 美元降低到 0.033 美元[①]。

方法研究与时间研究两部分相辅相成，共同构成工作研究的主要内容，见图 6-1。

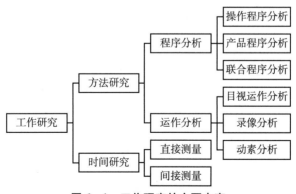

图 6-1 工作研究的主要内容

资料来源：根据葛列众主编：《工程心理学》，中国人民大学出版社 2012 年版，第 243 页修改。

---

① ［美］弗雷德里克·温斯洛·泰勒著：《科学管理原理（珍藏版）》，北京大学出版社 2013 年版，第 147 页。

方法研究与时间研究都以体力工作者为研究对象，该技术对常规工作、重复性工作的改进和效率的提高，具有重要的意义。

第二节　工作研究与设计中的生理因素

前述传统的工作研究聚焦于"工作"，即"以事为中心"，对进行作业的人的因素却有所忽略。

而工效学（现代）的工作研究，则"以人为中心"，关注作业主体的生理和心理方面的因素，深入分析人的特点和需要，致力于设计适合人的工作方法。

一、作业动作及其选择

（一）人体动作的种类及动作能级

人体动作是工效学最基础最重要的研究内容，它直接影响控制器、手操作工具及其他相关仪器的设计、材料的处理、作业场所中器具的布置及作业方法和作业程序的确定等人机工程内容，并对操作者的工作效率及工作满足产生重要的影响。

人类的动作可分为有意识动作和无意识动作两大类。无意识动作是指那些受人类反射本能驱使的动作，如眨眼、躲避、遇到危险时护住头部、身体缩成一团等，体现机体的自我保护机制。有意识动作是受大脑支配、为了某种目的而做的动作。有意识动作与无意识动作并不是泾渭分明的，不断重复的有意识动作最终也可能变成类似于反射的无意识动作，如"条件反射"。

1. 人体动作的种类

工效学更关注有意识动作，并把有意识动作分为以下几类：

（1）定位动作。定位动作是根据某一目的把身体的某一部位移到一个特定的位置。如伸手抓取茶杯、按开关等，是一种控制程度较高的动作。

借助视觉帮助的定位动作叫视觉定位动作，衡量其质量好坏的标准是动作的速度与准确性，它与目标物体的位置、大小、开关和色彩等因素有关。试验表明，目标物体位于正前方60°视角范围内的定位动作质量最高；四肢伸出的动作比收回动作质量高；手臂由前方向两侧移动比相反的动作定位质量高。

不断重复定位动作，可使肌肉神经等感觉器官"记住"目标的位置，逐渐做到不依赖视觉，称盲目定位动作。如打字员完全凭感觉敲击键盘。盲目定位动作的质量与目标物体的位置有关。试验表明，目标位置与人肩等高时动作质量较高，其中又以正前方的动作质量最高，后方质量最差。物体在容易达到的位置，肌肉用力小，参与动作肌肉少，感觉灵敏单一，记忆能力较强；反之则差。

（2）逐次动作。一系列不同目标的定位动作加起来就是逐次动作。例如，根据某一号码按电话键或按固定程式开走一辆汽车均属此类。逐次动作的质量用速度、准确性和差错率衡量。它主要受动作逻辑性的影响，这种逻辑性可以是位置逻辑，也可以是人们熟知的某种习惯。例如，人们在电话键盘上依次从 1 按到 0 的错误率比按一个无规律的号码错误率要小，其原因在于前者的动作具有位置上的逻辑性。设计中使用人们熟知的数字位置排列，可以提高逐次动作的质量。

（3）重复动作。在一段时间内连续做同一动作叫重复动作。重复动作不需要过多意识的控制，仅凭神经和肌肉记忆能力即可不断地做下去，因而速度和准确性较高。重复动作时，肌肉处在不断松弛紧张的交替状态中，不易疲劳可以持续较长时间。

（4）连续动作。对操纵对象进行连续控制的动作，如按套路打太极拳即是连续动作。连续动作是一种全程控制行为，自始至终需要意识的参与，因此占用精力较大。连续动作的质量评定较为复杂，一般可以简单化，以追踪的灵敏度作为衡量。

（5）调整动作。动作调整是肌体的一种自我保护方式，通过不断地调整动作以改善某一部分的受力状态。实际上，人体在静态时即处于这种调整动作之中。

以上各种动作类型并不是孤立存在的，经常以混合的形式存在，充分了解人体的这些动作特点和影响因素，可以因势利导，设计出更符合人类动作行为特点的工作方法。

2. 人体动作能级

（1）手部动作。由于骨骼长度与关节形状的限制，当上肢静止不动时，手部运动的范围是相当有限的。另外，手部肌纤维的数量较少，纤维较细，因而力量较小。但手部分布的肌肉群较多，而且手部在大脑运动区的占比最大，所以手部动作敏捷精确，而且丰富多彩。日本工效学家杉田曾把手的动作归纳为 19 种：抚摸；打破、撕裂；打、拍、抓；按、推；描、写；系结、擦拭；拉、深、弯；切；卷、包；夹；贴、涂、削；绞；压；捏；拿、捻；磨；缝；织等。

（2）上肢动作。在作业过程中使用最多的动作（包括手部动作）。这是因为上肢活动的范围最广泛（得益于肩关节的球状结构）。由于上肢肌肉比手部肌肉更发达，因而动作力度较前者大。

（3）下肢动作。下肢在大脑运动区所占的比例较小，因此动作精确度差，变化种类少。但下肢肌肉发达，耐久力较强，因此主要用于承担体重和步行。

表 6-2 是各部位动作的能量代谢率，可供动作选择设计时参考使用。

表6-2   生产作业活动的能量代谢率

动作部位	动作细分	能量代谢率	被观察者感觉	调查者观察	工作举例
手指动作	非意识的机械动作	0~0.5	手腕感到疲劳，但习惯后不感到疲倦	完全看不出疲劳	拍电报为0.3，记录为0.5
	有意识的动作	0.5~1.0	工作时间长后有疲劳感	看不出有疲劳感	拨电话号码为0.7，盖章为0.9
手指动作连带上肢	手指动作连带小臂	1.0~2.0	认为工作很轻，不太疲劳	看不出有疲劳感	操作计算机为1.3，电钻（静作业）为1.8
	手指动作连带大臂	2.0~3.0	常想休息	有明显工作感，是较小的体力劳动	抹光混凝土为2.0
上肢动作	一般动作方式	3.0~4.0	开始不习惯时劳累，习惯后不太困难	摆动虽大些，但用力不大	轻筛为3.0，电焊为3.0
	稍用力量动作方式	4.0~5.5	局部疲劳，不能长时间连续作业	使用整个上肢，用力明显	装汽车轮胎为4.5，粗锯木料为5.0
全身（抱起、传递、拉、推、上下移动等）	普通动作	5.5~6.5	要求工作30~40分后休息	作业者呼吸急促	拉锯为5.8，和泥为6.0
	动作比较大，出力均匀	6.5~8.0	连续20分钟感到胸中难受，但再干轻松的工作能继续做	作业者呼吸急促，脸变色、出汗	锯硬木为7.5
	在瞬间集中全身的力量	8.0~9.5	工作5~6分钟后，什么工作也不能做了	作业者呼吸急促，流汗、脸色难看、不爱说话	用尖镐劳动为8.5，推200kg三轮车为9.5
全身性重体力劳动	剧烈劳动	10.0~12.0	工作不能持续5分钟以上	急喘、脸变色、流汗	用全力推车为10.0，挖坑为12.4
	集中全身力量	12.0~	用全力只能忍耐1分钟，实在没有力气了	屏住呼吸作业，急喘，有明显的疲劳感	推倒物料为17.0

资料来源：郭伏、钱省三主编：《人因工程学（第2版）》，机械工业出版社2018年版，第133页。

根据各部位动作能量代谢率的差异，学者们将人体动作划分成5个能级，见表6-3。

表6-3   手的动作级别

级别	枢轴点	人体运动部位
1	指节	手指
2	手腕	手及手指
3	肘关节	前臂、手及手指
4	肩关节	上臂、前臂、手及手指
5	身躯	躯干、上臂、前臂、手及手指

资料来源：冯国红主编：《人因工程学》，武汉理工大学出版社2013年版，第156页。

（二）动作选择的经济与效率法则

"动作经济"（motion economy）的含义就是节约动作，节约人力，合理利用人力资源，把操作活动转化为有用功，提高工作效率。

程序分析和动作分析都是为了寻求经济合理的操作方法，减轻劳动强度，延缓疲劳。动作经济原则由吉尔布雷斯首先提出，后经工效学家巴恩斯（Ralph M Barnes）等改进，渐趋完善。巴恩斯综合了 22 条动作经济原则，并把它们归并为三大类。美国学者爱尔福特（C P Alford）将巴恩斯的 22 条原则作了详细的补充，罗列了 52 条原则。日本的上野阳一教授将动作经济原则归纳为"三项基本原则"和"12 个着眼点"。康兹（Stephen A Konz）和魏润柏建议在工程设计中注意 16 条原则，以使工作环境更适宜于人[①]。

上述专家提出的动作经济原则，虽然各具特点，各有侧重，但许多条目基本相同。其中，巴恩斯的动作经济原则以人的生理、心理特点为基础，以减轻人在操作过程中的疲劳为目的，应用最为广泛。巴恩斯最初将动作经济原则，归为三大类：关于人体的利用原则、关于布置工作地点的原则和关于设计工具和设备的原则，共 22 条，称为"22 项动作经济原则"。后来巴恩斯在《操作方法入门》中，又将 22 项原则归纳为"节约动作的十项原则"，后来的研究者又将其凝练为 7 项原则，具体如下：

第一类，关于人体的利用原则：

（1）双手动作要同时，对称、连续、流畅，有节奏感。

（2）尽量使用最低能级动作。

（3）多用脚及身体其他部位，以解放手去做更精确、灵活的工作。

第二类，关于设备设计布局原则：

（4）工具物料应就近、前方摆放。

（5）工具、物料摆放按最佳工作顺序，有固定存放地，有预定位。

（6）合并使用工具，应用重力式盛料器，采用下坠式传递方式。

第三类，关于布置工作地点的原则：

（7）舒适的工作环境，合适的工作台面、座椅、照度和室温等。

上述无论是 22 项，还是 7 项原则，重点遵循下列 4 项基本原则：

第一，两手同时动作。

第二，动作单元力求减少。

第三，动作距离力求缩短。

第四，创造、设计舒适的工作环境。

---

① ［美］史蒂芬·康兹、魏润柏著：《人与室内环境》，中国建筑工业出版社 1985 年版，第 162～179 页。

（三）动作用力方式的选择

在选择作业动作时，除了要考虑各种动作的基本特性，动作范围、方式、力度等的不同，也会给作业人员带来不同的身体负担。

如图 6－2 所示，搬运同一重物，由于用力方式的不同，耗氧量有着相当大的差别。

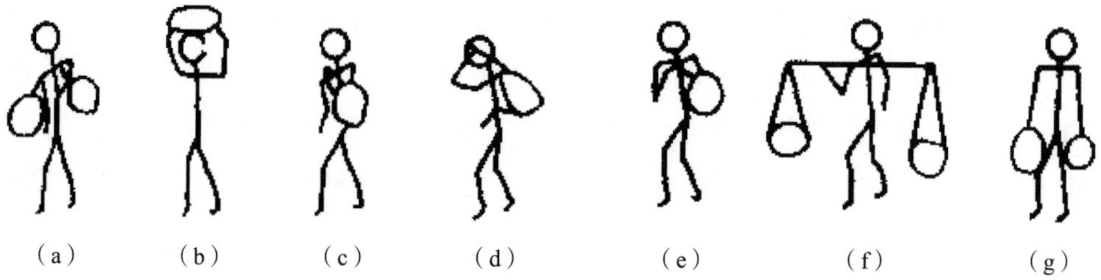

搬运方式：	（a）单肩双包	（b）头顶	（c）双肩背	（d）前额挂背	（e）斜椅	（f）挑担式	（g）双手提
相对耗氧量	100	103	109	115	123	129	144

图 6－2　用不同方法搬运重物时的耗氧量

资料来源：马江彬主编：《人机工程学及其应用》，机械工业出版社 1993 年版，第 71 页。

作业时，手臂的位置与姿势也会对工作产出有重要影响，图 6－3 是对食品包装研究的结果。由图可见，当手臂在身体两侧，外展角度在 8°～23°时，包装效率最高，即包装速度快、质量好，而且人体消耗的能量也较少。

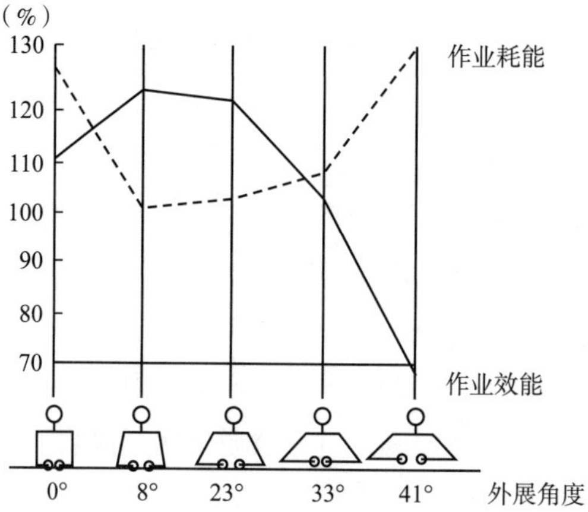

图 6－3　上臂姿势对作业效能和能耗的影响

资料来源：冯国红主编：《人因工程学》，武汉理工大学出版社 2013 年版，第 156 页。

目前，设计技能作业时主要以速度和精确度为标准，但是工效学专家认为还应该考虑“能耗”和“单调”两个因素。本节关注能耗与用力方式，第三节将详细讨论“单调性"问题。

根据人体运动系统的构造，人体完成某一特定的动作需要骨、关节与骨骼肌的协调合作。在生物力学中，骨、关节、骨骼肌的协调运动被视为复杂的杠杆运动，上肢与下肢就是两个最重要的杠杆系统。因此动作不同、用力方法不同，则做功效率也有很大的不同。

（1）合理安排负荷，并不是负荷越轻单位劳动产出耗能越小。以负重步行为例，当负荷重量小于作业者体重的40%时，单位作业量的消耗量基本不变；当负荷重量超过作业者体重的40%时，单位作业量的耗氧量急剧增加。因此，最佳负荷重量限额为作业者体重的40%。

（2）根据生物力学原理，作业时应把力用到某操作动作的做功上去，尽量避免浪费在身体本身或不合理的动作上。例如，从地上提起重物时，若躯干和头部随重物被提起也同时向上运动，则有一部分能量被消耗在不必要的动作上。若举重物时，随重物向上移动，人体重心同时向下移动，则可以减少内耗。

（3）利用人体活动特点获得力量和准确性。大肌肉关节的突然弯曲，伸直会产生很大的爆发力，并伴有运动肢体的冲力，这是获得较大力量的方法。但是，当进行较精确的作业时，需要动用围绕关节的两组肌群（引起运动的主动肌群和对抗这一运动的对抗肌群）。在这两组肌群的作用下，肢体处于运动范围的中间部位时，便可获得准确的动作。表面上看这要浪费能量，但却是获得动作准确性的最好方式。

（4）充分考虑不同体位时的用力特点。屈肘肌群产生力量的大小取决于手的朝向（手掌朝向肩时和前臂与上臂间的角度90°时可获得最大的力）。人坐在有固定靠背和把手的椅子上时，脚蹬踩所产生的力量最大。另外，坐姿不易发出向下的力。

二、作业姿势及其工效学设计

300年前，意大利著名医学家和工业卫生学先驱拉马齐尼（Bernardino Ramazzini）解释了为什么人保持立姿工作比边走边工作更容易疲劳。他认为：为了维持直立的身体姿势，肌肉必须保持紧绷的状态；以弯曲姿势保持静态坐姿的工人常常会变成圆肩，容易导致腿部麻木、跛脚和坐骨神经痛。拉马齐尼确信，久坐的工人都会腰痛，并建议人们不要长时间静态站着或坐着，应保持身体处于活动状态[①]。

（一）人体姿势的类型及影响

所谓姿势就是整个身体在空间中的表现型态。工效学十分重视对作业姿势的研究，认为作业姿势设计必须符合人的生理心理特点和需求。

---

① ［美］布什著：《工效学的基本原理、应用及技术》，国防工业出版社2016年版，第132~133页。

作业姿势本身会形成操作者的负担，不同姿势的负担与能量代谢量有很大不同。正确的作业姿势和体位可以减少静态疲劳，降低能量消耗，提高劳动效率，有利于人的身体健康和工作质量；反之则会加重身体的负担。天长日久，可能引起劳损（如驼背、腰肌劳损和肩颈腕综合征等），成为职业病的重要起因。

受制于人体结构的生理限制，人体只能采取有限的几种姿势。除杂技演员外，人体不能扭成螺旋形，也不能弯体 360°。人体的基本姿势大体可以分为：立姿、坐姿、卧姿和跪姿 4 种。作业中的姿势一般被分为立姿、坐姿、卧姿和坐立交替 4 种，其中使用最多的是坐姿，其次是立姿、坐立交替，最后是卧姿。

1. 人体姿势的类型

（1）立姿。人体有各种各样不同形态的立姿，见图 6-4。

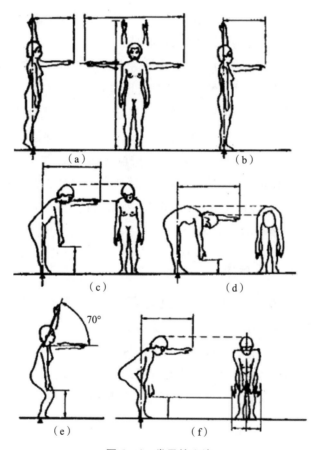

图 6-4　常见的立姿

注：（a）跷足；（b）正立；（c）前俯；（d）躬腰；（e）半蹲；（f）半蹲前俯。
资料来源：李贵轩、丁飞、赵丽娟编著：《设计方法学》，中国矿业大学出版社 2009 年版，第 198 页。

工作中的立姿通常指人站立时上体前屈角小于 30°。此时，身体各部分的重心恰好垂直于其支撑面，因而肌肉负荷最小，各器官功能——呼吸、血液循环、消化等活动的机械阻力最小，身体具有最佳抗重力机制。但立姿时身体重量集中在下肢，人体的脚掌部、膝部等关节部位都受到肌静力的作用，容易产生疲劳。正常的随意立姿表现为姿势摇摆，用以把重心从平衡位置移开，减少骨骼与关节的静力负荷。同时，肌肉活动与不活动的交替，可以加速通向肌肉的血流，有助于静脉血液回流。但重心的不断改变，又会增加肌肉的负荷，引起局部肌肉疲劳。

（2）坐姿。常见的坐姿有高直身坐（60 厘米椅凳）、低直身坐（20 厘米椅凳）、作业倚坐（40 厘米椅凳）、休息倚坐、斜躺倚坐、后靠等。作业坐姿通常指身躯伸直或向前倾 10°～15°，大腿平放，小腿垂直地面或稍向前倾斜着地，身体处于舒适的体位，脊椎部位不产生变形或弯曲。

研究表明，坐姿有很多优点：从血液循环角度而言，坐姿更有利于血液循环，血液回流心脏阻力小，有利于大脑思考问题；从肌肉活动角度看，肌肉承受较小的体重负担，能量消耗小。同时，坐姿还有利于保持身体的稳定。但坐姿也有很多缺点，最重要的是其限制了人的活动范围；在需要上肢出力的场合，往往需要站立作业；长期坐姿还会影响人体健康——脊椎非正常弯曲、腹肌松弛，甚至对某些内脏器官造成损害；坐姿太久还会造成下肢肿胀，静脉压力增大，增加血液回流阻力，引起不适感。

2. 人体姿势的生理影响

每种姿势动用的肌肉群及关节都有所不同。相应地，肌肉活动量和能量消耗量也有较大的不同。表 6-4、图 6-5 分别列举了一些常见姿势的能量消耗量和肌肉活动量。

表 6-4　　　　　　　　　　　　　不同姿势的相对肌肉活动量

姿势名称	与紧张直立姿势相比的相对肌肉活动量	姿势名称	与紧张直立姿势相比的相对肌肉活动量
紧张直立	100	支撑肩胛骨下部靠坐	9
上半身紧张直立	74	放松跪坐	9
放松直立	31	放松侧坐	8.5
紧张盘腿坐	29.5	支撑肩胛骨中部靠坐	8
紧张跪坐	29	放松盘腿坐	6.5
紧张侧坐	23.5	仰卧	3
上半身放松坐	19		

资料来源：欧阳文昭、廖可兵主编：《安全人机工程学》，煤炭工业出版社 2002 年版，第 113 页。

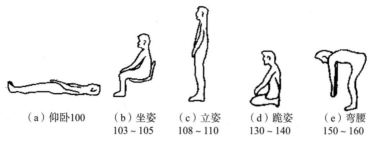

（a）仰卧100　（b）坐姿　（c）立姿　（d）跪姿　（e）弯腰
　　　　　　　103～105　108～110　130～140　150～160

图6-5　不同姿势的氧气消耗

资料来源：马江彬主编：《人机工程学及其应用》，机械工业出版社1993年版，第71页。

表6-4中，采用肌电仪测出全身21个项目的肌电，再综合成全身肌肉活动量的指标。各姿势的肌肉活动量，以挺胸紧张站立为100，求得其相对比例。可以看到，卧姿的相对肌肉活动量仅为端立的3%；同一姿势，在紧张与放松两种状态下，活动量可相差几倍。

图6-5中，以仰卧所需氧消耗量为100%，则弯腰姿势氧消耗量达到仰卧姿势的150%～160%，氧消耗量相对最大。

表6-5列举了立姿与坐姿对心血管系统的影响。不同的作业，其操作姿势是完全不同的，能量消耗也不相同，因而心脏输出量、心跳次数也随之有较大的不同。

表6-5　　　　　　　　　　立姿与坐姿对心血管系统的影响

指标	立姿	坐姿	坐：立（%）
心脏的输血量（升·分钟$^{-1}$）	5.1	6.4	125
心脏跳动一次的输血量（毫升/次）	54.5	78.3	144
平均动脉压力（毫米汞柱）	107.0	87.0	82
心跳次数（次·分钟$^{-1}$）	97.2	84.9	87

资料来源：朱序璋主编：《人机工程学（第2版）》，西安电子科技大学出版社2006年版，第90页。

（二）作业姿势的设计

1. 作业姿势设计的一般原则

由前所述，正确的姿势可以减少静态施力，有利于身体健康，提高工作效率。

（1）作业姿势一般以坐姿为好，其次是坐—立姿。当工作过程中非立姿不可时，才选择立姿。

（2）应尽可能采取平衡姿势，避免因作业姿势不当给肌肉、骨骼、关节和心血管系统造成不必要的负担。

（3）作业时不宜长期采取某种固定姿势，以定时更换姿势为好。这样可使身体有关部分交替使用，不同肌肉群交替休息。同时改善血液循环，使操作者的身体处于舒适状态。当强制保持姿势无法避免时，应设置适当的支撑物。

（4）设计作业姿势应与肌力的使用以及作业动作相联系，三者之间相互协调。

2. 影响作业姿势的因素

影响作业姿势选择的因素很多，作业时人体姿势和体位主要取决于下列各点：

（1）工作场地的大小、照明条件；

（2）体力负荷的大小及用力方向；

（3）工作场所各种物质（包括必需的工具、加工材料等）的安放位置；

（4）控制台或工作台的台面高度，有无合适的容膝空间；

（5）作业时起坐的频率等。

3. 作业姿势的设计与选择

（1）坐姿。

具有下列要求时，建议采用坐姿作业：

①持续时间较长的作业。坐姿支持身体需要的力较小，下肢负荷小，血液循环畅通，可以减少疲劳和人体能量消耗。

②精确而细致的作业。坐姿情况下，当设备振动或移动时，人体具有较大的稳定性和较好的平衡性。

③需要手脚并用的作业。坐姿时双脚容易移动，且可借助座椅支撑对脚控制器施以较大的力。

坐姿作业的注意事项：

①保持良好的坐姿：身体坐直、靠近工作台。工作台的高度宜与肘部同高，使腰背伸直，双肩放松。

②对于精密作业，应尽可能设计一些可调节的支撑物或支撑面，用以支撑肘部、前臂或手。

③选择便于工作且与工作台的高度相适合的工作椅。

④要有足够的容膝空间，使双腿可以自由活动。

专栏 6.2：坐姿设计——膝靠式坐姿

中国宋代之前人们大多席地而坐，其中正坐（又称跽坐）又是最正统的一种姿势。跽坐时人两膝着地，两脚背朝下，臀部落在脚后跟上，脊柱自然挺直，曲度良好。所以从脊柱健康的角度，正坐是一种健康的坐姿形式。

膝靠式坐姿吸收了正坐的优点。在此坐姿中座椅有两个与人体接触的面，坐面与承托面。坐面与竖直方向成 $60° \sim 70°$ 的前倾夹角，而臀部承受的压力有一部分被分散到支撑胫骨的承托面上。通过降低膝盖对于骨盆的相对位置，迫使人采用上身前倾的坐姿，从而使脊柱保持自然曲度，减轻腰椎间盘压力，放松背部肌肉。如图 6-6 所示。

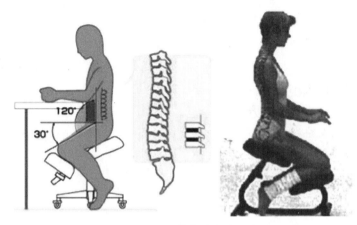

图 6-6　膝靠式坐姿

资料来源：黄彦可、刘宗明、赵迈：《设计干预在办公椅健康坐姿设计中的应用研究》，载于《湖南包装》2018 年 10 月，第 65 页。

与传统坐姿相比，膝靠式坐姿形态使臀部略微前倾，大腿与水平面呈大约30°夹角，能较好地保持脊柱的自然曲度，椎间盘压力小，大大降低了背部肌肉的疲劳，改善血液循环，提高氧气流量和浓度，使脑功能变得更加清晰。

资料来源：黄彦可、刘宗明、赵迈：《设计干预在办公椅健康坐姿设计中的应用研究》，载于《湖南包装》2018 年 10 月，第 65 页。

（2）立姿。

立姿作业能量消耗大，容易疲劳，应尽量少使用，但下列作业适宜采取立姿操作：

①需要经常改变体位的操作。如车床操作、钻床操作等，因为经常起坐比站着更费力。

②需要用较大力气的作业。立姿时，人的躯干可以协助上肢用力。

③没有容膝空间的机器操作。在此种情况下立姿比坐姿舒适。

④常用的控制器分布在较大的区域，需要手足进行较大范围的操作。

⑤巡回性作业。活动空间大，又难以设计专门运输工具的，如织布作业。

立姿作业的注意事项：

①长期站立的作业，脚下应垫以柔性或弹性垫子，如木踏板、塑料垫、橡皮垫、地毯等。从卫生角度而言，人站在过冷的地面上，会引起血管收缩，限制了人体血液下流。

②保持脚下有足够的活动空间，以便能适时变换作业姿势，使脚所承受的力量均匀分配。长期站立不动，下肢肌肉血液流动的能力减弱，影响血液向上回流，这叫"静脉

血郁积"。郁积可引起下肢浮肿和静脉曲张。所以立姿作业，要避免长期站立不变的姿势。

③选择合适的作业面高度。合适的作业面高度是：操作者不需要弯腰躬背、双肩放松、体态自然。因此，工作台的高度一般应与肘部在同一水平面上（较详细具体的要求参见本书第九章），同时也受工作性质、个人偏好等因素的影响。另外，操作装置、材料、工具等应方便取用。此外，站立时应该尽量避免弯腰躬背，以免直立后感到腰酸背疼。

（3）坐—立姿。

为了克服坐姿、立姿的缺点，工作中经常采用坐—立姿交替作业的方式。这种作业方式的优点在于，能使作业者在工作中更换体位，从而避免由于身体长时间处于一种体位而引起的肌肉疲劳。例如，长时间的单调坐姿作业会引起心理性疲劳，改成立姿适当走动，有助于维持工作能力。而长时间的立姿作业会产生肌肉疲劳，坐下来就可以得到消除。因此，坐—立姿交替作业能吸收坐姿和立姿各自的长处，弥补各方面的短处。应尽可能用坐—立交替作业方式，代替单纯的坐姿或立姿。

（4）其他姿势。

在工厂里，除了固定工作岗位和作业空间的员工，还有大量的工人从事机器设备的安装维修工作。当进入设备和管路布置区域或进入设备和容器的内部时，由于空间的限制，作业人员往往不能采用正常的作业姿势，只能采取蹲姿、跪姿甚至卧姿等。此时作业姿势的选择，主要由设备空间布局决定。

无论何种姿势，长时间不动时，就会有一部分肌肉处于持续施力状态。此时，肌肉组织收缩压迫血管，阻止了肌肉的血液循环和新陈代谢，使肌肉很快产生疲劳。疲劳程度与施力大小和持续时间有关，持续施力达到最大力量的60%时，血液循环完全阻断，疲劳加速。

持续施力对人体有较大的危害，高强度的持续用力，如掰手腕，在短时间内即可使人连续几天肌肉酸疼无力。哪怕很小的持续用力，如果时间太长也会给人带来伤害。研究表明，许多职业病是因为作业姿势不合理而使部分肌肉长期处于持续施力状态引起的，如坐姿不合理造成的腰肌劳损、腰椎间盘突出。理发师、教师等工作常年抬手臂也会造成肩周炎。

第三节 工作研究与设计中的心理因素

一、科学管理、专业化与工作单调

自19世纪末20世纪初以来，弗雷德里克·泰勒发展的系统的工作设计方法得到了广泛应用，科学管理（也叫泰勒主义）强调工作设计中应该使用标准化方法以及最小化代价①。实际上，泰勒试图创立一种社会物理学。他认为：工作一旦被科学地设计好，工人的作业程序就完全固定，而且这种工作设计力图剔除掉作业过程中的每一个无效环节和无效动作，以最大可能地简化工作。同时这种方法设计还奉行职能专业化原则，即把作业者分到范围狭窄的工作上。工作要简单化、系统化、标准化，那么员工就可以像标准化的机械零件一样被替换②。经济学家亚当·斯密和工程师查尔斯·巴比奇都谈到过专业化的优点：工人的熟练程度高、生产质量稳定、速度快、学会一项新工作的时间少、简单的部分可由具有简单技术的低薪工人来生产等。

直到今天，上述原理还对包括发达国家在内的工作设计产生着重大影响。但是，过度的专业化和标准化导致工作的过分简化，使绝大多数工人因缺乏介入而出现厌倦和挫折感。这些工人普遍对他们的工作任务不满。"我所不习惯的是工作单调，使人厌倦，一天到晚就是插入点火线圈，完成了一件，另一件又在等着我"。还有些员工抱怨他们做的工作"只需要手臂而不需要大脑"。除此之外，流水线和职能专业化还造成了管理者和工人之间的隔阂，这种隔阂常常引起劳资纠纷。

总之，如果工作设计只考虑降低成本提高效率而不考虑人的社会需要和心理因素，将后患无穷。一项涉及 219 625 名员工的 259 项研究的一个元分析结果显示：过分简化重复的工作会使管理者对员工的工作绩效做出较低的评级，并会导致员工较低的工作满意度。而在工作中为员工提供更多自主权则会导致较好的工作表现、较高的工作满意度及较低的疲劳水平（汉弗莱、纳尔冈和摩根森，2007）③。

大量的资料证明了工作的细分与简化导致严重的工作单调感，让员工在心理方面付出了沉重的代价：对工作不满、工作责任心不强、因工作的非人性化和离间感以及缺少个人成长机会而灰心丧气。这些问题可能进一步导致身体上的疾病，如慢性抑郁症、智力衰退、心脏病；也可能导致经济和组织上的问题：高离职率和缺勤率、抵制变化、工作质量低甚至怠工。根据科恩豪泽（Komhauser）1964 年的调查，在流水线上工作的员工大约 40% 精神状态有不同程度的缺陷。1973 年美国卫生教育福利部发表的《美国的工作》报告，在装配线上的工人易患心脏病和胃溃疡，寿命也较短④。这些副作用在很多场合已经超过了职能专业化的经济价值。因此，传统的工作设计方法在一些国家被批判抛弃，人性化的工作设计正迅速发展。

---

① ［英］约翰·阿诺德等著：《工作心理学》，经济管理出版社 2006 年版，第 240 页。
② 赵宜萱著：《工作特征与新生代员工幸福感关系》，南京大学，2016 年，第 34 页。
③ ［美］杜安·舒尔茨等著：《工业与组织心理学（第 10 版）》，上海人民出版社 2014 年版，第 274 页。
④ 张德、吴志明编著：《组织行为学》，东北财经大学出版社 2002 年版，第 496～497 页。

二、工作设计的发展①

自 1900 年以来，工作设计已经被认为是一种重要的人力资源实践方式。工作设计意指"确定员工工作活动的范畴、责任和工作关系的管理活动。""工作设计是提高质量/生产力计划的一部分——组织的所有部分正因此受到考验和发生改变。②"

工作设计随管理科学的发展而发展，大致可以划分为传统工作设计与现代工作设计两个阶段：

传统工作设计，始于 20 世纪初的科学管理运动。在早期科学管理思想的影响下，逐步形成了一整套传统的工作设计理论与原则。特点是以"工作为中心"，强调工作任务的简单化、标准化和专业化。这方面最有代表性的就是流水线的作业方式，它采用固定运行节律，工作活动单调重复、技能要求低，限制工作中的社会交往，以降低成本提高效率为最高宗旨，至今仍在许多企业中广泛应用。

工作的专业化、简单化和标准化设计，一方面，严重忽视了员工的特征和需要，实际上导致了较差的心理健康、动机和满意度。另一方面，随着社会历史的进步、人的需求层次的提高以及新技术的广泛应用，从 20 世纪 60 年代开始，出现了新的工作设计思想，工作设计进入现代阶段。现代工作设计强调"以人为中心"，改进员工工作生活质量，通过提高员工工作满意度来提高工作效率。现代工作设计立足于"让工作适应人"，通过对工作内在特征的改进，增强工作本身的内在激励，在相当程度上改变了工作活动的性质、内容、功能、相互关系和反馈等方面的特征。

影响现代工作设计活动的理论主要有双因素理论、社会技术系统理论和工作特征理论。

（一）双因素理论

赫兹伯格的双因素理论是十分著名的工作动机理论，对现代工作设计思想产生了极大的影响。与马斯洛、奥尔德弗、麦克莱兰等的需求理论有所不同，赫兹伯格的"员工需要"与工作密切相关——工作条件、工资与福利、同事、赏识、晋升、责任、工作的挑战性等，这些"需要"反映人们希望从工作中得到的一些具体的东西。双因素理论把它们分为保健因素和激励因素。其中，工作认知、成就感、责任、工作中的发展和个人能力的发挥等，这些因素能够产生高的员工工作满意，激发工人达到高的绩效水平，因而称其为激励因素（动机因素）。而公司的报酬福利政策、上下级关系、工作环境条件等，这些工作的外在因素，并不能使人获得真正的满足，它们没有激励作用，但能防

---

① 许小年：《现代工作设计理论评述》，载于《经济师》2001 年第 10 期，第 22 页。
② ［英］约翰·阿诺德等著：《工作心理学》，经济管理出版社 2006 年版，第 241 页。

止不满意情绪的产生，因而称为保健因素。

双因素理论直接推动了现代工作设计的发展，许多企业应用双因素理论，进行了新的系统性的工作设计，并获得成功。

（二）社会技术系统理论

社会技术系统理论是根据英国塔维斯托克研究机构（The Tavistock Institute）的一系列实验研究发展起来的。社会技术系统理论特别强调工作设计不是在微观水平上对工作本身进行的"小修小补"，而是一项涉及整个管理系统改革的工作，需要把企业组织中的社会系统和技术系统两个方面问题联系在一起考虑。

其基本思想是：个体的工作绩效和组织的效率是企业中的社会心理子系统和技术子系统共同作用、相互影响的结果。所谓社会心理子系统，是指个体与群体各方面的相互作用、组织的心理气氛及文化价值观等；技术子系统则包括企业的技术类型、设备工具、作业标准与工作要求等。

社会技术系统理论要求在工作设计中考虑组织和群体的因素，提高工作设计的灵活性和适应性，即依照不同的组织结构和群体气氛去选择适宜的工作设计方案；社会技术系统理论特别重视员工群体之间的相互关系，要求在工作设计的同时，调整与改革企业的整体工作关系、作业流程和组织结构。可以认为，社会技术系统理论从相对宏观的角度，把工作设计与组织、技术及环境的改变等方面的问题结合在一起。

社会技术系统理论还认为，工作活动只有在需要建立工作界限的时候才应该具体化。它也强调应该划出界限，以避免信息传递受阻以及学习受阻，工作过程的干扰应该尽可能立刻被处理，而不是等待远离工作场所的经理来处理。因此，社会技术系统理论的工作设计强调自主性，避免人们受控于机器。

（三）工作特征理论

在 20 世纪 60 年代，美国心理学家特纳和劳伦斯（Turner & Lawrence）将员工工作的特征和性质作为自己的研究对象。特纳和劳伦斯确认了符合人的需要的工作的 7 个核心维度，其中令人感兴趣的有多样化、反馈、自主性和认同。70 年代中期，美国心理学家哈克曼及其同事劳勒（Hackman & Lawler）依据特纳和劳伦斯的研究，进一步研究了贝尔系统中 13 项不同职位的 208 名员工，获得了任职者和外部评价者对工作性质评定维度的结论。这些维度与工作满意度、绩效和退缩行为显著相关。随后哈克曼和奥尔德姆（Oldham）作了最终的修改，产生了著名的哈克曼和奥尔德姆的工作特征模型，如图 6 - 7 所示。

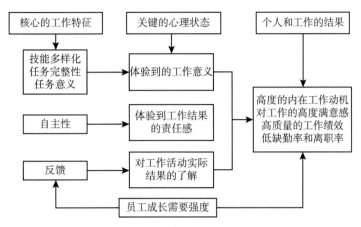

图6-7　哈克曼与奥尔德姆工作特征模型

资料来源：［美］斯蒂芬·罗宾斯著：《组织行为学（第18版）》，中国人民大学出版社2020年版，第213页。

哈克曼与奥尔德姆的工作特征模型确认为了五个基本的工作维度：

（1）技能多样性——具备做不同工作的多种技能。

（2）工作整体性——做完整工作的机会。

（3）工作重要性或意义——工作对其他人生活和工作的影响程度。

（4）工作自主性——决定自己工作方式的机会。

（5）反馈性——管理者、同事或工作本身提供关于工作结果的信息程度。

这些工作维度对员工心理状态产生重要的影响。如果员工从事的工作具备上述5个维度的要求，则员工就会拥有3个主要的心理状态——感受到工作的意义、感受到工作的责任和了解工作活动的结果。进而产生4种好的个人和工作结果——高度的内在工作积极性、高质量的工作绩效、对工作的高度满意以及低辞职率和缺勤率。学者们还进一步研究了满足5个核心维度要求的工作设计的具体实施方案。

工作特征模型还着重讨论了个体的"成长需要强度"（growth need strength，GNS），即满足高级需要的愿望的影响，并运用"激励潜力分数"（motivating potential score，MPS）作为工作特征的量化指标：

$$MPS = 自主性 \times 反馈 \times (技能多样性 + 任务完整性 + 任务意义)/3$$

工作特征理论为人性化工作设计提供了一个理论框架，因而受到了人们极大的关注，引起了大量的研究和应用。爱德华·德西等（Deci E L et al.，1989）的研究发现，工作特征中的工作自主性更能激发员工高层次的内在动机[1]。莎莉（Shally C E，1991）

---

① Deci E L，Connell J P，Ryan R M. Self-determination in a work organization. Journal of applied psychology，1989，74（4）：580.

发现工作自主性与目标性的交互作用会正向影响创造力的表现①。大部分的研究者都倾向于支持该模型，但同时也存在对模型构成的争议与批评之处②。

对该模型的主要批评来自工作维度的测量方面。哈克曼和奥尔德姆用工作诊断问卷（Job Diagnostic Survey，JDS）来测量模型中的变量，部分后续的研究采用了 JDS 问卷，但还有些研究采用了修正后的 JDS 问卷，研究工具的差异导致了研究结果的不同。另外，弗里德和费里斯（Fried Y & Ferris G R，1986）的研究发现，任务完整性、反馈为独立因子，但工作自主性、技能多样性、任务重要性共享因子③。总的来说，认为 JDS 的维度之间缺乏独立性，维度之间是协变关系，分开来考虑这些维度是非常困难的。

关于这个模型的第二种批评主要来自实际情景和对情景的知觉之间的区别。很明显，该理论描述的工作维度涉及的是那些工作的实际特征，而不是任职者知觉的特征。而当测量工作特征时，JDS 用的是任职者的评价。任职者的描述有可能反映工作本身的特征，但也有可能只是任职者对该工作的知觉。例如，某项工作本身可能有许多机会接受有关绩效的反馈，但是任职者或者不知道寻求什么样的反馈，或者忽略了传递给他们的反馈，其结果是他们报告该工作具有低程度的反馈。从任职者对该工作的知觉中不能反映出实际工作情景。从这一点来说，该模型有严重的局限性。毕竟为了工作具有丰富的特点而进行的任何改变，必须是对工作本身的改变。

以上两类批评并不是针对该模型的内在性质，而是针对应用它的方式或对其进行研究的方法的，还有一些批评是针对该模型的内在性质的。其中有一类批评指出，该模型所满足的主要是个体对成长的需要，因而只适于成长需求（GNS）较强的个体，而对于成长需求低的那些人的反应，该模型没有讲。以后的研究确实趋于证明，工作的上述改进对于成长需求低的人影响较小。因而后来的研究者批评哈克曼和奥尔德姆忽视了成长需求低的人群。这些批评表明，对工作特征模型不加鉴别的利用是不正确的。但这并非说我们要抛弃该模型，它仍然提供了一个能对工作设计作更全面考察的合理结构，是目前员工工作改进的最重要的理论工具。

三、工作设计的基本原则

我国相关部门致力于解决工作中的单调问题。表 6 – 6 中，列出了摘录于《工作系统设计的人类工效学原则》（GB/T 16251 – 2008/ISO 6385）工作任务设计的一般原则。

---

① Shalley C E. Effects of productivity goals, creativity goal, and personal discretion on individual creativity. Journal of Applied psychology, 1991 (76): 179.

② 杨红明：《基于工作特征的企事业单位员工内在动机和敬业度作用机制研究》，华中科技大学，2010 年，第 21 页。

③ Fried Y & Ferris G R. The validity of the job characteristics model: A review and meta – analysis. Personnel psychology, 1987 (40): 287 – 322.

表 6-6   作业设计的一般原则

3.6.2 工作任务设计
　　将分配给人的功能转化为工作任务时，应实现以下目标：
　　——理解工作群体的经验和能力；
　　——工作者可以运用不同类型的技能和能力，进行不同种类的活动；
　　——确保所执行的工作任务可被视为一个整体，而不只是零碎的任务；
　　——允许工作者在决定优先顺序、节拍和过程的时候有适当的自主权；
　　——为执行工作任务的人员提供足够有意义的反馈；
　　——为工作者提供机会，使他们能够提升与工作任务相关的现有技能和获取相关的新技能；
　　——避免分配对工作者来说过重或过轻的任务，过轻或过重的任务可能带来不必要的甚至过度的紧张、疲劳或失误；
　　——避免重复，重复可能引起不平衡的工作紧张，并进一步导致生理上的不适和心理上的单调感、厌烦感、乏味感或不满；
　　——避免让工作者单独工作，应为工作者提供社交性交流和功能性交流的机会。

　　注：参见 GB/T 18978.2－15241.2－1999。
　　资料来源：中华人民共和国国家质量监督检验检疫总局、中国国家标准化管理委员会：《工作系统设计的人类工效学原则》（GB/T 16251—2008/ISO 6385），2008 年 7 月 16 日发布，2009 年 1 月 1 日实施，第 5 页。

四、现代工作设计的具体方案

（一）工作丰富化方案

赫兹伯格的双因素理论是工作丰富化的理论基础。在双因素理论中，动机因素即是工作的内在因素，员工的满足与激励大多来自工作性质本身。因此可以推断，为了最大限度地满足动机因素，需要重新设计工作，这种努力即工作丰富化[①]。

哈克曼和奥尔德姆的工作特征模型清晰地解释了工作丰富化的作用机制，工作丰富化渐渐成为一个全新的理念被人们所接受和推崇。工作丰富化设计基于一个基本假设：工作内容的丰富化可以满足员工的心理和社会需求，因此能激发员工工作动机以及行为上的潜力，进而提升员工的工作满意度和积极性。

工作内容的丰富化主要用于描述与特定工作有关的职责和责任数量的扩大。工作内容和职责的扩大可以发生在两个维度上。一个是增加一项工作中所要求的任务数目，扩大工作的广度，横向地扩大员工工作，增加个体直接负责的不同任务的数量。如超市的出纳员，在没有顾客付款时，可以负责包装杂物、把货物上架等工作。这样，营业员进行了更多的活动，降低了其工作单调的程度，这种工作内容的横向扩大称作工作扩大化。

另一个维度是通过提高对任职者能力和技能的要求，扩大责任和自主性程度，扩大工作的深度，这种工作内容的纵向扩大称为工作丰富化。如把销售人员的工作从单纯地出售商品，改变为推销、进行永续盘存、按照季节的变化改变采购路线等。这种纵向的

---

　　① ［美］杜安·舒尔茨等著：《工业与组织心理学（第 10 版）》，上海人民出版社 2014 年版，第 200 页。

改进使员工有机会拥有较高层次的知识与技能，有更多的自我判断、自我控制的机会，满足了人们自主、发挥潜能，以及成长和发展的人性需要。目前，人们越来越多地使用"心理授权"来称呼它。在工作丰富化的努力中，个体不一定获得正式地位的提高，但是他或者她拥有了更多的自由来做决定，并按照情况的需要来完成它们（康格和凯南格，1988）[①]。

对于工作丰富化，一些大公司如德克萨斯仪表公司和美国电话电报公司进行了几项早期的准实验，并奠定了众所周知的工作丰富化的基础。目前，工作丰富化的形式多种多样，常见的有合并工序，工作指派等。

（1）合并工序。

所谓合并工序是将操作时间短的若干个工序合并成一个工序，以使作业内容丰富化。某工序操作时间过短会使作业高度重复，引起工作单调，因此合并工序有克服工作单调的良好作用。沃尔克（Walker）在"国际商用机器公司（IBM）"对电动打字机框架装配操作进行了研究，合并前的操作步骤是：由辅助装配工完成框架装配的简单操作；然后在流水线上由熟练的正式装配工调整；再由检验工进行检验。沃尔克将这3个步骤合并，正式装配工既进行装配，又进行调整、检验，并负责看管设备的运行。结果既提高了产品的质量数量，又减少了缺勤和工伤事故[②]。

（2）工作指派。

工作指派是指将一个完整的工作交付给某一单位、某一小组或某一人员办理。瑞典"沃尔沃"汽车公司卡尔马工厂，原来采用流水线装配，每3分钟装配1辆汽车。由于工作单调乏味，员工离职率高，出勤率低。为改变这一现状，工厂将流水线装配改为小组装配，每组由15～29人组成，共同负责汽车部件或汽车某一生产过程的全部责任。小组除了遵守必需的工作要求与规定外，其他所有的问题均可自行决定，工作的责任和绩效由全体人员共同承担。除此之外，还进一步改善了工作条件，整个车间光线明亮、空气清新、噪音很低，并设有铺地毯的咖啡厅。沃尔沃公司认为，采用上述新的生产方式，成本不免略有增加。但结果证明，生产效率确有提高。尤为重要的是，该厂工会进行的调查表明，几乎全体员工均满意赞成这种新的工作安排[③]。

（3）建立用户联系。

让员工与用户建立直接的联系。这样，员工可以直接从客户那里得到关于产品和服务的反馈信息，从而提高员工的责任意识。

---

① 陈亮等著：《自我赋能时代背景下"心理授权"的三十年研究述评》，载于《中国人力资源开发》2019年第36期，第37～52页。

② 赵铁生等编著：《工效学》，天津科技翻译出版公司1989年版，第80页。

③ ［美］霍杰茨著：《管理的理论、过程与实践》，煤炭工业出版社1991年版，第209页。

（4）增加纵向自由度。

赋予员工一些原本属于上级管理者的职责和控制权（常被称作职权扩大化），从而缩短管理者与员工的心理距离，提高员工对工作重要性的认识。

（5）开放反馈渠道。

将有关员工工作绩效的数据及时反馈给员工，让员工了解工作的结果。如某厂在装配工面前放置了一块小黑板，每隔20分钟写出他们的产量。最初工人不喜欢这种记录（尤其是在产量下降的时候），但过了一个星期，他们的看法改变了，于是生产率提高了16%～30%。有人设想通过更完善的信息显示装置，来报告作业完成情况，但是必须注意信息变更的频率。如果信息变动过快，反而会给工人增加负担。

工作丰富化的实质是使工作满足员工的心理和社会需要，与传统的"人适应工作要求"的指导思想是不一样的。表面上看，它们互相矛盾，但实际上这是两个问题。一个是讲在工作设计和分工时需要考虑人的需要，另一个是讲分工以后人要满足工作的要求，两者互相补充[1]。

当然，对工作丰富化方案也不是没有相反的意见。这主要是因为实际案例中总是伴随着许多其他改变，上述沃尔沃工厂就是一个很好的例子。人们认为，那些显著的绩效增加不一定是工作丰富化带来的。设备的改进以及培训、工资的提高、环境的变化也可能是导致变化的重要因素，很难把工作丰富化效应单独分离出来。

（二）工作轮换

工作轮换也是一种工作改进的重要方案。所谓工作轮换，就是每经过一段时间，轮换员工的工作内容。工作轮换可以增加技能多样性，以消除单调感和提高员工技能。

工作轮换在一些国家被广泛地使用。如美国商用机器公司，经常有计划地安排员工轮换工作岗位，让他们得到多种培训和全面发展，这种做法具有很好的激励作用。

专业分工虽然是社会发展的一个基本规律，但也应该看到它不仅对人的职业发展有限制作用，而且对员工的人格发展也有限制作用。人的一生从事同一种职业（或专业），其思维和行为方式都难免带上职业色彩。阿吉利斯、赫茨伯格等心理学家根据"社会塑造人格"理论，主张让员工从事更多的工种，承担更多的责任，从而获得完美人格的成长机会。国际商用机器公司的埃迪考特工厂率先实行了工作轮换制度，结果不仅提高了员工的工作热情，还降低了成本，改善了产品质量，减少了管理层次。后来德克萨斯仪表公司进一步发展了轮换制，让工人参与计划、工艺研究和原材料审定，并给予了解工作进度、用户意见的机会，使工作变得像生活一样丰富多彩。结果大大降低了缺勤率，提高了生产率。

---

[1] 喻文益著：《管理分析学》，海潮出版社1998年版，第496页。

工作轮换制不仅消除了工业生产活动中普遍存在的单调和厌倦心理，更重要的是丰富和发展了员工的知识才干、人格系统和社会经验，同时也达到了对人的能力和潜力的一种挑战。因而具有巨大的激励作用。

日本企业也非常重视工作轮换。从20世纪50年代开始就有企业实行管理干部的工作轮换制度。日本企业把工作轮换巧妙地同员工成长结合起来，取得了相当成功的经验，培养了一大批有高度适应能力的"通才"。日本企业工作轮换的具体做法是每个人在某一工序中的作业，要进行下列4个变换：会操作能生产出好产品；会进行工具调整；改变加工对象时会调整设备；改变加工对象时能生产出好产品。工人在该工序完成了一轮作业变换以后就可被调到班内的其他工序上。谁先轮完了班内的所有工序，谁就当工长。这种做法大大地降低了工作单调感，使员工不断地接触新的具有挑战性的工作，并从中看到工作发展和自我成长的可能性，大大提高了工作士气和工作效率。

不仅如此，工作轮换还使组织呼吸到了新鲜空气，产生范围更广泛、内容更丰富的思想交流。正如一位著名作家所说："你有一个苹果，我有一个苹果，交换的结果是一人一个苹果；如果你有一个思想，我有一个思想，交流的结果是每人都有两种思想了。"

（三）设置目标，突出工作的目的性

心理学家发现，人的行为具有很强的目标导向性。当人们有较明确的行为目的时，通常都具有较高的工作绩效。

乌姆斯托特、贝尔和米切尔（Umstot，Bell & Mitchell）1976年就目标设置对工作绩效的影响进行了研究。他们雇用了几个工人，从事一项正确的地区代码挑选包裹和对陆运包裹进行编码的工作。研究者对特定雇员的工作加以组织，使雇员所做的工作在丰富化程度及目标设置方面有所不同。结果表明：丰富化的工作导致了较高的工作满意，但对产出数量影响不大，对质量有所影响。此外，操作者的产出十分强烈地受到目标设置的影响，较困难的目标通常导致较好的工作成绩。将较高目标与高的丰富化结合起来，可以导致最佳的工作状态。总之，他们认为，工作丰富化可以较大地提高工作的满意度，而目标设置则可以显著提高工作绩效。这两个激励性程序彼此补充，两者结合可导致最佳的工作结果。

另外，一连串无休无止的操作，会使员工丧失信心。这时也可通过设置中间目标的方法给人以鼓舞，达到中间目标后，感到工作有进步。我国某云母厂组织女工撕云母作业时，把全天的计划分为若干段，使女工清楚地看到每一小时的生产成果，降低了工作的厌倦感，提高了工作效率。

最近，教育领域中有一例关于目标设置的研究。莫里萨诺（Morisano）等2010年所做的一项研究表明，大约有25%的大学生无法顺利完成学业。作者设计了一个在线目标设置计划，该计划的目的在于帮助学生提高成绩。两组被试（一组为控制组，另一组为目标设置组）参加了这个在线项目。结果表明，目标设置组的学业有明显的提升[1]。

第四节 作业速率的合理调节

研究表明，作业速率对疲劳的产生有很大影响，人在生理上有一个最有效或最经济的作业速率。例如，在负荷一般的情况下，步行速度为 60 米/分钟时，所需氧气最少，该速度就是步行作业的经济速率。在经济速率下工作，可维持较长的工作时间，且不易疲劳。高于这个速率，似乎可以提高效率，但是，由于很快地产生疲劳，高效率的工作时间较短，所需休息时间较长，效率反而降低。正如美国劳动科学专家列曼所说："应当把下述观点看成是美国陈旧劳动科学的失误。即认为最短最快的动作方式是最有利的。其实这种动作方式可能很快引起疲劳，必须有更长时间的间歇。因此，应该用最合理的动作方式取代最短最快的动作方式。[2]"

过高的作业速率，会加速操作者的疲劳，影响操作者的身体健康，引起操作者对工作的强烈不满。工作速率过慢同样对绩效和员工不利。低于经济速率，员工能力得不到发挥，不够经济高效。同时，过慢的工作速率还会使员工的情绪冷淡，感到工作乏味，不能激发工作热情，还会出现废品。研究者对装配传送带的研究表明：传送带移动太慢时，装配工能够及时完成作业，但在等待下一个制品到来的这段时间里，会使他情绪烦躁，表现出不耐烦，引起动作间断，注意力分散。

另外，由于个体能力和习惯的差异性，个体的经济速率有着较大的差异。因此，确定适当的作业速率是一项十分复杂的工作，很难制定一个适合所有人的合理作业速率。为避免这个困难，工效学家建议使用下列方法：一是将速率相同的人分到同一班组；二是根据不同工人的作业速率设计操作组合，并据此挑选合适的操作人员。

短暂的间歇是适当作业速率的必要组成部分。操作中的短暂间歇，像休息一样，担负着预防和减少疲劳的作用。另外，合适的作业速率应随作业能力的变化而变化。根据员工的疲劳情况，作业能力在一个工作日中是不断变化的，因此苏联别尔姆电话机厂的 TAH—60 电话机装配传送带上，采用变化的作业速率[3]：

7：00～8：30，22 秒/转；8：30～9：30，19 秒/转；休息 10 分钟，9：40～11：30，19 秒/转。午休 1 个小时以后，12：30～14：30，19 秒/转；休息 10 分钟，14：40～

---

① ［美］保罗·马金斯基著：《心理学与工作（第 10 版）》，机械工业出版社 2014 年版，第 245 页。
②③ 赵铁生等编著：《工效学》，天津科技出版公司 1989 年版，第 82～86 页。

16：30，21秒/转。事实证明，这种变化的作业速率很受工人的欢迎。

目前，西方国家的一些企业还实行自主作业速率，即由工人自主地制定适合自己能力的作业速率。在过去，劳动组织的专家们给予流水线的最高评价之一是，它规定了作业速率，并由此提高了工人的工作绩效。例如，美国著名的劳动组织专家谬色（R Muther）曾说："从心理学角度来看，规定速率是流水线生产的优点之一。因为这时流水线在推动工人前进，严格要求他在规定的时间内完成操作，从而保证了计划的生产水平。"但是，流水线的这种优点却遭到了工人们的强烈反对，工人更希望能自主地决定作业速率。

许多企业的实践证明，自主速率优于规定速率。美国一家玩具生产厂的涂色流水线，女工8人一组坐在工作台上，用喷枪为玩具各部位上涂上相应的颜色，然后把玩具挂到从她们身边按固定速度移动的挂钩上。每到月底，女工们的产量比要求的少很多，许多挂钩在空转，同时纪律松懈，离职率很高，而且女工牢骚不断。管理当局请来管理工程专家协助解决问题。专家在同工长多次谈话后，决定召集女工听取意见。女工主要抱怨挂钩转得太快、工作场所太脏、厂房里闷热、通风太差，而且通风太差被认为是最糟糕的因素。工程师和管理当局认为，这种抱怨是毫无道理的，但是在咨询顾问的建议下，工厂还是安装了3台大通风机，以满足工人的要求，通风的改善并没有使工作效率有较大的提高。以后，管理工程专家又召集了一次会议，女工抱怨的重点转到传送带的速度上，她们抱怨作业速率太快。最后，小组中一位有威信的女工解释说，她们原则上可以按照这种速率工作，但不能整组都这样干，女工提出自主调节作业速率。管理当局经与咨询专家讨论，同意了这个建议。在女工"头头"的工作台上，安装了一个传送带速度调节器，分为3种速度。由女工们自主拟定工作班内传送带的速度。令人吃惊的是，女工们自主制定的平均作业速率却大大超过她们以前抱怨过的规定速率。结果女工的工作绩效大幅度上升，3周内产量增加了30%~50%，而且女工们对这种劳动条件很满意，感觉工作很轻松。可见，自主调节速率对心理以及工作绩效有很大的积极影响。

复习与思考

（1）传统的工作研究与设计包括哪些方面的内容，管理实践领域现在对其有何评价？

（2）什么是工作单调？它是如何形成的？会产生哪些后果？

（3）什么是工作特征理论？在管理实践中其具体的实施方案有哪些？

（4）请根据工作特征理论重新设计超市收银员及银行出纳员的工作。

视野拓展

21 世纪的工作设计

早期的工作设计理论在很大程度上是基于早期大规模制造产业里的男性员工的。但是21世纪以来，工作和工作的性质正在发生巨大的变化——女性员工比率开始增加；在很多国家，服务业领域的工作比制造业更多；员工工作涉及的技术更加成熟；等等。工作对于员工的要求也随之发生重大的变化——需要员工能够迅速获得新信息、乐于与别人分享信息、愿意改变和学习⋯⋯

这些变化意味着，在工作设计中需要考虑更大范围的因素，而不仅仅是出现在工作特征模型中的因素（Parker et al.，2001）。

（1）在工作界定不清楚、监督较少的时代，直到有人试图重新设计工作时，才假定工作有固定特征，这是不正确的。

（2）有更多的工作特征影响到态度和行为结果。事实上，这些特征可能总是在发生作用，只是它们现在更加明显。一方面，这些因素包括工作与家庭承诺和谐一致的程度，以及它产生的各种认知要求（如问题解决、警惕性等）。另一方面，工作是否要求所谓的"情绪劳动"——比如为了与顾客共情，需要展现某些正性情绪或者负性情绪。

（3）工作影响人们的过程也许不能界定为动机因素，正如传统工作设计理论假定的那样，还有其他影响因素，如反应速度、使用信息分析解决问题的能力等。

（4）工作设计的结果应该在个体、团体和组织水平上评估。动机、满意和收益，包括创造性、创新性、顾客满意、事件发生率、缺勤和营业额等相关结果也应该在这三个水平上评估。

（5）除了工作特征模型所建议的因素，更大范围的因素可能对工作特征有影响，如组织里任务独立性程度、模糊或迅速变化的环境中组织运转的程度。

（6）需要清楚地思考在个体水平和团队水平上，什么时候再设计工作是最合适的。

上述观点被归纳在图6-8的模型中。它表明在新的时代背景下，工作设计较早时期的模型在很大程度上需要扩展。同时，新时代的工作设计很难穷尽对所有相关因素的研究，也难以直接为经理提供相关建议。

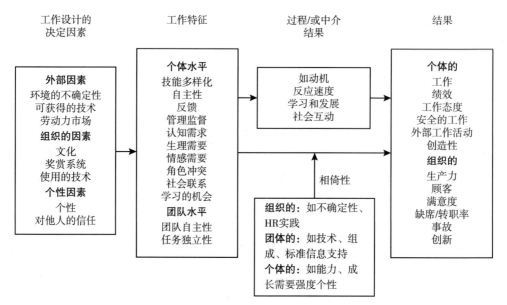

图 6 - 8   工作设计详细模型

资料来源：［英］约翰·阿诺德等著：《工作心理学》，经济管理出版社 2006 年版，第 245～268 页。

　　图 6 - 8 的详细模型也展示了管理技术的很多方面，这些管理技术已经被广泛用于提高个体和组织的绩效，如权利扩大化（指转移权利给处于组织较低层次的员工，使他们可以更多地拥有做决定的责任和范围）。权利扩大化通常意味着增加了对工作的控制、绩效管理、认知要求及可能的角色冲突和社会接触。在环境不确定的情况下，也许可能发生更大的影响，因为不确定的情况，更需要员工立刻做出及时迅速的决定。

第七章

作业负荷与作业疲劳

一个人最严重的错误，是为追求利益而牺牲健康。

——［德］叔本华（A Schopenhauer，哲学家）

作业负荷是单位时间内个体所承受的工作量，或指人完成任务所承受的工作负担与压力以及人所付出努力与注意力的大小。作业负荷可以分为体力作业负荷和脑力作业负荷两类，它是衡量人—机系统设计是否优良的重要评价指标。

第一节　体力作业负荷及其测量

在各种人类工作活动中，体力劳动占有相当重要的地位。体力劳动是指需要人提供工作动力，或使人产生体能消耗的劳动。

体力作业负荷（也称"生理负荷"）是指单位时间内人体承受的体力劳动工作量。由于体力劳动主要通过人体肌肉骨骼系统完成，因而体力负荷主要表现为肌肉骨骼系统的负荷量及相应的肌肉活动水平。

研究表明，人体能够承受的体力作业负荷是有一定限度的，超过这一限度，不仅工作无法正常进行，还会造成人体的生理伤害和心理影响，导致事故发生，造成人力、物力的严重损失。

一、体力作业负荷的生理心理效应及其测量

从事体力工作时，尤其在体力作业负荷较高的情境中，人体会产生种种生理、心理变化。这些生理心理变化，在一定范围内是随体力作业负荷强度不同而异的。一般情况下，工作开始时，人体各系统由静息状态转为活动状态，这时由于能耗增加，对氧气和营养物质的需求量增大，引起呼吸、心血管等系统的一系列适应性变化（详见第四章），体内的某些物质如乳酸、激素和化学酶等的活性或数量增加。体力劳动负荷越高，此类变化的程度也越大。同时，不同体力负荷作业中，作业者体验到的努力程度、压力等心理因素也有显著差异。

因此，除了通过时间动作分析方法（姿势分析、动作能级分析、持续时间等）对工作进行直接测定外，体力作业负荷主要通过测定工作对操作者的影响效应间接地进行评估。间接评估分为生理生化指标和主观心理感受两大类。

（一）主观评定（心理感受）

不同体力负荷情境下，操作者个体的主观体验有明显差异。体力负荷的主观评定就是被测试者根据自己对劳动的主观感受来主观描述或参照一定标准进行量化报告。

不同的研究者根据各自的需要，开发和编制了若干体力负荷主观评定量表，瑞典生理学家冈奈尔·博格（G Borg）于1970年创立的主观努力程度评价量表（scale for rating of perceived exertion，RPE）并于1989年对其进行修订，即RPE（CR－10）量表，如表7－1所示。

表7－1 主观体力感觉等级量表［RPE－10］

等级	自我感觉
6	根本不费力
7、8	极其轻松
9、10	非常轻松
11、12	轻松
13、14	稍费力
15、16	费力
17、18	很费力
19	极其费力
20	尽最大努力

资料来源：邓树勋等主编：《运动生理学（第3版）》，高等教育出版社2014年版，第273页。

RPE量表不同于一般心理量表，最小评分为6分，最大为20分，共计15点。研究发现，RPE值与心率值、每分钟摄氧量、肺通气量等指标高度相关，证明了RPE量表的有效性。

但是，体力工作负荷的主观评价也易受被测试者对工作环境满意度、动机以及其他情绪性因素的影响，具有一定的波动性。

（二）客观测量（生理指标）

体力作业负荷的客观测量指标分为生理效用测量指标和生化测定指标两大类。

1. 生理效用及测量

劳动科学及工效学中，根据体力劳动时人体发生的生理化学变化情况，评价体力作业的负荷水平。常用的生理变化指标有肺通气量、耗氧量、心率、血压和肌电等，有时也使用某些由此派生出的其他指标，如耗氧量派生的氧债、心率派生的心率恢复率指标。

心率可以反映心血管系统氧运输能力及能量代谢物质的转运能力，心率通常随工作负荷的增加而增加，与体力工作负荷显著正相关。心率测量虽便捷但容易受个体情绪、压力、气温等因素的干扰，且个体差异显著，如训练有素的运动员基础心率显著低于普通人，因而相同负荷水平下的个体心率有较大不同。因此，在使用心率指标时，需要考虑个体安静状态的基础心率。

体力作业时，人体各效应器官能量消耗增大，因而耗氧量也相应增加。因此，耗氧量也是反映体力负荷大小的常用指标。耗氧量指标对于提举、搬运、行走等肌肉动态活动的体力负荷来说是有效的评定指标，但对于静力性负荷作业的有效性则较低。

体力工作结束后，肌肉活动虽然停止，但机体耗氧量和心率都不会立即恢复到安静时的水平，恢复期的氧债偿还和心率恢复率，也可反映体力工作负荷的高低。

2. 生化测定

劳动科学中还使用一些生化指标来测定体力负荷的大小，如血乳酸、血糖、尿蛋白、儿茶酚胺，等等。

吉尔伯格等（Gillberg et al.）研究表明：儿茶酚胺中的肾上腺素和去甲肾上腺素等都随活动量的大小而发生有规律的变化。小负荷时，去甲肾上腺素及生长激素的含量较低，随着负荷的增加开始显著增加，见表7-2。

表7-2　　　　　　　　　人体不同活动状态时尿液中儿茶酚胺含量的变化　　　　单位：皮摩尔/分钟

	躺	坐	站	行走	踏车	跑
肾上腺素	30.4	40.7	40.0	36.2	62.7	52.1
去甲肾上腺素	123.3	131.6	179.0	178.0	279.9	312.1

资料来源：朱祖祥编著：《工业心理学》，浙江教育出版社2001年版，第498页。

乳酸是肌肉无氧活动中糖酵解的产物，不同负荷水平和持续时间的作业，因为有氧与无氧代谢占比不同，血乳酸浓度也不相同。通常血乳酸能够反映不同运动方式及不同运动强度下能量系统的供能情况，并且对人体运动能力具有显著的影响，因此被广泛用于运动训练的监控中。

劳动生理学家泰斯克等（Tesch et al.，1986）的研究表明，运动员在进行前蹲举和背蹲举杠铃及压腿、屈膝等运动项目30分钟后，许多生化物质含量都产生了显著的变化，如表7-3所示。

表 7 – 3　　　　　　　提举杠铃等运动 30 分钟后体内某些生化物质含量的变化　　　单位：mmolk^{-1}W.W

测定项目	运动前含量	运动后含量
三磷酸腺苷	5.9	4.7
磷酸肌酸	21.3	10.9
肌酸	12.1	23.8
葡萄糖	0.35	3.98
G – 6 – P	0.44	1.69
C – G – P	1.36	3.35
乳酸	3.5	17.2
糖元	160.0	118.0

资料来源：朱祖祥编著：《工业心理学》，浙江教育出版社 2001 年版，第 497～498 页。

二、最大可接受作业负荷

影响工作定额的因素很多，其中一个硬约束就是人的生理负荷能力和供能能力。任何工作定额必须在人的能力限度以内，否则不仅无法保持员工持久的工作活动，提高工作效率，还会对人的健康安全和企业的生产安全带来不良的影响。美国国家职业安全与卫生研究所在 20 世纪 80 年代曾发现，工厂中发生的所有补偿性损伤中，至少 1/3 是由体力负荷过高导致的疲劳引起的[①]。

一般情况下，我们把个体在正常情境中能够工作 8 小时且不发生过度疲劳的最大负荷值称为最大可接受负荷（maximum acceptable load，MAL），其中，过度疲劳指工作中积累的疲劳无法通过正常休息途径得到恢复而影响到次日工作活动的情况。确定最大可接受体力作业负荷值，为不同工作类型确定相应的负荷保护标准，保证员工健康、安全和高效率工作，是工效学和劳动卫生学研究的重要内容。

最大可接受作业负荷通常以能量消耗界限、心率界限以及最大吸氧量的百分数界限来表示。根据卫生学的要求，人体摄入能量应大于工作中总耗能量的 15%～20%，以便有余热来维持体温等基础代谢活动。日本学者斋藤一和入江俊二等研究了人类最佳耗能范围，提出 8 小时工作的适宜耗能不宜超过 1 800 千卡。日本劳动研究所建议的适宜水平在 1 400～1 500 千卡之间。极轻、轻、中等劳动强度作业，可以在稳态下连续工作，也即除了工间的保健性休息与吃饭外，8 小时可以连续工作，工作时间可达 400 分钟，相当于作业率为 83%。对于强劳动和极强劳动，只有增加休息时间才能维持作业，以保证 8 小时的耗能量不超过最佳耗能界限。

我国医学科学院卫生研究员于永中等在调查了 3 个行业 262 个工种的劳动强度及疲

---

① 葛列众编：《工程心理学》，中国人民大学出版社 2012 年版，第 351 页。

劳情况后，提出最佳耗能界限为 8 小时 1 505 千卡，业余耗能 1 304 千卡，睡眠耗能 361 千卡，即一天 24 小时合理的总耗能值为 3 170 千卡，并同样认为在 8 小时内有效工作时间约为 400 分钟。由于这个调查是针对我国情况提出的合理耗能值，是我国员工现有的食物摄入水平完全可以达到的，因此参考价值较大。若存在特别不良的劳动环境，如高温作业，还应降低 20%。

国外的研究还以心率、最大吸氧量等指标作为最大作业负荷标准。布鲁阿（Brouha，1967）以及萨格斯和斯普林特（Suggs & Splinter，1961）建议工作中平均心率不应超过 115 次/分钟；迈克尔、赫顿和霍拉斯（Michael，Hutton & Horrath，1961）建议 8 小时工作日中，吸氧量不应超过最大吸氧量的 35%[①]。

最大可接受负荷，还受工作性质、身体因素、训练、动机以及环境因素的影响。

第二节　体力劳动强度及其分级

直接用上述各指标的变化来描述体力劳动的负荷有着不易衡量、不易比较的缺点。因此，学者们根据上述指标的变化对体力劳动负荷进行强度分级，使其在管理实践中有更广泛的应用。

衡量各个工种的劳动强度，确定操作者合理的作业量水平，是管理领域的重要课题。目前，国内外划分体力劳动强度的指标很多，如耗能量、耗氧量、心率、直肠温度等都可以作为衡量劳动强度的指标。其中，最常见的是用能量消耗指标来划分体力劳动强度。

一、根据能量代谢的大小分级

（一）以能耗率为劳动强度分级标准

能量代谢率是较为成熟的且受学者们推崇的评价体力劳动强度的指标，在欧美国家常用克里斯坦（Christensen）标准。该标准依据欧美人体型的平均值，即体重 70 公斤，体表面积 1.84 平方米，将体力劳动强度等级划分为轻、中等、强、极强、过强五级。我国学者和日本学者认为，这个标准对于亚洲国家来说显得过高。在我国，仅仅矿山的运输工才够上极强劳动一级（7.98 ± 2.34 千焦/分），选矿工（5.50 ± 1.0 千焦/分）、打锤工（5.47 千焦/分）等依据该标准仅能列为中等体力劳动，挑担百斤的农业劳动甚至列不上中等强度体力劳动。为此，根据亚洲人的体型，我国学者于永中和日本劳动研究所分别提出相对较低的劳动分级标准，见表 7 - 4。

---

① ［美］马克·桑德斯等：《工程和设计中的人因学（第 7 版）》，清华大学出版社 2009 年版，第 207 页。

表 7 – 4   以能耗率作为的劳动强度分级标准

作者	劳动强度等级	轻	中等	强	极强	过强
克里斯坦（Christesen）标准	能耗率下限	<2.82	2.82~4.24	4.24~5.65	5.65~7.06	>7.06
	氧耗下限	<0.5	1.0	1.5	2.0	2.5
日本劳研所	能耗率范围	<1.22~1.658	1.658~2.322	2.322~2.879		>3.463
于永中	能耗率范围	<1.33	1.33~2.0	2.0~2.83	2.83~3.66	>3.66

注：表中能耗率单位为：千卡/分·平方米；氧耗率单位为：升/分

资料来源：张洋、黄磊、刘汉波：《体力劳动强度的评价方法研究进展》，载于《中华劳动卫生职业病杂志》2019年第4期，第317~321页。

（二）以相对代谢率指标分级

由于作业者年龄、性别、体质、体能等方面的个体差异较大，即使从事同等强度的体力劳动，能量代谢率也有很大不同。为消除作业者之间的个体差异，日本学者古尺于1936年提出相对代谢率（relative metabolic rate，RMR）概念，计算公式为：

RMR = [作业代谢率（量） – 安静代谢（量）] / 基础代谢率（量）

相对代谢率指标得到了广泛的应用。根据相对代谢率，世界卫生组织（WHO）提出了适于欧洲人群的分级标准，分为轻、中等、重、极重4个等级；日本劳动研究所基于亚洲及日本人的体质特点，将劳动强度分为5个等级，如表7 – 5所示。

表 7 – 5   以 RMR 作为划分的劳动强度分级标准

劳动强度划分	WHO	日本劳研所	作业的特点	工种例
极轻劳动		0~1	手指作业；脑力作业；坐姿；重心不移动的立姿；疲劳属于精神或姿势方面的疲劳	电话交换员、电报员、修理仪表、制图
轻劳动	<3.0	1~2	以手指为主的上肢作业或以一定的速度可以长时间连续工作；呈现局部疲劳	司机、在桌上修理仪器、打字员
中等劳动	3.0~4.5	2~4	几乎立位，身体水平移动为主，相当于普通步行；上肢作业用力，可持续作业	油漆工、车工、木工、电工
重劳动	4.5~7.0	4~7	全身作业为主，全身用力；全身疲劳，作业10~20分钟就想休息	炼钢、炼铁工、土建工
极重劳动	>7	7	短时间内全身用强力快速作业；呼吸困难，作业2~5分钟就想休息	伐木工、大锤工

资料来源：张洋、黄磊、刘汉波：《体力劳动强度的评价方法研究进展》，载于《中华劳动卫生职业病杂志》2019年第4期，第317~321页。

作业时的 RMR 越高,劳动强度就越大。一般来讲,RMR < 2.7 为适宜作业;RMR < 4 为可持续作业,但考虑精神疲劳应安排适当休息间隙;RMR > 4 时,作业不能连续进行,RMR > 7 的极重体力劳动,应该使用机械取代人工。

日本劳动研究所根据上述相对代谢率标准,并以日本成年男人女人的身高体重均值,估算了不同劳动强度下 8 小时工作日一天的能耗量,见表 7 - 6。

表 7 - 6　　　　　　　　　　不同强度作业的能耗量　　　　　　　　　单位:千卡

性别	RMR	8 小时作业能耗量	一天能耗量
男	0 ~ 1	550 ~ 920(2 303 ~ 3 852)	1 850 ~ 2 200(7 746 ~ 9 211)
	1 ~ 2	920 ~ 1 250(3 852 ~ 5 234)	2 200 ~ 2 550(9 211 ~ 10 676)
	2 ~ 4	1 250 ~ 1 750(5 234 ~ 7 327)	2 550 ~ 3 050(10 676 ~ 12 270)
	4 ~ 7	1 750 ~ 2 170(7 327 ~ 9 085)	3 050 ~ 3 500(12 270 ~ 14 654)
	>7 ~(11)	2 170 ~ 2 590(9 085 ~ 10 844)	3 550 ~ 3 900(14 654 ~ 16 329)
女	0 ~ 1	460 ~ 720(1 926 ~ 3 014)	1 650 ~ 1 920(6 908 ~ 8 039)
	1 ~ 2	720 ~ 1 020(3 014 ~ 4 271)	1 920 ~ 2 220(8 030 ~ 9 259)
	2 ~ 4	1 020 ~ 1 420(4 271 ~ 5 945)	2 200 ~ 2 620(9 259 ~ 10 969)
	4 ~ 7	1 420 ~ 1 780(5 945 ~ 7 453)	2 620 ~ 2 980(10 969 ~ 12 477)
	7 ~(11)	1 780 ~ 2 130(7 453 ~ 8 918)	2 980 ~ 3 330(12 477 ~ 13 942)

注:(　)内数值单位为千焦/分。

资料来源:朱序璋主编:《人机工程学(第 2 版)》,西安电子科技大学出版社 2006 年版,第 110 页。

(三)以劳动强度指数分级

劳动强度指数现行标准为《工作场所物理因素测量第 10 部分:体力劳动强度分级》(GBZ/T189. 10 - 2007)。该部分规定了工作场所体力作业时劳动强度分级测量方法,适用于体力作业时劳动强度分级的测量。

劳动强度指数的计算公式为:

$$I = 10T \times M \times S \times W$$

其中:I——体力劳动强度指数;

T——劳动时间率(%)=工作日内净作业时间(分)/工作日总工时(分);

M——八小时工作日能量代谢率(千焦/分·平方米);

S——性别系数,男 1;女 1.3;

W——体力劳动方式系数:(搬 = 1;扛 = 0.4;推拉/拉 = 0.05);

10——计算常数。

净作业时间是指 1 个工作日内的作业时间扣除休息和工作日中间持续一分钟以上的

暂停时间后的全部时间。净作业时间比率采用抽样方法测其平均值。

能量代谢率 M 是指 8 小时工作日平均能量代谢率。其计算方法是根据抽样分别计算各种作业活动和休息时的能量代谢率。

当肺通气量 X 的值在 3.0~7.3 升/分时，采用下式计算：

$$M = 10^{(0.09445X - 0.53794)}$$

当肺通气量 X 的值在 8.0~30.9 升/分时，采用下式计算：

$$M = 13.26 - 10^{(1.1648 - 0.0125X)}$$

当肺通气量 X 的值在 7.3~8.0 升/分时，M 由上述二式的均值确定。

整个工作日的平均能量代谢率，由各项作业活动和休息时的能量代谢率，分别乘以相应的累计时间，得出工作日内的能量消耗总值，再除以工作日制度工作时间求得。

根据劳动强度指数，国家标准《体力劳动强度分级》（GB3869 – 1997）将体力劳动强度分为四级，如表 7 – 7 所示。

表 7 – 7　　　　　　　　　　按劳动强度指数划分的体力劳动强度

劳动强度级别	劳动强度指数
I	≤15
II	>15~20
III	>20~25
IV	>25

资料来源：郭伏、钱省三主编：《人因工程学（第 2 版)》，机械工业出版社 2018 年版，第 137 页。

另外必须注意到，在作业过程中，除了劳动强度以外，生产环境因素（如温度、噪声等条件）和心理因素等也会影响能量消耗。因此，在采用能量消耗指标评定或划分劳动强度时，应注意是否受到其他因素的影响。

二、以氧需氧债状况划分劳动强度

在肌肉活动过程中，呼吸和循环两系统的功能都发生了适应性变化（具体内容见第三章），以适应此时机体对氧的需求。但是无论呼吸系统还是循环系统，其功能的增强都有一个限度，因而肌肉的供血量和供氧量也都有一定限度。当劳动强度较大时，需氧的数量超过最大摄氧量，形成氧缺。因此，对于较大强度的体力劳动，还可以根据氧债偿还的状况进行分级：

（1）中等强度作业。作业时氧消耗量不超过最大摄氧上限，人体可在稳定的状态下长时间从事作业。

（2）大强度作业。作业时氧消耗量已超过最大摄氧量，作业过程有氧缺大量蓄积，作业一般只能持续几分钟至数 10 分钟（20~30 分钟）。

（3）极大强度作业。完全处于无氧条件下的作业，氧缺几乎等于氧消耗量，是一种剧烈的活动，因此只能持续很短的时间，一般不超过 2 分钟。

国内外很多学者建议以氧消耗量占最大摄氧量的百分比（VO$_2$max%）对劳动强度进行分级，国际劳工局和世卫组织均建议以个体 VO$_2$max% 的 25%、50%、75% 作为劳动强度轻、中、重、很重四个级别的界值。我国学者李文选则建议以 30%~50% 为宜，一般认为，VO$_2$max% 超过 50%，体力劳动不能持久，见表 7-8。

表 7-8 　　　　　　　以耗氧量占最大摄氧量百分比作为分级标准　　　　　　　单位:%

作者	极轻	轻	中等	重	很重	极重	适宜水平
李文选		<22.5	22.5~40.0	40.0~57.5	57.5~75	>75	40
卡蒙等 （Kamon et al.）							30~40
萨哈等 （Saha et al.）	20~29	30~39	40~49	50~59	60~69	>70	
赵铁生		<25	26~50	51~75	>75	≈100	
WHO		<25	26~50	51~75	>75		

资料来源：张洋、黄磊、刘汉波：《体力劳动强度的评价方法研究进展》，载于《中华劳动卫生职业病杂志》2019 年第 4 期，第 317~321 页。

三、其他分级标准

除了上述 3 种划分劳动强度的标准以外，耗氧量、心率、直肠温度、排汗率、乳酸浓度等均可作为劳动强度的划分依据。上述指标与相对代谢率、劳动强度指数划分的劳动强度具有相同的意义。

表 7-9 是国际劳工局 1983 年的劳动强度分级标准，表中的排汗率是 8 小时工作的平均数。

表 7-9 　　　　　　　国际劳工局用于划分劳动强度的指标和分级标准

劳动强度等级	很轻	轻	中等	重	很重	极重
耗氧量（升/分）	~0.5	0.5~1.0	1.0~1.5	1.5~2.0	2.0~2.5	2.5~
能量消耗（千焦/分）	~10.5	10.5~20.9	20.9~31.4	31.4~41.9	41.9~52.3	52.3~
心率（次/分）		75~100	100~125	125~150	150~175	175~
直肠温度（℃）			37.5~38	38~38.5	38.5~39	39~
排汗率（毫升/小时）			200~400	400~600	600~800	800~

资料来源：郭伏、钱省三主编：《人因工程学（第 2 版）》，机械工业出版社 2018 年版，第 139 页。

由于最紧张的脑力劳动的能量消耗一般也不会超过基础代谢量的 10%，而紧张的体力劳动能量消耗量可达基础代谢量的 10～25 倍。因此，能量代谢的状况不适于用来划分脑力劳动的强度。同时由于脑力劳动时，机体其他器官变化均不明显，所以至今仍没有一种有说服力的指标来反映脑力劳动强度的大小。

四、国内外劳动强度分级的新方法和新标准①

随着科技的进步和新仪器的出现，劳动强度评价的研究也更趋于精细化。例如，开始关注劳动者局部肢体负荷和劳动损伤、肌电生理等方面的变化。

（一）倾角仪—腰部屈伸监测

倾角仪是一种用于躯干弯曲度监测的设备，该装置安装于待测对象的背部，可连续监测腰部弯曲角度的大小。倾角仪在国外早期主要应用于生理和临床等领域，例如测量腰椎、躯体的灵活性，而后开始应用于工效学研究，主要用于体力劳动时躯体弯曲程度的监测。目前已有更为先进的双倾角仪，是美国医学协会所提倡的一种设备，已经得到越来越广泛的应用。

（二）身体姿势监测及分析

姿势监测仪是一种记录人体在活动过程中出现坐/跪、直立/行走等姿势的时间及其频率的仪器，并且可以记录各种姿势的时间百分比，由西琳和温克尔（Selin & Winkel）在 1994 年最先应用，对于评价体力劳动强度有一定的启发作用。同样，计步器是一种记录个体在行走过程中步伐数量、频率的仪器，佩戴于受试者的双脚上，全程跟踪记录数据。

（三）劳动方式监测

国外采用较多的有便携式人体工效学观察方法。用于研究体位、姿势的变化并记录各种状态持续的时间，例如测量并记录高举和搬运一定重量的重物的次数和所持续的时间，然后计算不同负荷下的百分率及频率指标，评价不同劳动姿势对于机体负荷的影响。

（四）局部肢体负荷和劳动操作的研究

劳动保护方面的研究已经逐步精细化和精确化，研究焦点从工种和工作岗位，到关注操作者的肢体部位如脖子、肩膀和上臂肌群等，有学者还分析手臂高抬与腰背疼痛的关系。研究内容也细化至手/手臂的位置和移动、上臂姿势、力量传导、握持舒适度等

---

① 张洋、黄磊、刘汉波：《体力劳动强度的评价方法研究进展》，载于《中华劳动卫生职业病杂志》2019 年第 4 期，第 317～321 页。

方面，美国联邦职业安全健康研究所基于上述几个方面制定了评价纯手动作业劳动强度的方法，通过风险度评分的方式进行分级。

（五）其他

国外学者对劳动强度的研究，已逐步开始应用生理和生化相结合的方法，很多研究发现高强度劳动下，除了肺通气量、摄氧量、心率等基础生理指标变化之外，机体其他方面的改变也值得关注，如皮肤电反应、血液中乳酸和尿酸代谢及改变、心电图和脑电图变化，等等。还有学者研究认为，高强度间歇性的运动相比于连续性适宜强度的运动，机体嘌呤的损失会增加。

第三节　脑力负荷及其测量

越来越多的研究者开始关注员工的脑力负荷及其对工作绩效的重要影响。20 世纪70 年代中后期以来，人类社会正在经历的信息革命和计算机革命，使生产和办公活动逐步向自动化、智能化转变。大强度的体力劳动越来越少，脑力劳动的复杂程度和强度以及对员工心理承受能力的要求却有不断提高的趋势。加之现代社会竞争激烈，组织规模越来越大，人际关系日趋复杂，这都导致员工经常处于脑力与精神的高度紧张状态。这样，工作负荷研究的重点，正逐步从能量消耗和操作动作方面，转移到有关操作者认知特征和心理资源方面。

一、脑力负荷及来源

（一）脑力负荷的内涵

脑力负荷的英文术语是"mental workload"，也可称为心理负荷、精神负荷。脑力负荷是一个比较复杂的概念，对它的含义至今仍没有统一的认识。

脑力负荷最初是与体力负荷相对应的一个术语，指单位时间内人承受的信息处理活动的工作量。也有学者认为，脑力负荷总是表现为精神上或心理上的紧张，用来形容人在工作中承受的心理压力或要求的信息处理能力。

1976 年，北大西洋公约组织成员国的一些科学家在美国麻省理工学院谢尔顿教授的主持下召开了"监视行为和控制"的专题会议，提出了在新的系统中测量人的脑力负荷的重要性。1977 年，北约组织的一些学者又召开了名为"脑力负荷的理论和测量"专题会议，系统地讨论了脑力负荷的定义、理论及测量方法。与会者从不同的角度定义脑力负荷，但仍没有得出统一的被大家普遍接受的定义。最后的结论为：脑力负荷是一个多维的概念，它涉及工作要求、时间压力、操作者的能力和努力程度、行为表现和其他许多因素。几个代表性的定义列举如下：

（1）脑力负荷是人在工作时的信息处理速度，即决策速度和决策的困难程度。这是北大西洋组织脑力负荷研究专题会议的组织者，著名心理学和人因工程学专家莫拉伊（N. Moray）所给的定义，莫拉伊专门从事人的信息处理系统和注意力的研究，很自然地把脑力负荷与信息处理系统联系起来。

（2）脑力负荷是人在工作时所占用的脑力资源的程度，即脑力负荷与人在工作时所剩余的能力是负相关的。工作中占用的脑资源越少，脑力负荷就越小。这种定义，使脑力负荷的测量变成了对人的信息处理能力或剩余能力的测量。

（3）脑力负荷是人在工作中感受到的工作压力的大小，即脑力负荷与工作时感到的压力是相关的。工作时感到的压力越大，脑力负荷就越大。使用这种定义，脑力负荷的测量就变成了对人在工作时压力的评估。

（4）脑力负荷是人在工作中的繁忙程度，即操作人员在执行脑力工作时实际有多忙。操作人员越忙，就说明脑力负荷越大；操作人员空闲的时间越多，就说明脑力负荷越小。持这种观点的人主要是工程设计人员。对工程设计人员来说，操作人员能否及时完成系统赋予他的任务是最重要的，而这主要取决于操作人员有没有足够的时间。

从以上相关定义发现，心理负荷有两个特征：首先，心理负荷是人—机系统交互产生作用的结果，这是学术界公认的；其次，心理负荷是一个多维度的概念。研究者根据不同研究背景和对象，认为工作任务及作业人员等因素都对心理负荷产生一定的影响。作业人员的素质、责任意识、任务要求、性格特征以及行为表现等都和心理负荷有关。

目前，国内学术界比较认可的是廖建桥（1995）提出的：脑力负荷是反映工作时人的信息处理系统被使用程度的一个指标，是人的信息处理系统在进行信息加工处理时，其资源被占用的程度①。

除了婴孩以外，人都不可能摆脱脑力负荷的影响。学生会因作业过多，考试频繁而焦虑；工人会因产品要求高，为完不成定额而担心；企业主或公司经理会由于产品滞销而忧虑。脑力负荷会对人的身心活动产生多方面的影响，人的工作绩效、行为表现、生理状态和身心健康等，都会因脑力负荷水平的不同而不同。

（二）脑力负荷的来源②

研究表明，比起肌肉紧张，精神上的紧张其表现和来源都要复杂很多。焦虑、忧愁、责任及负担等都可以带来脑力负荷。紧张的脑力工作、精神上的较大压力、思想上发生的矛盾和冲突以及感情上的创伤，都能带来较大的脑力负荷。另外，一个疏于工作

---

① 转引自周宏：《高速铁路司机心理负荷及其对工作绩效的影响研究》，北京交通大学，2017年，第9页。
② 朱祖祥编著：《工业心理学》，浙江教育出版社2001年版，第518~519页。

的人，也可能有沉重的脑力负荷。所以实际上，脑力负荷不一定与某种工作直接联系。本书更关注与工作相关的脑力负荷。

1. 操作活动中的脑力负荷

人的任何操作活动中都包含着一定的身体活动和心理活动成分。在不同的操作活动中，身体活动和心理活动的内容和比例是有差别的。人的操作活动至少可分成如下三类情形。

（1）一般体力劳动。

在抬举重物、搬运器材、挖地开矿等类似活动中，人承担的主要是体力负荷。但这类体力劳动中也需要有一定的信息加工活动，例如在劳动中需要注意周围情况，防备事故发生。但这类信息加工活动比较简单，所以产生的心理紧张度较低。

（2）复杂的心理—运动性操作活动。

复杂的操作活动难度大、精度要求高，往往还要求保持较快的操作速度。这时要求操作者投放的心理资源比较多。如装配精密仪器，监视计算机屏幕上的某种信号，玩电子游戏等。这类活动体力消耗小，但对认知活动的要求很高，稍不小心就可能产生废品、次品，或使总体工作产生不良后果。这类操作活动中，脑力负荷大于体力负荷。

（3）大型自动化人机系统中的监控活动。

在自动化生产系统中，常态情形下一切操作都由计算机控制，人在其中几乎不需要什么操作，但当自动化系统出现不正常状态或发生故障时，需要监控者及时发觉、迅速纠正。自动化系统的事故率是很低的，但一旦出现不及时发现和排除就会引发严重事故，甚至会发生灾难性的后果。这类操作活动，体力要求极低，脑力作业负荷很重。

2. 信息加工活动中的脑力负荷

这里的信息加工活动（或信息处理）是指从感觉输入到思维决策过程的活动，也就是头脑中的认知活动。在简单的认知活动中，脑力负荷是很低的，例如一个人在书店看到一本专业书，翻了一下后作出是否购买的决策，或是在公共汽车上看到一位老人上车找不到座位，作出自己是否应该让座的决策。诸如此类的活动，虽然也有从感觉到决策的心理活动过程，但心理上很少有紧张感。在相对复杂的信息加工活动中，经常需要在条件不充分或资料不完备的情形下，或在不确定性较大的情形下作出有风险的决策，信息加工活动相对复杂，需经过认真分析比较和权衡轻重后才能作出决策，这时心理的紧张度就比较高。

3. 情绪性脑力负荷

脑力负荷与情绪状态有密切的关系。一般来说，愉快的时候，人们心情放松，脑力负荷减轻；不愉快时，心情沉重，脑力负荷加重。如事业上遭受挫折，与人吵架愤怒难平，长期失业求职无门；等等。碰到此等情形时，当事者一般会感到心情沉重，甚至会长时间陷入紧张状态而不能自拔。这些情况下的脑力负荷是由于情绪激动而发生的，可称作情绪性脑力负荷。情绪性脑力负荷也会给人的身心健康及工作带来不利影响，应尽量防止发生。本书主要关注工作中的脑力负荷，简称脑力负荷。

二、脑力负荷与工作绩效的关系

工作绩效是指员工完成某项工作所表现出来的工作行为和所取得的工作结果，主要表现在工作数量与质量等方面，常见的绩效指标有产出数量、反应时间、成本、失误率等。

脑力负荷与工作绩效关系，出现许多不同的理论派别，不同学者的研究，二者呈现出不同的关系。威肯斯的理论比较明确地描述了作业需求、脑力资源供应量、作业绩效和剩余脑力资源各变量之间的关系。脑力资源供应量与资源需求量的差（剩余资源）是脑力负荷产生的内在机制，剩余资源的数量决定了脑力负荷的大小，见图7-1。

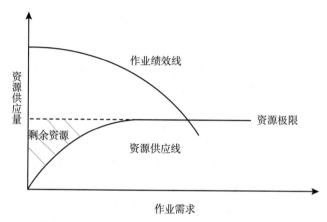

图 7-1　脑力负荷与作业需求、资源供应量的关系

资料来源：周宏：《高速铁路司机心理负荷及其对工作绩效的影响研究》，北京交通大学，2017年，第22页。

（一）简单模式

关于脑力负荷与工作绩效的关系，早期的表达较为简单，见图7-2。

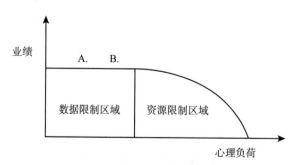

图 7-2　脑力负荷与工作绩效的关系

资料来源：周宏：《高速铁路司机心理负荷及其对工作绩效的影响研究》，北京交通大学，2017年，第23页。

在曲线左边，当脑力负荷增加时，员工的业绩表现一直是稳定的，这一区域被称为数据限制区域。在曲线的右边，当脑力负荷增加时，员工的业绩表现急剧下降，这一区域被称为资源限制区域。在数据限制区域 A 点和 B 点，两点的业绩是一样的，但两点的危险性不同。A 点离资源限制区域较远，还有空间再增加一些负荷，说明在此点系统比较安全。但 B 点离资源限制区域较近，再增加一些负荷，就可能使绩效表现下降，给系统带来危险。

（二）三阶段模式

另一些研究认为，工作绩效、脑力负荷和任务需求之间呈现出复杂的变化趋势，如图 7-3 的三阶段模式，脑力负荷与工作业绩的关系分成 A、B、C 三个阶段。

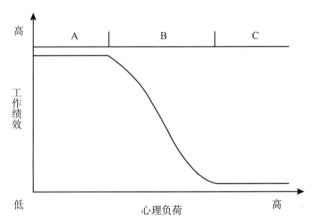

图 7-3　脑力负荷与工作绩效关系的三阶段模式

资料来源：周宏：《高速铁路司机心理负荷及其对工作绩效的影响研究》，北京交通大学，2017 年，第 24 页。

（1）A 段：表示低脑力负荷情况下，工作业绩保持在较高的稳定水平上。

（2）B 段：随脑力负荷的增加，业绩逐渐下降。

（3）C 段：脑力超负荷，作业绩效维持在较低水平上。

在 A 段和 C 段，过高和过低的脑力负荷水平下，作业人员的工作绩效都保持在某一水平，只有在 B 段，脑力负荷受到工作绩效的影响比较敏感。

（三）倒"U"型模型

倒"U"型模型认为任务需求与人的表现关系呈倒"U"型，见图 7-4。

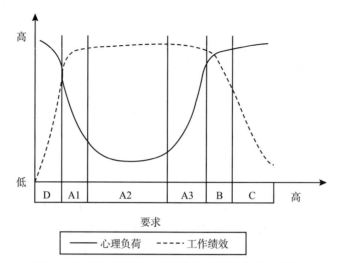

图 7-4 脑力负荷与工作绩效关系的倒"U"型模型

资料来源：周宏：《高速铁路司机心理负荷及其对工作绩效的影响研究》，北京交通大学，2017 年，第 25 页。

实际上，倒"U"型是在"三阶段"曲线的左端加一个 D 段，脑力负荷与工作业绩呈现倒"U"型。

在倒"U"型模型中，A 段又被分成三部分（A$_1$、A$_2$、A$_3$），并认为：

（1）只有在 A2 段工作者才能轻松地应付任务需求，同时业绩、脑力负荷均保持稳定水平而不随任务需求增加发生变化；本段为最佳工作状态阶段。

（2）A1，A3 阶段，尽管保持了较高的业绩水平，但工作者的脑力负荷相对较高，即必需付出努力来进行暂时性补偿，A1 段是能力相关性补偿，A3 段是任务相关性补偿。

（3）当个体付出努力无法继续补偿能力时，任务需求降低脑力负荷反而增加，导致业绩水平下降，即图中 D 段所示。

（4）如个体付出的努力无法继续补偿任务需求的增加，则出现随任务需求增加，脑力负荷增加而业绩下降的状况，如 B 段所示。

（5）任务需求继续增加，脑力负荷达到最高甚至超负荷水平，此时业绩水平降至最低，如 C 段所示。

研究脑力负荷的最终目的，并不是要消除负荷，而是要使它维持在适宜的水平上。由于现代生产系统的复杂性，工作失误带来的后果十分严重。所以一般都要将任务所要求的资源限制在作业绩效稳定的区域（通常称为数据限制区域），以增加工作系统的安全性。而且，操作者若长期在不适当的脑力负荷情境下工作，不仅影响系统绩效、降低工作满意度和系统安全，还有可能引发操作人员的许多身心疾病，影响健康。因此，预测和测量任务系统中人员的脑力负荷状态，并采取相应措施，使系统处于一种较佳的负荷水平，是一项极有意义的研究课题。

专栏 7.1：工作超负荷与工作负荷不足

心理学家用工作超负荷（work overload）这个词来形容我们平常所讲的工作过度现象，并将其分为数量超负荷和质量超负荷两类。

数量超负荷是指时间有限，但工作量太大。数量超负荷容易引发冠心病等压力关联疾病。但关键还是看员工是否有权掌控工作进度，一般来说，控制权越小就越容易产生压力。质量超负荷就是工作难度过高，员工没有足够的能力去完成工作而产生的压力现象。即使那些非常有能力的员工，也常会陷入这种手足无措的局面。

对英国某会计公司94名员工的调查表明，工作超负荷与主观报告的心理压力、工作倦怠和工作—家庭冲突有直接关系。加拿大241名受访者称，工作要求越高用来体育锻炼的时间越少，就像工作压力与心血管疾病的关系一样，工作要求与体育锻炼也呈负相关。

相反，工作负荷不足（work underload）是指工作过于简单、工作量太少而显得缺乏挑战性，这种情况同样会产生压力。对63名管弦乐队成员的调查发现，这些音乐家同时面对着工作超负荷和工作负荷不足两种情况，即工作有时过难，有时又不具挑战性。相关调查还表明，工作负荷不足，会导致单调感和无聊感（压力源之一）增加，工作满意度降低。

资料来源：[美] 杜安·舒尔茨等著：《工业与组织心理学（第10版）》，上海人民出版社2014年版，第329～330页。

三、脑力负荷的测量

如果可以得到实用正确的脑力工作负荷的测量方法，它可以被用在以下方面[①]：

（1）基于所测的脑力工作负荷，在人员与机器之间分配职能和任务。

（2）按照所施加的工作负荷，比较设备与作业设计方案的优劣。

（3）监测复杂设备的操作人员，通过脑力工作负荷的增减来使他们适应作业难度或职能的分配。

（4）挑选脑力工作负荷能力较高的操作人员，来从事具有苛刻要求的作业。

脑力负荷测量和预测的方法很多，大致可以分为四种类型：主观评价法、主任务测量法、辅助任务测量法、生理测量法。

（一）主观评价法

1. 主观评价法及其特点

在脑力负荷研究中，人们日益重视运用一些具有一定信度和效度的主观评定量表，

---

① [美] 马克·桑德斯等著：《工程和设计中的人因学（第7版）》，清华大学出版社2009年版，第64页。

让操作者或系统用户根据自己的主观感受，给出对操作活动难度顺序的排列。从系统使用者的角度出发，主观评价法常把脑力负荷的体验分成三个重要方面：一是实际工作时间或信息加工活动所占的比重；二是工作中所付出的心理努力或者任务的复杂程度；三是从事任务时的情绪紧张状况。三个方面是脑力负荷测评表设计的基本理论构思。

主观评价方法具有以下特点：

（1）是脑力负荷评价中唯一的直接评价方法。它引导操作者对脑力负荷（操作的难度、时间压力、紧张程度等）进行某种判断。这种判断过程直接涉及脑力负荷的本质，具有较高的直显效度，易被评价者接受。

（2）一般在事后进行，不会对主操作产生干扰；而其他方法一般须与操作者的工作同时进行，不适合危险性高的情境使用。

（3）一般使用统一的评定维度，不同情境的负荷评价结果可相互比较。而主任务法和生理测量法大都采用不同的绩效指标或生化指标，很难实现相互比较。

（4）使用简单、省时。它不需要特定的仪器设备，评价人员只需要阅读有关指导语或通过简短的培训即可进行，适用于多种操作情境，数据收集和分析也容易进行。

2. 主观评价法分类

脑力负荷最常见的有古柏－哈柏评价法、主观负荷评价法和 NASA－TLX 主观评价法等。

（1）古柏—哈柏（Cooper－Harper，简称 CH 量表）评价法。

该方法是 1969 年古柏和哈柏（George E Cooper & Robert P Harper）提出的，最初被用来评价飞机驾驶难易程度，用于航空器操纵特性的评定。它建立在飞行员作业负荷与操纵质量直接相关的假设上。CH 量表把飞机驾驶的难易程度分为 10 个等级，飞行员在驾驶飞机之后，根据自己的主观感觉，对照各种困难程度的定义，给出自己对这种飞机的难度的评价。评价表如表 7－10 所示。

表 7－10　　　　　　　　　　　Cooper-Harper 飞机性能评价

飞机的特性	对驾驶员的要求	评价等级
优良－人们所希望的	脑力负荷不是在驾驶中应考虑的	1
很好－有可忽略的缺点	脑力负荷不是在驾驶中应考虑的	2
不错－只有轻度的不足	为驾驶飞机需驾驶员作少量努力	3
小但令人不愉快的不足	需驾驶员一定的努力	4
中度的，客观的不足	为了达到要求需相当的努力	5
非常明显但可忍的不足	为达到合格的驾驶，需要非常大的努力	6
严重的缺陷	要达到合格的驾驶，需要驾驶员最大的努力，飞机是否可控不是问题	7
严重的缺陷	为控制飞机需要相当大的努力	8
严重的缺陷	为控制飞机需要非常大的努力	9
严重的缺陷	如不改进，飞机驾驶时可能失控	10

资料来源：郭伏、钱省三主编：《人因工程学（第 2 版）》，机械工业出版社 2018 年版，第 201 页。

由于飞机操作的难易程度与脑力负荷是高度相关的，在 20 世纪 60 年代后期，美国空军用古柏—哈柏方法评价新式飞机操作的难易程度取得了很大的成功。后来维尔威尔和卡萨力（Wierwille & Casali，1983）对该量表进行研究后指出，此量表只要稍加修改就可以应用到各类广泛的动作或心理变化性质的作业上[①]。两人对古柏—哈柏评价法进行了改进，修订的古柏—哈柏量表（Modified Cooper – Harper scale，MCH 量表）把评价表中的飞机驾驶困难程度改为工作的困难程度，使之适合评价一般任务的脑力负荷。

（2）主观负荷评价法（subjective workload assessment technique，SWAT 法）。

古柏—哈柏评价法是一维的主观评价法，而脑力负荷是一个多维的概念，用一维方法测量脑力负荷可能只知道结果，而不知道其真正的原因。例如，假如根据 MCH 量表发现某一项工作的脑力负荷为 8，但是对其原因却不甚清楚：是因为工作特别困难，还是因为操作员能力较差，或者是工作时的压力很大？

SWAT 法是美国空军开发的，由里德（G J Reid）等建立。在开发 SWAT 法时，里德等将脑力工作负荷看作是一种多维的结构，他们对脑力负荷的影响因素进行了系统的调查，经过必要的归纳和整理，认为脑力负荷可以看作是时间负荷（操作人员有没有足够的时间完成任务）、努力程度（工作时人需要付出的努力）和心理压力（脑力负荷带来或与脑力负荷相关的心理因素）三者的结合，每个要素都被分为 3 级，共形成 27（3×3×3）种脑力负荷水平。这 27 个脑力负荷水平被定义在 0～100 之间。显然当 3 个因素都为 1 时，其对应的脑力负荷水平为 0；当 3 个因素都为 3 时，其对应的脑力负荷水平为 100。其他情况的脑力负荷水平由研究人员根据数学中的合成分析方法把其余的 25 种情况分别与 0～100 之间的某一点对应起来，如（1，2，2）对应于 15.2，（3，3，2）对应于 79.5 等。当 27 种情况下的脑力负荷水平确定了之后，就要求操作人员完成某一任务，然后给出这项任务的时间负荷、努力程度、压力负荷程度。研究人员根据这三个指标的程度值，确定脑力负荷的水平对应值。

SWAT 法描述的要素及水平如表 7 – 11 所示。

表 7 – 11　　　　　　　　　　SWAT 法中的要素及水平

维度水平描述	时间负荷	努力程度	压力负荷
1	经常有空余时间，各项活动间很少有冲突或相互干扰	很少意识到心理努力，活动几乎是自动的，很少或不需要注意力	很少出现慌乱、危险、挫折或焦虑，工作容易适应

① ［美］桑德斯等著：《工程和设计中的人因学（第7版）》，清华大学出版社 2009 年版，第 67～68 页。

续表

维度水平描述	时间负荷	努力程度	压力负荷
2	偶尔有空余时间，各项活动之间经常冲突或相互干扰	需要一定的努力或集中注意力，由于不确定性，不可预见性或对工作任务不熟悉，工作有些复杂	由于慌乱、挫折和焦虑而产生中等程度压力，增加了负荷，为保持适当业绩，需要相当的努力
3	几乎从未有空余时间，各项活动之间冲突不断	需要十分努力和聚精会神，工作内容十分复杂，要求集中注意力	由于慌乱、挫折和焦虑而产生相当大的压力，需要极大的努力

资料来源：郭伏、钱省三主编：《人因工程学（第2版）》，机械工业出版社2018年版，第203页。

相对于其他主观评价法，SWAT法的优点是运用数学分析方法对操作人员给出的27种情况的排序数据进行了数据处理，使得到的数据更可靠。但这种方法也有一个很大的问题，即对27种情况进行排序不仅需要相当多的时间，而且因为过于复杂而不能保证其准确性，应用起来有一定困难。

（3）NASA-TLX主观评价法（national aeronautics and space administration—task load index）。

NASA-TLX主观评价法是另一种多维度主观测量脑力负荷的方法。NASA-TLX主观评价法，由美国国家航空航天局下属艾姆斯研究中心（NASA-Ames）的哈特（Hart）等人，经过大量的调查研究之后提出。哈特等人确定了脑力负荷的六个维度，分别为脑力要求、体力要求、时间要求、操作业绩、努力程度和挫折水平。如表7-12所示。

表7-12　　　　　　　　　　NASA-TLX中的脑力负荷因素

脑力负荷的影响因素	各因素的定义
脑力要求	这项工作是简单还是复杂？容易还是要求很高？完成工作需要多少脑力或知觉方面的活动（如思考、决策、计算、记忆、寻找等）？
体力要求	需要多少体力类型的活动（如推、拉、转身控制活动等）？这项工作是容易还是要求很高，是快还是慢，是轻松还是费力？
时间要求	工作速度使你感到多大的时间压力？工作任务中的速度是快还是慢，是悠闲还是紧张？
操作业绩	完成这项任务的成就感如何？你对自己业绩的满意度如何？
努力程度	在完成这项任务时，你在脑力和体力方面做出了多大的努力？
挫折水平	在工作时，你感到是没有保障还是有保障，是很泄气还是劲头十足，是恼火还是满意，是有压力还是放松？

资料来源：郭伏、钱省三主编：《人因工程学（第2版）》，机械工业出版社2018年版，第205页。

每个维度在脑力负荷决定中的重要性不同，且随着情境的变化而显示出差异。NASA－TLX主观评价法的使用过程分为两步：

第一步，先采用两两比较法，对每个维度在脑力负荷形成中的相对重要性进行评定，6个维度的权数之和等于1。在对权数进行评估时，自相矛盾的评估（即A比B重要，B比C重要，C比A重要）是允许的，这种情况出现时，说明被评估的维度的重要性非常接近。

第二步，针对实际操作情境对六个维度的状况分别进行评定。NASA－TLX主观评价法要求操作人员在完成了某一项任务之后，根据脑力负荷的六个维度在0～100之间给出自己的评价。除操作业绩这一维度之外，其他五个维度都是感觉越高，给的分值也越高，而对操作业绩，感觉到自己的操作业绩越好，所给的分值越低。

确定了各维度的权数及其评估值之后，通过加权平均就可以计算出一项工作的脑力负荷。

3. 主观评价法的缺陷

主观评价法在应用中也存在一定的缺陷，主要表现在以下四个方面：

（1）评价结果有偏差。主观评价是操作人员对某项工作的感觉。这种感觉不一定就是脑力负荷。在执行任务时，人的信息处理系统中的许多活动是我们意识不到的，因此，得到的脑力负荷总是有所偏差。工作中人意识不到的东西越多，这种偏差就越大。另外，脑力负荷评价值与个性特征、反应策略、身体或生理变量等均存在密切联系。

（2）评价结果容易混淆。主观评价一般反映脑力负荷和体力负荷共同作用的结果，因此，总的负荷测量不会导致严重的问题。但在评价脑力负荷时，却由于结果混淆而易产生错误。另外，评价者一般很难将外部需要与实际努力分开，往往以"应该"而不是以"实际经历"的工作要求作为评定基础。因此，可能出现高估或低估脑力负荷的倾向。

（3）方法应用存在局限。主观评价法的应用受短时记忆消退的严重局限。如果要求操作者同时做几项评价，且操作与评价间存在较长的时滞，则可能出现评价偏差。另外，主观评价法不适于主操作有记忆要求的场合。

（4）方法敏感性存在特异性。主观评价的敏感性在某些领域受到限制。研究表明，主观评价对影响知觉中枢加工的工作更敏感，而对影响运动反应输出的工作相对不敏感。主观评价法在应用中遇到的另一个问题是倒"U"型现象，即当脑力负荷水平较低时主观负荷体验随负荷水平的提高而上升，但当脑力负荷达到一定的较高水平时，主观负荷体验却往往随负荷水平的增加而下降。

针对上述问题，在实际应用主观评价技术时必须谨慎，以避免或减轻其可能造成的偏差影响。例如当遇到脑力负荷伴随体力负荷时，对评价结果的解释应十分小心；为降低记忆消退效应，应尽可能在操作结束后立即进行评价；通过对某些被试者变量的控制可减少个体变异源；注意倒 "U" 型现象，防止歪曲评定。总之只要处理得当，上述问题都是可以适当解决的。

（二）主任务测量法

主任务测量法是通过测量操作人员在工作时的业绩指标来判断这项工作给操作人员带来的脑力负荷。根据资源理论，随着作业难度的增加，操作人员投入的信息处理能力资源越来越多，剩余的资源越来越少，脑力负荷也随之上升。当操作所需的资源更多时，业绩的质量开始下降。因此，可以用员工业绩指标的变化来反推脑力负荷。主任务测量法分为两大类：一类是单指标测量法；另一类是多指标测量法。

（1）单指标测量法。仅用一个业绩指标来推断脑力负荷。为了有效地使用这种测量方法，需要选择能反映脑力负荷变化的业绩指标。例如，要测量由于显示器数量的增加所引起的脑力负荷的增加，这时可以用显示信号出现后的反应时间作为脑力负荷指标。反应时间越长，说明脑力负荷越重。在使用单指标测量法时，指标选择的好坏对脑力负荷测量的成功与否起着决定性的作用。

（2）多指标测量法。用多个业绩指标来测量脑力负荷是希望通过多个指标的比较和综合减少测量的误差。另外可以通过多个指标来指出脑力负荷产生的原因，这样也可提高测量的精度。显然在用多指标测量法时，选择业绩指标就不像单指标测量法时那么重要，在难以确定取舍时，可以把两个或多个指标都选上。由于计算机的应用，在现实系统或者模拟系统中同时收集成百上千个数据并没有技术上的困难，但从众多的指标中找出有用的指标及分析数据本身是非常困难的。在很多情况下，大量的数据被记录下来，而有用的信息却被淹没没有提取出来。

多指标测量法的结果有成功的，也有失败的。不同的业绩指标对应于不同类型的负荷，加大了多指标测量法的实施难度。

（三）辅助任务测量法

脑力负荷反映工作时人的信息处理系统被使用的程度。脑力负荷与人的闲置未用的信息处理能力之和就是人的信息处理能力。人闲置不用的信息处理能力越大，脑力负荷就越低，反之脑力负荷就越大。辅助任务测量法背后的基本逻辑是闲置未用的信息处理能力，即未被用来执行主要任务，因而可供辅助任务来运用。主要任务对资源的要求越大，可供辅助任务使用的资源越少，辅助任务的绩效就会越差。

使用辅助任务测量法时，通常要求人们将主任务作业的绩效维持在相同的水准，以使工作负荷的差异主要反映在辅助作业的绩效上。有时候这一过程被反过来进行，人们被要求投入所有必要的资源以维持辅助任务的绩效，这样主作业任务就被当作是其困难程度的量度，这被称为加载辅助任务技术。

辅助任务测量法一般分成两步。第一步为测量单独做辅助任务时的业绩指标，这个指标反映的是人只做辅助任务时的业绩，也即人的能力。第二步为在做主任务的同时，在不影响主任务的情况下，尽量做辅助任务，这时也可以得到辅助任务的业绩。这个指标反映的是主任务没有占用的能力，把这两个指标相减就得到主任务实际占用的能力，即脑力负荷。

辅助任务测量法建立在两个假定基础之上：

首先，人的能力是一定的，就像一个瓶子的容积一样。许多研究人员指出这个假设不一定成立。如果 $X + Y$ 并不等于1，那么即使 Y 已知，但仍然不能得到 X。要得到 X，首先应该知道 $X + Y$ 是否等于1。

其次，主任务与辅助任务应使用相同的资源。运用辅助任务法时，主任务与辅助任务所占用的主要心理资源种类应相互匹配，否则就无法测算出主任务实际的脑力负荷。例如，如果采用心算辅助任务去评估过程控制中监测任务的脑力负荷，就会由于心理资源不匹配而发生误估。因为心算任务需要言语、思维等心理资源，与监测任务的视觉、空间反应的资源十分不同。另外，辅助任务有可能会干扰或破坏主任务。为了防止和消除这种影响，应在脑力负荷测量时通过指导语，强调辅助任务的辅助性质，使操作人员始终把主要心理资源投入到主任务中。

辅助任务的种类比较多，有探测反应时任务、记忆搜索任务、脑力计算、监督等，都是作业负荷测量的重要方法。由于不同任务使用不同的资源，因而不同的主任务可使用的辅助任务也很不相同。

最后，辅助任务测量法的另一个缺点是它对主任务的干扰。当要求操作者同时完成两项任务时，除非主任务要求很低或操作者对辅助任务的注意力很低，否则辅助任务总会干扰主任务。这种潜在危害使辅助任务测量法很少用于实验室以外的场合。

（四）生理测量法

生理测量法在脑力负荷的测量中也十分流行，这种方法很少干扰主任务的作业，主要通过工作时某一生理指标的变化，来判断脑力负荷的大小。人们相信，当脑力负荷过重时，人的瞳孔直径、心率、呼吸、诱发脑电位等生理指标就会发生变化。研究表明，这些变化都与人的努力程度密切相关，因而都可能成为评量脑力负荷的具有前景的指标。

人们用生理指标测量人的体力劳动非常成功，用生理指标测量脑力负荷似乎也已经有广泛的应用前景，然而也有专家提出这种测量方法目前存在着一些无法解决的问题，这里最主要的问题是可靠性。生理测量法假定脑力负荷的变化会引起某些生理指标的变化，但是其他许多与脑力负荷无关的因素也能引起这些变化。用生理测量法的另一个局限是不同的工作占用不同的中枢神经处理资源，因而会产生不同的生理反应。一项生理指标对某一类工作适用，对另一类工作则可能不适用。

总之，用生理测量法测量脑力负荷的结果至今仍无法令人满意，但由于其具有客观性的特点，而且许多人确认脑力负荷的变化会引起某些生理指标的变化，因此生理测量法在理论上是成立的，目前仍有许多学者仍在推进这方面的研究。

以上四类测量方法，各有其优缺点，适合不同的测量目的。在工效学中，可以针对工作任务的不同性质、特点和要求，选用其中一种或几种方法，测算出脑力负荷的参数。一般来说，只要不干扰主任务作业，运用多种测量方法能获得更为可靠和有效的结果。

第四节　作业疲劳及其测量

一、疲劳概述

（一）疲劳及其后果

疲劳已经变成现代日常生活中最常用的词汇，疲劳现象已经成为当今职场普遍存在的严重问题。一项有近 29 000 名员工参加的大型调查证实了身体疲劳与生产率之间有密切关联，38% 的被调查者报告：他们在接受此调查前的两周内曾经历过疲劳、精力下降以及睡眠质量差等状况。调查结果还显示，与男性相比，女性体验到的疲劳水平更高；小于 50 岁的年轻员工体验到的疲劳水平更高；与黑人员工相比，白人员工报告的疲劳感更高（Ricci, Chee, Lorandeau & Berger, 2007）[①]。

疲劳问题虽然很早就引起生理学、心理学和工效学研究的注意，但究竟什么是疲劳，至今在学术界仍没有定论。疲劳研究的早期，常以生理功能失常和物质代谢为重点。认为疲劳是人体生理变化范围内的一种状态，它可以用功能失常或功能变态来表达。后来随着研究的不断深入，疲劳的概念越来越扩展，目前认为疲劳是一系列复杂现象的综合体，它不仅仅是由生理的，还由心理的、环境的以及社会的因素决定。从最广泛的意义上来看，疲劳是指人在活动过程中机体的某些部分或整体机能的下降或衰竭状态。这里的活动，既指人的动作活动，也指思维活动或精神活动。工效学中，谈及疲劳常常指因为工作以及环境的不舒适，带给操作者一系列负效果的综合指标，包括很多可观察到的生理上、心理上和行动上的变化。

尽管疲劳时人体究竟处于何种状态，还在进一步的研究与探讨中。但疲劳一旦发生，就会产生一系列生理和心理的明显特征和综合反应。

---

① 转引自［美］杜安·舒尔茨等著：《工业与组织心理学（第10版）》，上海人民出版社 2014 年版，第 276 页。

1. 疲劳对人生理的影响

伴随着疲劳，人体的生理功能出现失衡或障碍，导致机体很多系统的失常。长期的较严重的疲劳可造成"慢性疲劳综合征"甚至"过劳死"。

在疲劳状态下，一些可测量的机体指标会发生相应的变化，如心率加快、血压上升、呼吸急促、体温升高、头痛腰痛、肩膀发板、手脚发颤等等。医学专家们认为，长期持续的慢性疲劳患者在免疫系统、神经系统、内分泌系统等重要生命控制中枢都存在着异常。一位学者这样比喻慢性疲劳患者的机体：这时的机体好比是一辆电池不足、发动机也有毛病的车，仅充电或维修发动机汽车都不能发动，只有二者都好，汽车才能发动，休息只是充电，如果不能修复机体的故障，人仍然不能恢复正常。

"过劳死"一词源自日本，最早出现于日本 20 世纪七八十年代经济繁荣时期，它并不是临床医学病名，而是属于社会医学范畴。在日本它被定义为：由于过度的工作负担（诱因），导致高血压等基础性疾病恶化，进而引起脑血管或心血管疾病等急性循环器官障碍，使患者死亡。《朝日新闻》2000 年曾报道过日本大型商社三井物产的课长石井淳在出差执行公务时，因急性心力衰竭猝死于下榻的饭店事件[1]。据说，石井每年有 100 多天马不停蹄地奔波于海外各国，终因劳累过度体力不支而丧生。据报道，日本每年有 1 万人因过劳而猝死。1994 年，日本劳动省正式把工作"过劳死"列为职业灾害，随后又把"过劳"正式列为职业病的一种，并将其写进日本法律。2011 年 3 月中国台湾修订《劳动基准法》，大幅提高雇主违反该法处罚的力度，防止员工过劳死。有报道称，中国已成为全球工作时间最长的国家之一，人均劳动时间已超过日本和韩国，2021 年《中国人健康大数据》显示，中国 7 成成人有过劳死的危险，76% 白领处于亚健康状态[2]。过劳死尤其是青壮年过劳死现象再次成为人们关注的焦点。

2. 疲劳与疲劳感

疲劳会导致疲劳感。从心理角度来说，疲劳是一种特殊的、独特感受的心理状态。疲劳是多种感受体验的综合，这些感受包括无力感、注意力涣散、感觉迟钝、动觉紊乱、思维与记忆障碍、意志衰退、睡欲强烈等。这些主观感受，称疲劳感觉或疲劳感。正是由于人们对疲劳有这些主观感受，才防止了人们的过度劳累，而不会像机器那样只能运转到报废为止。

但疲劳与疲劳感二者之间并不严格对应。疲劳是相对客观的，但疲劳感却带有主观的色彩。在多数情况下，疲劳与疲劳感是相一致的，但有时二者并不同时发生。有时客观疲劳已经产生，但主观的疲劳感尚未发生或推迟发生；有时身体并不疲劳或疲劳还未发生，但有些人已经出现疲劳感。

---

① 钱红日编著：《日本概况》，南开大学出版社 2004 年版，第 273 页。
② 人民网：《中国人健康大数据》，载于 http：//data.people.com.cn/，2021 年 5 月 10 日。

（1）疲劳感的可耐性。疲劳达到一定程度后，人体产生疲劳感。不同的人，可耐的程度有所不同，有的个体客观疲劳已经发生并积累到一定程度，但疲劳感却未发生，称疲劳的可耐性。

（2）疲劳感的滞后性。疲劳的产生与感受有一个过程。对于有些人这个过程可能比较长，机体已经发生疲劳，但疲劳感延后发生。如过于关注自己的工作，责任心很强，积极性很高时，疲劳感滞后发生。

（3）疲劳感的超前性。机体并未进入疲劳状态，但主观体验上已有疲劳的感觉。如当人们对作业不感兴趣、缺乏动力时，疲劳感会超前产生。

（4）疲劳感的影响性与传染性。疲劳的感受可以相互影响。一方面，一个坚定的领导者，在应急事件中，个人的坚持往往可以影响属下克服疲劳感，按时完成紧急任务，就是疲劳的影响性。另一方面，一些人对疲劳的暗示能波及其他许多人，使疲劳传染蔓延，即疲劳的传染性。传染性也是疲劳影响性的一种表现。

疲劳的可耐性和滞后性常常造成人的过度疲劳，长期下去，甚至会积劳成疾，导致慢性疲劳综合征。而疲劳的超前性和传染性，则会对工作效率造成负面影响。

3. 疲劳与效率和安全

疲劳还致使工作者工作质量下降，产出数量减少，废品率增加，操作屡屡失误，而且增加事故的发生率。

早在 20 世纪 20 年代，苏联著名疲劳研究学者凯科切耶夫就已指出："疲劳者的劳动极不经济，为了达到一种结果，疲劳的人要比精力充沛的人消耗更多的能量。[1]"

（二）疲劳的分类

疲劳是一种相当复杂的生理心理现象，为了更深入地了解与研究疲劳，学者们对疲劳进行了多种不同的分类。根据疲劳的性质，可分为生理性疲劳与心理性疲劳；根据疲劳发生的部分，可分为肌肉疲劳、脑力疲劳与技术性疲劳；根据疲劳的原因可分为环境疲劳和作业疲劳；根据疲劳发生的状态，分为急性疲劳与慢性疲劳；根据疲劳的程度分为一般疲劳、过度疲劳与重度疲劳；其他还有病理性疲劳、缺氧疲劳或静态疲劳；等等。

1. 体力疲劳

体力疲劳也称肌肉疲劳，是较长时间骨骼肌反复用力收缩、能量消耗过度而产生的体力不足、肌肉酸痛、工作效率下降的现象。体力疲劳可分为全身性疲劳与局部疲劳。全身性疲劳，主要是全身参与较为繁重的体力劳动所致，表现为全身的肌肉关节酸疼、疲乏，不愿意活动等。主观上有疲劳的感觉，客观上作业能力明显下降，错误增加，操作迟钝混乱，警觉性降低甚至于打瞌睡、不愿工作、体力与脑力绩效下降等。局部疲劳

---

① 顾培亮主编：《工业工程基础》，中央广播电视大学出版社 1994 年版，第 245 页。

常常发生在仅需要个别器官或肢体参与的紧张作业，身体相应部位产生的疲劳。如长期看书会使眼睛感到疲劳，长时间抄写会使手指和手腕感到酸痛等。局部疲劳发生在局部，一般不影响其他部位的功能。例如当抄写累了时，一般不影响看书，反之亦然。而当发生全身性疲劳时，往往会影响到人体各部位的功能。如从事一天的重体力劳动后，可能连电视也没精神看，尽管在体力劳动中，眼睛并未受累。

2. 脑力疲劳

脑力疲劳是由于感觉系统和精神上的超负荷所致，它能影响执行高强度的体力任务和认知性任务的能力。本质上，任何超出人能力的连续脑力消耗任务都会产生脑力疲劳。一般情况下，人们会在一整天的工作将要结束时产生一定的脑力疲劳，同样深夜工作和学习也会产生脑力疲劳。另外，工作单调也是产生脑力疲劳的因素之一。千篇一律重复出现的刺激，使人的兴奋始终集聚于局部区域，而其周围很快产生抑制状态，并在大脑皮质中扩散，经过一段时间后，就会出现脑力疲劳现象。

脑力疲劳表现为头昏脑胀、全身乏力、嗜睡或失眠、易激怒、肌肉松弛等，同时人们很难集中精力，大脑保持信息更加困难，工作任务似乎变得更加复杂，经常发生工作失误。严格地讲，脑力疲劳是一种局部疲劳，是人的信息处理系统的疲劳，这时人的肌肉系统一般来说并没有疲劳（虽然有时主观上可能感到疲劳）。因此，这时进行一下体育锻炼，脑力疲劳不仅不会增加，还会得到相应的减轻。

脑力疲劳与体力疲劳有所不同，它易受情绪的影响。消极的情绪使操作者体验到更多的疲劳效应，积极情绪往往降低操作者的疲劳感受。如重大比赛结束后，胜负双方的脑力疲劳体验就是一个极为典型的例子。

3. 其他常见疲劳

（1）技术型疲劳。

常见于脑力与体力并重、神经紧张型作业，如飞机驾驶、轮船驾驶、复杂自动化设备的操作等。这种疲劳与全身性疲劳和脑力疲劳并无本质区别，其表现会因为作业性质而有所侧重。如卡车司机疲劳时，除全身乏力外，主要是腰酸腿疼。复杂自动化设备的操作员则主要表现为头昏脑胀、嗜睡或失眠。

（2）急性疲劳与慢性疲劳。

短时间内的剧烈作业或过重体力劳动造成的是急性疲劳，其恢复期较短，只要及时减轻或消除劳动负荷，适当休息，即可恢复。

由于工作时间过长疲劳得不到恢复，长期慢慢积累的是慢性疲劳，其恢复期较长，要进行长期的治疗和休养，如果得不到妥当处理，就会积劳成疾。

（3）过度疲劳与重度疲劳。

过度疲劳是在连续和过长时间的工作中形成的，它影响到思维的准确性，而且对神经系统有不良作用，使人厌倦工作。重度疲劳在程度上已经接近病态，有造成创伤的危险。

（三）疲劳的特点

人体疲劳还具有如下特点：

（1）疲劳有积累的倾向，疲劳未消除可留到下一天。

（2）在人体生理周期中，机能下降时发生的疲劳感较重，在机能上升时发生的疲劳较轻。

（3）青年人产生疲劳较小，年纪大的人产生的疲劳较大。

（4）疲劳不但使作业能力降低，同时也有使作业意志减弱的趋向。这种现象主要是由人体自动无意识限制劳动和对休息的需要而产生的。

（5）一定限度内的疲劳可以恢复。经过休息，身体有可以完全恢复原状的能力，不会留下损伤身体的痕迹。另外，肉体疲劳比精神疲劳更容易恢复。

（6）人对疲劳有一定的适应能力。一定限度内的疲劳，不但可以恢复，而且往往是有益的。在一定限度内，人体能够对疲劳形成适应，并由此培养机体的耐力和人的意志毅力。

（7）环境因素直接影响疲劳的产生、加重和减轻。例如，噪声可加重甚至引起疲劳，而优美的音乐可以舒张血管、松弛紧张的情绪而减轻疲劳。

（8）需要单独提出的一个致疲劳因素就是单调。有一种疲劳状态是由于作业内容和作业环境变化太小引起的，当作业内容和环境改变时，疲劳可以减弱甚至消失。单调是导致疲劳的重要因素。美国心理学家格雷认为："工作的枯燥无味，使美国工业每年损失 400 万美元，它们中间许多是可以避免的①。"

二、疲劳的产生机理及其测量

（一）疲劳产生机理的早期研究

疲劳产生机理，是目前疲劳研究中比较复杂也是出现争议较多的领域，存在许多不同的解释，早期较常见的理论如下：

（1）疲劳物质累积机理。该理论认为：短时间大强度体力劳动所引起的局部肌肉疲劳，是由于乳酸等疲劳物质在肌肉和血液中大量积累引起的。

（2）力源耗竭机理。较长时间或中等强度劳动引起的疲劳，既有局部肌肉疲劳，又有全身性疲劳。此时局部肌肉疲劳不是由于乳酸积累所致，而是肌糖原贮备耗竭之故。

（3）生化变化机理。全身性体力疲劳是由于作业及其环境所引起的体内平衡紊乱

---

① 李红杰、鲁顺清主编：《安全人机工程学》，中国地质大学出版社 2006 年版，第72页。

状态，引起这种平衡紊乱的原因除包含局部肌肉疲劳的原因外，还有许多其他原因，如血糖水平下降、肝糖原耗竭、体液丧失、体温升高等。

（4）局部血液阻断机理。静止作业引起的局部疲劳，是由于局部血流阻断引起的。因为肌肉收缩时，肌肉横截面积膨胀，使肌肉变得非常坚硬，其内压可达几百毫米汞柱，因此会部分地或完全地阻断血液通过收缩的肌肉。肌肉张力增加超过30%时，血液开始减少，引起供氧不足，乳酸开始堆积；当达到70%时，血液完全停止。

（二）疲劳的中枢神经变化机理

早期的疲劳研究从人体特定的生理结构推断疲劳的产生，都忽视了神经系统在疲劳产生方面的作用。直到18世纪，瑞士生理学家哈勒提出：刺激神经远比刺激肌肉本身更易引起肌肉收缩。之后，巴甫洛夫学派的神经理论以及对脑生理的其他大量研究，为疲劳研究的深入进行提供了理论依据。

近年来，生理心理学和神经生理学等领域的研究，使人们对作业疲劳和正常状态下中枢神经系统的作用有了进一步的认识，尤其是对激活系统与抑制结构的作用有了更新的认识。大量的研究表明，神经系统，特别是高级神经系统，对于工作以及疲劳有着很大的激活制约作用。

相关研究提出，人的大脑内有一个专门负责使皮层保持觉醒和警觉的神经系统。这个位于中脑的网状结构，称为激活系统。意识、感知和思维活动区域的大脑皮层发出的冲动，由神经通路返回激活系统。这种"离皮层反馈"，刺激上行网状激活系统，从而维持皮层和行为的唤起状态，增强皮层活动。同时，激活系统能够刺激植物性神经中枢，使内部器官发生运动性变化。人的大脑还包含一个能够主动抑制行为的系统。这个抑制结构位于脑干的下部，直接影响和抑制上行网状激活系统，从皮层下结构到大脑皮层，抑制皮层的功能。

劳动心理研究认为，作业疲劳的大多数症状实际上都与皮层的抑制有关。例如，脑电波的许多变化，都与疲劳时的行为抑制有关；觉醒状态的减弱会影响注意，这正是疲劳的主要标志之一。因此，员工的作业能力在很大程度上取决于激活和抑制系统的活动状态。抑制系统起支配作用，个体处于疲劳阶段；如果激活系统占优势，就能够提高作业水平。研究表明，创设新异、变化的工作情境，设计使人感兴趣的任务，都会激发人的唤起水平，减轻疲劳感觉。

（三）疲劳产生的心理机制[①]

前述关于疲劳的生理产生机制，揭示了疲劳产生、积累的生理规律。然而疲劳是一

---

① 石金涛等编著：《安全人机工程》，上海交通大学出版社1997年版，第75～79页。

个相当复杂的现象，大量的研究表明，劳动者的情绪、动机和态度等心理因素，也是疲劳产生的重要因素。

1. 疲劳的动机理论

实际工作中，劳动者的疲劳体验（产生疲劳的速度和强度）随着工作动机而波动。动机是行为的原因，能影响人的情绪和心境，并调节员工对工作的态度，成为影响员工疲劳产生、积累的一个极为重要的因素。美国心理学家迈尔（R. F. Marier）在前人实验结果的基础上，开展了动机—疲劳—能量消耗三者关系的研究。

迈尔认为，每个人的总能量是相对稳定的常量。每个人每天都在不自觉地根据自己的需要层次、优势动机水平对总能量系统进行合理的分配，并将它按不同比例分配到工作、学习、生活、娱乐等各个不同的方面。一个人分配给工作任务的能量值，会直接影响他的工作效率和疲劳程度。

劳动者工作 8 小时后，普遍感到比较疲劳，但如果有人建议下班后去踢一场足球，热爱足球的人多半会满口答应，并精力充沛地活跃在球场上，因为个体储存的其他能量发挥了作用，同时也说明劳动者的总能量并没有耗尽在工作中，之所以感到疲倦只是因为把分配给工作部分的特定能量耗尽而已。

2. 心理阻滞现象

当劳动者从事需要注意力集中但又比较单调、机械的工作时，往往会产生心理阻滞和心理饱和现象。

心理阻滞现象指劳动者从事单调、注意力集中的作业时，自发地产生极其短暂的停顿现象。心理阻滞的时间，一般只有几秒钟，但在许多情境下，每分钟会发生多次阻滞。

心理阻滞现象是人类自我保护而表现出的一种自动休息的机能。这种自动保护机制，使人在需要集中注意力的紧张作业中，通过极短暂的松弛，使有关的生理机制得到适当的休息，从而保证劳动者能够坚持较长的工作时间。

一般来说，劳动者在需要保持注意力集中的作业中，每分钟产生的阻滞次数保持在 2~6 次的范围内。但随着作业时间的延续，劳动者产生的阻滞次数和每次发生阻滞的时间也随之增加。因此，心理阻滞对作业活动具有消极作用。在阻滞时刻，往往容易发生错误或事故，降低作业效率。

心理阻滞的次数和长度与劳动者的疲劳有关，它们随着疲劳的积累而增加，因此，可以运用心理阻滞作为测量心理疲劳的一个指标。

3. 心理饱和现象

"饱和"一词来是化学术语，是指在一定温度和压力下，溶液所含溶质的量达到最大限度，不能再溶解，一般泛指事情发展到最大限度。心理饱和现象是指，劳动者在长时间从事单调重复性劳动时，容易产生厌倦情绪，心理活动能力逐渐下降，最后感到精疲力竭，无法继续维持作业的现象。

德国心理学家卡斯特（Karsten）曾以大学生为试验对象，进行了一系列关于心理饱和现象的实验。其中一个实验要求被试在纸上画线，线的模式为三条线一组，两条线一组，相互间要有间隔。被试者在实验中必须按这个模式不断地重复，一张又一张连续工作，不得停顿。

实验表明，随着画线持续时间的增加，工作质量逐渐下降，大约4小时后，被试者普遍不能再工作，达到完全饱和状态。从开始画线到无法画线的过程，可分为四个阶段，如图7-5所示。

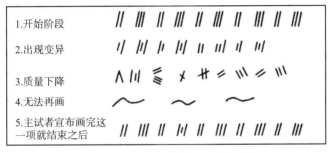

图7-5 画线实验中的心理饱和现象

资料来源：石金涛等编著：《安全人机工程》，上海交通大学出版社1997年版，第79页。

卡斯特的实验还表明，心理饱和现象主要是心理疲劳。当主试者宣布"画完这一项就结束"或"请写上自己的名字"时，被试的书写能力立刻戏剧般地恢复了。由此可以认为，饱和是由心理疲劳引起的，它属于一种心理现象。

事实上，疲劳的产生可能是由于以上各种理论中的因素综合作用所致。人的中枢神经主管人的注意力、思考、判断等功能，不论脑力劳动还是体力劳动，最先、最敏感地反映出来的是中枢神经的疲劳，随后反射运动神经系统也相应地出现疲劳，表现为血液循环的阻滞、肌肉能量的耗竭、乳酸的产生、动力定型的破坏等。

（四）疲劳的测定

疲劳的测定问题，一直是人类工效学与劳动卫生学领域不可或缺的重要内容。但是，由于疲劳有多种类型、多种症状和多种机理表现，疲劳的测量方法也是多种多样的。许多研究者认为，疲劳可以从三种特征上表现出来：①身体生理状态的变化，例如心率、血压、血液成分等发生变化；②疲倦的自我体验，疲劳发生时，作业者会产生显著的疲劳感觉，作业者能够非常明确地分辨自己的疲劳体验；③进行特定作业的能力显著下降，如对特定信号的反应速度、正确率、感受性等能力下降。

因此，疲劳的测量方法大体上分为四类：生化法、生理心理测试法、主观量表法及工作绩效法。

1. 生化法

生化法是通过检查作业者的血液、尿、汗及唾液中的成分变化来判断疲劳。这种方法的不足之处在于：测定时需要作业者停止作业活动，并容易给被测者带来不适感。生化法包括：

（1）乳酸量测定法。正常成人在静止时血液中含乳酸含量为 6%～18%，平均值为 10%。疲劳时，体内乳酸含量显著增加，重体力劳动后，可增加至 100% 以上。

（2）肌酸量测定法。当人体疲劳时，肌酸量显著增加。可以根据肌酸量的变化，判断机体是否发生疲劳。

其他生化指标还有：血液中氢离子浓度的 pH 值、血糖量、尿液成分，等等。

2. 生理心理测试法

由于疲劳能够直接引起人们身心功能的失常，所以可以通过连续记录一些生理心理变化的状况，如心率、血压、肌电、反应时间等来测量疲劳。

（1）脑电图测量（electroencephalogram，EEG）。

人脑在清醒、兴奋、松弛、困倦、入睡、深睡等状态下，脑电波频率、振幅有着明显的不同。所以科学家把脑电图的变化用作评价人体疲劳的客观指标。这种方法具有较高的客观性，但相对比较复杂，对测量条件的要求较高，所以过去这种方法大都用在实验室，主要用于脑力劳动或警觉性工作，如汽车驾驶等的研究。随着科学技术的进步，EEG 仪器会越来越可靠而且便宜，EEG 的使用也将会越来越普遍。

（2）肌电图（electromyogram，EMG）测量。

这种方法与 EEG 相似，只是测量的对象不再是脑电波而是肌电波。它通过测量某一块肌肉的电波来判断这块肌肉的疲劳情况。研究表明，在肌肉疲劳的早期阶段，中枢神经系统可以起到"补偿"机制的作用。因为在疲劳早期，虽然肌肉的收缩能力基本没有变化，但肌电图记录的肌电活动却加剧了，这说明出现早期疲劳时，参加收缩的肌纤维数量不断增加。随着疲劳程度的增加，肌肉疲劳超出了中枢神经系统的补偿能力，肌肉收缩力下降和肌肉运动变慢，肌电信号开始减弱。

这里有一个问题需要注意，有时肌电信号的增强并不表示这块肌肉的疲劳增加，可能是肌肉所承担的负荷增加。为了克服这个问题，在通过对比测量疲劳时，应使工作前和工作后所测肌肉处的负荷相同。

（3）闪光融合频率（critical flicker frequerncy，CFF）测定法。

在过去的几十年中，越来越多的学者，特别是日本学者，采用闪光融合频率（CFF）来测量疲劳。具体做法是，让被测试者观看一个频率可以调节的闪光灯，当闪光灯的频率很高时，被试者看不出灯在闪。然后逐渐降低闪光频率，使被试者看出灯在闪，记下这时闪光灯的频率。再把闪光频率调到最低，逐渐增加闪光的频率直到被试者看不到闪光为止，记下这时的闪光灯频率，CFF 就是这两个临界值的平均值。

CFF 是与大脑皮层的活动水平密切相关的指标，因此，可以用来反映人体疲劳程度。在闪光融合频率降低时，表示人的疲劳程度增加了。CFF 具有日周期变化的规律，中午的 CFF 值最高，早晨 5 ~ 6 点钟最低。研究发现，5 ~ 6 点事故率非常高，推测与 CFF 节律有一定的关联性。

闪光融合频率因人而异，因此使用此方法时应比较同一被试者在工作前和工作后的闪光融合频率的差异。当这个差异大于 20% 时，一般可以认定工作使这个人变得疲劳，若小于 20%，则说明疲劳并不显著。

（4）触觉两点辨别阈值测定法。

当皮肤表面有两点同时受到刺激时，能够辨别出两点刺激的最短距离叫触觉两点辨别阈值。相关专家用阈值的变化来判断疲劳的程度。疲劳时，感觉功能迟钝，使两点之间辨别间隔增大，通常刺激的部位是右面颊上部，取水平方向。

表 7 - 13 是温斯顿给出的实验结果。

表 7 - 13　　　　　　　　　人体皮肤不同部位的触觉两点辨别阈值　　　　　　单位：毫米

中　指	2.5	上　唇	5.5	前　额	15.0	肩　部	41.0
食　指	3.0	面　颊	7.0	脚　底	22.5	背　部	44.0
拇　指	3.5	鼻　部	8.0	腹　部	34.0	上　臂	44.5
无名指	4.0	手　掌	11.5	胸　部	36.0	大　腿	45.5
小　指	4.5	大足指	12.0	前　臂	38.5	小　腿	47.0

资料来源：陈毅然主编：《人机工程学》，航空工业出版社 1990 年版，第 292 页。

（5）皮肤电流反应测定法。

皮肤电流反应，是把电极任意安在人皮肤的两处，以微弱电流通过皮肤，用电流计测定人受到特殊刺激时所发生的电流变化程度。疲劳时皮肤的电传导性增高。

（6）膝腱反射阈值测定法。

它是通过测定由于疲劳造成的反射机能的钝化程度来判断疲劳的方法。这种方法不仅对肉体疲劳有效，对精神疲劳的判断也是有效的。测定时胶锤落下使膝腱反射的最小落下角度（称膝腱阈值），疲劳时阈值增大。轻度疲劳时作业前后阈值差 6 ~ 10 度；疲劳较重时超过 10 度，更高可达 16 ~ 30 度。

（7）心理测量法。

这种方法是测量人的感觉、知觉和反应能力。一般来说，疲劳使人的这些能力下降。具体的测量方法有许多，如简单反应实验、记忆实验、模拟驾驶实验、打字、脑力计算、集中注意力，等等。但使用这些方法测量疲劳时要注意：第一，许多其他条件也会影响到实验结果，这给解释实验结果增加了许多困难。第二，实验往往使被试者变得比较兴奋，这会使他们的疲劳被暂时赶跑（至少在短时间内）。第三，若实验时间过长，实验任务本身也会给被试者带来疲劳。

上述所有方法的不足之处是，测定疲劳过程不能与作业者的作业过程同时进行。能够克服这一不足的检查方法是心率、血压测定法。这两种测量可以通过遥控检测装置，在作业过程中予以观测。

3. 主观评价法

主观评价法的原理是：在一般情况下，人们对疲劳相当敏感。疲劳发生后，作业者一般会有明显的自觉症状。如注意力不集中，短时记忆差，也可以表现为视觉障碍如视物模糊、对光敏感、眼睛痛。另外在心理方面也存在着一些障碍，如抑郁、易怒、焦虑、盲目攻击以及个性的变化和情绪波动等。身体方面还会出现许多不适，如呼吸变短、眩晕和平衡障碍、对冷热敏感、不规则的心脏跳动、不同程度的头疼、头昏、浑身无力、睡眠后精神不能振作、肌肉抽搐等。因此，不论是局部疲劳还是全身性疲劳，其程度完全可以自己评定。

主观评价的主要工具是疲劳调查问卷。疲劳调查问卷一般由若干疲劳症状组成，要求被调查者回答症状的有无，然后计算疲劳的程度。目前国内外已有不少关于疲劳的测量量表，如职业疲倦量表（MBI）、哥本哈根工作疲劳量表（CBI）、职业恢复量表（OFER），三维工作疲劳量表（third dimensional work fatigue inventory，3D – WFI）等[①]。

在作业疲劳的调查中，日本产业卫生学会产业疲劳研究会于 1970 年制定公布的《疲劳自觉症状调查表》，影响最大。该量表不仅能了解与作业负荷相对应的症状和疲劳症状随时间的变化情况，而且能进行疲劳因子分析，因此在产业疲劳调查中应用最广泛。

《疲劳自觉症状调查表》雏形形成于 1920 年左右，至 1954 年，当时的日本产业卫生学会产业疲劳委员会设立标准化委员会，以桐原氏 1950 年的《作业后症候调查（60 项目）》为基础，制定了《（疲劳）自觉症状调查表》。1954 年版共含 30 个项目，分为身体症状、神经症状和精神症状三个方面，每一方面包含 10 个反应。1970 年，日本产业卫生学会根据使用过程中的问题，对其进行了修订。1970 年版仍旧维持 30 个项目，但具体内容有所改动，并将三个方面改为"困倦感、注意集中困难和身体局部不适"。1970 年的版本沿用达 30 年之久，深受好评。近年来，随着产业与社会发展，原表中的某些项目已不适于当今产业、作业等方面的变化，计分方式也不够具体细致。因此，日本产业卫生学会于 1999 年、2002 年又对其进行了 2 次修订。

---

① 楚克群、佘少华：《三维工作疲劳量表的中文版修订》，载于《现代预防医学》2019 年第 46 卷第 1 期，第 99～101 页。

2002 年版疲劳自觉症状调查量表（cumulative fatigue symptoms index，CFSI）由 5 个群组，共计 25 个项目构成。量表采用李克特 5 点计分方法，各项目根据程度分为 1（一点都没有）至 5（非常有）5 个阶段，调查对象在相应项目和程度上划圈，并计算最终得分。项目群和各群包含的具体项目如表 7 – 14 所示。

表 7 – 14 疲劳的自觉症状

Ⅰ群（困倦感）	Ⅱ群（不安定感）	Ⅲ群（不快感）	Ⅳ群（乏力感）	Ⅴ群（模糊感）
犯困	感到不安	头痛	手臂没力	眼睛有些睁不开
想躺下来	心情忧郁	头重	腰疼	眼睛很累
打哈欠	感觉静不下心来	感觉心情不好	手或手指痛	眼睛痛
没有干劲	脾气急躁	头脑发呆	腿酸乏力	眼睛干
全身无力	思路很乱	头昏	肩酸	视线模糊

资料来源：黄河、耿东：《日本〈自觉症状调查表〉（2002 版）在中国制造业工人的应用性研究》，载于《人类工效学》2009 年第 3 期，第 27 页。

4. 作业绩效测量法

正如我们在本章开始时介绍的，一般来说，疲劳状态下，员工的工作数量和质量均会下降。因此自然地可以由此反推，当工作数量或工作质量开始下降时，疲劳也就产生了。因此通过员工工作效率的下降程度，可以判断作业者的疲劳程度，但是这种方法有其难以克服的弱点：第一个弱点是员工工作效率下降的原因很多，疲劳只是其中的一种，也就是说，员工工作效率的下降既可能是由于疲劳因素引起的，也可能由其他原因引起，如工作态度不积极。因此仅靠工作绩效法测量疲劳是不够的，必须与测量疲劳的其他方法结合起来使用。第二个弱点是有时当人们感到疲劳时，人们可以通过增加自己工作的努力程度使自己的工作绩效至少在短时期内保持在一个满意的水平。尽管有这两个缺点，但用工作绩效法测量判断疲劳仍然是最常用和适用的方法，因为它简单易行，而且相对客观。

工作绩效测量法的通用性较高的项目列举如下：

（1）单位时间内作业量或者作业周期记录。

（2）操作程序及其时间的分配记录。

（3）动作轨迹或者姿势变位记录。

（4）作业失误记录等。

以上方法从不同角度测量了作业疲劳。疲劳研究中，应根据不同的工作特点和情境特征选用适当的方法。无论哪一种工作，如果只用单一方法进行疲劳测量，都容易出现误估。因此应尽可能运用多种方法，并注意把心理测量、行为观察和有关身体功能的生理测量结合在一起，相互验证相互补充。有关作业疲劳研究的新趋势，是以时间取样方法，通过多种生理仪器进行连续记录，并对测量结果进行多元分析。在企业实践中，主要还是根据生产记录、意外事故和某些心理测量结果，评估作业疲劳。

三、降低疲劳的措施

作业疲劳发生机理及测量研究的目的，是发现、减轻乃至消除疲劳，从而提高工作绩效，增进员工身心健康。工效学主要从工作、工作环境以及人与工作的匹配等方面提出减轻作业疲劳的方法。

（一）科学设计工作，改进工作特征

工作特征包括工作内容、工作负荷、时间压力、角色定位、工作姿势、工作速度、工间休息、轮班、用力方式和操作程序等一系列工作相关特征。例如：使作业者处于合理的作业姿势，可以减少能量消耗，降低疲劳。以搬运重物为例，若以肩挑的耗氧量为基准记为100%，则一肩扛的耗氧量为110%，单手提的耗氧量可达140%。

增加休息时间。消除疲劳的最好方法是休息，休息好了，不仅可以消除已有的疲劳，还可以推迟下一次的疲劳。如果休息不好，下一次疲劳则会很快产生，造成恶性循环。

（二）改善工作条件和工作环境

1. 改善噪音、温度和照明等工作环境

照明、噪音、色彩、振动、温度、湿度等环境的设计不良，都能引起操作者的心理紧张，增加操作者肉体和精神的负担，容易引起疲劳。如工作面的照度对作业疲劳的影响很大，尤其对一些视觉要求比较高的作业任务，疲劳效应更为明显，因此，应注意设计合理的照明环境。要改善工作环境达到"舒适的范围"，同时合理布置工作场所，使操作者在劳动过程中感到安全、舒适、方便。

2. 改变工作条件

提高机械化自动化生产水平、改进设备和工具、采用先进的生产技术和工艺，等等。这些是提高劳动生产率，减轻劳动强度，消除繁重、紧张、单调的劳动，以及彻底改善劳动条件的根本措施。正如前面已经指出过的，把人作为一种工作动力的话，效率是非常低的，而且人是一种非常容易折损（疲劳）的工作动力，因此在条件允许的场所，应使用更先进的设备取代劳力。

用先进机器设备可以降低人的体力劳动强度和疲劳，这是人们都认识到了的事实。但是随着科学技术的进步，用先进的机器设备还可以降低人的脑力负荷和精神疲劳。如现代飞机驾驶舱的计算机大大降低了飞机驾驶员的作业负荷，进而减少了他们的疲劳。

此外，工作台面、工作椅、人机界面、作业空间与作业场所等也是工作条件的重要组成部分。

（三）因人制宜，合理配置工作岗位

人的能力是有差异的，不同的人做相同的工作产生的疲劳是不一样的。一个力量较小的人做体力劳动相对于一个身强力壮的人更容易疲劳；一个没有经验的人解决一个问题可能比一个经验丰富的人更容易感到身心交瘁。因此解决疲劳的另一个有效方法是把不适于某一工作的人从这一岗位调开。

另外，人在生病时，作业能力受到了削弱，病人此时的能力可能已不能胜任工作。正像一个能力较差的人一样，病人在工作时特别容易疲劳。因此，带病参加工作是不应该鼓励的。

消除疲劳提高效率是工效学最重要的目的，上述每一种方法都对这一目的有着十分重要的作用。这些方法的具体深入讨论分布在工效学的各个章节之中。

复习与思考

（1）如何对劳动强度进行分级？

（2）脑力负荷的主观评价方法有哪些？使用主观评价法时需要注意哪些事项？

（3）疲劳与疲劳感有着怎样的关系？

（4）疲劳对个体与组织会产生哪些不利影响？

（5）疲劳的主观测量方法实际操作步骤有哪些？

（6）疲劳的控制途径有哪些？

视野拓展

个人疲劳强度

个人疲劳强度量表（checklist individual strength，CIS）由维卡林恩（Vercoulen J. H.，1994）等研究编制，并应用于慢性疲劳综合征人群，其内部一致性、折半信度、区分效度、反应度等品质在多发性硬化病人和健康人群中得以证实。我国学者杨莉莉、孙秋华通过对 CIS 量表进行翻译、回译后，并对中译本的信度和效度进行检验，结果内部一致性检测理想，因子结构与英文版一致，中译版也具有较满意的结构效度和信度。

CIS 包括 4 个子量表，由 20 个条目组成，其中 11 个条目为反向问题，因子 1（条目 6、9、12、14、20）主要是对自身身体状况的主观评价；因子 2（条目 3、8、11、13、19）表现注意力方面；因子 3（条目 1、4、7、10、16、17）包含了体力和主观疲

劳感两方面的内容；因子4（条目2、5、15、18）表现动力方面。

量表按7个分值点评价，从1~7分，从"非常同意"逐渐过渡到"非常不同意"，总分高于76分者为高值，用于测量疲劳严重度和疲劳的行为结果。

表 7－15 CIS 量表

序号	条目	序号	条目
1	我感到累	11	我能比较好地集中注意力
2	我感觉到很有活力	12	我能感觉到休息好了
3	我觉得我思维变慢了	13	我集中注意力有困难
4	我感到身体很疲劳	14	我感到身体状况差
5	我想做有意思的事情	15	我有很多计划
6	我感觉良好	16	我很快就累了
7	我一天中能做相当多的事情	17	我精力有限
8	我做事时能很好地集中精力	18	我做任何事不很热切
9	我感到自己虚弱	19	我精神容易涣散、走神
10	一天中我不能做太多的事情	20	我的身体状况还不错

资料来源：吴春薇、刘占东等：《个人疲劳强度问卷中译本在脑梗死患者中的临床应用与评价》，载于《中国康复理论与实践》2008年第14卷第2期，第116~118页。

第八章

工作时间制度与管理

"睡眠和休息丧失了时间，却取得了明天工作的精力。如果有什么蠢人，不知此理，拒绝睡觉，他明天就没有精神了，这是个蚀本生意。①"

——毛泽东（革命家、理论家、战略家）

工作时间制度主要是指工作日（或工作周）的长短与安排。它是员工职业生活质量的重要组成部分，也是衡量一国产业环境的重要指标。它极大地影响着员工的工作效率、工作意愿及员工权益。因而日益受到员工、企业管理者和整个社会越来越高的关注。企业角度的工作时间制度管理主要包括：工作日长短的确定、间隔休息时间的安排、上下班时间的选择以及轮班制的设计等方面的内容。

第一节　工作日的历史变迁

工作日长短是指一个工作日持续时间的长短。它主要指实际工作时间的长短，同时也包括工间休息时间、等活窝工时间、开会清扫时间和接受与工作直接相关的教育培训时间，而午休时间及上下班路途时间一般不包含在工作时间之内②。

农业社会时期，在人类最古老的工作——农业中，农民是根据太阳和工作量的多少来决定自己一天的工作时间的。日出而作，日落而息，因而一天的工作时间有长有短。在农忙时，一天工作十几个小时，而农闲时，工作时间只有几个小时。

一、工业革命早期的工作日

工业革命以后，电力的发明使得照明条件大大改善，这样夜晚工作成为可能，于是员工每天的工作时间被延长至十多个小时。

---

① 毛泽东著：《毛泽东选集》（第一卷），人民出版社1991年版，第211页。
② 注：司法实践中对工作时间的认定，一般是按照员工是否因为公司的原因而无法自由支配自己的时间而认定的。因此，特殊时间段如午餐休息时间、下班洗澡时间，若不想被认定为工作时间，就不能在该时间段限制员工的自由支配权。

管理工效学

至此，无论在农业社会还是工业革命早期，工作时间的制定主要考虑的都是自然及客观条件的限制和工作的需要，很少考虑人体本身的体能变化及特点。尤其是工业革命时期客观条件改善以后，工作时间被过度地延长，严重损害了员工的身心健康和利益。

专栏 8.1：工厂主和领主对剩余劳动的贪欲

1850 年制定的工厂法规定，一周平均每个工作日为 10 小时，即一周的前 5 天为 12 小时，从早晨 6 时至晚上 6 时，其中包括法定的半小时早饭时间和 1 小时午饭时间，净做工时间 10.5 小时，星期六为 8 小时，从早晨 6 时至午后 2 时，其中有半小时早饭时间。每周净工作时间为 60 小时。为了监督法律的执行，设置了专门的工厂视察员，直属内务部，他们的报告由议会每半年公布 1 次。这些报告不断地提供关于资本家对剩余劳动贪欲的官方统计资料。让我们听一听这些工厂视察员的报告吧。

狡猾的工厂主在早晨 6 点前 1 刻就开工，有时还要早些，有时稍晚些，晚上 6 点 1 刻才收工，有时稍早些，有时还要晚些。他把名义上规定的半小时早饭时间前后各侵占 5 分钟，1 小时午饭时间前后侵占 10 分钟。星期六下午到 2 点 1 刻才收工，有时稍早些，有时还要晚些。这样他就赚到：

早 6 时前 ⋯⋯⋯⋯ 15 分钟	
晚 6 时后 ⋯⋯⋯⋯ 15 分钟	
早饭 ⋯⋯⋯⋯ 10 分钟	5 日共计：300 分钟
午饭 ⋯⋯⋯⋯ 20 分钟	
共计 60 分钟	

星期六

早 6 时前 ⋯⋯⋯⋯ 15 分钟	
早饭 ⋯⋯⋯⋯ 10 分钟	1 周共计：340 分钟
下午 2 时后 ⋯⋯⋯⋯ 15 分钟	

就是说，每周多出来 5 小时 40 分钟，每年以 50 个劳动周计算（除掉 2 周作为节日或因故停工），共为 27 个工作日。

"如果每个工作日比标准时间延长 5 分钟，一年就等于多出 2.5 个生产日。""这里捞一点，那里捞一点，一天多出 1 小时，一年 12 个月就变成 13 个月了。"

⋯⋯

看起来，靠超过法定时间的过度劳动获得额外利润，对许多工厂主来说是一个难于抗拒的巨大诱惑。他们指望不被发觉，而且心中盘算，即使被发觉了，拿出一笔小小的罚款和诉讼费，也仍然有利可图。如果额外时间是在一天之内零敲碎打偷窃来的，那么，视察员要想找出违法的证据就很困难了。

资料来源：［德］卡尔·马克思著：《资本论（第一卷）》，人民出版社 1975 年版，第 268～271 页。

二、工作时间立法及其发展①②

资本的贪欲使工作时间越来越延长，职业场所的健康与道德成为劳资双方矛盾斗争的主要焦点。因此，采用立法的方式规范工作时间成为工业社会的普遍做法。目前提到的工作时间，称法定工作时间，是指劳动者为履行工作义务，在法定标准内（一昼夜或一周），在用人单位从事工作或生产的时间。一昼夜工作时数的总和为工作日，一周工作的总和为工作周，它包括劳动者实际完成本职工作的时间和某些非实际工作的时间。非实际工作时间包括：

（1）生产或工作前从事必要的准备和工作结束时的整理时间。

（2）因用人单位的原因造成的等待工作任务的时间。

（3）参加与工作有直接关系并有法定义务性质的职业培训和教育时间。

（4）连续性有害健康工作的间隙时间。

（5）员工哺乳的往返途中时间、孕期检查时间以及未成年人工作中适当的工间休息时间、定期体检占用的时间。

（6）法律规定的其他属于工作时间的非实际工作时间，如劳动者依法行使选举权；当选代表参加政府、党派、工会等组织召开的会议。

在工作时间变迁的历史中，意义最为重大的就是 8 小时工作制的确立。1802 年英国的《学徒健康与道德法》首开限制工作时间的先河。在最初的立法中，首先限制童工和女工的工作时间，其次扩展对成年男工工作时间的限制。但当时立法限制的工作时间都远在 8 小时以上，如法国 1843 年规定不超过 12 小时。

8 小时工作制是劳动者长期争取的目标，最早对 8 小时立法的是新西兰在 1908 年规定的，提出了"8 小时工作、8 小时休息、8 小时睡眠"的原则。苏联在 1918 年十月革命胜利后确定了 8 小时工作制。1919 年《国际劳动宪章》规定：工厂的工作时间以每日 8 小时或每周 48 小时为标准，每周至少有一次连续 24 小时的休息，并尽量以星期日为公休日。1919 年国际劳工组织（ILO）通过了第一项国际劳工公约，即《（工业）工作时间公约》（以下简称《公约》）。《公约》规定了"每天工作 8 小时，每周工作 48 小时"的原则，并于 1930 年延伸到办公室工作人员和商业工人。此后，8 小时工作制成

---

① 剧宇宏编著：《劳动法概论》，上海交通大学出版社 2012 年版，第 102～105 页。

② 黄伟、魏薇：《协调工时弹性与工时权利保护》，载于《经济社会体制比较》2021 年第 1 期总第 213 期，第 40～48 页。

为标准的工作时间制度。

1935 年，国际劳工组织《40 小时工作周公约》敦促每周工作 40 小时，作为大萧条时期促进就业的举措之一。20 世纪三四十年代，一些国家开始实行每周 5 天 40 小时工作制，近些年来一些发达国家法定工作时间甚至减为每周 35 小时左右，最短的北欧只有 30 小时。美国则到 1929 年大萧条时期才建立了 8 小时工作制。8 小时工作制基本稳定是在 20 世纪 50 ～ 60 年代。

我国最早是在具有宪法性质的《共同纲领》里规定，公私营企业一般实行 8 小时至 10 小时的工作时间制度。1952 年国民经济恢复工作刚刚结束，政务院在《关于劳动就业问题的决定》中规定："为保证员工健康，提高劳动生产率，为扩大就业面，应有计划地、有步骤地坚持贯彻 8 小时至 10 小时工作制，一切较大公私合营工矿交通运输企业均应尽可能实行 8 小时工作。一切公私企业的加班加点均应受到严格限制。"至此，我国工矿企业普遍确立实行每天 8 小时每周 48 小时的工作制。

改革开放以后，我国的工作时间制度日趋完备。1994 年国务院发布了《国务院关于职工工作时间的规定》：为了合理安排员工的工作和休息，维护员工的休息权利，调动员工的积极性，促进社会主义现代化建设的发展，根据《宪法》有关规定制定本规定。"国家实行员工每日工作 8 小时，每周工作 44 小时的工时制度。"新工作时间制度履行半年后，1994 年 7 月 5 日，第 8 届全国人大常委会第 8 次会议通过了《中华人民共和国劳动法》（以下简称《劳动法》）。《劳动法》不但将新工作时间制度上升为国家的法律制度，同时强调两个"不超过"，即"国家实行劳动者每日工作时间不超过 8 小时，平均每周工作时间不超过 44 小时的工作时间制度。"1995 年 3 月 15 日，《国务院关于修改〈国务院关于职工工作时间的规定〉的决定》，将工时制度改为"员工每日工作 8 小时、每周工作 40 小时"，至今。

综上，我们得出以下结论：

（1）工作时间立法是现代《劳动法》内容体系中最传统也是最有代表性的部分。

（2）缩短工作时间是人类社会进步的要求，也是员工斗争的结果。

（3）缩短工作时间已成为一种普遍和长期的趋势。

（4）工作时间的缩短，不仅被看作对劳动者休息权的保护，而且标志着一个国家的经济发展水平和社会进步程度。

第二节 工作时间与人的因素

各国现有的工作时间立法或关于工作时间的现行劳动标准正日益受到挑战。挑战主要来自经济发展、就业结构改变，以及劳工对自身权益保护的更高要求。因此，工作时间如何确定，正面临着一些新的问题。

在现代较为发达的科技与物质条件下,人的因素而非自然条件已经成为限制工作日长短的首要因素。人的健康状况、人体疲劳形成及恢复特点、生理心理负荷界限、生理节律等都是确定工作时间时所需考虑的人的因素。

由于员工有着明显的个体差异,所以在制定标准工作时间时,一般以员工的平均水平为依据。从保护员工身心健康、保证工作效率、维护工业安全的角度,有些专家甚至提出应使用极小尺寸原则作出。

一、作业能力与工作时间

(一)体力作业能力与工作时间

在不同的工作时间段,作业者的体力、脑力和神经调节系统的状况有较大不同,因而作业能力、作业疲劳随工作时间的持续,呈现出一定的变化规律。作业动机不变的前提下,体力劳动中作业能力的变化一般经过 3 至 4 个阶段,如图 8-1 所示。

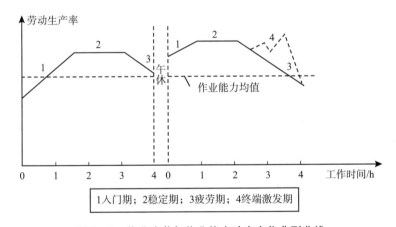

1入门期;2稳定期;3疲劳期;4终端激发期

图 8-1 作业疲劳与作业能力动态变化典型曲线

资料来源:朱序璋主编:《人机工程学(第2版)》,西安电子科技大学出版社 2006 年版,第 113 页。

(1)入门期。工作日开始时,由于神经调节系统的"一时性调节功能"尚未完全恢复和建立,致使呼吸和血液循环系统及四肢调节迟缓,因而工作效率较低。随着"一时性调节功能"的逐步增强,作业动作逐步加快并趋于准确,习惯定型得到巩固,作业效率迅速提高,大约经过 1~2 小时达到最高水平。这一阶段人体的活动水平不高,不会产生疲劳。

(2)稳定期(最佳工作期)。经过短暂的第一阶段以后,人体各机构逐渐适应了工作及工作环境的要求。此时,作业效率稳定在最高水平,产品质量达到控制状态,此阶段一般可维持 1~2 小时。只要劳动强度不是过高这一阶段不会产生疲劳。

（3）疲劳期。最佳工作期之后产生疲劳。此时，注意力起伏分散，操作速度和准确性降低，作业效率明显下降，产品质量出现非控制状态。进入疲劳期的时间与活动强度和环境条件有关。操作强度大，环境条件恶劣时，人体保持最佳工作期的时间就短，反之，操作者维持最佳工作的时间会大大延长。

午休后，又重复上述三个阶段，但相对午休之前，入门期及稳定期的持续时间较短，疲劳期则较早出现。

（4）终端激发期。有时在工作日快结束时，会出现作业效率提高现象，这往往是由于作业者为了赶任务或争取更好地完成任务的情绪激发所至，但终端激发期不能持久。

操作者产生疲劳后，应采取相应措施加以控制，或进行适当的休息，或调整工作强度，否则操作者就会因疲劳的过度积累，暂时丧失工作能力。许多事故的发生，大都是由工作过程中疲劳的积累造成的，疲劳的积累还会逐渐演化为器质性病变。

（二）脑力劳动作业能力的动态变化

人脑是如何进行工作的至今仍是一个深奥的问题，脑力劳动时的作业能力及疲劳状况，与体力劳动有较大的不同，目前尚未发现其一般的规律性。脑力劳动存在着极大的个体差异性，同时还易受工作性质、环境因素的干扰和个人情绪的影响，再加上缺乏直接衡量脑力劳动质量的尺度，故脑力劳动作业能力的变化动态难以确切地进行描述。例如，需要持续、紧张、集中注意力的仪表监视作业，一般以 30 分钟为一个周期。这种工作的作业能力，在开始阶段提高很快，但持续时间很短，作业能力很快开始下降，30 分钟就呈现明显的疲劳状态。而学习、计算等作业，则注意力的集中可以持续相对更长的时间。有些学者试图通过追踪工作日中不同时间段的生理指标的动态，来探究脑力劳动疲劳的动态变化，但这些指标仅能反映人体的某些生理变动，并不能真正代表脑力劳动的作业能力及疲劳的变动情况。

二、能量消耗与工作时间

根据学者的研究，肌糖元是作业中重要的能量来源。在重体力劳动的情况下，肌糖元不到两小时就会耗尽。肌糖元耗尽后食用高糖膳食约需 10 小时可大部分恢复，要 46 个小时才能完全恢复。这一重要特点对安排重体力劳动的工作日是一个非常重要的参考数据。

对于常规性劳动，肌糖元一般不会耗尽，但会消耗大部分。其最少的恢复时间为 5 小时，最长的恢复时间为 24 小时。根据疲劳恢复的特点，结合作业能力曲线，一般情况下，学者们普遍认为一个工作日比较合理的长度为 8 小时。如果长于 8 小时，那么一方面，员工的一个工作日有较长时间处于疲劳状态，不利于提高工作效率和保障工作安全；另一方面，也缺乏充分时间进行疲劳恢复。但如果短于 8 小时，则 1 个工作日内存在着相对较长的工作入门期，工作时间也很不经济。

国际劳工组织及各国政府对工作时间的长短在法律上都有严格的规定。国际劳工组织的规定如下：工作时间每天不得超过 8 小时，员工连续工作 4 小时至少应安排半小时的休息时间。企业确有必要，经员工及工会同意，男工最多一天可加班 3 小时，女工 2 小时。每周不得超过 48 小时，不得安排员工连续工作 7 天以上，一周至少要给员工一天休息时间。

许多研究表明，一天的工作时间被延长时，一天的总产量可能会提高，也可能会降低。但单位时间的产量一般来说是下降的。工作中手工作业占比越大，单位时间内的产量下降就越多。相反，机器作业时间占比越大，则单位时间的产量受到的影响就越小，甚至不受影响，这是因为机器不容易"疲劳"的缘故。

劳动强度越大，机体耗氧量也越大。当机体的耗氧量与摄氧量基本相等时，表明作业可以持续较长时间。实验证明：RMR ≤ 2 时，平衡状态可以维持 6 小时；RMR ≤ 3.6 时，平衡状态能维持 80 分钟；RMR 达到 5 时，平衡状态仅能维持 20 分钟。因此，为延缓疲劳，或减少错误和事故，保证产品的质量和数量，维护作业者身体健康，必须在作业过程中插入必要的休息时间。实验证明，"一般情况下，作业时间按等差级数增加时，消除疲劳所需的休息时间成等比数增加。"可见，作业时间及休息间隔时间，必须根据不同的劳动强度来确定。

德国学者米勒认为：一般人连续作业 480 分钟，中间不休息的最大能量消耗界限是 16.7 千焦/分钟，即机体自身每分钟可以补给 16.7 千焦的能量。作业时的能量消耗超出这个界限，作业者就必须动用体内的能量贮备，作业后又必须通过休息才能补充能量贮备。所以工作时间中的工间休息是必不可少的[①]。

事实上，实际劳动与疲劳恢复还受作业条件和操作者心理因素的影响。在高温、强热辐射、噪声等恶劣生产环境下工作，还应适当增加休息时间或缩短工作时间。为防止精神疲劳，对神经紧张或单调的作业，也需要适当增加休息时间。特殊人群如未成年人及孕妇，都需适当减少工作时间。

我国除标准工作时间外，还规定有"缩短工作时间制"。劳动部门规定，"缩短工作时间制度是指在特殊条件下从事劳动或有特殊情况时，法律规定在保证完成生产和工作任务的前提下适当缩短工作时间的一种工时制度。"缩短工作时间制只限于在特殊条件下从事劳动或有特殊情况的员工，现阶段主要包括：

（1）从事矿山井下、高山、有毒、有害，特别繁重和过度紧张的体力劳动员工以及纺织、化工、建筑冶炼、地质勘探、森林采伐、装卸搬运等行业或岗位的员工。

（2）从事夜班工作的员工。夜班工作时间一般指当晚 10 时至次日晨 6 时从事劳动

---

① 顾培亮主编：《工业工程基础》，中央广播电视大学出版社 1994 年版，第 249 页。

或工作的时间。夜班工作改变了正常的生活规律，增加了神经系统的紧张状况，因而夜班工作时间比标准工作时间减少 1 小时。

（3）哺乳未满 12 个月婴儿的女员工和怀孕 7 个月以上的女员工；16～18 岁的未成年劳动者。

三、名义工作时间与实际工作时间①

名义工作时间（规定的员工工作时间）和实际工作时间（员工实际用于工作职责上的时间）之间存在着差别，二者很难一致。有研究显示，员工花在实际工作任务上的时间不超过工作周的一半。浪费的时间有些被公司算在正常的休息时间内，但绝大多数没有被允许，而且往往不是组织能够控制的。员工到达工作场所后，可能要过很长时间才开始工作。他们可能会查看邮件、发信息、浏览网页或是削铅笔（无论需要与否）。在整个工作日内员工可能会拖长午餐时间或在咖啡机前磨蹭。管理者在等待会议开始或电话结束时也会浪费时间，还会占用工作时间收发私人电子邮件。

在日常的工作日中非常明显的一点是损失了许多时间，对在 10 个不同公司工作的 5 000 多个办公室工作者的调查显示，他们在每周工作的 37.5 小时中，专心致志于真正的工作上的时间，不超过 20 小时。这个惊人的调查结果指出，对公司来说每周损失近乎一半的工作时间，这实际上等于对完成的工作量付出了双倍的薪酬。法定工作时间和实际工作时间在数量上有很大的差距，两者很难吻合。

在名义工作时间和实际工作时间之间已被证明存在着一种有趣的关系。当名义（规定的）工作时间增加时，实际工作时间会减少。换句话说，工作日或工作周越长，员工的生产率越低。甚至工作动机强的人也是如此。二战期间，英国人的爱国热情达到了顶点，但供应与装备上的不足到了危险的程度。政府把军工厂里每周的工作时间从 56 小时增加到 69.5 小时，开始时产量增加了 10%，但是不久以后比原先的水平还下降了 12%。第二次世界大战时在美国进行的研究也表明，每周工作 7 天的产量并不比每周工作 6 天时有所增加。

在对 10 个公司名义工作时间和实际工作时间的研究中，这种关系也同样适用于员工在正常工作日外被付以高额报酬而加班的情况。许多额外的加班时间效益并不高，因为人们往往为适应更长的工作日而放慢工作节奏。如果规定的工作时间增加生产率反而降低，那么缩短工作日会提高生产率吗？有研究表明，减少名义工作时间并不影响实际工作时间。有一个具有历史意义的个案，在 20 世纪 30 年代"大萧条"时期，美国一家制造厂每周减少了 9 个多小时的名义工作时间，然而每周实际工作时间却只减少了 5 小时。而另一家工厂周工作时间减少了 10.5 小时，每小时的生产率提高了

---

① ［美］杜安·舒尔茨等著：《工业与组织心理学（第 10 版）》，上海人民出版社 2014 年版，第 267 页。

21%。在瑞典进行的一项针对白领员工的调查发现，加班会导致员工睡眠不足和更多的疲劳感。

四、生理节律与工作时间

生物节律又称"生物钟现象"，它是一种存在于一切生物体内的自然规律。史密斯、福卡德和富勒（Smith C S, Folkard S & Fuller J A）2003 年对昼夜节律的进化学基础做出了解释[①]：

地球上的生命在进化时受到环境中行星运动的影响，进而作出调整并发生改变。地球自转一圈需要 24 小时，形成昼夜交替；地球围绕太阳公转一圈需要一年，形成四季的交替以及光照和温度上的变化。在进化过程中，这些周期性变化被逐渐内化。普遍的观点认为，有机体自身存在一个"生物钟"，即有机体不仅遵循环境的变化，还参与了变化的过程。

自然界中许多的动植物，其生理机能和生活习性都存在着随时间的变化而出现周期性变化的现象，科学家称这种现象为"生物钟"。它反映着生物为适应昼夜、季节的变化而进行自我调节的规律，因而也称为生物节律。

科学研究发现，和自然界的其他生物一样，人类身体内的各项生理、心理活动，也存在着明显的周期性，并且涉及的范围非常广泛，目前已发现的就有百余种。例如心率、呼吸频率、血压等常见生理指标它们都不受人的意识的支配，却都受到人体内生物钟的操纵和控制，非常有规律地变化着，而且一旦这种规律遭到破坏，机体就会出现病态，并明显感到不舒服、不适应。人的生物节律周期有长有短，有的以秒计（如心跳、脑电等），有的以时计，有的以日计（如睡眠与觉醒），有的以月（如月经）或年计。其中与工作绩效、安全生产、工作时间安排有显著关系的是概日节律和月节律。

（一）概日节律（似昼夜节律，昼夜节律）

在日常生活中，昼夜变化是人们经受的最急骤变化，人体对昼夜的反应有很大不同，昼夜节律是一种与太阳紧密相关的人体机能的周期性变化。因为有的节律并非严格地以 24 小时为周期，只是大体上相符，所以又称"概日节律"或似昼夜节律。

研究表明，人体几乎有 100 种以上的生理功能具有似昼夜节律性。图 8-2 显示了几个具有代表性的实例。

---

① ［美］马金斯基著：《心理学与工作（第 10 版）》，机械工业出版社 2014 年版，第 229 页。

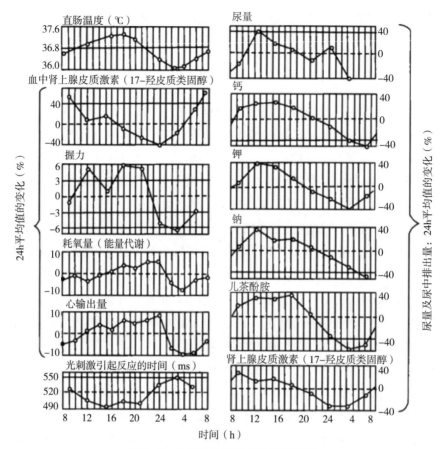

图 8-2　人体中几种机能的概日节律

资料来源：余志斌、马进主编：《航空航天生理学》，第四军医大学出版社 2018 年版，第 252 页。

　　从图 8-2 中可以看出，属于生命特征的体温、心输出量、耗氧量等各项指标在早晨 4~6 点最低，上午 7~9 点迅速升高，下午 4~7 点左右达到最高值；体现体力、动作协调性、计算速度等的各项指标在下午 2~3 点达到最高值；而作为活动能源的糖分、脂肪质或血中蛋白浓度在下午 5 点左右达到最高值。与此相反，副交感神经系统占优势的细胞分裂及生长激素的分泌，以及钙、钾、钠等微量元素的含量等，则从夜间 11 点至凌晨 2 点左右为高峰。总的说来，人的身体适于白天活动，而到夜间，由于各种机能下降，适于睡眠和休息。

　　图 8-3 是赫拉夫特（Graft）综合各国研究人员的研究成果，绘制了人在一天 24 小时中身体机能的变化图。图 8-3 中可以看出，在一天的 24 小时周期内，人的机能出现两个峰相——最高点在上午 9 点左右，随后一个峰相在下午出现。两个谷相——一个最低点在夜间，还有一个相对低点在下午。在最低点凌晨 3~4 点，身体机能下降明显，人感受到极度疲倦，此时若从事工作，是极易出事故的"危险期"。

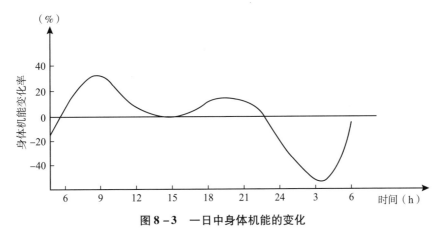

图8-3 一日中身体机能的变化

资料来源：朱序璋主编：《人机工程学（第2版）》，西安电子科技大学出版社2006年版，第135页。

为了研究概日节律与事故的关系，心理学家们进行了大量的调查和统计分析。图8-4是对某煤气公司10年中三班制员工检查煤气表的差错率所作的统计。

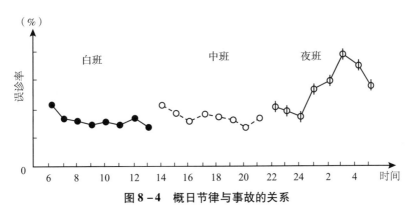

图8-4 概日节律与事故的关系

资料来源：[日]正田亘著：《安全心理 从人的心理看如何防止事故》，辽宁省铁道学会出版社1985年版，第51页。

从图8-4可以明显看出，错误的发生率与一天24小时之内人体机能的变化惊人的一致，即身体机能上升时错误较少，随着身体机能的下降错误增加，到凌晨3点，身体机能降至最低点，而出错率相应地达到最大值，人们甚至称之为魔鬼的凌晨3点。

当然，什么时候更容易发生事故，还受作业种类、作业强度以及作业环境等因素的影响。而且就不同个体来说，也有很大的差异。现有研究表明，电机制造业、钢铁行业等，上午10～11点、下午2～3点是事故发生的高峰期。而对汽车事故的统计分析则表明，早晨8点左右，傍晚5点左右、午夜0点左右是汽车交通死亡事故的高峰期。有些国家还根据人的生理节律，规定不得安排女工在午后10点至翌晨6点工作，因为这一时间段人们的体力与脑力都处在低潮期。此时工作，会给作业者带来较重的身体负担，影响女工身心健康。

（二）月节律（physical-sensitive-intellectual，PSI 周期）

除了概日节律以外，学者们发现人体内还存在以大约一个月为周期的人体节律。研究表明，人在精力、耐久力、感受性、创造力、记忆力等方面都存在着某种变化周期。20 世纪初期，德国内科医生威尔赫姆·弗里斯（Wilhelm Fliess）和奥地利心理学家赫尔曼·斯瓦波达（Hermann Swoboba），在各自的研究中分别发现病人的症状、感情及行为方面，存在周期性的起伏现象。其中体力盛衰周期为 23 天；情绪波动周期为 28 天。20 年以后，奥地利因斯布鲁克大学的阿尔弗德雷·特里切尔（Alfred Teltscher）教授，在研究了数百名高中和大学生的考试成绩后，又发现人的智力同样存在一个波动周期，时间为 33 天。后来，人们把以上三种节律组合成"体力—情绪—智力节律"。研究表明，每个人从诞生之日起，都存在着分别为 23 天、28 天和 33 天的三种周期，分别支配着人的体力、情绪和智力，每一种周期都呈正弦函数周期变化的规律，如图 8 - 5 所示。

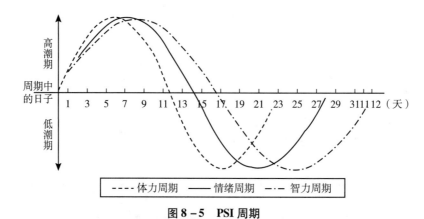

图 8 - 5　PSI 周期

资料来源：潘开标著：《工业企业现场管理的理论与实践》，福建人民出版社 1995 年版，第 279 页。

一些学者经过反复试验，提出了计算每个人任意一天所处节律状态的通式：

$$X = 365A \pm B + C$$

式中：A——预测年份与出生年份之差；

B——本年生日到预测日的总天数，如未到生日则用"－"，已过则用"＋"；

C——从出生以来到计算日的总闰年数，即 $C = A/4$ 所得的整数；

X——从出生日到计算日的总天数。

例如，某人 1995 年 6 月 1 日出生，求他 2021 年 8 月 23 日的 3 个周期所处的状态。

解：先求生活天数 X：

$$X = 365 \times (2\,021 - 1\,995) + (30 + 31 + 23) + (2\,021 - 1\,995)/4$$
$$= 9\,490 + 84 + 6 = 9\,580(天)(有一天误差)$$

体力周期：9 580 ÷ 23 = 416——14

情绪周期：9 580 ÷ 28 = 342——4

智力周期：9 580 ÷ 33 = 290——10

以上体力周期余数 14 表示 2021 年 8 月 23 日该人正处于第 416 个体力周期的第 14 天，过临界日两天，是低潮期的最初阶段；情绪周期余数 4 表示该日正处在第 342 个情绪周期的第 4 天，处于临界日附近；智力周期余数 10 表示该日为智力的第 290 个周期的第 10 天，处于高潮期。

PSI 周期可分为高潮期、低潮期和临界日。高潮期是能量释放阶段，低潮期是能量蓄积补充阶段。在每一个周期中，总是由高潮转向低潮，再由低潮转向高潮。高潮期、低潮期相互过渡的交替日子，被称为临界日。当人处于高潮期时，体力充沛、心情愉快、思维敏捷、记忆力好、体内免疫功能增强，故工作效率提高，工伤事故较少，发病机会也随之减少。而在低潮期人体容易疲劳、做事拖拉、情绪不稳定、注意力不集中、判断力降低等。临界日对人的威胁最大，这时人体处于交替变化之中，体力、情绪或智力在频繁变化的过渡之中，最不稳定。身体的各部分协调性差，做事粗枝大叶，最容易出现差错事故，感染疾病的机会也增多。在此期间，机体各方面的协调机能降至最低，人易染病，或者情绪波动大，或者易出差错。根据相关统计，体力周期和情绪周期的临界日发生事故的可能性更大，而智力周期临界日的影响则相对较小，但如果与其他两个临界日重复时，事故发生的可能性更大。双重临界日一年中大约有 6 次，三重临界日一年中只有 1 次，在负半周的三重临界日，危险增长到最高程度。

如果在体力周期低潮期安排员工从事较重的体力劳动或在智力低潮期从事紧张的脑力劳动，将给作业者的身心带来较重的负担，作业效率较低，同时还常常导致遗漏重要信息引起误操作，增大事故发生的危险性。

瑞士联邦工学院的汉斯·斯恩（Hans Sean）教授对 700 起交通事故作了分析，发现有 401 起都发生在驾驶员的三重临界期内，占事故的 57.3%。美国密苏里州立南方大学的哈罗德·威尔斯教授在他所分析的 100 起交通事故中，55% 发生在司机的三重临界期。日本警察厅在交通事故调查中，发现 82% 都发生在司机的生物节律的临界期。国内对西安、重庆、上海等地的交通事故调查发现，72% 发生在驾驶员生物节律的临界期①。

对于生物节律理论，特别是体力、情绪和智力节律，在学术界并不是没有异议。英国工效学家奥博尼就认为，是否有生物节律并不那么有把握。而且即使存在，为什么要从出生日算起，而不是从胚胎之日算起，也还没有充分的生理学、心理学上的根据。卡维（Carrey）和尼伯勒（Nibler）、瓦尔考特（Wolcott）等进行的相关研究表明，汽车事

---

① 赵德志、刘江油著：《奇妙的人体生物钟》，四川省社会科学院出版社 1987 年版，第 81~82 页。

故和飞行事故与生物节律不相关。因此，对生物节律的研究还有待于进一步深入①。

但是，生物节律作为事故原因的假说，的确也获得了不少统计资料的支持。因此，一方面，无论是管理者提醒作业者注意安全，还是从作业者自我提醒，以及作业时间工作内容的安排角度，生物节律学说对于加强安全意识，都有积极意义；另一方面，也可能会产生负面作用。即对有些人来说，因受到"今天要特别注意"的暗示，而诱发产生过分紧张的心理，结果出现"越担心越出事""越怕什么越来什么"的情形。单纯地依靠生物节律理论，避免事故发生是不现实的，必须强调综合治理，对安全工作常抓不懈。

除了上述自然因素形成的生物节律外，人体还有后天形成的节律，如星期节律、学期节律等。在每周6天工作制中，每日通过定时（每隔一小时测量一次）测定办公人员的闪光融合频率发现：星期一和星期二没有多大差别，从星期三开始降低，到星期五下午又开始回升，星期六可达到星期三的水平。

另外，在星期一上班时，一些人总出现疲倦、周身酸痛、注意力不集中，工作和学习效率降低现象，即"星期一综合征"。"星期一综合征"的机理，被认为是巴甫洛夫学说"动力定型"——旧的动力定型被破坏而新的动力定型难以建立时的"混乱"。人们从星期一到星期五，聚精会神于工作和学习，形成了与工作和学习相适应的"动力定型"。双休日时，有的忙于繁杂的家务；有的则趁双休日逛商店、游公园、看电影；有的则利用双休日走亲访友，家人团聚等；不一而足。这两天，破坏了原来建立起来的工作与学习"动力定型"。双休日过后的星期一，必须重新投入于工作与学习，即需要重新建立或恢复已被破坏了的"动力定型"，这就难免出现或多或少的不适应现象，即所谓"星期一综合征"。

从科学的角度看，生物节律的形成既有生物机体内的原因，同时也与人类的生活工作习惯、社会环境变化密切相关。需要深入探讨和研究生物节律现象的本质和规律性，更好地应用它为改善人类生产和生活服务，是生物节律研究所面临的重要任务。

第三节　企业工作时间安排

国际劳工组织与各国政府在宏观上都有法定工作时间的规定，因此企业在工作时数的确定方面似乎没有很大的自主性。但是，如何安排这些固定的工作时数，企业却可以有许多变通的方式。工作时间安排主要包括工间休息的确定、上下班时间安排等内容。一般来讲，企业应尽其可能（在不影响企业正常运作的前提下），根据员工的生理特点与生物节律，把工作安排在员工精力与体力最充沛的时间段内，并同时考虑员工家庭对时间的需要。

---

① 陈士俊编著：《安全心理学》，天津大学出版社1999年版，第222页。

一、工间休息（间隔休息）

工间休息是工作时间制度中的重要内容。为了减轻或消除疲劳，除了应限制每天的工作时间长度外，还应该在工作时间内给予员工恰当的休息时间。员工在工作时可以有四种休息方式：第一种方式是自发的休息，比如伸伸腰、向附近望一望等，这种休息时间都较短；第二种休息是掩盖性休息，例如擦一擦机器、打扫一下工作地，或找组长商量一个不是很重要的问题等；第三种是工作任务性休息，这是由于前后工作的程序或工作过程中使人不得不停下来的等待时间；第四种休息是规定的工间休息，即间隔休息，如上午和下午的咖啡时间（coffee break）。

从霍桑研究开始，管理层就已经意识到安排工间休息的重要性，其有利效果已经得到了实践的充分证明。准许工作休息还有一个更加显著的原因，无论公司批准与否，员工都需要休息。调查表明员工的四种工间休息方式是相关的，如果规定的休息时间和工作性休息时间很短，则自发的休息和掩盖性休息相应增多。如果无论如何时间都会被用掉，那么此时，企业倒不如表现出对员工的关爱，将工作休息时段作为额外的福利赠予员工。

实行了恰当的间隔休息后，未经许可的休息会减少，虽然它们并没有完全消失。实行间隔休息的其他好处还包括能提高员工的士气和生产率，能减轻疲劳和工作厌倦。这也是减少名义工作时间能使效率提高的又一力证。

专栏 8.2：间隔休息与生产率

针对数据录入人员和电脑操作人员的研究显示，那些报告工作中有较高疲劳感和厌烦感的员工往往需要更长时间的休息。而且，心理学家们也已发现，就计算机操作人员而言，与不做任何运动锻炼相比，在间隔休息时做一些伸展运动，尤其是锻炼胳膊及肩膀等部位，能改善其之后的工作效率。

对荷兰和德国 800 名员工进行的研究结果显示，那些对危险的工作控制权很低且缺少组织支持的员工，最迫切需要复原与恢复。对休息时间的高需求与较高的疲劳程度及较低的心理健康水平有关联。

更长时间的休息——工作日期间的下班后时间，则是另一研究的主题。对德国 147 名员工进行的研究结果显示，那些认为自己已从前一天的工作中得到良好恢复的员工，在第二天的工作中会更加投入。那些在工作中体验到更多压力的员工往往需要更多时间才能从工作的疲劳中复原。

资料来源：［美］杜安·舒尔茨等著：《工业与组织心理学（第 10 版）》，上海人民出版社 2014 年版，第 270 ~ 271 页。

根据第四章能量代谢方面的相关理论，肌肉可以直接利用的供能物质是 ATP。与肌糖元不同，ATP 在体内贮量有限，随时需要补充。能快速合成 ATP 的最重要途径是 ATP-CP 系列。ATP-CP 系列可以在作业结束或暂停的休息时间内最快地合成 ATP。一般情况下，通过 ATP-CP 系列，只需 20~30 秒 ATP 即恢复到正常值的一半，在 2~3 分钟内全部恢复。所以间歇地安排作业对于供能物质的恢复以及防止和延缓乳酸堆积是非常有好处的。

通过 ATP-CP 系列产能虽然速度很快，但数量极其有限，所以工作过程中所需的 ATP 主要是通过需氧系列与乳酸系列产生的。因此，在作业开始或大强度体力作业中，机体中会有氧缺发生和乳酸的堆积。肌肉和血液中乳酸消除需要 0.5~1 小时的积极休息，而非乳酸性氧债的偿还则需要 3~5 分钟，乳酸性氧债的偿还则需要 0.5~1 小时。骨骼肌中的肌红蛋白能贮存和向细胞传送氧气，在频繁间歇的作业中，能够起到减轻与消除氧缺的作用。肌红蛋白的恢复不需要能量供给，其恢复速度取决于血液的氧分压，一般所需时间为 1~2 分钟。

根据上述原理，为使疲劳得到有效恢复，应在作业过程中，插入必要的休息时间。一般认为，无论作何种工作，持续工作时间不宜超过 3 小时。因此，通常工作日被分成上下午两个时段。在每个时段内，为了消除体内的乳酸堆积，还需根据作业强度的大小，制定合理的间隔休息时间，相关专家建议如下：

（1）从事重体力劳动的员工需要间隔性休息，因为肌肉持续使用会导致疲劳并降低效率。对于重体力劳动，或在热环境中的劳动，应保证在工作一个小时内安排一次工间休息，每次时间为 10~20 分钟。对于极重体力工作，休息时间甚至需要多于工作时间。

（2）对于久坐不动的工作或脑力劳动，稍事休息即能提供刺激的改变，减少手和手腕重复活动所造成的伤害，使倦意消逝并能为思考其他事情或与同事交流提供机会。对于一般的体力或脑力工作，应该在上午和下午工作时间段内各有一次 10~15 分钟的休息时间。对于脑力负荷较高或时间压力较大的工作（如没有等待时间的装配线），上午和下午再各加一到两次 3~5 分钟的短暂休息时间。

（3）对于正在学习技术的员工，应根据所学技术的难易程度，多给一些休息时间。

休息不仅是消除疲劳的需要，也会使员工对管理层产生更积极的态度，施行间隔休息制度时，员工们往往会认为这是管理层对他们的一种关怀。

工间休息方式有两种：一种是安静休息，如坐着不动、闭目养神；另一种是活动休息，活动休息也叫交替休息，如体力劳动和脑力劳动交替，室内工作与室外工作交替，坐位与立位交替等。研究发现，除了重体力者劳动之外，对于一般性工作，活动休息比安静休息的恢复速度快 60%~70%，因此应大力提倡活动性休息。

另外，在工作定额的安排中，给员工留有足够的自发性休息与掩盖性休息时间，有利于氧债的偿还。

二、上下班时间的确定

每个企业的上下班时间可谓千差万别。但是根据人体的昼夜节律，上班时间不宜过早，应在 8：30 以后，下班时间也不宜过晚，一般应在下午 5：30 之前。这一点基本上也符合员工个人家庭对上下班时间的需要。这样就要求午休时间不能过长，否则会延长员工在企业的时间，家庭余下的时间会相应减少。

专栏8.3：政协委员议案：我国应调整公民上班作息时间

昨日全国政协委员、中国民主促进会陈凌孚在接受记者采访时表示，现在实行的"朝八晚六"作息制度带来的弊端日益显现，他提出提案呼吁改为"朝九晚五"作息制度，以提高办事效率，改善机关作风，同时提供更多的家政岗位。去年先后有江苏、深圳、广州、成都等省市的政协委员和人大代表分别提案改革机关"朝八晚六"的作息制度，这是首次有全国政协委员提案建议实行"朝九晚五"的作息时间。

早上赶得急中午闲得慌

据陈凌孚委员的介绍，"朝八晚六"作息制度与我国长期实行的计划经济、经济不发达状况是紧密联系在一起的。改革开放以来，"朝八晚六"作息制度赖以依托的经济社会基础发生了本质的变化，具体表现为：城市化和现代化的加快对作息制度提出了新的要求；市场化要求城市政府机关的工作效率更高；城区面积扩大，住地与工作地点距离拉大。如果一个人每天上下班要两个小时，中午又占用两个小时休息，意味着白天除上班之外有 4 个小时可能干不了什么事情。由此看来，由于客观条件的变化，"朝八晚六"作息制度带有诸种弊端。

对广大员工来说，"朝八晚六"作息制度使员工早晚可自由支配时间过少，得不到充分休息；中午虽有较长用餐和休息时间，但由于没有休息场所，除少数住在单位附近的同志可以回家小憩外，多数人只好以打牌、下棋或聊天来消磨时间。另外，由于中午休息时间过长，给基层特别是外地进城办事的人员带来工作和生活上的不便。

陈凌孚委员说，其实，在国外早就形成了"朝九晚五"的作息制度，即早上9点甚至更晚上班，晚上5点下班，中午休息时间为半个小时，这种制度被证明是比较科学和合理的。中国加入WTO以后，作息制度也要与国际接轨，否则将无法适应进一步扩大开放的要求。

压缩一个钟点下班更轻松

陈凌孚委员说，改为"朝九晚五"作息制度已成为众多群众的呼声。从现实情况来看，改革现行作息制度应该是没有什么阻力的，实现的可能性很大。我国于1997年9月进行了由每周6天改为每周5天工作制，事实证明休息时间增多并没有带来减少工作量、降低工作效率的影响。该做法已为改革作息制度做了准备。从社会进步来说，过去劳动力的主要表现是以体力劳动为主，而现在则是脑力起主导作用。缩短上班时间，实行弹性工作制已具备了可能性。

陈凌孚委员认为，实行"朝九晚五"作息制度会带来几方面的好处：首先，将促进城市化进程。早晨和晚上的支配时间增加，市民就会购买离城区较远的住房，便于城市规模的扩大，还可缓解城市中心的压力，减轻交通负担。其次会繁荣夜晚经济、拉动内需。晚上时间多了，白天又不用早起，人们的夜生活会更加丰富，购物、娱乐、休闲等多种夜间消费形式将会更多地拉动经济，而且人们的生活质量也会大大提高。

从广州来看，其很多机关、事业单位、企业都实行了该项作息制度，城市的夜生活内容十分丰富，促进了城市消费的增长。最后，对机关来说将提高办事效率，改变机关作风、促进清正廉洁。因为午餐时间缩短到半个小时左右，员工在决定外出聚餐、陪人吃饭时会考虑到这一点，想利用公款大吃大喝比较难。下午上班时间提早又为民众办事提供了方便，不用再做无谓的等待，浪费时间。由于双职工中午不能回家，对未成年子女的照顾、接送、解决他们的午饭便可以由社区、学校、企业负责，这将给下岗员工提供更多的创业、就业机会。

改变作息制度应分步进行

陈凌孚委员表示，"朝九晚五"的作息制度已在一些城市、单位实行。为使这项改革能积极稳妥地进行，建议不要一步到位，而是分步进行。如逐步缩短工作时间，先实行上午8时半上班，中午午餐半小时，下午5时下班，实行8小时工作制；然后再过渡到上午9时上班，中午午餐半小时，下午5时下班，实行7个半小时工作制。

陈凌孚表示，他曾专门做过调研，发现大多数人持赞成态度。据悉，江苏省对此组织了专题调研，结果也认为"朝九晚五"作息制度符合当前实际，目前苏州工业园区已实行了"朝九晚五"作息制度，效果良好。

资料来源：廖卓斌、成小珍、刘妍：《政协委员议案：我国应调整公民上班作息时间》，载于《信息时报》2003年3月9日。

第四节　轮班工作制及其制定

目前，从事轮班工作的员工数量相当可观。以美国为例，在全部劳动力中约有25%的蓝领和白领从事轮班工作[1]。在我国企业中，由于人口众多，资金有限，从事轮班制的员工比例应该大于上述数据。所以轮班制的合理制定是工作时间制度研究的极其重要的内容。

---

① ［美］杜安·舒尔茨等著：《工业与组织心理学（第10版）》，上海人民出版社2014年版，第272页。

一、轮班制的不良影响

轮班制不仅要求员工在昼夜节律的低潮段进行工作，而且还不断变换工作节律，给员工与组织双方都带来很多不良影响。心理学家对轮班制下的员工职业健康问题一直非常感兴趣。研究表明，轮班工作的员工会遇到很多生理和社会适应方面的问题。

（1）影响睡眠是轮班工作制员工最常见的抱怨。研究发现打破正常的睡眠——觉醒周期会对人的生理和心理造成一些不良的后果。人在白天睡觉时的脑电图和在夜晚睡觉时的脑电图是不同的。我们的身体通过褪黑激素（一种调节睡眠周期和支持免疫系统的激素）的产生来适应昼夜的交替。人造光源无法弥补自然光的缺失对人类的影响，因此，白天睡眠无法代替晚上的睡眠。另外，白天睡觉易受外界干扰，持续时间一般较短，脑力体力没有得到充分休息。因此，睡醒以后常常仍感到疲倦乏力、精神不振。

（2）夜班影响员工的工作效率，并易发生安全事故。由于夜班员工得不到较好的休息，而且根据人体的昼夜节律，夜晚时间是人体力与脑力的低潮期，因而夜班员工的工作效率低于白班员工。研究表明，员工夜班的生产率比白班低，美国、俄罗斯的核电厂事故都发生在夜班时间段。

英国某项研究调查了1 867名石油员工后得出结论，采取轮班工作制的员工相对那些在标准工作日正常工作的员工，报告的工作压力水平更高、暴露在不利及有风险的工作环境中的机会更多、对工作的控制感更少、从上级得到的社会支持更少，并且工作中会出现更强的心理情绪冲突。

（3）夜班影响员工的工作行为。对轮班工作制员工的工作行为研究发现：夜班员工的缺勤率较白班更高。进一步的分析表明，这是因为夜班员工比白班员工更易发病，导致因病缺勤。另外，由于夜班员工不能很好地休息，食欲也受到影响，因此不利于疲劳的恢复，导致缺勤。夜班员工和变动轮班工作的员工报告胃病、睡眠障碍、心血管疾病、婚姻问题以及易怒等问题的发生率较高。佛洛斯特和贾马尔（Frost & Jamal，1979）报告，轮班员工体验到更少的需求满足，因此更加容易离职，并且产生更少的公民行为。贾马尔（1981）报告了相同的结果：固定工作时间的员工，其心理健康水平、工作满意度和社会参与程度，均高于轮班员工。斯密思等（Smith et al.，2003）研究发现，与其他工作群体相比，轮班员工的离婚率和分居率高出50%[1]。

（4）夜班也会影响员工的家庭生活和社交活动。轮班制的工作人员作息时间与常人不同，因此与家人共同生活的时间较少，购物等日常活动也变得难以安排，这会产生

---

[1] ［美］马金斯基著：《心理学与工作（第10版）》，机械工业出版社2014年版，第229页。

一定的心理压抑，从而妨碍其对轮班工作的适应能力。随着生活水平的提高，人们越来越注意家庭生活的幸福和社交活动，因此夜班的这一问题也显得越来越重要。世界健康组织（2007）发现，上夜班的员工更容易罹患癌症①。

专栏 8.4：昼夜节律严重失调的有害影响

商用航班飞行员的工作时间表极不规律，他们常常从夜班飞行换到白天飞行，然后再换回去，在不规律的间歇时间里睡觉，正常的身体节律被打乱。对工作时间较长且没有规律（例如持续工作 10~24 小时）的民用和军用飞机的飞行员及乘务员的研究证实了昼夜节律严重失调的有害影响。他们报告相当疲劳，工作之后睡眠质量差，在飞机驾驶舱中未经许可的小睡时间累计多达两小时，对飞机飞行记录仪（所谓"黑匣子"）的结果分析：飞行员操作的偏差与其主观疲劳感呈正相关。

致力于 NASA 疲劳对策项目研究的心理学家发现，允许飞行员在长途飞行低工作负荷期间间隔性休息 40 分钟能使其警觉性明显提高。那些在研究期间未经允许休息的乘务员实际上也进行了小睡休息，尽管绝大多数人并没有意识到这一点。

资料来源：[美] 杜安·舒尔茨等著：《工业与组织心理学（第10版）》，上海人民出版社2014年版，第273页。

二、轮班制的必要性

虽然轮班工作制对员工的生活工作具有强烈的消极影响，但是只要某些行业还需要24 小时运营，轮班工作制就会在许多国家被采用：

（1）提高厂房设备的利用率，降低成本，增加产量，如我国的纺织行业。这一点对于像我国这样一个人口众多的国家来讲，具有更加实际的意义。它可以在企业投资基本不变的情况下解决更多的就业问题，并增加产出，加快国家的经济发展。

（2）工艺过程具有连续性，作业必须昼夜不间断地连续进行，如电力和天然气供应部门、钢铁行业、石油行业、玻璃制造等行业。

（3）某些职业要求24 小时值勤，如民警、消防人员和医务人员等。

三、轮班制设计需要考虑的因素②

轮班制工作的员工生活规律的异常和不断变换，必然影响这些人的生理和心理状态。因此，研究轮班制的合理安排，设法减少其不利的影响，寻找提高人与环境匹配的

① 注：世界卫生组织属下"国际癌症研究机构"（International Agency for Research on Cancer）的专家（2007年11月）召开了小组会议，该小组声称将在12月的期刊《柳叶刀肿瘤学》（Lancet Oncology）中把夜班工作列为致癌因素之一。

② [美] 布什著：《工效学的基本原理、应用及技术》，国防工业出版社2016年版，第216~217页。

方法，是一个具有实际意义的重要课题。

（一）轮班方案的设计

工效学中对轮班制的设计，考虑的重要因素包括不同时间段人们的工作能力、夜间工作的生理效应，以及员工、他们的朋友和家人的社会心理效应。加拿大职业健康和安全中心（The Canadian Centre for Occupational Health and Safety，CCOHS）列出了关于轮班工作制设计应考虑的主要因素。

1. 轮班周期的长度

轮班周期的长度是在转换进入下一个轮班之前的任意一个轮班的工作天数。

研究表明，采用轮班方式使员工面临节律改变问题。英国学者的研究发现，从正常体温周期颠倒过来，27%的人需要1~3天，12%的人需要4~6天，23%的人需要6天以上，38%的人根本不能颠倒，而体温的变化正是人体各种生理变化的代表。每天或每周换班一次的结果是当员工体内的生理活动还没有来得及或刚刚适应一种新的节律时，他们就面临着另一新的节律了，员工始终处于和外界环境不协调的状态。最佳的轮换周期长度一直在争议中。

（1）常用的轮班周期为一周，期间有5~7个连续的夜班。但是，由于生理节律的调整一般需要7天，所以现在比较有争议的是调整刚刚完成就轮换进入下一个轮班周期。

（2）一些研究者建议应该安排一个较长的轮班周期，以便员工可以在同一个轮班内花费2周到一个月的时间调整生理节律。

（3）其他研究者建议每隔2~3天进行快速轮换。因为生理节律的重新调整已经最小化，所以这种轮换制可以减少对身体节奏的干扰。这样每周还可以有一些时间进行社会活动。

（4）个体差异和偏好也起着重要作用。

2. 轮班循环的方向

轮班应从上午到下午再到晚上正向循环，还是相反？有证据表明（Knauth，1996），相比于正向调换，逆向调换更不利于员工对工作节律的适应。

3. 开始与结束的时间

清晨轮班与较短的睡眠和较重的疲劳有关。应尽可能地避免将轮班开始安排在凌晨5点之前。结束时间应该与标准轮班时间一致。换句话说，夜班结束时间能让员工仍有合理的夜间休息是最理想的（不要在凌晨3点钟结束轮班）。

4. 轮班期间休息时间的长度

在一个夜班结束后应该保证至少24小时的休息时间，夜间连续工作的时间越长，在下个轮班前休息的时间也要越长。

5. 工作组织方法的替换方式

（1）更少的夜班和较长的休息时间。

（2）长时间工作的疲劳会对轮班工作产生不良影响。

（3）当选择一个轮班制时，应该考虑员工的体力和脑力负荷。

（4）当选择一个轮班工作的长度时，应该考虑化学或物理因素的工效学风险。

6. 其他的一些考虑因素

（1）尽可能在"对社会有利"的时间（周末）为员工提供休息时间。

（2）如果生产上需要工作较长的时间，那么制定一个特别的轮班制度。

（3）把工作安排提前通知轮班员工，以便员工和他们的家庭以及他们的朋友有充足的时间来适应与计划。

（4）轮班变化尽可能保持灵活性。

（5）尽可能使日程安排简单和可以预测。

7. 轮换与否

欧洲各国政府规定轮班制的员工必须轮换，而在美国，有些人干什么班就一年四季一直干什么班。

而若将员工安排在固定时间（白班、前夜班或夜班）工作，那么他们的行为是连续的，这样有助于适应昼夜节律。所以该问题可以通过人事选拔，依据员工对夜间工作的偏好为轮班岗位筛选员工。国内的研究表明，不轮换对两班制是可取的，但三班制则应该慎重考虑。我国轮班制的员工基本采用的是轮换方式。

曾有人调查过员工对不同工作班次的反映。大多数员工愿意从事白班工作，42%的员工反映上夜班白天不能很好地入睡，62%的人反映对改变进食时间不习惯，食欲受到影响，并有多数员工反映不论作什么班次，重要的是不要经常更换。

（二）轮班的具体方式

世界各国存在着各种各样的轮班制，如二班制、三班制、四班制等。

传统轮班工作制主要从企业需要出发，很少考虑员工生理、心理特点和其他需要。最典型的如我国纺织企业曾普遍使用的三班制，就是简单地把24小时平分为三段，并把员工分为三组：一组白班、一组中班、一组夜班，一周轮换一次。夜班时间与白班一样长，而且要求员工与白班一样工作，没有考虑员工的昼夜节律与生活规律，给员工带来较大的身体负担。尤其是夜班倒白班时，休息时间更短，身心更是疲惫不堪。

目前，一些企业在劳动强度大、劳动条件差的生产岗位，已实行"四班三运转"。四班三运转部分地考虑了员工的身心健康，24小时仍简单地被分为3段，但员工被分为4组，3组员工上班，一组员工休息，每两日轮换一次，连续工作6天后休息2天。

实践证明，由于这种轮班制给员工更充分的休息时间，所以受到员工的普遍欢迎。较之于传统的三班三运转，四班三运转的员工，精神比较饱满，缺勤率下降，工作效率提高。但其仍存在较大的缺陷：要求员工工作生活节律频繁地改变，这在一定程度上给员工带来一定的生理负担。

除此之外，各类企业还存在各种不同的二班制。二班制常常存在于商业企业和其他的服务性企业中。根据服务业的业务要求，这些企业每日的服务时间超过 8 小时，但小于 24 小时，一般为 10 ~ 14 个小时，因此通常采用二班轮班制。

目前，二班制有两种轮换方式，较常见的是将一个营业日分为两班：一班称早班，另一班称晚班。若营业时间较短，则会出现一个时段两班员工同时在班的情况。此方式交接班比较充分，另外还可配合营业的高峰时段。还有一种二班制是将员工分为两班：一班工作，一班休息。工作时每班员工工作一个完整的营业日。两种轮班制各有优缺点，前一种每个工作日的长短比较符合疲劳曲线的变化，但员工没有完整的休息日。后一种属于员工的完整休息时间较多，可以满足员工个人及家庭对休闲时间的需求。但每个工作日的工作时间太长，尤其是像营业员这类属于中等强度体力劳动的工作，较长的工作时间对员工的身心健康及服务质量都是一个不小的隐患。

四、轮班工作制的改进措施

（1）根据生产性质的不同，研究制定合理的换班制度。

（2）考虑到员工的昼夜节律和节律改变的适应问题，在制定轮班工作制时，循环周期应尽可能延长（甚至固定），夜班和白班的工作时间可作部分调整（缩短夜班工作时间）。

（3）创造良好的生产环境和生活环境。如车间里的照明和色彩、良好的后勤供应、方便的交通工具、安静的睡眠条件以及适合各班作息制度的文化娱乐和学习条件。

总之，在我国劳动力资源相对丰富的情况下，研究制定一些比较合理的轮班工作制，既能充分发挥厂房设备的作用，又能保障员工的健康，对我国有着极为重要的现实意义。

第五节　工作时间安排的社会因素

长期以来，富裕的物质生活一直是人们不懈追求的目标，收入的高低也一直是人们衡量工作优劣的最主要标准。人们愿意通过延长工作时间，增加劳动强度以换取物质的富有。但现在，家庭、消遣、健康与工作的轻松、乐趣越来越受到人们的重视。人们需要更多的可自由支配时间以满足提高生活质量的要求。因此，工余时间的作用已不仅仅是消除疲劳，人们还需要在工余时间内享受生活。因此有没有更多的闲暇时间、工作时间是否灵活成为人们衡量工作优劣的一项重要标准。针对人们对闲暇与灵活工作时间的需求，目前各国的工作时间型态有了很大的改变。

一、一周四天工作制 ①②

一周四天工作制，是将员工一周5天的工作压缩到4天完成，通常是每天工作10小时（也称紧缩工作周，4~40小时工作制）。最近一些年甚至出现4天里每天工作9小时（一周36小时且不减薪，称缩短工作周）。

有的企业直接把原来的第5个工作日改为休息日，还有的企业错开工作时间。这种工作制在美国等国家已经非常普及，在科塞克和米歇尔（Kossek & Michel）的报告中，大约有15%的美国雇主实施了缩短工作周制度，在执法部门和医疗行业最常见。工会代表、管理顾问以及许多实行一周四天工作制的公司都对此都极为热心，而且通常主动提出缩短工作周的并不是员工而是管理层。管理层之所以这样做主要是基于以下考虑：他们希望通过缩短工作周提高员工的生产率和效率；办公场所每周可以少开一天，节省一些运营费用；将较短工作周制度作为一项激励措施用于员工招聘；以及降低许多组织中都会出现的周一和周五极高的缺勤率现象。

一周四天工作制对员工个人的好处是显而易见的。员工每周可以享受长达三天的周末，尽情地欢度闲暇时光；也可以去做另一份兼职，或者花更多的时间与家人相处。四天工作制还减少了上下班次数。实际实施中，员工的缺勤率和迟到率都有大幅度地下降，可以使企业实现潜在的经济上的节约，员工的工作满足感上升。一项在全美范围开展的盖洛普民意调查支持了人们对一周四天工作制的诉求。在被调查者中，约有45%的男性，表示想要一周四天工作制，不外出工作的女性反对和支持一周四天工作制的比率为2:1，而外出工作的女性明显更喜欢一周四天工作制的提议。

不过，一周四天工作制也招致一些批评，罗南和普赖姆普斯（Ronen & Primps,1981）根据多项研究结果归纳，这种工作时间安排对员工的家庭生活和休闲生活具有积极的影响，但对员工的绩效没有影响；对缺勤的效果好坏各半，并且会显著增加员工的疲劳。

一周四天工作制存在的主要问题是：工作日较长，工作者每个工作日的最后两三小时处于疲劳状态，这非常可能导致作业事故；实行一周四天工作制的企业在与仍实行每周5天工作日的企业打交道时，会遇到时间上的问题，后者或许还要给每天工作8小时以上的管理人员付加班费；较长的工作日侵占了员工的晚间活动时间。同时，四

---

① ［美］马金斯基著：《心理学与工作（第10版）》，机械工业出版社2014年版，第228页。
② ［美］杜安·舒尔茨等著：《工业与组织心理学（第10版）》，上海人民出版社2014年版，第269页。

天工作制不仅要考虑员工偏好问题，组织安排工作时间也会受到组织提供的服务和其他因素的限制，如某公司一周有 5 天都要为客户提供服务，四天工作制就无法在该组织中实行。

二、弹性工作小时制

弹性工作小时也称滑移工作时间、灵活工作时间。有研究发现，大约有 56% 的美国雇主为他们的员工提供弹性工作时间①。与传统的统一上下班时间不同，它在员工工作时数不变的情况下，使上下班时间有一弹性规定，员工可自主选择上下班时间。

这种工作时间制度由德国首创。在德国，设计科学合理的工作时间，使员工和组织的利益最大化，早已蔚然成风②。弹性工作制在德国实行效果良好，后被许多其他国家相继采行，并为绝大多数员工所乐于接受。

弹性工作时间有两种做法：

（一）分段式

每天的工作时间仍为 8 小时，将上班时间分为"核心时间"与"游动时间"两段。在核心时间内所有员工都必须在场工作，以便在这段时间内进行各种工作的接洽或开会。所谓"游动时间"，即为"核心时间"以外的时间，也即员工可自由选择的上下班时间。例如，规定上午 7 时至 10 时，下午 4 时至 6 时为"游动时间"。则员工在这些时间段内可以选择早点上班早点下班，或迟点上班迟点下班。但是不管如何选择，每天仍应上满 8 小时，并且在上午 10 点至下午 4 点的"核心时间"段内，员工必须到班。

在德国，有的科研院所，巧妙地设计了两个核心工作时间：每天上午的 9：00 到 11：30 和下午的 1：30 到 3：30。这两个核心时间段，是经过研究测算出的人的精力最为集中、最为旺盛的时域，所以要求所有人员必须在岗，全力以赴投入工作之中。其他时间，尤其是上下班时间，任由员工自己掌握，只要其每个月完成既定的工作小时就行了③。

（二）累计式

累计式不再坚持让员工每天工作 8 小时，只规定每周、每月甚至每年的工作时数。这种工作时间制度可以有"核心时间"，也可以没有核心时间，更有弹性者，还允许员工每周或每月有一定的时间储存和借支。

如某企业规定员工每周应工作 40 小时，A 员工可根据自己的情况这样安排工作时

① ［美］马金斯基著：《心理学与工作（第 10 版）》，机械工业出版社 2014 年版，第 227 页。
② 陆安著：《并不遥远的德意志文化 文化视域中的社会嬗变》，湖南文艺出版社 2012 年版，第 393～394 页。
③ 陆安著：《并不遥远的德意志文化 文化视域中的社会嬗变》，湖南文艺出版社 2012 年版，第 394 页。

间：星期一工作 6 小时，星期二因工作较忙工作 10 小时，星期三工作 9 小时，星期四工作 9 小时，星期五工作 6 小时，合计 40 小时。当一个企业每天工作量的轻重不一样时，采用累计工作时间制是很有必要的。

德国 MBB 公司，采用的弹性工作时间是按月累计的。该公司还规定员工每月可以有 10 小时的储存或借支，例如本月少做 10 小时，可于下月补足；这个月多做 10 小时，下个月则可少做 10 小时。

总体来说，运用弹性工作时间具有如下许多优点：

1. 员工方面

（1）员工可以自己安排工作时间，使员工感到受重视，满足了员工的荣誉感、自尊心。

（2）员工配合自身的生活需要安排工作时间，使员工能够妥善处理家务，造福员工家庭。

（3）每个人的上下班时间错开，避免了交通拥挤，减少了员工的候车时间。

（4）缓和了工作紧张感，减少了工业化社会所带来的精神压力，使员工工作轻松愉快，有益于员工的身心健康。

2. 公司方面

（1）弹性工作时间满足了员工的个人需要，员工自然愿意为公司出力，工作效率也因而大大提高。

（2）自由民主的上班方式，员工受益很多，使公司容易吸引优秀人才。

（3）采用累计式的弹性工作时间，使公司在旺季容易得到较多的工作人手，减少了公司的加班费支出。

（4）上下班时间有选择余地，消除了部分员工迟到、早退的毛病，还可减少请事假的现象。

3. 弹性工作时间的缺点

弹性工作时间并非尽善尽美，它存在如下缺点：

（1）除了核心时间以外，公司业务接洽不便。

（2）要有专人对员工的工作时间进行协调，增加了管理人员的负担，也部分地增加了企业在管理方面的费用。

（3）弹性工作时间使公司的经营时间拉长，造成水、电费的增加。

例如，德国的一个市政府试图采用弹性工作时间，结果并不理想。原因是女性员工都急于早点下班，以便回家处理家务，而男性上司则希望晚下班，致使公务连接很不方便。

纳拉瓦曼和纳特（Narayaman & Nath，1982）考察了弹性工作时间对两类员工的影响：基层员工和专业技术人员。研究者指出，弹性工作时间只对基层员工有益，因为他们可以更灵活地安排自己的工作时间。对于专业技术人员来说，弹性工作时间只是将公司中已经存在的非正式制度形式化。另一项围绕弹性工作时间持续达 6 年的研究发现，与采用固定工作时间的控制组相比，弹性工作时间极大地降低了员工的缺勤率。但两组的离职率没有显著差别（Dalton & Mesch，1990）[①]。

尽管有充分的证据表明，弹性工作时间对员工有益，但是它可能不利于团队工作。如果员工一定要以团队的形式工作，个性化的工作时间就会限制团队的工作形式和团队的连续性。

另外，有些工作不适合采用弹性工作时间，如柜台工作人员、电话接线员、机械维修人员、汽车司机以及一些不能单独作业，必须集体作业的工作。

总体来讲，弹性工作时间可使人们更加灵活地控制自己的生活，它极其符合工效学根据人的需要和特点设计与人有关系的系统的设计思想。理论与实践两方面的研究都对弹性工作时间作了充分的肯定。

在我国工作时间制度当中，除了标准工作时间外，另有综合计算工作时间制。综合计算工作时间制，是指在特殊条件下，工作时间不宜以日计算，需要以周、月、季、年等周期综合计算的工作时间制度。其平均日工作时间和平均周工作时间应与法定标准工作时间基本相同。该规定类似于累计式弹性工作时间，但在我国，规定只有部分行业的企业，因生产特点不能实行标准工作时间制度时，经劳动保障行政部门批准才可以实行综合计算工作时间制。主要包括以下行业的员工：① 交通、铁路、邮电、水运、航空、渔业等行业因工作性质，需连续作业的员工；② 地质及资源勘探、建筑、制盐、制糖、旅游等受季节和自然条件限制的行业的员工；③ 其他适合实行综合计算工作制的员工。

三、部分工作时间

部分工作时间也称兼职制。它是发达国家许多企业针对女性劳动力、老年劳动力、学生和不愿多工作者真正缩短工作时间的需求所采用一种工作时间制度。部分工作时间比全职工作时间短，如每天 6 小时，每周 30 小时，但一般有较明确的工作起始时间，工资较全职工作低。

部分工作时间一方面迎合了工作人员的工作意愿，如规定上班时间为上午 9 点至下午 3 点的部分工作时间，就很受有孩子的妇女的欢迎，因为工作时间正是孩子上学不在家的时间。部分工作时间对家庭负担重的人和行动不便的人具有很强的吸引力。在美国绝大多数兼职人员是女性，她们往往从事较低等的工作，而且比全职员工收入低。一项大规模的研究调查了 794 名杂货店员工、200 名医务人员以及 243 名零售业员工。结果发现，与被组织强行安排为兼职员工相比，主动选择兼职的员工具有更高的工作满意

---

① ［美］马金斯基著：《心理学与工作（第 10 版）》，机械工业出版社 2014 年版，第 227～229 页。

度、更好的工作表现以及更强的组织忠诚度①。

另一方面，部分工作时间也可更好地配合公司业务上的需要。如餐厅、超级市场、百货公司、车站等，可在顾客较多时，雇用一些部分工作时间者，以适应业务上的需要。

管理层意识到全职并不意味着每一位员工都在真正地为组织全天候地工作着，甚至有许多工作，例如写作和独立研究，可能在兼职情况下也能取得令人满意的表现。

美国卫生和公众服务部调查发现，兼职员工的主管强烈支持这种兼职就业形式。在马萨诸塞州，与全职员工相比，每周工作 20 小时的兼职福利个案工作者流动率更低，接触的个案数量也更多。威斯康星州政府部门也发现，长期兼职社工、律师和调研员的实际工作时间并不比全职员工少，甚至更多。实际上，根据美国劳工部的调查，发现部分工作时间者，生产力高、忠诚度高、缺勤率低、工资低。因此，部分工作时间制度值得引起我国企业的充分重视。

近年来，我国许多企业也出现兼职人员。但目前雇用兼职人员的企业多为不太正规或实力较弱的企业，职位也是临时性的。而且因为该类就业员工，缺乏相应法律的保护及社会保障，一般的员工对此不屑一顾。

四、工作分担制

企业将每天 8 小时的一份工作，改由两人或几人（常常是两人）分担，员工之间通过协商，按自己的希望或特殊情况，选择适合自己的上下班时间与工作时数，各人报酬按小时计算。例如一份工作，规定由甲乙两人共同担任。则甲乙双方可根据各自的情况，经过协商或者每人各工作 4 小时，或者甲 5 小时、乙 3 小时，或者甲有事不能上班时，工作由乙担任，拥有较大的弹性。采用此工时制的公司，同样认为效果良好。员工每人每天的工作时间较短，精力体力集中，不易产生疲劳和厌倦。员工的工作效率和出勤率都有提高。不过，实施工作分担，应注意以下各点：

（1）必须照顾员工意愿，即实行此制要得到员工认可。

（2）分担工作的双方应能和谐。

（3）分担者的权益应与全日制工作者相同。

（4）劳企双方应相互了解，经常沟通。

五、电传通勤（在家工作制）

这是随着资讯工业的发展，办公自动化的兴起，所产生的一种新的工作方法。所谓电传通勤，即是利用电脑终端或者文字处理机远程作业（家中、咖啡馆甚至度假胜

---

① ［美］杜安·舒尔茨等著：《工业与组织心理学（第 10 版）》，上海人民出版社 2014 年版，第 268 页。

地），偶尔到办公室洽谈领取资料，每天与每月的工作时间不定，待遇按件计酬。

电传通勤工作者的工作常常是代打文件、书信、会议报告或合约、统计资料。近两年，由于新冠肺炎疫情加之互联网的飞速发展，在家工作的岗位大大增加，设计人员、软件工程师等都可采用电传通勤的方式在家工作。其优点是工作者每天在家工作，不必到公司上下班，工作时间弹性自由。缺点是同事间缺少沟通、交流的机会。有研究表明，在家工作会使员工和同事、主管产生社会隔阂。传统雇用形式的一个优势在于，它可以为人们提供同事之间面对面交流的机会，对于在家工作的员工而言，就不会有这样的机会。

无论是从理论上还是实践结果上，上述新型工作时间形态都具有较高的积极效用。但是，这并不是说，任何企业都可以随意使用。在进行工作时间制度改进时，还是要采用慎重态度。一般来讲，需要对下列问题进行认真思考：

（1）公司工作的性质。所在公司是否适合作该种工作时间制度的改革。如公司生产部门是流水线作业，因此提议作弹性工作时间的改革是不适当的。

（2）公司员工的需求。公司员工是否对工作时间状况较为关心，如果不甚关心，作这种改革则是不必要的。一般来讲，工作时间制度改革比如实行弹性工作时间制度，不大可能招致员工反对，在工作时间制度方面给员工以更大的自主权自然能够提高员工的工作满足度和福利水平。但是进行工作时间制度改革时在某些方面可能会增加公司的管理成本，如果员工有此方面的迫切需求，则改革会给员工以极大的满足感，进而提高工作效率。相对于效率的提高，公司增加些许管理成本和办公成本是值得的。但如果员工对此无特殊要求，则对效率提高的促进作用不明显，成本的提高就没有必要了。

（3）应考虑工作时间制度的统一性。公司不宜只在公司内的某些部门实施工作时间制度的改革，这样做常因不公平而给公司带来额外的困扰。

复习与思考

（1）工作时间制度安排有哪些方面的内容？制定设计工作时间制度需要考虑哪些人的因素？

（2）轮班制对员工有哪些消极影响？如何克服？

（3）弹性工作小时有何优缺点？它是否适用于中国的大多数企业？为什么？

（4）请用全方位的视角来分析一下在我国实施部分工作时间的意义？

视野拓展

各国的平均工作时长

1. 各国的法定工作时长

表 8-1 是关于各国的法定工作时长数据，来自《国际劳工组织》最新的一份数据报告。报告为 2004 年（报告生成时间是 2005 年），按照其规划，下一份全球范围内的调查报告是 2024 年。因此，这份报告是目前的最新数据。

表 8-1   经合组织成员国与中国法定周工作时间一览

48 小时	英国	爱尔兰	荷兰	丹麦	智利	哥伦比亚	哥斯达黎加
45 小时	德国	瑞士	土耳其	韩国	以色列		
40 小时	中国	美国	意大利	加拿大	比利时	卢森堡	奥地利
	挪威	冰岛	瑞典	西班牙	葡萄牙	希腊	斯洛伐克
	芬兰	新西兰	墨西哥	捷克	匈牙利	波兰	斯洛文尼亚
	日本	立陶宛	拉脱维亚	爱沙尼亚			
<40 小时	法国	澳大利亚					

在工作时长前加一个限定词"法定"，是因为加班文化这事，国与国之间存在着极大的差异。这份报包含所有被认可国家的数据情况。在这份报告中，法定工作时间小于 40 小时/周的，只有澳大利亚、乍得和法国 3 个国家。每周工作 40 小时，执行的是 5 天 8 小时工作制；每周工作 45 小时，执行的是 5 天 9 小时工作制；周工作时长 48 小时，执行的是 6 天 8 小时工作制。表 8-1 仅列出经合组织成员国与中国的法定周工作时长。

2. 经合组织成员国与中国的实际工作时长

表 8-2 中数据取自经合组织的统计数据和流传于网络的中国平均加班时间，并去除法定的 13 天有薪假期（有些国家可能更多，但统一按 13 天计算），得到平均每天的工作时长。

表 8-2   经合组织国家与中国平均每天工作时长

国家	1 小时	2 小时	3 小时	4 小时	5 小时	6 小时	7 小时	8 小时	9 小时	10 小时
中国										9.2
墨西哥										8.7
哥斯达黎加									8.3	

续表

国家	1 小时	2 小时	3 小时	4 小时	5 小时	6 小时	7 小时	8 小时	9 小时	10 小时
韩国									8.0	
俄罗斯									8.0	
希腊									7.9	
智利									7.8	
以色列									7.7	
波兰								7.3		
捷克								7.2		
新西兰								7.2		
美国								7.2		
爱尔兰								7.0		
匈牙利								7.0		
葡萄牙								7.0		
意大利								7.0		
澳大利亚								6.9		
爱沙尼亚								6.9		
斯洛伐克								6.9		
西班牙								6.8		
加拿大								6.8		
拉脱维亚							6.7			
日本							6.7			
立陶宛							6.6			
斯洛文尼亚							6.4			
比利时							6.4			
瑞士							6.3			
芬兰							6.2			
英国							6.2			
卢森堡							6.1			
法国							6.1			
奥地利							6.1			
冰岛							5.9			

国家	1 小时	2 小时	3 小时	4 小时	5 小时	6 小时	7 小时	8 小时	9 小时	10 小时
瑞典							5.9			
荷兰							5.8			
德国						5.6				
挪威						5.6				
丹麦						5.6				

与《国际劳工组织》中漂亮的数据（每日工作 8 小时，每周工作 40 小时）对比，中国平均每天的实际工作时长是 9.2 小时，相当于每天加班 1.2 小时。

资料来源：根据安安:《各国工作时长》整理，载于《知乎》2021 年 1 月 6 日。

第九章

工作场所的特征与设计

自从人类发明轮子之后，就成了自己发明奇迹的受害者。…… 我们所谓的进步，就是以一件麻烦事，换另一件麻烦事。

——［美］劳伦斯·彼德（Dr. Laurence Peter，管理学家）

第一节　作业场所设计概述

一、作业场所设计的内涵

人作为自然界唯一具有能动性的生物，无时无刻不对其所处的物理空间施加着强烈的影响，这种影响使自然界发生了巨大的变化。与此同时，空间环境也时时对人的行为、表现显示出它无以复加的影响力。在不同的场所与环境下，同样的人，其行为与表现有着相当巨大的差别。一个设计优良的作业场所不仅能够明显增加操作者的工作绩效、工作安全以及舒适感，还能使操作者之间的配合更加默契，提高整体的工作效率。除此之外，设计优良的作业场所还是企业形象的重要表征，肩负着企业精神与理念传达的责任。因此，工作场所设计有着不容忽视的重要意义。

20世纪80年代至90年代的前期，日本的企业管理曾被包括美国在内的世界许多国家所推崇，也受到了我国学术界的高度重视。一时间，日本企业的经营之道、日本企业的管理策略等成了管理领域的时髦用语。美国人、中国人纷纷跑到日本去取经。结果，无论是哪里人，从日本归来以后印象最深刻的就是日本人精心设计的工作场所。中国台湾工业管理专家林荣瑞在其精心之作《管理技术》一书中提到：参观日本工厂，印象特别强烈，从厂外的环境花草、通道、包括汽车的排放，可以说整整齐齐，井井有条。进入厂内又是一种诧异，不论是办公场所、工作车间、储物仓库，从地板、墙壁、地上物到天花板，所看到的均是亮亮丽丽、整洁无比。所有的物品空间均进行了精心的布置与整理。林荣瑞甚至断言，这就是日本这样一个自身自然资源极为缺乏的国家能够在二三十年的时间里跻身世界经济强权的重要理由①。日裔美籍管理专家大内在他那本著名的《Z理论——美国企业界怎样迎接日本的挑战》一书中同样也提到了令其印象深刻的日本工厂的洁净、舒适与精心的设计。

而走进我国的某些工厂，映入眼帘的往往是毫无规划的工厂车间、随便摆置的机器设备、拐弯抹角的物品运送通道、满是油污的地面和布满灰尘缺乏保养的机器、原料、半成品再加上昏暗的灯光、灰冷的色彩和刺耳的噪声。因此，我国企业在工作场所与环境的设计方面有着许多重要的工作要做。

美国职业安全与健康标准组织（Occupational Safety and Health Administration，OSHA，1987）对工作场所的设计有如下阐述：关于工作场所设计的工效学解决方案必须是最有效的，并且是控制工作压力的首要选择②。

上述表述的理由是所有的问题都应该在工程设计的最初阶段得到解决，以达到人和工作场所的最佳匹配。换句话说，在设计阶段，工作的重点是工具和场所的设计，让工具和场所的设计布置符合员工的特点和需要，而不是选拔与训练员工，让员工适应工作器具和工作场所的要求。

专栏9.1：工效学设计实例——根据人体工程学原理设计与改进的器具

K键盘（见图9-1）是克罗默（Kroemer，1972）根据人体的生物力学原理设计的一种新型键盘。这种键盘分为左右两片，分别供左右手使用，每一片都按一定的角度倾斜放置。它的最大优点是能够保持操作者比较自然的姿势，使操作者手腕伸直，操作自然，不易疲劳。试验结果表明使用这种键盘后的错误率、肌肉紧张度、主观评价等指标都得到了大大的改善。

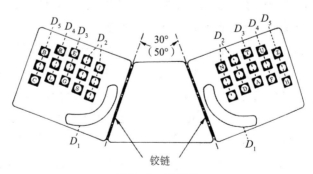

图9-1　K键盘

资料来源：朱祖祥著：《工业心理学》，浙江教育出版社2001年版，第406页。

---

① ［中］林荣瑞著：《管理技术》，厦门大学出版社1996年版，第119页。

② ［美］布什著：《工效学的基本原理、应用及技术》，国防工业出版社2016年版，第133页。

作业场所主要是一个物理空间概念，它是一个范围较广的范畴。在工效学中，讨论3个不同层面并且相互关联的空间概念。作业空间（也称近身作业空间、工位）指作业者在作业过程中所需要的操作活动空间；个人作业场所，即操作者的作业空间加上机器、设备以及工具所需的空间，通常也被称为工作站。如在一个计算机房里，有主机、打印机、电脑桌、座椅、附属动力设备以及人的操作活动等。总体作业空间，指多个相互联系的个体作业场所布置在一起构成的总空间。

工效学中，充分考虑操作者的条件和需要，也即运用人体测量、生理学、心理学等学科的背景知识，为操作者创造安全高效的作业条件和工作空间。广义的工作场所设计包括既有区别又有联系的三个层次的内容。

（1）作业用具的设计与改善。

（2）作业空间的设计与改善。

（3）作业场所的设计与改善。

二、工作场所设计的一般原则[①]

在理想情况下，该项工作应该在操作者到岗之前的工程设计阶段完成，工程设计方案就是要从环境中找出问题并予以解决。美国职业安全与健康管理局（OSHA）在其工效学工具箱里提供了一个资源，目的是指导不同领域的工作场所设计，包括工具设计和工作站设计（OSHA，2010b）。表 9 - 1 列出了摘录于 NIOSH 工效工具箱的工作站设计的一般原则。

表 9 - 1　　　　　　NIOSH 工效学工具箱：工作站设计的一般原则

1. 工作站设计的一般原则
（1）工作站是可以调整的，目的是使得各身高和体型的人都能够舒适地工作，并且工作材料触手可及
（2）将所有材料和工具放置在工人的面前以减少扭转动作，为身体的扭转提供充足的空间
（3）避免静态负荷、固定的工作姿势，以及操作者经常需要保持长期静态姿势的任务 　　①向前或者向侧面倾斜身体 　　②保持某一肢体处于弯曲或伸展的位置 　　③头部向前倾斜至少 15° 　　④用一条腿支撑身体
（4）当涉及精细视觉任务时，工作台高度应该在肘高之上，当任务需要向下用力或较重的身体负担时，工作台高度应该在肘高之下
（5）将椅子设计成舒适的、可调整的 　　①可调整座椅高度 　　②可调整靠背和腰靠的角度 　　③在坐一个人的重量下，坐垫被压下去不能超过 1 英寸 　　④座椅很稳固（最好是 5 条腿座椅）

---

① ［美］布什著：《工效学的基本原理、应用及技术》，国防工业出版社 2016 年版，第136～139 页。

（6）允许工人自由地在坐姿和立姿之间交替。长时间站立时，应在地板上放置垫子

（7）在需要和可行的情况下，为肢体提供支撑，包括肘靠、腕托、扶手、脚踏板和背靠

（8）利用重力移动材料

（9）工作站的设计能够保证胳膊连续和弧线移动，避免直线的、抖动式的手臂运动

（10）胳膊围绕肘关节运动，而不是以肩关节为轴移动，目的是缓解肩部、颈部和背上部的压力

（11）工作站的设计要使得胳膊的移动范围在151英寸内

（12）表盘和显示屏的设计简略、逻辑性强、易于理解、掌握和操作

（13）最大限度地减少噪声、高温、湿度、寒冷和阴暗等

2. 重复性的手部和腕部任务的设计原则

（1）减少每个工作班次内的重复次数。如果可能，实现系统的自动化或半自动化

（2）保持腕部中立位置（握手状态）

　　①设计工作和挑选工具应尽量避免腕部的弯曲或偏离中立位置

　　②当腕部弯曲时，应避免前臂向内或向外旋转以减少肘部的受伤（网球肘）

（3）减轻腕部和手的压力

　　①如果可能，对于必须重复性操作的物体应减少其尺寸和重量

　　②避免使用给手掌根部造成压力的工具，这样会堵塞血液流动和产生神经功能障碍

　　③避免用手掌根部进行重复性击打动作

　　④应尽量避免用指尖进行重复性的大力按压动作

（4）设计的任务应使人用力量抓握取材料，而不是用手指去捏。注意捏的压力是抓握的5倍

（5）应尽量避免伸手去拿身体前方超过15英寸的材料

　　①避免伸手去拿超过肩部的高度、腕部以下的高度或者身后的位置的物体，以减少肩部疾病

　　②避免需要整个手臂进行外展动作的重复性工作（肘部伸直并且手臂向外扩展）

（6）当必须维持不利的身体姿势（手或肘抬高以及手臂外展）时，应提供支撑设备。使用固定装置减缓手或手臂的压力

（7）选择的动力驱动工具的设计应控制或限制其对手的振动的传播，或者设计的工作方式能减少手握持振动工具的时间

（8）为在寒冷环境中工作的手提供保护。戴上手套后使用户对大力抓握的操作敏感

（9）选择和使用合理设计的手持式工具（工具手柄的抓握尺寸能适应绝大多数工人）

3. 手持工具的使用和选择原则

（1）使腕部保持伸直状态。避免腕部弯曲或旋转。注意，应使工具弯曲而不是腕部。有很多弯曲式工具可以使用

（2）避免静态肌肉负荷。降低工具的重量和大小。操作重物时不要抬高或向外扩展肘部。对于较大较重的工具应有平衡支持设备

（3）不要对软骨组织施压。设计拙劣的工具会对手掌或指尖产生压力导致应力集中。例如，不适合工人手部的短柄镊子和带指槽的工具

（4）减少握力。越用力操作手持工具，越容易受伤。可压缩的抓握表面不是硬质塑料可以缓解这个问题

（5）如果可能，应选择能用整个手来抓握的工具，而不是用指尖施加握力

（6）保持最优的抓握跨距。镊子、剪刀和钳子的最优跨距的测量从指尖到指根，为6~9厘米。当需要紧握时，对于像螺丝刀这样的圆形手柄工具的推荐握柄直径为3~5厘米，需要精确的手指握持时为0.75~1.5厘米

（7）避免尖锐的边缘和夹点。没有戴手套时，选择不会割或夹手的工具

（8）避免重复的扣板机动作。应选择能用4个手指操作的带有大开关的工具。接近开关是最好的触发装置

（9）手应该远离高温、严寒和振动环境。高温和严寒会影响手的灵巧度，使手在抓握时用更大的力气。振动会影响血液循环，从而引发白指症

（10）戴合适的手套。手套会削弱力量，降低手的灵巧度。过紧的手套会给手施压，过松的手套会削弱手的握力，造成安全风险（如挂破）

4. 升降任务设计原则

（1）将物流最优化

　　①减少用手搬运重物的次数

　　②建立足够多的接收、储存和运输设施

　　③保持通道畅通

（2）减少手动升降次数
　　①采用机械搬运时应使重量集中在某一点上
　　②原料和原产品使用托盘操作
　　③采用单元负荷概念（体积大的物体存放在大的容器中搬运）
（3）减轻物体的重量
　　①减轻储物箱的重量和体积
　　②减少储物箱负荷
　　③要求供应商限制每个储物箱内的货物数量
（4）减少手到身体的距离
　　①改变物体或储物箱的形状，使其能靠近身体操作
　　②提供手柄以使负荷能靠近身体抓握
（5）通过以下方式将提升、搬运、下降移动改为推或拉
　　①传送带
　　②带有圆形球轮的桌子
　　③手推运货车
　　④四轮运货车

5. 推拉任务设计原则
（1）利用以下机械作为辅助的方法消除推拉方式的用力
　　①传送带（动力或非动力）
　　②动力货车
　　③升降台
　　④滑板或斜槽
（2）通过以下方法减少推拉力
　　①减少负荷边长或重量
　　②使用四轮运货车或手推车
　　③使用非动力传送带
　　④手推车上的轮子或脚轮需要：对轴承进行周期性的润滑，足够的维护，设计合适的尺寸（提供较大直径的轮子和脚轮）
　　⑤维护地面以避免凹凸不平
　　⑥使地面平滑以减少摩擦力
（3）通过以下方式减少推拉的距离
　　①将接收、存储、生产或运输区靠近工作生产区域
　　②改进生产过程，避免不必要的材料处理流程
（4）将推拉技术最优化
　　①手柄高度可调，使得不同身高的工作者都能够在肘部弯曲80°~100°范围内操作
　　②用推代替拉
　　③使用斜率小于10%的斜坡

6. 搬运任务的设计原则
（1）通过优化工作场所的布局消除搬运和物料的移动。利用以下的机械装置作为辅助
　　①传送带（所有种类的）
　　②起重机或手推运货车
　　③工作站之间的桌子或滑梯
　　④四轮运货车空气或重力压射系统
　　⑤空气或重力压射系统
（2）通过以下方式减轻搬运重量
　　①减轻物体的重量
　　②减轻储物箱的重量
　　③减少储物箱内的负荷
　　④减少给供应商提供的储物箱的数量
（3）通过以下方式减少材料的体积
　　①减少物体或储物箱的体积
　　②在材料上安装手柄以使材料能靠近身体抓握
　　③将工作分配给两个以上的人

续表

（4）通过以下方式缩短搬运距离
　①将接收、储藏和运输区靠近生产区域
　②利用动力或非动力传送带
（5）通过以下方式将搬运变为推拉
　①利用非动力传送带
　②利用手推运货车

资料来源：〔美〕布什著：《工效学的基本原理、应用及技术》，国防工业出版社 2016 年版，136～139 页。

除了上述工效学原则外，还有一些同样重要的其他原则可以保证工场所安全、持久以及长期运行。这些原则如下：

（1）可维护性。

①增加产品寿命；

②对于替换模块或部件应提供易于理解的说明；

③考虑维护人员工作时的可达性或空间的可利用性；

④识别潜在的危险因素（将危险因素消除或警告用户）；

⑤提供告警标签并放置于能被感知、解读和理解的位置；

⑥标签的颜色和位置要遵循现有标准（如 ISO 标准）。

（2）安全性。

①安全应该放在设计环节的第一位；

②设置防护装置、警告、标签和警报器；

③安全不能影响生产率；

④为总开关提供保护装置防止偶然触发。

（3）可用性。

①利用可用性原则进行设计；

②最大限度地提高效率，减少错误；

③考虑人的能力、身材高矮及人体测量学；

④为用户提供清楚简洁的文档和指导规范。

（4）舒适性。

①减少疲劳、抱怨和不舒适；

②考虑工人可能会使用什么以及可能的误操作；

③提升用户的可接受性；

④原型测试。

（5）可靠性。

①增加工作站的应用和置信度；

②质量支持和安排时刻表。

（6）持久性。

①用户期待的使用期限与期望的因素有关；

②设计时考虑应用环境。

第二节 人机系统及其配合

一、人机系统及其种类

人在从事各种工作或活动时，往往使用各式各样的工具。因此，形成人与工具的相互作用和相互联系，由此形成的系统即人机系统。在人机系统中，人是操作者，而机只是人为了实现人类的目的而使用的工具。

人机系统种类繁多。有简单的，如木工用榔头敲钉子、裁缝用剪刀裁衣服等，都是简单人机系统的例子。也有很复杂的，如工人操控机床、飞行员驾驶飞机等；还有由专家组配合负责不同操作的大型客机、宇宙飞船发射等，是更复杂更精密的人机系统。

在所有的人机系统中，操作者都是通过显示器来获取有关机器目前状况的信息。对这些信息进行分析判断后，操作者作出决策并使用控制装置来操作设备，采取行动。

设想你正在高速公路上驾车行驶，接收到时速表（显示器），或导航系统（另一类显示装置）的超速提示，简单信息加工后确定速度太快超过限速。这时通过放松油门这一控制行为，使燃油自动喷射系统减少供给发动机的油量，汽车减速。另外，司机也常常从外部环境中获取信息：限速标志、路况等，对这些信息进行加工并作出改变速度的决策和行动，机器状态发生相应的变化并显示在时速表上。

即便是最精密复杂的人机系统，原理也是相同的。人机系统分析是工效学专家工作的出发点，见图 9-2。

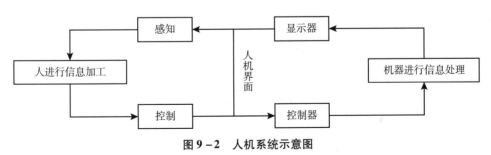

图 9-2 人机系统示意图

资料来源：[美] 杜安·舒尔茨等著：《工业与组织心理学（第 10 版）》，上海人民出版社 2014 年版，第 351 页。

在不同的人机系统中，人与机的相互作用相互关系有较大的不同，人机系统也呈现出多样性。根据操作者的参与方式和所起作用的不同，人机系统可分为三类①：

（1）手控式人机系统：以人力为动力源，例如用锄掘地、用手摇钻钻孔等。

（2）机控式人机系统：以电能、化学能等作为动力源。如工人操纵机床、驾驶员驾驶汽车等。

（3）监控式人机系统：在这种系统中机器本身是一个闭环系统，它能自动地实现包括信息接收、加工和执行的功能。人在这种系统中主要处于对机器运转状态进行监视的地位，只有在机器发生故障或需要改变运转方式时，人才进行干预。如电站集中控制室、自动化生产车间、使用自动驾驶的飞机或地铁等。

此外，根据人与机的连接方式，还可分为串联式人机系统、并联式人机系统；根据人机系统闭环开环的不同，分为闭环人机系统和开环人机系统等。

自动化使得工效学专家的任务更加复杂。负责监控自动化设备的工人发现：监控的任务比实际操作机器的工作更易使人疲劳和厌烦。工效学必须设计出能使工人保持警觉状态的监控设备，以使工人能及时发现错误和故障，并做出快速适当的反应。

总之，不管工人在人与机器的交互过程中参与程度有多高，人机系统的要求和界定都是相同的。目前还没有发明出一种能设计、制造和维修其他机器的机器人，对人机系统而言，人仍然是至关重要的。

二、人机功能分配

设计人机系统的最初步骤是确定操作者和机器之间的劳动分配。因此，必须仔细分析人机系统运行的每一个步骤或过程，以便确定其特征：执行过程中所需的速度、准确性及频率，工作所造成的压力等。这些信息被评估之后，工效学专家接下去就可以将系统的需要与人、机的能力进行匹配。作为系统的组成部分，人与机器都各有优势与局限。

生理学家、心理学家和医生已经提供了大量的关于人的优势与局限的信息，揭示人在哪些功能上优于机器，又在哪些功能上劣于机器。关于人的局限，在第四章中已经做过相关叙述。相应地，机器的优缺点与人互相对应补充。

通常，机器在完成下列功能时要优于人类：

（1）机器能够检测出人类无法感知的刺激，如超声波、紫外线，等等。

（2）只要相关信息被预先输入进程序，机器就能可靠地长时间执行监控任务。

（3）机器能够进行大量快速而精确的计算。

（4）机器能高度准确地储存并提取大量信息。

（5）机器能持续且快速施加高强度的物理作用力。

---

① 朱祖祥著：《工业心理学》，浙江教育出版社2001年版，第265～266页。

（6）只要提供适当的维护，机器就能够很好地执行重复性活动且不会出现绩效衰退。

当然，机器并非完美的，它们也有一些缺陷和局限：

（1）机器的灵活性较差。即使是最精密的电脑也只能做程序设计好的事情。当系统需要有适应环境变化的能力时，机器就无能为力了。

（2）机器不能从错误中进行学习，也无法基于以往的经验来修正自己的行为。任何操作中的改变都必须通过人工植入到系统中去，或由操作者发起。

（3）机器不能即兴行事。它们不能推演或检验未经程序设定的其他备选方案。

早在 20 世纪初期，许多实业家，例如 IBM 的创始人托马斯·华生（Thomas Watson），就开始通过让机器代替人去完成那些更适合机器的工作来大幅改变工作的性质。正如华生所言："机器用来干活，人类用来思考。"当越来越多的机器变得自动化，工人们尽可能地远离系统而让机器同时既干活又思考已成为一种趋势[①]。

第三节　工作台与座椅的设计与评价

操作者与机器的匹配是工效学最重要的研究内容。英国心理学家创造的工效学（ergonomics）一词，源于希腊语"ergon"和"nomos"其中，"ergon"的意思是工作，而"nomos"的意思是自然规律，合并起来意指心理学家与工程师合作，研究工作的自然规律。

直到 20 世纪 40 年代，设计机器、设备和工业厂房完全是工程师的职责，他们基于力学、电子学、空间及体积大小等因素做出设计方案，而很少关注操作这些机器的工人。在工作场所，机器被认为是一个既定的因素，无法根据操作者的需求进行改变，只好通过选拔培训激励监视等措施，让操作者适应机器的要求。无论设备多么令人不适、使人疲劳或不安全，作为人机系统中的唯一可变部分，操作者都需要调整自身，努力适应情境以适合机器的要求。

但是，随着技术的发展，机器设备越来越复杂，操作中对人的能力提出了越来越高的要求。先进复杂的机器装备，不仅对人的肌肉力量有要求，还体现在感知、理解、判断和决策能力等方面。但是，设计中对人的因素的忽视，导致错误频发，人与机器的冲突越来越严重，这种现象在第二次世界大战期间发展到了顶峰。

此时，人们终于意识到，要想整个人机系统有效运转，必须在设计机器时将人的能力与局限性考虑在内。生理学家、心理学家及医生很快与工程师一道设计飞机座舱、潜水艇、坦克驾驶室及军服部件。

---

① ［美］杜安·舒尔茨等著：《工业与组织心理学（第10版）》，上海人民出版社2014年版，第351～352页。

作业中使用的机具种类繁多，如各种机器、机器组件以及手工操作工具等。它们的设计问题是工效学最为重要同时也是较为复杂的研究领域。对它们进行工效学设计不仅要考虑人体外形尺寸方面的特点，还要考虑人类的各种功能特性（如人的感知与反应特性、人的可靠性等等）。不仅如此，还要求设计者具备机械、力学等方面的专门知识。因此，机械器具的工效学设计往往由专业的人机工程师来完成。管理工效学中，我们仅仅讨论两种最简单、使用最普遍的作业用具——工作台与座椅的设计问题。

桌椅历来是人们工作生活中不可或缺的用具。但是按照工效学的理念来设计工作台椅还是在第二次世界大战以后才开始的。这并不是说以前的桌椅设计完全没有考虑人的因素，只不过工效学更加系统、全面、细致地考虑了人的因素。

专栏 9.2：抽屉应放在桌子左侧还是右侧

日本办公桌的抽屉曾经大都放在右侧，一些员工对此多有抱怨，因为一般人都是把参考书、资料放在左边，笔记本放在右边，所以椅子就会偏向右侧，但是放在右侧的抽屉却会对脚形成阻碍。而如果坐在办公桌中间，资料与书籍只好重叠放在左侧，造成翻阅困难。而且，右手拿着笔，用左手开抽屉也比较方便，接电话也是。所以很多人感到抽屉在右侧的桌子有些不方便。但是，真把抽屉放在左侧时，又出现了新的问题：只有一排抽屉的办公桌一般只有 1 米长。将抽屉放在左侧后，右侧的空间就不太宽裕，身材高大的人使用，右手会超出桌子的长度而悬空，反而更不方便。这样就出现了进一步的改进措施，再将桌子的长度增加至 120 厘米。即便如此，也并不是说办公桌一定要使用左侧抽屉桌，而是要因应工作内容做不同的改变。有些工作根本就不需要抽屉，而一些负责生产计划、定价或设计的专家在工作时，都是右手拿着笔、左手操作电脑，因此左边的空间宽裕较好。当然，因应工作变化、用起来更顺手的可自由变化、附有脚轮的可动式资料柜更受欢迎。

资料来源：［日］工藤雅世著：《人性办公室》，台湾远流出版事业股份有限公司 1994 年版，第 122～126 页。

一、工作台高度的设计

一个恰当的工作台是至关重要的。大家学习写字用的书桌就是一种最常见的工作台。另外，钳工台、机床的控制台甚至汽车的驾驶台和教师使用的黑板也都属于工作台的范畴。不适合的工作台，会引起作业者不必要的疲劳，影响作业效率。

工作台高度是工作台设计中最关键的要素之一。工作台过低，作业者背部过分前倾，脊椎承受压力，造成操作者腰背疼痛；太高，则必须抬高肘部，引起肩部及腕部的不适。

（一） 工作台高度设计的一般原则

作业面的高度确定应遵从以下原则：

（1） 能使臂部自然下垂，处于合适的放松状态，小臂一般应接近水平状态或略为下斜，任何场合都不宜使小臂上举过久。

（2） 不应使脊椎过度屈曲。

（3） 在同一工作台完成不同作业，则工作台高度应可调。

工作台高度恰当与否的一个最重要参考点是操作者肘部的高度。一般工作台高度应在肘部以下 5～10 厘米。另外，工作台的高度还取决于作业的性质。如较为精细的作业，较高的工作台可使眼睛接近作业对象；而重荷作业则要求较低的工作台，这样臂部容易施力。

（二） 立姿工作台高度

在我国，立姿时男性肘高均值为 102 厘米，女性肘高为 96 厘米。因此，立姿作业时，通常推荐的立姿工作台高度为男性为 92～97 厘米，女性为 90～95 厘米。当进行不同类型的立姿工作时，工作台推荐高度不同[1]：

1. 精细操作（如绘画）

（1） 给肘部提供支撑以减少后背负荷。

（2） 能够满足视野的要求。

（3） 工作台高度比肘部高 50～100 毫米。

2. 手工操作（如灯管组装）

（1） 为设备、工具、材料和储物箱预留存放空间。

（2） 工作台高度在肘部以下 100～150 毫米。

3. 用力的手工操作或持续使用体重（如重型装配或木工工作）

（1） 当工人长时间使用身体上部的力量进行工作时，工作台应设计较低的高度。

（2） 可能的情况下，为前臂和腕部提供支撑。

（3） 工作台高度在肘部以下 150～400 毫米。

表 9－2 为西方国家男性和女性立姿工作台的参考高度，同时还提供了工作台高度决定的工作方面的细节。

---

[1] ［美］布什著：《工效学的基本原理、应用及技术》，国防工业出版社 2016 年版，第 141～142 页。

表9-2 　　　　　　　　　　西方国家推荐的立姿工作台高度 　　　　　　　单位：厘米

作业类型	男性	女性
精细作业（如钟表装配）	100～110	90～105
一般作业（写字或轻型装配）	90～95	85～90
重载荷作业	75～90	70～85

资料来源：郭伏、钱省三主编：《人因工程学（第2版）》，机械工业出版社2018年版，第246页。

我国成人平均身高比西方国家低5厘米，所以在采用上述数据时需要考虑这一差距。另外，立姿时，必须有足够的站立空间，包括脚趾和膝盖，这个空间可以让工人近距离地接触工作台。

（三）坐姿工作台高度

肘的高度同样也是设计坐姿工作台高度的基础。但坐姿工作台高度比立姿时更复杂，往往还需要考虑座椅的高低，工作台厚度，操作者大腿的厚度等因素。

另外，坐姿作业时，还需要考虑足够的台下膝盖空间。尤其在重载荷作业时，既要保证手臂能够提供足够的力量同时还要保证膝盖自由活动的最小空间。西方学者根据欧美人体测量结果（膝盖高度），加上满足脚后跟最小活动空隙的5厘米高度，得出膝盖能够自由活动的高度：

男性：60厘米+5厘米=65厘米

女性：56厘米+5厘米=61厘米

如果考虑到4厘米的工作台面厚度，那么工作台最低高度为：男性69厘米，女性65厘米。以上计算适用于强度大的组装工作中。根据上述方法推导我国成年男女坐姿时工作台高度的推荐值，如表9-3所示。

表9-3 　　　　　　　　我国成年男女坐姿工作台高度推荐 　　　　　　　单位：厘米

工作类型	男性	女性
精密作业	75～80	70～75
一般作业	60～65	55～60
重载荷作业	40～55	35～50

资料来源：冯国红主编：《人因工程学》，武汉理工大学出版社2013年版，第83页。

（四）坐立姿交替时的工作台高度

长久的立姿和坐姿都存在较大的弊端，而坐立交替的工作，人体的肌肉就像是轮流工作和休息一样，有利于降低人体疲劳，提高工作效率。许多学者相信，每次变换姿势都可以改善骨髓内营养的供应，对人体有很大的好处。

在设计坐立交替的工作台时，工作台的高度应以站立时的为准，同时为坐姿工作时提供较高的椅子。椅面高度以 68 ~ 78 厘米为宜，并提供较高的脚踏板，使操作者坐着工作时脚部不会悬空。否则，工作很难持久。

二、工作椅的设计

坐姿是人体较为自然的姿势，人们在从事作业、娱乐、休息等很多活动时，都以坐姿进行。当今在发达工业国家，几乎 3/4 的工作都是坐姿进行的。第六章论述了坐姿的很多优点：能耗较低、更容易稳定身体、更易控制手部运动、可以使用脚来操作，等等。但是，与立姿相比，坐姿减轻的只是腰部以下的负担，而腰部以上的负担却有所增加，坐着时人体脊椎呈不正常弯曲状态会压迫内脏。一项在瑞典对 246 个办公室人员进行的调查表明：坐姿带来的疼痛区域是广泛的，涉及从头到脚的几乎各个部分，其中以腰疼最严重，56% 的人抱怨他们曾感到腰疼，见表 9 - 4。

表 9 - 4　　　　　　　　　　坐姿工作办公人员的抱怨

部位	百分比（%）
头疼	14
脖子疼或肩膀疼	24
腰疼	56
大腿疼	19
膝盖和小腿疼	29

资料来源：郭伏、钱省三主编：《人因工程学（第 2 版）》，机械工业出版社 2018 年版，第 255 页。

减轻这种不合理，使人恢复自然姿势的工具就是椅子。因此，座椅的研究与设计在许多国家受到了高度的重视。

设计合理的座椅对人有如下有益之处：

（1）减轻腿部肌肉的负担。

（2）防止不自然的躯体姿势。

（3）降低人的能量消耗。

（4）减轻血液循环系统的负担。

（一）座椅设计的基本要求[①]

座椅与座位的舒适及效能（对工作绩效的影响）取决于它们的物理设计特性与人体外形尺寸特征以及人体生物机械特性是否相匹配。不同用途的座椅要求有不同的设计，人

---

① ［美］布什著：《工效学的基本原理、应用及技术》，国防工业出版社 2016 年版，第 143 页。

类身材的差异使得座椅设计变得复杂，但是仍然可以提出有关座椅设计的一些通用要求。

根据 OSHA 标准，座椅是工作站设计的关键要素（OSHA，2011）。工效学座椅应符合如下要求：

（1）腰部有支撑：

①对背部下边的部分有支撑。

②提供更舒适的姿势。

③使下背处的负荷最小化。

（2）座椅应用瀑布形边缘：

①大腿或小腿的后面的座椅终端为瀑布形设计；

②防止下肢血液流通不顺畅。

（3）座椅扶手：可调及任务操作兼容。

（4）稍微倾斜的坐垫：促进合理的姿势，尤其腰部。

（5）可调性：坐垫可调，靠背可调，高度可调。

（二）座椅的检验点

为员工选择合适的座椅是改善员工工作场所的重要内容。但是，什么样的椅子才算是好椅子呢？亨利·特里布斯（Henry Trebs）提出了座椅舒适度的十五项检验点[①]：

（1）座面的高度是否可调，调节范围是否适当？

（2）座面高度的调节是否容易？

（3）座面的柔软程度是否适中？

（4）座面宽度是否适当？

（5）座深是否合适？

（6）座面的角度是否可调？调节起来是否容易？

（7）座面和靠背运动时，运转是否容易？

（8）靠背的高度是否适当？

（9）靠背的角度调节是否容易？

（10）靠背的高度调节是否容易？

（11）扶手的高度是否适当？

（12）扶手的长度是否适当？

（13）左右扶手的间隔是否适当？

（14）脚轮的滑动是否适当？

（15）坐时椅垫的弹性是否适当？

---

① 转引自：［日］小原二朗著：《什么是人体工程学》，三联书店 1990 年版，第 118 页。

座椅的检验点如图9-3所示。

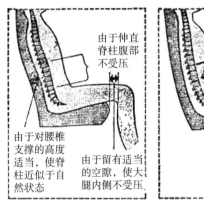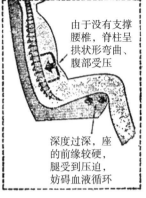

图9-3 座椅的检验点

资料来源：［日］小原二朗著：《什么是人体工程学》，三联书店1990年版，第118页。

（三）工作椅与工作台的关系参数

设计坐姿工作的工作台椅时，椅子和桌子的高度应该相匹配，并为腿和脚留出向各个方向自由运动的空间。同时椅子设计应保证员工的坐姿能够随意改变，应该考虑满足工效学设计标准的可调整座椅，相关设计尺寸如图9-4所示。

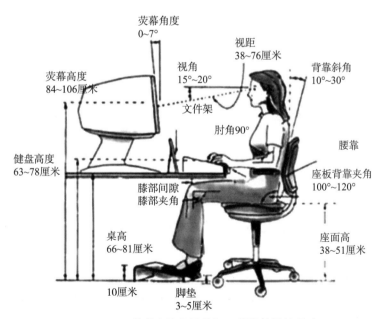

图9-4 工效学座椅与计算机工作站的设计尺寸

资料来源：［美］杜安·舒尔茨等著：《工业与组织心理学（第10版）》，上海人民出版社2014年版，第374页。

　　另外，专业工具的设计还应支持任务的需求，并且容易变换各种姿势。坐在坚硬的台子上会导致脊柱前弯症；前倾式座椅强迫胯部角度张开也会导致脊柱前弯症。

专栏 9.3：计算机工作站设计的工效学调查

　　伊士曼柯达公司的工效学小组设计了一份调查问卷来确定员工在工作过程中，与电脑接触时存在的各类问题。其目标是从员工那里收集信息，以重新设计工作站来减轻他们的疲劳、压力和神经肌肉损伤。

　　所以请你坐在你的计算机前，对表 9－5 中的问题回答"是"或"否"，然后看一下结果。如果你回答的所有答案都是"是"，那么恭喜你！你现在工作得很舒适而且没有遇到与操作计算机相关的身体问题。但如果所有问题你都回答"否"，那么你的工作场所就需要重新做一些调整了。

表 9－5　　　　　　　　关于计算机工作站设计的工效学调查问卷

> 请对下述问题做出"是"或"否"的回答。
> 1. 你在看电脑屏幕时，头部能不向前倾或往后仰吗？
> 2. 你的双眼能平视电脑屏幕吗？
> 3. 你的稿件夹是紧挨在屏幕旁边并且在离你眼睛相同的高度和距离上吗？
> 4. 你能不身体前倾或耸肩耸背就很容易看到工作内容吗？
> 5. 是否对屏幕对比度和亮度水平进行了有利于眼睛舒适性的正确设置？
> 6. 屏幕上没有出现那些由周遭环境引起的眩光、反光或是白斑等现象？
> 7. 你能在拿起电话时不歪着脖子或耸着肩吗？
> 8. 当你在桌子上工作或使用键盘时，肘部的弯曲度是否能保持在 90°左右？
> 9. 工作时手腕能否保持是直的？
> 10. 工作区内没有会划伤手腕或前臂的锋利边角？
> 11. 你能无须使劲伸长手臂就能够着常用物品（例如，鼠标、文件夹、咖啡杯或钢笔）吗？
> 12. 你完全坐进椅子里去时膝盖背部不会有压迫感吗？
> 13. 椅子是否对你的腰部提供了良好的支撑？
> 14. 脚是否实在地踩在了地上或是有搁脚板等良好的支撑？
> 15. 你在工作日期间会进行一些小休息吗？站起身来，舒展一下身体并眺望远方？

　　资料来源：转引自［美］杜安·舒尔茨等著：《工业与组织心理学（第 10 版）》，上海人民出版社 2014 年版，第 374～375 页。

第四节　作业空间的设计

　　作业空间是在生产活动中最贴近员工的物理空间。不良的作业空间设计会带来许多严重的问题：舒适性较差、体能消耗大、安全隐患多、工作效率低、心理需求被忽视以致出现隔阂、厌倦等方面的心理问题。

一、作业空间设计概述

作业空间范围是指个体在其中工作的一个三维空间，通常可简单地理解为手在其中使用的空间[①]。控制装置和其他需经常使用的物品，都应放置在这个空间内。这个空间的合理范围是由功能手臂可及距离决定的，而这一距离会受到手臂伸及距离及其动作方向、手部活动的性质、约束、服装、靠背角度，以及个体因素如年龄、性别、种族以及是否残障等诸多变量的影响。在可能的情况下，这种空间设计还需要考虑使用设备人群的特征。

（一）作业空间设计需要考虑的一般因素

（1）作业特点。作业空间的尺寸大小与构成特点，必须服从工作需要，要与工作性质和工作内容相适应。如体力作业比脑力作业的作业空间大得多；高温作业比常温作业的作业空间要求更大等。

（2）人体尺寸。在很多工作中，作业空间设计需要参照人体尺寸数据，特别是一些作业空间受限制的环境。在空间设计中，有的要以使用者总体的第 95 百分位数的人体尺寸为依据，如房门的宽度、栏杆的高度等；有的要以使用者总体的第 50 百分位数或平均人体尺寸为依据，如工作台面的高低。

（3）作业姿势。人们在工作中采用不同的姿势，其所占用的空间有很大不同，如坐姿需要有容膝空间等。因而在设计时需要对操作者的作业姿势有所考虑。

（4）个体因素。作业空间设计中还应考虑使用者的性别、年龄、体型和人种等因素。

（5）维修活动。在许多人机系统中，需要定期检修或更换机器部件。所以在工位设计和机器布置时应为维修留出所必需的活动空间。

从常识上理解，作业空间的大小和形状的设计要求使操作者能方便地接触到所有的控制器，并能比较清楚地看到所有的显示设备。否则，作业人员只得采取不合适姿势，做勉强的动作。为此作业空间的大小和形状必须以人体测量的实际值为依据。人体主要使用上下肢进行作业，因此作业空间的大小通常由上、下肢的活动范围决定。

（二）作业空间设计中的人的因素[②]

1. 人体外形尺寸

作业空间设计中，涉及人体测量的静态及动态尺寸。在使用人体测量数据之前，需

---

① ［美］桑德斯等著：《工程和设计中的人因学（第 7 版）》，清华大学出版社 2009 年版，第 360 页。
② 郭伏、钱省三主编：《人因工程学（第 2 版）》，机械工业出版社 2019 年版，第 237~241 页。

要明确如下问题：

（1）在设计中至关重要的人体尺寸有哪些？如工作面高度设计中的肘高等。

（2）设计对象的使用群体是谁？是成年的一般女工还是男性士兵或是地域性群体？

（3）使用人体测量数据时，是使用平均值数据，还是极端尺寸数据？

（4）根据相关情况选择适用人群的百分比（如90%、95%）或根据与该问题相关的一些事项来选择。

（5）检索目标人群的人体测量数据表，摘录出相关的数据。

（6）如果目标人群需要穿着特殊的服装，就要加入适当的修正量（某些修正量可以在人体测量文献中找到）。

（7）制作所设计设备或设施的原始尺寸实体模型，然后选派具有代表性的大尺寸和小尺寸，使操作者实际模拟有代表性的工作。要知道，世界上所有的人体测量资料都不能代替这种全尺寸实体模型的作用。

2. 人的视野及所及范围

作业空间设计时，除了应满足人的操作范围的要求外，视野特征也是重要的因素之一。作业中的多数信息是通过视觉来传达的。因此，作业空间中显示器的位置、眼高及视野所及范围，是作业空间设计中协调人机关系必须考虑的重要问题。

（1）视野。

在水平范围内，双眼视区大约在60°以内的区域。这个区域包括字、字母和颜色的辨别范围。辨别字的视线角度为10°~20°；分辨字母的视线角度为5°~30°，在各自的视线范围以外，字和字母模模糊糊趋于消失。对于特定的颜色辨别，视线角度在30°~60°。最敏锐的视力在标准视线每侧1°的范围内。

垂直平面视野又有所不同。以标准视线水平0°为基准，则最大视区为视平线以上60°和视平线以下70°。颜色辨别界限为视平线以上30°，视平线以下40°。实际上，人的自然视线是低于标准视线的。一般情况下，站立时自然视线低于水平线10°，坐姿时低于水平线15°，在立姿松弛时，自然视线偏离标准线30°；坐姿松弛时，自然视线偏离标准线38°。最佳观看展示物的视区在低于标准线30°区域内。

作业者在操作时，其视野范围内不仅有操作对象，还有四周的作业环境，作业者在注视操作对象的时候，很容易受到环境的影响，所以实际视野范围小于上面所说的标准范围。作业空间设计时，要充分考虑眼睛的适应性。

（2）视力范围。

视力是眼睛分辨物体细微结构能力的一个生理尺度。正常人的视力范围比视野小一些。因为视力范围是能够迅速、清晰地看清目标细节的范围，所以只是视野的一部分。根据对物体视觉的清晰度，一般把视野分成三个主要视力范围。

①中心视力范围（直视区）。通常人们所说的视力，是指视网膜中心窝处的视力，

又称为中心视力，其范围为 1.5°~3°，其特点是对该区内的事物视觉最为清晰。

②瞬间视力范围。瞬间视力范围的视角为 18°，其特点是通过眼球的转动，在有限的时间内就能够获得该区域内物体的清晰影像。

③有效视力范围。有效视力范围的视角为 30°，其特点是利用头部和眼球的转动，在该区域注视物体时，必须集中注意力才能有足够的清晰视觉。

作业时，并不总是要求获得被观察对象的十分细致清晰的特征。另外，视力范围还跟观察目标的距离有关。正常视力条件下，目标在 560 毫米处最为适宜，低于 380 毫米会发生目眩，超过 760 毫米时，看不清细节。当观察目标需要转头时，左右均不宜超过 45°，上下也均不宜超过 30°。

视力范围的大小还随着年龄、观察对象的亮度、背景亮度以及两者之间的亮度对比等条件的变化而变化。

（3）视觉运动规律。

①眼睛沿水平方向运动比沿垂直方向运动快且不易疲劳；一般先看到水平方向的物体，后看到垂直方向的物体。因此，许多显示器外表都设计成横向长方形。

②视线的变化习惯于从左到右，从上到下和顺时针方向运动。所以仪表的刻度方向设计也应该遵循这一规律。

③人眼对水平方向尺寸和比例的估计比对垂直方向尺寸和比例的估计要准确得多，因而水平式仪表的误读率（28%）比垂直式仪表的误读率（35%）低。

④当眼睛偏离视角中心时，在偏离距离相等的情况下，人眼对左上限的观察最优，依次为右上限、左下限，而右下限最差。视区内仪表的布置应考虑这一点。

⑤两眼的运动是协调的、同步的。在正常情况下，不可能一只眼睛转动而另一只眼睛不动。在一般操作中，不可能一只眼睛视物而另一只眼睛不视物。因而设计时通常以双眼视野为设计依据。

二、坐姿作业空间设计

坐姿作业空间设计主要包括作业区、容膝空间、活动余隙等空间尺度设计方面的内容。

（一）上肢作业区

作业区域是作业者以立姿或坐姿进行作业时，手和脚在水平面和垂直面内所触及的最大轨迹范围。它分为水平作业区、垂直作业区和立体作业区。其主要的确定依据为人体测量的结构尺寸和功能尺寸，同时还受动作性质、方向等多种因素的影响。

1. 上肢水平作业区

上肢水平作业区域是指操作者坐在工作台前，在水平面上方便地移动手臂所形成的最大轨迹范围。工效学专家根据操作者的舒适程度将上肢水平作业区域划分为基本作业区与最大作业区，见图9－5。

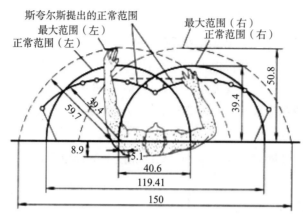

图9－5　男性的上肢水平作业区

资料来源：郭伏、钱省三主编：《人因工程学（第2版）》，机械工业出版社2018年版，第243页。

（1）基本作业区。

将上肢轻松地垂直于体侧，曲肘，以肘关节为中心，以前臂为半径（从肘关节到手心的距离），画半圆。美国海军部的斯科雅斯（Squires）考虑到上肢在向外移动时，肘关节位置实际上发生了移动（移向外侧），因而提出了最佳作业区域的概念，见图9－5中的"斯科雅斯的基本作业区"。

（2）最大作业区。

手臂向外伸直，以肩关节为中心，臂的长度为半径（从肩关节到手心的距离，若为接触式操作，则到指尖），所画的弧形轨迹在水平面上的投影。

在基本作业区内，作业者能够舒适愉快地工作，在最大作业区内，静态负荷较大，长时间在此区域内操作，容易产生疲劳。

2. 上肢垂直作业区

从垂直平面看，人体手臂最合适的作业区是一个近似梯形的区域，如图9－6所示。图中的具体数据应根据人体尺寸决定。

3. 立体作业区

立体作业区域是把水平和垂直作业区域结合在一起的三维空间。实际上，坐姿作业时，操作者的活动范围被限制在工作台面以上的空间范围，如图9－7所示。图中标示了手操作的近点、远点及最佳位置。

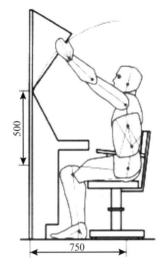

图 9-6 坐姿作业上肢垂直作业区

资料来源：郭伏、钱省三主编：《人因工程学（第 2 版）》，机械工业出版社 2018 年版，第 243 页。

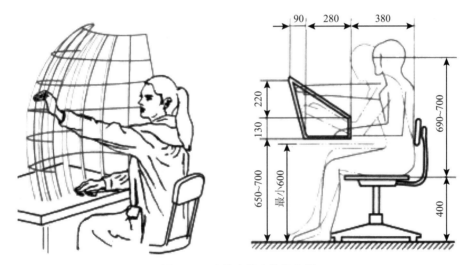

图 9-7 坐姿上肢立体作业区

资料来源：郭伏、钱省三主编：《人因工程学（第 2 版）》，机械工业出版社 2018 年版，第 243 页。

另外，手部活动的性质也会影响作业空间范围的界限。操作按钮或触发开关、操作旋钮或紧握操纵杆或抓紧、握住的动作，手臂的伸及范围均有所不同。

（二）下肢作业区

与上肢相比，下肢灵活性与动作精度较差，且活动范围较小，所以下肢操作明显比上肢少。但下肢力量较大，并考虑到四肢合理分工的问题，在许多工作中，下肢操作是必不可少的。驾驶汽车就是一个很典型的例子，开车时，需要下肢频繁控制踩踏板。下肢作业区域的一般范围较小，正常的脚作业空间位于身体前侧、坐高以下的区域，如图 9 - 8 所示。

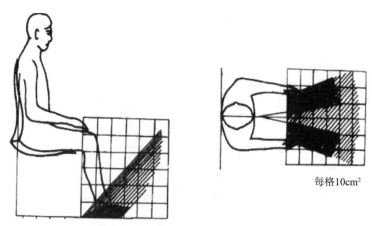

图 9 - 8　下肢作业区

资料来源：郭伏、钱省三主编：《人因工程学（第 2 版）》，机械工业出版社 2018 年版，第 244 页。

下肢操作区范围大小同样也与工作任务的性质密切相关。需要较大蹬力的脚操纵器与只需较小力量的脚操纵器，作业区范围要求显著不同。

（三）容膝空间

坐姿作业空间的设计中，还需要考虑作业者在作业时腿和脚都能有方便的姿势。因此，在工作台下部就要求有足够的空间以便调整腿和脚的姿势，这种工作台面下部容纳腿脚的区域称为容膝空间。在坐椅设计的讨论中，已经讨论了容膝孔的高度，表 9 - 6 给出了较全面的坐姿作业时最大和最小的容膝空间的立体尺寸，可供设计时作为参考。

表 9 - 6　　　　　　　　　　　　容膝空间尺寸　　　　　　　　　　　单位：毫米

尺寸部位	最小尺寸	最大尺寸
容膝孔宽度	510	1 000
容膝孔高度	640	680
容膝孔深度	460	660
大腿空隙	200	240
容腿孔深度	660	1 000

资料来源：郭伏、钱省三主编：《人因工程学（第 2 版）》，机械工业出版社 2018 年版，第 244 页。

（四）椅面高度与活动余隙

设计坐姿作业空间还要考虑座椅所需的空间及人体活动需要改变座椅位置等余隙

要求。

（1）座椅面高度一般略低于小腿高度，以便使全部脚掌着地支撑下肢重量，方便下肢移动，减少臀部压力，避免椅面前沿压迫大腿。

（2）座椅放置空间深度距离（作业台面边缘到固定壁面的距离），至少应在810毫米，以便作业者起身与坐下时移动座椅。

（3）座椅放置空间的宽度距离应保证作业者能自由地伸展手臂，座椅的扶手至侧面的距离应大于610毫米。

三、立姿作业空间设计

（一）立姿作业区

立姿上肢水平作业区域与坐姿时基本相同，垂直作业区要比坐姿大一些，其中也分基本作业区与最大作业区，同时有正面与侧面之分。具体如图9-9所示。最大可及区域是以肩关节为中心，臂的长度为半径（720毫米）所画的圆弧。最大可抓取区域，是以600毫米为半径所画的圆弧；最舒适的作业区是以半径为300毫米左右所画的圆弧。身体前倾时，半径可增加到400毫米。垂直作业区是设计控制台、配电板、驾驶盘和确定控制器位置的基础。

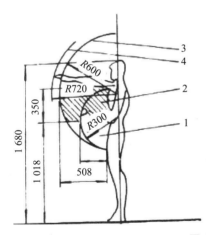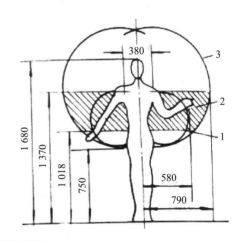

图9-9 立姿作业的作业区

注：1：最舒适的作业区；2：较有利的作业区；3：最大抓取区域；4：最大可及区域。
资料来源：郭伏、钱省三主编：《人因工程学（第2版）》，机械工业出版社2018年版，第246页。

（二）工作活动余隙

立姿作业时，人的活动性较大，为保证作业者操作自由，动作舒展，必须使操作者有一定的活动余隙，并尽可能大一些，建议尺寸见表9-7。

表 9 –7   立姿作业活动余隙设计参考尺寸   单位：毫米

余隙类型	最小值	推荐值
站立用空间（工作台至身后墙壁的距离）	760	910
身体通过的宽度	510	810
身体通过的深度（侧身通过的前后间距）	330	380
行走空间宽度	305	380
容膝空间	200	—
容脚空间	150 × 150	—
过头顶余隙	2 030	2 100

资料来源：郭伏、钱省三主编：《人因工程学（第 2 版）》，机械工业出版社 2018 年版，第 243 页。

四、显示器和控制器定位与安排的原则

在确定了作业空间的大小和形状以后，接下来应该讨论的是如何在这有限的空间内，给每个控制器与显示器选取一个合适的位置，即显示器和控制器的定位与安排问题。

在一个特定的操作空间里合理地确定控制器、显示器以及其他元件的位置，并不是件很容易的事。不仅要考虑到美观和样式，还要考虑下列诸问题：操作者的舒适和安全；控制器和显示器的安排要做到紧凑性和离散性相结合，以兼顾便于操作者使用和避免差错两个方面的要求；四肢分担的工作要均衡，避免操作者超负荷工作。这些因素一般都不是很容易用定量方法来表示的。因为问题太复杂，每一个作业空间都有不同于其他空间的特点。在这里我们仅仅讨论一下显示器与控制器定位与安排的一些基本原则。

任何部件都有其最佳的布置位置，这取决于身体的尺寸特性，感受特性以及作业的性质。但由于同一作业中有众多的显示器与控制器，不可能使每个元件都处于最佳位置上。而且有时候有些要求还会互相矛盾。这时就必须依据一定的原则来综合考虑。从人机系统的整体来考虑，最重要的是安全迅速准确地操纵。根据这个原则，即可确定显示器与控制器安排、定位的总体原则。

（1）重要性原则。

这是作业空间设计时应首先考虑的原则。一个元件是否重要往往根据它的作用而不是使用频率来衡量，如果对其的操作对实现作业系统的目标或达到其他功能极为重要，则为重要元件。如紧急控制器就是一个突出的例子，按其性质是不经常使用的，但一旦使用，则必须迅速而准确。因而必须把这种类型的部件安排在最方便操作的区域。

（2）使用频率原则。

该原则是指显示器和控制器应按使用频率的大小排序，即经常使用的部件应置于操作者最容易看到或摸到的位置，也就是操作者的前方，比如冲床的动作开关。

（3）功能原则。

在作业系统中，功能有相关关系的部件一般应布置在同一区域。例如，飞行员的作业空间中有包括与飞行高度、飞行状态、飞行速度、无线电联络等有关的各个单元。飞机上的控制与显示凡属于上述同一种功能的（如飞机高度的控制器与显示飞机高度的显示器）应排在同一区域。

（4）使用顺序原则。

设备操作中，为完成某个动作或达到某一目标，常按一定顺序使用显示器与控制器，如开动车床、增速、移动转轴等，即是一系列按时间先后进行的操作。这时，一般应按使用顺序安排显示器与控制器，以方便作业，提高效率。在按使用顺序排列部件时，注意排列的顺序应与人的操作习惯和读写习惯相一致。

图9-10是一个按时间顺序以不同方式安排仪表的例子。原设计显示5位数的5个旋钮呈W形排列，如图9-10（a）所示。正确的读法是按书写W的顺序，即上端左侧旋钮读万位数，下端左侧读千位数，上端中间读百位数等。这种安排显然不符合人们的读写习惯（习惯是先读第一行的3个旋钮的指示值，再读第二行的两个）。重新予以安排，如图9-10（b）所示，把5个旋钮按读出先后排成一条直线，这种方法既简单又明了，还不容易读错。

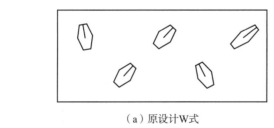

（a）原设计W式

（b）重新设计的序列式

图9-10　旋钮的两种排列方式

资料来源：［英］奥博尼著：《人类工程学及其应用》，科学普及出版社1988年版，第126页。

在进行作业空间设计时，上述原则既不能只遵循哪一种，又不能做到四个原则同时得以满足。通常，重要性原则和使用频率原则主要用于作业空间中部件的区域定位阶段。而使用顺序原则和功能原则侧重于某一区域内各元件的布置。

五、有效作业空间设计的其他原则

（1）工人所需的所有材料、工具和物料都应该按照使用顺序进行摆放，这样工人的动作轨迹才会连贯。知道每一个部件或工具固定放在某个地方既能节省时间，也能避免因寻找物件而导致的烦恼。

（2）工具应被安放在方便取用的位置上。例如，对于一个需要重复使用的螺丝刀，就应该使用螺旋弹簧将螺丝刀悬挂在工作区的上方。需要时，工人可以不用看直接伸手，将它拉下来就可以使用了。

（3）所有部件和工具都应放在可方便移动的距离以内（大约28英寸①）。对工人而言，经变换姿势去够超出正常工作区范围的东西很容易引起疲劳。

第五节　作业场所的设计

如前所述，所谓作业场所设计是指如何确定作业场所的物理空间尺度，并对作业中所需要的机器、设备和工具，按照人的操作要求进行空间布置。

作业场所不是一个单纯的物理空间，它同时还是作业人员的行动空间和心理空间。而且在许多情况下，作业场所中往往不是一个人在单独作业，而是一些人的联合作业。因此，在进行作业场所设计时，不仅要有人体测量学等物理方面的考虑，还要有作业人员功能特征（主要包括行动特征、心理特征以及协作特征）等社会方面的要求。

一、作业场所设计的物理空间要求

在本章，我们一直强调的一个主要问题是，在作业场所和作业空间的设计中，必须符合人体外形尺寸的要求，这是保证作业者舒适高效工作的基本考虑。

作业场所设计中，人体测量学的有关数据是非常重要的。例如，操作者如果需要在机器间的过道走动，机器设备与设施布局要保证足够的空间距离。机器间的距离至少要等于操作者的肩宽，这样才能容纳他们的双臂。如果考虑到操作者可能穿着较厚的衣服，机器的间隔尺寸还应放大一些。并且此间隔尺寸要适合99%的人，即要使用极大尺寸设计原则。上述原则同样适用于其他通道、走廊和隧道的设计。对于机器间距的确定，还需考虑的是机器经常有某些突出的部件，如控制手柄，如果被走动的人无意碰撞，会使操作者受伤或造成机器的意外触发，引发事故。因而在宽度上还要适当增加。

工作区域内经常存在一条或几条通道的走廊，其中有主要通道和辅助通道。在设计它们的高度、宽度和位置时，还需要考虑到该区域预定的人流和物流的大小和方向。除了极大尺寸原则，还应遵循最小空隙原则。如果空间很珍贵，过道可以设计成梯形的，肩高处以肩宽（63厘米）为根据，下面脚部处可设计为30厘米宽。如图9-11为各种情况下通道和走廊的空间尺寸。

---

① 1英寸=2.54厘米。

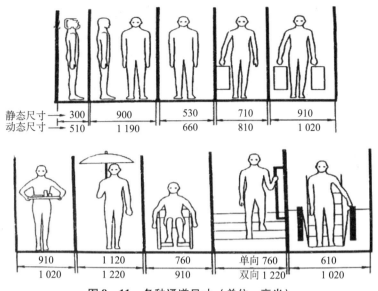

图 9 – 11　各种通道尺寸（单位：毫米）

资料来源：郭伏、钱省三主编：《人因工程学（第 2 版）》，机械工业出版社 2018 年版，第 251 页。

机器位置的安排也是作业场所设计时所要考虑的一个重要问题。与控制器显示器的排列一样，最重要、最常用的机器应安置在操作者最容易到达的位置。机器或操作区域应按其功能归纳分组。如有可能，操作者在机器间的运动应遵循某种使用顺序。

在安排控制器与显示器时，与功能原则及重要性原则相比，按使用顺序安排部件所需操作时间最短。用这个原则来考虑操作者在机器间的总体运动时间，结果也同样正确。

在操作者联系方面（包括操作者与机器之间以及操作者与操作者之间两个方面）的要求，也是作业场所设计需要着重考虑的问题。联系可以通过操作者的视觉、听觉和触觉来实现。这就意味着，操作者必须能够看到他的机器，能迅速绕它走动并且操纵它；操作者应处于能够听到其他操作者的声音并且互相交谈的位置。这个问题在设计阶段是很容易解决的。比如视觉沟通方面，方法是画一个操作者的视线图，通常从操作者的眼睛处指向机器，或者指向机器的重要部件，连出细线。如果连出的细线都是直的，则操作者在视觉方面的要求是没有问题的。如果细线打弯，则说明操作者的视线上有其他的机器或人，操作者的视线被遮挡。

另外，还应该注意，在视觉方面，并不是在任何情况下，对无论什么东西都要求看清楚的。有时，在某个方向上，反而要求保证模糊的可见度，甚至人为地设置障碍。这样做的原因是多种多样的，有时是出于保密的需要，有时要对像熔炉这样的眩目光源加以屏蔽，有时是为了避免操作者分散精力。

二、作业场所设计的社会要求

上面的讨论，还仅仅把作业场所看成是一个物理空间，它和作业空间一样，主要由人体的外形尺寸来决定。但是正如我们上面所提到的，作业场所并不是一个单纯的物理空间，它是一个人与人之间交往的场所。对员工来说，它更是发挥自己能力、实现自我价值的所在。因此在作业场所的设计中，还需着重考虑人在物理空间中的行为特点和心理效应。为此，作业场所设计需要满足以下几点要求：

（1）领域及个体空间的要求。人与人之间距离不能太近，满足组织成员的领域和人身空间的要求，也不能太远，满足工作心理及沟通的需要。

（2）冗余度要求。即在设计场所时，除了要考虑正常状态下的行为特点，还要考虑人在异常状态和非常状态下的行为特点。正常、异常、非常三种情况下人的行为特点有很大的差别。正常状态下能满足使用要求的空间，往往不能满足异常状态或非常状态时的要求。这里讲的异常与非常状态是两类不同情形，一类是空间不变而使用者骤然增加，例如百货公司在节日期间顾客猛增，工厂突然来了大批的参观者等等。另一类情形是空间的使用人数并不增加，但正常时人们是分散使用或有秩序地使用，而非常情况时，平时分散使用的突然变成在同一时间使用。如下课时教学楼的楼梯、电梯等。两种非正常状态都使空间与使用要求发生很大矛盾。解决此矛盾的理想办法自然是扩大空间，即设计空间时，就按可能出现的最大人群容量进行设计。但不同情形还是有很大的差别，解决办法也有所不同。如商场、医院、教学楼楼梯等，出于成本控制的要求，一般不会按最高人流量作为设计的依据。如非正常状态时的最高人流量与正常时的人流量之比若为 6∶1，实际设计时则可按 4∶1 或 3∶1 进行设计。非正常情形下的最大人流量，将采取其他临时办法进行分流。但火警、警报等紧急情况需要快速疏散人群的通道出口则必须按可能在最短时间内同时使用这种空间的最大人流量进行设计，即使这类情形很少发生，也不可以减少这类空间。而且，这类空间不仅要求足够宽敞，还要求时刻保持畅通。

（3）流动性要求。人与空间的关系可从静态、动态两个方面加以讨论。静态的人空关系指固定的人和固定的空间关系。例如，办事员与办公室、工人与工位。这种空间的设计与安排要适应固定使用者的活动内容、行为习惯与个性特点。动态的人空关系是指使用空间的人是流动的。公共场所和企业的生产车间的人空关系均属于动态人空关系。在设计动态人空关系时，要考虑流动性要求，考虑人流的密度、速度及方向。

三、办公室设计[①②]

办公室对于许多人来说，就像是第二个家，除了睡觉之外的近一半时间都在办公室度过。1980 年，在办公室工作的美国人就已经大大超过在工厂工作的人。我国的工作

---

① ［美］桑德斯等著：《工程和设计中的人因学（第 7 版）》，清华大学出版社 2009 年版，第 416～422 页。
② ［美］杜安·舒尔茨等著：《工业与组织心理学（第 10 版）》，上海人民出版社 2014 年版，第 257～260 页。

变迁也发生着同样的趋势，工作在办公室的白领群体非常庞大。

一项来自美国的研究显示，办公室员工对于工作场所布局的满意度与他们在工作时的高效率以及与同事共事时的合作行为息息相关。另一项对美国及加拿大的779名办公室工作人员的办公室满意度调查中，那些对自己办公室满意的员工，对自己的整个工作状况也同样表示满意。因此，办公室的规划和设计是一个值得关注的重要问题。

（一）封闭式办公室与开放式办公室

办公室有各种各样不同的种类——大和小、景观型和传统型。一般来讲，小办公室是相对封闭的空间，也称封闭式办公场所。

改革开放以前，我国的办公室基本就是机关大楼，楼内是一个一个的单间，根据职务的高低，每个房间有1~3人不等，大的办公室一般称开放式办公室。开放式办公室并不一定是完全开放的，它可以被一些活动式家具或屏风分隔成小隔间。另一种开放式设计的办公室是德国人发明的景观化办公室。这种办公室包括一个大的、开阔的——但是风景化的区域，它按照工作流程、各办公组团的相互关系以及员工对办公位置的需求，使用植物、矮的可移动屏风、橱柜或架子等来分隔，如图9-12所示。

在其中，个人工作间和工作组被植被、屏风、橱柜或架子分开。

（a）景观化办公场所平面图　　　（b）景观化办公场所平面图
在其中，个人工作间和工作组被植被、屏风、橱柜或架子分开

图9-12　景观化办公室

资料来源：甘诗源、吴懿主编：《办公空间室内设计》，河北美术出版社2015年版，第35页。

（二）开放式办公室及其特质

开放式办公室的设计理念与企业追求个性、平等、开放、合作的经营理念相同，因此越来越广泛地被各类组织采用。据调查，在美国目前有几乎1/3的人员工作在开放式办公室中。

相关研究表明，开放式办公室有利有弊。柔性是开放式办公室的主要优点之一，空间很容易地被重新分配，工作场地用很低的成本就可以根据需要来重新布置。另外，开放式办公室中有更多的可用空间可以被利用，因为很少空间被投入到走廊和墙壁上。

另外，与私密、孤立的小型办公室不同，开放式尤其是景观式办公空间便于交流与工作流动，其开放的特征有助于加强组群的凝聚力，并会减少管理者与员工之间的心理隔阂。同时，每位或每组员工拥有自己独立的操作空间，符合个人空间与领域的要求。员工报告，开放式办公室令人愉悦，并能促进交往。管理者报告，它能增进交流与沟通。

但同时，开放式办公室也存在一些问题：

（1）办公室中的社会行为。一方面，开放式办公室虽然有越来越广泛的使用趋势，但有迹象显示，传统的小隔间比起大办公室环境，更有益于社会密切关系的发展。研究表明，在小区域内的职员会产生更强烈的凝聚力，但同时也有更多的孤立感（Wells，1965）。另一方面，相对封闭的小区域办公场所，能够容许更多个性化的物品，如照片、钟表、植物等，可以满足人们自己工作领域的更多个性化的要求。

另一个影响人与人关系的办公室设计因素是地位标记。地位标记是指设计的一些方面将公司内处于不同等级的人区分开。例如高级执行官的办公桌办公椅款式以及办公空间的大小与一般员工有显著区别。封闭设计比开放设计更容易产生地位标记。事实上，开放型设计的主要优点之一就是减少地位标记，提供一个更加平等的工作环境。但是，还没有证据表明消除地位标记是有益处的。

（2）办公室中的干扰。有迹象表明，开放设计的办公室会增加分神与干扰，其中有些是与工作有关的，其他是社会性的。默瑟（Mercer，1979）观察了传统的分隔办公室、开放设计的办公室和景观型办公室，发现开放式办公室包括景观办公室中的干扰高于传统分隔型办公室。瑞士1973年的一项调查也显示，69%的员工抱怨需要专心时却受到了干扰。关于干扰和分神的抱怨，在开放设计的办公室中十分常见。

（3）办公室环境中的健康问题。赫奇（Hedge，1984）在其报告中称，开放式办公室中的工作人员对频繁头痛的抱怨几乎是传统设计办公室的2倍。但是，与办公室设计方式相比，眼睛刺激、咳嗽、感冒、喉咙痛的问题似乎与办公室是否装有空调更有关系。

（三）办公室的设计建议

在开放式设计的办公室中，一个关键的成功因素是其布局是否源于实际交流模式和团队工作的需要。应该做一些调查来评定谁与谁讨论、谁与谁在一起工作、交互以什么形式发生、隐私要求，以及每个人从事工作所需要的设施（机器、储藏空间）等。

对办公室的设计，威克曼（Wichman，1984）提出了下列设计建议：

（1）在任何可能的主要表面使用吸音材料。噪声往往是比想象严重得多的问题。

（2）为工作站的使用者留下一些可变的设计元素。工作站常常被设计得过度死板而缺乏灵活性，而人们需要对他们所处环境的控制权力，所以应该为使用者留下一些可以改变或重新安排事物的机会。

（3）为私人所有物的展示提供垂直和水平的空间。人们喜欢将他们的工作场所个性化。

（4）安装无声电话。在小的工作环境中，在发生声响之前用闪光代替前两次铃声，可以显著降低响铃对工作的打扰。

（5）为所有的私人工作区域提供一套系统，用来指示工作者被打扰的意愿。人们需要一些方式，来表达隐私和团体之间的变化需要。

（6）提供一些可以方便到达的私密空间。这包括可以用来开会和独处或打长时间电话的小房间。

（7）为访客提供清晰简洁的流程标识。比如天花板上吊着的标识表明秘书处和部门的分界位置。

（8）设计工作地时，要考虑到让顺便走访的客人可以很容易找到坐下说话的地方，这会减少对其他工作者的打扰。

（9）设计空气的通风换气。大多数传统的办公室都有通风，开放式设计的小隔间却经常不是这样，因此这很容易形成缺少空气流通，而且这种问题很难在投入使用后解决。

（10）超量设计储物空间。注重整洁的开放式系统设计常常不能满足人们的储物需求。

（四）领域及领域标志物[①]

领域要求是人对空间的重要心理需求。领域分为首属领域、次级领域和公共领域三种：首属领域，由个人或群体拥有，受到拥有者的完全控制，首属领域是办公场所基本的、重要的和必不可少的空间，在员工心理上极为重要。

次级领域：只由工作中一部分群体所拥有。如小区绿地、办公室的公共区域、教室。

公共领域：对所有人开放的区域，如公园、广场、商店、火车站等。

办公场所的领域空间可使用领域标志物来达成。根据标志性的强弱，领域标志物

---

① 牟书编著：《工程心理学笔记》，商务印书馆2013年版，第156~157页。

分三种类型：墙体、屏障、标志物。墙体，完全隔离出两个空间，领域标志性最强；屏障，如屏风、柜子、帘子等，可对场所进行半分隔，通常只阻挡视线而不阻挡声音，人们即使分开也能方便沟通。另外，还可以使用标志物，如标志牌、各种物品，装饰风格的变化、雕塑等，对办公空间进行区隔，以建立个人领域空间。

建立个人领域可以使人们增进对环境的控制感，并能对别人的行为有所控制。因此，在办公室尤其是开放式办公室设计中，应尽量为人们提供一种具有领域感的空间。

专栏9.4：招聘面试中的场所布置

面试的场所应该舒适、适宜，利于创造宽松气氛。那么怎样才能创造宽松气氛呢？握手、微笑、简单的寒暄、轻松幽默的开场白都能起到一定的作用。同样，适宜的座位排列，也是其中的一项有效措施。下面有四种常见的座位排列（见图9-13），面试应该采用哪一种呢？

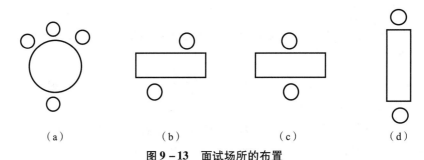

（a）　　　　　　（b）　　　　　　（c）　　　　　　（d）

图9-13　面试场所的布置

注：（a）圆桌会议形式，适于多个招聘者对一个应聘者；（b）一对一的形式，座位排列呈现一斜度；（c）一对一的形式，二人面对面相视而坐；（d）一对一的形式，面谈双方距离较远。
资料来源：赵渊、宗月琴编著：《人员的招聘、考核、培训（第2版）》，人民教育出版社2011年版，第14页。

在一对一的面试中宜采用（b）形式。如果采用（c）形式，招聘者与应聘者面对面相视而坐，眼睛直视对方，会给对方造成一种心理压力，使应聘者有种被审判感，不能自如地发挥应有的水平；而（d）方式，面谈双方相距太远，不利于双方的沟通和交流，也不利于招聘者从对方的表情、言语中获得信息。而（b）形式，招聘者与应聘者斜坐，视线形成一定角度，这样可以缓和紧张，避免心理冲突。同样地，（a）排列也能达到这种效果。所以招聘中宜采用（a）（b）这两种座位安排，以取得更好的面试效果。

资料来源：赵渊、宗月琴编著：《人员的招聘、考核、培训（第2版）》，人民教育出版社2011年版，第14页。

复习与思考

（1）你是否注意到打字台的高度要小于一般写字桌的高度？为什么？

（2）请检查一下你们所用的教室，其设计有哪些地方违背了工效学的基本原则？

（3）根据你的了解，你认为中国的办公场所的设计存在哪些方面的弊端？

（4）学校办公室中，老师的办公桌是否应该同样大小？为什么？

视野拓展

相信人还是相信机器

2002 年 7 月 1 日晚 11 点 40 分，两架飞机在德国南部上空相撞。除非它们中的一架或两架能迅速地做出躲避动作，否则就会在很短的时间内相撞，而这可能比我们阅读完这段文字所需的时间还要短。在相撞的两架飞机中，其中一架是载有两个乘务员的喷气式货机，而另一架是来自俄罗斯的包机，包机上有 71 位乘客，里面有 43 个孩子。这两架飞机都配备有自动化的防撞系统，这一系统能迅速发现临近的灾难并能及时触发驾驶舱内的警报，而这些可听可见的警报能为飞行员提供紧急情况下的指令。

喷气式货机上的自动化系统告诉飞行员要降低飞行高度，飞行员迅速完成了这一动作指令。而俄罗斯飞机上的一个相似系统告诉飞行员要升高飞行高度，但他犹豫了，他首先与空中交通管制人员取得联系，试图向他询问更多的指示。

此时有两个空中交通管制人员在值夜班。但其中一人在休息，而另一人则正在尽力追踪他所负责区域内的 5 架飞机。他们也有一个自动化警报系统，如果处于正常状态，该系统也能为他们提供那两架飞机快要相撞的信息。但是，当时它却由于日常维护而被关闭了，并且没有任何替代系统。

当俄罗斯飞机上的飞行员报告说驾驶舱里响起了警报时，控制台的人员告诉他降低飞行高度，而这恰恰和警报系统告诉他的相反。现在，飞行员手里握着 70 多条人命，而且他还必须要在互相矛盾的两条指令中做出选择：升高还是降低？相信人，即那位空中交通管制人员，还是相信机器持续发出的警报？他最终选择了相信人，这是一个错误的决定。一分钟后，两架飞机不幸相撞，飞机上的人员全部遇难。

对这起悲剧还有一些后续报道。事故发生约一年半以后，2004 年 2 月 26 日，在该空中交通管制人员位于瑞士苏黎世附近的家门口，有人敲门，他去开门，却遭到刺杀。而刺杀者正是飞机事故的间接受害者，他的妻子和两个孩子在撞机事件中丧生。

3 年后，又有 4 名瑞士空中交通管制系统的员工因此事被认定有失职罪，其中 3 人被判缓刑，另一个被罚款。在这起悲剧中，机器做了它该做的事，但是人自己却犯了错误。

资料来源：转引自［美］杜安·舒尔茨等著：《工业与组织心理学（第 10 版）》，上海人民出版社 2014 年版，第 342~343 页。

第十章

作业环境设计及其改进

管理就是设计并保持一种良好的环境，使人在其中高效率地完成既定目标的过程。

—— ［美］哈罗德·孔茨和西里尔·奥唐奈（Harold Koontz & Cyril O'Donnell，管理学家）

第一节　作业环境概述

所谓环境就是环绕着人、对其生存有很大影响的物质的、生物的、社会条件的总和。一般地，人们把与人有密切关系的环境系统分为四类：物理环境、化学环境、生物环境和社会文化环境。应该说，四类环境系统均与人关系直接，也都在工效学的研究视野之内。但在工作场所，最普遍存在且关系最直接的是作业场所的物理环境。

作业环境与工作效率之间的相互依存关系是经过很长时间才被人充分认识到的。由于人体有很强的适应力，大部分作业者即使在很恶劣的作业环境下仍能坚持工作，以致最初企业根本不考虑员工作业环境的问题。但是有害的作业环境引起了大量的安全事故和职业病，导致许多直接费用（医疗费、赔偿）和间接费用（由于人员致残、作证和事故调查、停产所损失的工作时间，停产、材料损坏所导致的法律费用，不合格产品和浪费的增加，等等），使人们逐渐认识到作业环境对于组织绩效的重要性。

管理学研究发现，作业环境是重要的保健因素，对工作满意度有重要的影响。不良的作业环境会使员工产生不满情绪，造成生产质量和数量的下降，原材料的浪费，缺勤增加以及劳动力流动过快。

现实中，既有在极其恶劣环境下从事极限作业的精神饱满的员工，也存在很多在装备优良、装修奢侈的环境下工作表现不佳、士气不高的例子。作业场所物理环境的改变效果可能会受到员工心态和认知因素的影响。因此，工作场所物理特性的改进，既要符合员工生理特点与局限的要求，又要考虑员工复杂的心理因素。

专栏 10.1：你抱怨你的工作吗？也许是拙劣的办公环境使然

办公室人员抱怨最多的是什么？根据美国国家设施管理协会（International Facility Management Association，IFMA）的数据，在办公室中最常听到的抱怨与温度有关——办公室实在太冷了，那么排名第二是办公室太热了！

办公室人员最常见的其他八项抱怨如下：

（1）糟糕的清洁服务；

（2）缺少会议场所；

（3）存储空间不足；

（4）室内空气太差；

（5）缺乏私密性；

（6）停车位不充足；

（7）电脑设备问题；

（8）过多的噪声。

在你的工作或学习场所是否也存在上述这些问题？

资料来源：[美] 杜安·舒尔茨等著：《工业与组织心理学（第10版）》，上海人民出版社2014年版，第256~257页。

根据作业环境对人体的影响和人体对环境的适应程度，可把人的作业环境分为四个区域：

（1）最舒适区。各项指标最佳，人在作业过程中感到非常舒适满意。

（2）舒适区。在正常情况下这种环境能使人接受，而且，不会感到刺激和疲劳。

（3）不舒适区。作业环境的某种条件偏离了舒适指标的正常值，较长时间处于此种环境之下，会使人感到疲劳或影响工作效率。因此，需要采取一定措施，以保证工作的正常进行。

（4）不能忍受区。若无相应保护措施，人体在该环境下难以生存。在此种环境下工作，必须采取现代化手段，使人与恶劣的外界环境隔离开来。

显然，最舒适区与人体最为适合，最有利于保护作业者的舒适、健康与安全。但在实践中，由于技术、经济等各方面的原因，最舒适环境常常是难以充分保证的。在作业环境的讨论和改善中，主要宗旨是克服作业环境给员工带来的不快感以及减轻恶劣环境对人作业功能的损害。所谓的作业功能是指能够正确地、快速地进行作业，在所规定的时间内无疲劳感以及长年累月在这种环境下工作对身体功能和健康没有损害。但是另一些场所（如商场、饭店、旅馆以及家居）的环境设计，则更注重舒适感以及有一定氛围。因此，工效学中的环境问题分为改善作业环境和创造舒适环境两个方面。本书讨论的重点在于改善作业环境。

改善作业环境通常通过以下两个方法实现：

（1）对现有作业场所的物理环境进行评价，发现存在的问题并加以改善。

（2）新建设施之前充分考虑环境问题，在设计阶段就消除问题点，防患于未然。

前面一种作法通常都是在产生危害以后进行的，是事后的补偿，一般来讲耗费巨大，但对于某些现存场所却是不得不进行的过程，如机场的噪声问题就是如此。比较理想的是第二种方法，事先充分考虑环境问题，不一定需要巨额耗费，却能带来很大收获。

人通常是通过视觉、听觉、皮肤感知与嗅觉等感觉器官去感受外界的物理环境。因此，我们把作业的物理环境分为视觉环境、听觉环境、热觉环境与嗅觉环境等。

第二节　视觉环境

"人—机—环境"系统中，人从外界接收的信息，80% 以上是由视觉感知的。而且由于电力及现代照明技术的发展，与其他物理环境相比，视觉环境的改善成本相对较低也较容易。

所谓视觉一般指视知觉，是各种环境因素对视感官的刺激作用所形成的知觉效应。不同的环境因素刺激视感官表现出不同的视觉特征，如光知觉、颜色知觉、形状知觉、质地知觉、空间知觉、时间知觉等。所以视觉环境种类众多，包括光环境、颜色环境、形状环境、质地环境，等等。一般情况下，工效学较为关注的是光环境（照明环境）和颜色环境。

一、良好照明和颜色环境的作用

大量的改善视觉环境的案例和统计分析的结果表明，良好的视觉环境对生产率、安全和卫生有着极为重要的意义。

良好的视觉环境，可减轻视觉疲劳，增加产量，减少差错，有利于提高作业精度和效率。在照明条件差的情况下，作业者需要长时间反复辨认目标，引起视觉疲劳、视力下降，严重地会导致全身性疲劳，最终引起工作失误，工作效率下降。照明条件还影响人的情绪，明亮的房间令人愉快，阴暗的地方使人烦躁。

（一）视觉环境对生产率的影响

图 10-1 所示为一精密加工车间，当照度值由 370 勒克斯逐渐增长到 1 200 勒克斯时，视觉疲劳逐渐下降，劳动生产率随之增长。这一趋势在照度 1 200 勒克斯以下非常显著。

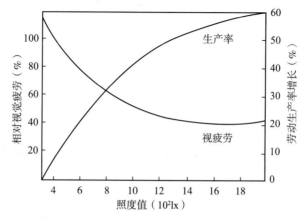

图 10 - 1   生产率、视觉疲劳与照度值的关系

资料来源：郭伏、钱省三主编：《人因工程学（第 2 版）》，机械工业出版社 2018 年版，第 57 页。

关于照明环境对工作效率的影响有过许多观察与研究。一般认为在临界照度值以下，随着照度值的增加，工作效率迅速提高，效果十分显著；在临界值以上，增加照度值水平对于工作效率的影响不显著；照度值过高时会发生眩光，影响员工视力，反而降低生产率。

（二）视觉环境对安全的影响

良好的视觉环境对降低事故发生率保护工作人员的安全具有明显的效果。图 10 - 2 为事故次数与季节的关系。由于 11 月、12 月、1 月的白天很短，工作场所人工照明增加，和天然采光相比，人工照明的照度值较低，故在冬季事故次数较高。

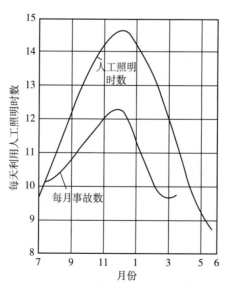

图 10 - 2   事故次数与季节的关系

资料来源：郭伏、钱省三主编：《人因工程学（第 2 版）》，机械工业出版社 2018 年版，第 58 页。

（三）颜色与效率

有些研究指出，颜色可以增强生产率，减少事故并提高员工士气。但有些学者认为这些说法并未得到有力的实证支持①。

然而，颜色在工作场所中确实发挥着一定的作用。颜色可以令工作环境更宜人，还可以在安全方面起到良好的作用。许多生产厂家会使用颜色作为编码方式，如消防设施用红色、黄色、绿色作为区分，使区域极易辨识。颜色还有防止疲劳、调节情绪状态的功能。

二、视觉环境设计的物理学基础

（一）光的基本性质

光是人们认识世界一切物体的媒介，是视觉的物理基础。足够的光刺激是产生视觉最基本的外部条件。根据一般的观点，光是一种电磁波。电磁波的波谱范围极其广泛，其中眼睛能感到的那一部分称为可见光（波长位于 380～780 纳米）。在可见光中，不同波长的光所呈现的色彩各不相同，随着波长的缩短，呈现的色彩依次是：赤、橙、黄、绿、青、蓝、紫。只含单一波长的光称单色光，包含两种以上波长成分的光称为复合光，复合光给眼睛的刺激呈现混合色。太阳辐射多种波长的电磁波，合成的是白色自然光。

光线射到物体上以后，一部分被吸收，一部分被反射，一部分被透射。不同材料所吸收、反射和透射的光的数量不同，构成了材料在光学性质上的差异，即使吸收、反射、透射的光量相同，但如果吸收、反射、透射的光谱成分不同或者在空间分布状况不同，也会形成不同的光学性能。正因为周围环境存在着光学性能不同的材料，构成了给以人不同感觉的多姿多彩的缤纷世界。

（二）光的度量

光有强弱大小之分，这主要与光辐射的能量有关。与光的测量有关的概念和术语有很多，另外，人眼看到的光的亮度的大小还与光源距物体的距离、被视物的反光性能有关。

（1）光通量。光通量是最基本的光度量，是指光源在单位时间内辐射能量的大小，单位流明（lm）。

（2）光源强度。光源强度（简称"光强"）是光源（如太阳、电灯等）在单位立

---

① ［美］杜安·舒尔茨等著：《工业与组织心理学（第 10 版）》，上海人民出版社 2014 年版，第 264 页。

体角内所辐射出来的光通量，通常以坎德拉（candela，缩写为 cd）为衡量单位，它是世界各主要国家的实验室制定光强的标准单位。光强用来表示发光体在不同方向上光通量的分布特性。如果某单位想测量某一光源的强度，一般要拿到国家标准局与标准光源比较来确定。如果被测光源的强度是标准光源强度的两倍，则其光强为 2 坎德拉，如果其强度为标准坎德拉的一半，则它的强度就是 1/2 坎德拉。

（3）照明强度。照明强度（简称"照度"）表示落在被照面上的光通量，单位为勒克斯（lx）。照度可以定义为均匀投射到物体平面单位面积上的光通量，其定义式为 $E = \Phi/S$，其中 E 为照明强度，Φ 为光通量，S 为受照物平面面积。1 勒克斯表示在 1 平方米面积上均匀分布 1 流明光通量的照度值。照度的强弱主要与光源强度及物体距光源的距离有关。当物体距光源的距离一定时，照明强度与光源强度呈正比关系。即 8 坎德拉光源的照明强度是 4 坎德拉光源的两倍。照明强度的另一个特征是与距离的平方呈反比关系，"两倍距离外物体表面的照明强度为原有距离的照明强度的 1/4，3 倍距离外则为 1/9。"

（4）亮度。亮度是描述发光面明亮程度的度量指标。指在给定方向离开、到达或穿过某一物体表面的单位立体角、单位投影面积上的光通量，单位是坎德拉/平方米。如果在给定方向上的发光强度越大，而在该方向看到的发光面积越小，则看到的明亮程度越高，即亮度越大。

（三）色彩的基本原理

1. 色知觉发生的生理基础

色知觉是视觉器官在色彩刺激下由大脑引起的心理反应，即不同波长的光线刺激视觉器官，大脑将其接受的色刺激不断地转译成色彩的概念，并与储存在大脑中的视觉经验结合起来，加以解释，形成了颜色知觉。

色觉的生理基础是光对视网膜的颜色区的刺激作用。眼睛由两种基本的感受器组成：视杆细胞和视锥细胞。锥状细胞分布在视网膜中央凹中，负责对颜色的感知，分布在视网膜边缘的杆细胞，只能分辨明度。因此，视网膜不同区域的颜色感受性有所不同。视网膜中央区能分辨各种颜色。由中央区向外围部分过渡，颜色分辨能力逐渐减弱，眼睛感觉到颜色饱和度降低，直到色觉消失。

当照明在高水平的时候，杆细胞和锥细胞都起作用（明视觉），并且眼睛对 550 纳米（绿色）左右的光最敏感。当照明水平下降时，锥细胞停止作用，杆细胞承担全部的工作（暗视觉），并且眼睛对波长为 500 纳米（蓝绿）左右的光最敏感。这种从亮视觉到暗视觉的敏感性移动被称为浦尔金耶效应。这一效应的一个实际应用就是把目标做成蓝绿色可以增加其在夜间被觉察的概率。

2. 色彩的基本特性

色的本质与光一样，是不同频率的电磁波。颜色是某一波长的光入射到人的眼睛，引起视网膜视色神经兴奋产生的色彩视觉现象。人眼对发光物体产生的色彩感觉，取决于发光物体辐射光的光谱波长，人眼对不发光的物体产生的色彩感觉取决于该物体所反射的光谱波长。

色的显现方式有两种：光源色和表面色。光源色是指光源光、反射光、荧光、磷光等各类光的色彩，以及被观察物体周围很暗时，反射光或透射光的色彩，如夜晚月亮的色彩。表面色是指物体在一定光的照射下，从物体表面反射或通过物体透过的色彩。

3. 色彩的三要素

通常我们所说的赤、橙、黄、绿、青、蓝、紫等实际上是指一种色彩的色调。但是，同一色调的色彩表现也有很大的差异，如红色又分为紫红、深红、淡红，等等。因此，要完整鉴别和分析一种色彩，仅有色调一个要素是不够的，还需要明度和饱和度两个要素。色调、饱和度与明度合起来称为色彩的三要素。

（1）色调也称色相，即色的相貌，也是色彩的名称，它是物体发出、反射或透射的主导波长的视觉感知，或是指色光光谱上各种不同波长的可见光在视觉上的表现。它是物体颜色在质的方面的特性，由它来区分色彩的性质。色调对人的心理活动具有决定性影响，是色彩最重要的构成要素。人们根据色调把色彩分为无色系列和彩色系列。无色系列是指黑色与白色和由二者不同比例混合而成的灰色；彩色系列则指除了无色系列以外的各种色彩。

（2）饱和度又称彩度或纯度，指色调的表现程度，即色彩的深浅程度。它取决于主导波长范围的狭窄性（纯度）。无色系列黑、白、灰由很多不同波长的光混合而成，因此纯度最低。当某一色调浓度达到饱和，又无黑色、白色和灰色掺入，即呈纯色（或称"正色"）；如再掺入白色，就呈未饱和色；如掺入灰色、黑色，则呈过饱和色。如红色掺入白色则呈淡红，掺入黑色或灰色则呈深红色，因此饱和度又称彩度。

（3）明度表现为色彩的明暗程度，它是色彩在量的方面的特性。对于色光而言，明度是指光源发出、反射或透射的主导波长的光强。讲到明度，人们更多的是针对非发光物体而言的。对于非发光物体，明度主要取决于其所含白、灰、黑成分的多少。明度分为11级，理想的黑被定为0度，理想的白定为10度，各种染料，加入白色，则明度提高；加入黑色，则降低明度。明度还受物体表面色反射系数的制约。反射系数大，明度就高，反之则小。物体表面的照度也影响明度的高低。

人们的明度感觉还与背景对比有关，例如，灰色的对象物衬以黑色的背景，会提高灰色的明度感觉，如表10-1所示。

表 10 – 1　　　　　　　　　　　　　　颜色的明度顺序

颜色	明度顺序
黑	白 – 黄 – 黄橙 – 黄绿 – 橙
白	黑 – 红 – 紫 – 红紫 – 蓝
红	白 – 黄 – 金色 – 蓝 – 蓝绿 – 黄绿
蓝	白 – 银色 – 黄 – 黄橙 – 橙
黄	黑 – 红 – 蓝 – 蓝紫 – 绿
绿	白 – 黄 – 红 – 黑 – 黄橙
紫	白 – 黄 – 黄绿 – 橙 – 黄橙
灰	黄 – 黄绿 – 橙 – 紫 – 蓝紫

资料来源：陈毅然主编：《人机工程学》，航空工业出版社 1990 年版，第 252 页。

明度也是形成或改变心理效应的重要因素。通常明度在 6.5 以上的色彩，给人以阳气感，易产生光明、通达、开朗、兴奋的情绪或联想；明度在 3.5 以下的颜色，给人以阴气感，易使人产生沉闷、悲观、阻塞的情绪或联想。在工作场所，天花板的明度在 7.5 左右，工作面的明度在 6.8 左右，机器设备的明度在 5 和 6 之间，可以使人产生清新明快、朝气蓬勃的情绪。

三、照明环境的设计

足够的光线是人产生视觉刺激所必不可少的外界条件，缺乏足够的光线，一切视觉仪表都毫无用处。但是照明问题的解决并不是简单地在工作场所内充斥大量光线即可完成的，而是取决于照度、对比度、工作表面的反射性能、眩光等很多因素。照明环境设计的基本原则如下[①]：

（1）合理的平均照度水平。在同一环境中，亮度和照度不要过高或过低，也不要过于一致而显得单调。

（2）光线的方向和扩散要合理，避免产生干扰阴影，但还应保留必要的阴影，使物体有立体感。

（3）不要让光源直接照射眼睛，避免产生眩光，而应让光源光线照射物体或物体的附近，只让反射光进入眼睛，以防晃眼。

（4）光源光色要合理，光源光谱要有再现各种颜色的特性。

（5）让照明和颜色相协调，使氛围令人满意。

（6）考虑成本。

---

① 丁玉兰编著：《人机工程学（第 5 版）》，北京理工大学出版社 2017 年版，第 168 页。

（一）照度标准

如前所述，良好的照明环境是由许多要素共同构成的，但是足够的照明强度仍是其中最基本、最首要的因素。在一定范围内，照度越高，可视性越好，物体越清晰。根据有关资料，照度与汉字清晰度的关系如图 10 - 3 所示。

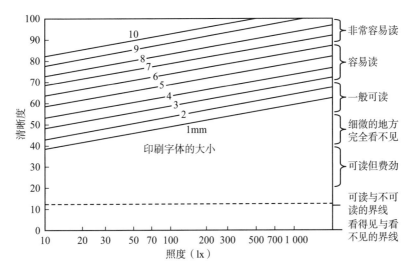

图 10 - 3　照度与阅读清晰度之间的关系

资料来源：辛华泉编著：《人类工程设计》，湖北美术出版社 2005 年版，第 158 页。

上述资料表明，要想看清所有的印刷汉字，大约需要 1 000 勒克斯的照度。许多国家还具体规定了不同作业场所中的照度标准范围。我国（中华人民共和国建设部）在《建筑照明设计标准》（GB50034 - 2013）中规定了从居住建筑、公共建筑到工业建筑中的标准照度水平。在工业建筑中，通用房间或场所中，如实验室照度标准为 300 勒克斯（参考平面及其高度为 0.75 米水平面）；精细检验工作则要求 750 勒克斯的照度标准。另外还可增加局部照明改善照明的实际水平。

（二）照明分布

光的稳定性和均匀性是衡量照明环境质量的重要方面。光的稳定性要求照度或者亮度在设计的照明空间内应保持相对恒定，不产生波动、不发生频闪。光的均匀性则要求照度或亮度在某一作业范围内相差不大，分布均匀适度。照明分布是指整个现场中的不同照明区域的照明水平的分布情况。通常可以使用最低照度均匀度、平均照度均匀度和亮度比作为评价指标。

当环境照度不均匀时，人眼从一个亮度表面移到另一个不同亮度表面时，需要一个明适应或暗适应的调节过程。在此适应过程中，视觉功能下降，而且作业中频繁的适应调节很容易导致视觉疲劳。同样，照度不稳、闪烁或忽明忽暗也妨碍视力，增加了视觉器官的额外负担。

我国在《建筑照明设计标准》（GB50034－2013）中同样规定了照明分布要求。规定：公共建筑的工作房间和工业建筑的作业区域内的一般照度均匀度，不应小于0.7，而邻近周围的照度均匀度不应于小0.5。

（三）光源的选择

光源一般分为自然光源与人工光源两种。自然光的光线均匀、照度大、柔和，而且由于长期的适应与进化，使人眼对日光形成了最佳适应。因此在太阳光下，物体的色彩辨别最清晰，最容易发现产品的瑕疵。而且光谱中的紫外线对人体生理机能还有良好的影响。另外充分利用自然光还可以节约能源，因此照明设计中应最大限度地利用自然光。

在室内利用自然光主要是通过在建筑物上开采光口来达到。根据采光口的位置，有侧窗、天窗两种方式。侧窗采光是一种构造简单且不受建筑层数限制的一种采光方式。它的采光性能主要是由窗的大小和高低决定的。窗户较大时，采光性能好；反之，则差。当侧窗较低时，距离窗户较近的位置照度较高，距离窗户较远的点照度较低；如果提高窗户的高度，则能提高远处的照度，但近处的照度将被减弱。因此采光口的大小高低应由作业面的位置、房间进深的大小来决定。当房间进深较大时，为了提高房间深处的照度水平，还可通过反射装置，将天然光反射至光线不足的地方。侧窗采光方向性较强，会使被照物体产生阴影，还容易产生眩光。天窗的采光性能相对较好，采光较为均匀，效果好，但天窗只能在平房或顶楼使用。

虽然自然光是较为理想的光源，但目前对自然光的利用受到时间和空间的种种限制，例如在天黑以后、自然光较远、自然光难以到达的地方，都需要人工光源来补充。

选择人工光源时应注意其光谱成分，使其尽可能接近自然光。在人工照明中，荧光灯优于白炽灯，因为荧光光谱近似太阳光，而且荧光灯发热量小、发光效率高、光线柔和，可使视野的照度均匀，且较为经济。

通常，一个物品在不同的光源下可能使人眼产生不同的色彩感觉，而在日光下物体显现的颜色是最准确的。因此，可以用日光作为参照光源，将白炽灯、荧光灯、钠灯等人工光源（待测光源）与其比较，检验物体在待测光源下所显现的颜色与在参照光源下所显现颜色的相符程度。光源的显色性是指由光源所表现的物体色的性质。通常，光源的显色性用显色指数 R_a 来表示，平均显色指数是通过光谱分布计算求出来的。在显色性的比较中，一般是以日光或接近日光的人工光源作为标准光源，其显色性最优，显色指数 R_a 用100表示，其余光源的显色指数均小于100。各种光源的显色指数如表10－2所示。

表 10 – 2   各种光源的平均显色指数

光源	显色指数 R_a	光源	显色指数 R_a
白色荧光灯	66	荧光水银灯	44
日光色荧光灯	77	金属卤化物灯	65
暖白色荧光灯	59	高显色金属卤化物灯	92
高显色荧光灯	92	高压钠灯	29
水银灯	32	氙灯	94

资料来源：郭伏、钱省三主编：《人因工程学（第 2 版）》，机械工业出版社 2018 年版，第 60 页。

据表 10 – 2，氙灯、高显色荧光灯、金属卤化物灯显色指数较高，显色性能较好。显色指数对有些工作来说是照明设计的重要指标。例如，质量检验人员的工作质量不仅与照度值及其分布的均匀性有关，而且还与光线的显色性能有关。有研究表明，通过改变照明灯具，用金属卤化物灯（250 瓦，显色指数为 90 ~ 95，漫散色光，工作台照度为720 ~ 1 080 勒克斯）代替荧光灯（显色指数 60 ~ 80，工作台面照度为 230 ~ 1 040 勒克斯）后，检验工感觉良好，效率大幅度提高，漏检率从 51% 降到 20%[1]。

选择人工光源时，除了要考虑发光效果、光色、显色性等特征外，还要考虑光源型式（普通型、扩散型、反射型、荧光型等），最后考虑可维修性与成本。

（四）眩光及其避免

足够的照度是作业场所具有良好可视性的重要保证。但是照明强度也不是越大越好，许多试验表明，过分明亮反而使人的眼睛不舒服，原因是高亮度的光源往往会产生眩光。

所谓眩光，就是当视野内有亮度极高的物体或有强烈的亮度对比而引起的不舒适或造成视觉下降的现象。一般人都会有如下经历：晚上汽车向你驶来，车灯照得你无法看见任何事物，这就是眩光。由于眩光严重影响视度，轻者降低工作效率，重者会使作业者无法作业，甚至引起工伤事故。所以许多国家都在积极研究克服眩光的方法。

眩光有多种种类，不同的眩光其形成原因、后果各不相同，克服方法也各异。根据眩光的后果，分为不舒适眩光、失能性眩光和失明眩光三种。不舒适眩光又称心理眩光，其效应主要是视觉上的不适。失能眩光的效应主要是它能使观察者视野中观察对象的能见度下降，同时还会使人烦恼，精神涣散、注意力不集中，从而引起视觉作业绩效的下降。失明眩光又称闪光盲，是亮度很高的眩光源作用于人眼一定时间后，使人在一段时间内暂时失明的视觉现象。失明眩光多见于一些特殊场合，如作为非杀伤性防暴武

---

① 冯国红主编：《人因工程学》，武汉理工大学出版社 2013 年版，第 42 页。

器的眩光弹和强光灯，其发射的强光会使人眼产生强烈的眩光作用，使歹徒、暴乱人群产生视觉障碍或短暂失明，从而制止犯罪、暴力等活动。

根据眩光的形成原因，分为直接眩光、反射眩光和对比眩光。

（1）直接眩光，是光源直接将光投入眼帘引起的眩光。这种眩光一般会一时性地降低人眼的视力，甚至使人一时失去视力，并带来不快感。当较强的光源位置较低时，光源光线与视线夹角太小（小于保护角14°），就会使光线直接射入人眼，引起眩光，见图10-4。建筑工地上如果灯的位置较低，迎面推车过来就会产生眩光，很容易发生事故。

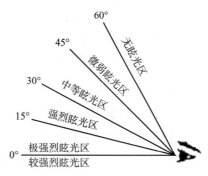

图10-4　眩光光源位置与眩光效应

资料来源：郭伏、钱省三主编：《人因工程学（第2版）》，机械工业出版社2018年版，第61页。

避免这种眩光的最常用方法是提高光源的位置，如目前广场、码头、足球场的照明，都采用此种方法。但在许多场合，受空间限制无法提高光源的位置，这时可以用灯罩限制光线投射的角度。另一种方法是降低光源亮度。光源亮度一般应控制在16坎德拉/平方米以下。当光源亮度达到300坎德拉/平方米时，应考虑用氢氟酸处理玻璃壳内表面或涂白色无机粉末，或在灯泡外面加上乳白色灯罩。

《建筑照明设计标准》（GB50034-2013）中为限制眩光，给出了直接型灯具的遮光角，见表10-3。

表10-3　　　　　　　　　　　　　　　　直接型灯具的遮光角

灯的亮度（坎德拉/平方米）	遮光角（°）	灯的亮度（坎德拉/平方米）	遮光角（°）
1~20	10	50~500	20
20~50	15	≥500	30

资料来源：中华人民共和国住房和城乡建设部、中华人民共和国国家质量监督检验检疫总局联合发布：《建筑照明设计标准》（GB50034-2013），第14页。

天然采光也会引起直接眩光。例如，在晴好天气光线比较充足的室内，如果把视线投向明亮的窗户，就会产生晃眼的感觉。图10-5（a）是某丝织厂纺丝车间的一个单侧采光房间，其中放了两台机器由一名工人看管，工人行走的线路图如图中的箭头所示。结果，虽然机器一的照度比机器二的照度大，但工人却反映在给机器一接断丝时，明亮的窗户背景使她根本无法找到断丝。这种情况可以通过重新安置机器、避免直接眩光的方式予以解决，如图10-5（b）所示。

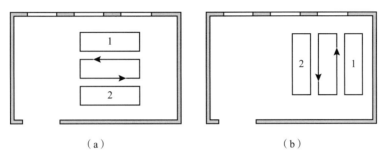

（a） （b）

图10-5 自然眩光的避免

资料来源：马娟、俞小军主编：《物理性污染控制》，电子科技大学出版社2016年版，第181页。

（2）反射眩光：光源的光线射到物体或物体近旁时，其反射光线所产生的眩光称为反射眩光。如全部铺上玻璃台板的办公桌会因灯光的照射而闪闪发光，令人眼花缭乱，目视作业对象本身（如白底黑字）也会由于反射的影响让人难以看清，特别是有光纸更为明显。反射眩光容易被人忽视，但却更为有害，因为这种眩光发生的方式较为复杂，而且常常是不能预见的。

反射眩光是由表面比较光滑的物体反射过来的光线引起的。目前，生产的自动化程度日益提高，一些仪器表盘和计算机显示屏都较为光滑，因此处理好它们与光源的位置与关系是一个不容忽视的问题。

目前反射眩光的克服途径有如下两条：改变反射线的角度与减轻反射物的反光性能。

光滑物体反光性能较好，容易产生反射眩光，而表面较为粗糙的物体，光线射入以后，引起的是漫射，因此不会产生眩光。在情况许可的情况下我们可以把被视对象或作业场所内的其他光滑物的表面设计得相对粗糙，使其反射系数降低，减轻反射眩光。譬如，黑板的反光问题就可以通过此种方法得以解决。

另外还可通过改变反射线的角度来避免反射眩光。改变反射角可以有多种做法，如可以改变反射面的角度从而改变光线的入射角与反射角，还可以改变光源的位置，使光线的入射角改变，避免眩光。

（五）照明方式的设计

作业场所的照明方式通常按照射范围和效果分为一般照明、局部照明和特殊照明几个种类。各种照明方式照明的数量、质量以及设计投资、使用维修的费用均不相同，作业场所最终选择何种照明方式由工作的性质、作业场所的布置、经济能力决定。

（1）一般照明。一般照明也称全面照明或整体照明，它是通过在天花板上均匀地配置多个照明灯具，在整个作业空间提供较为均等的照明强度，这种照明方式的设计重点是合理选择光源的照明强度。它适用于作业者较密集或作业时工作地不固定的作业场所。一般照明方式照度均匀，一次性投资较少，照明设备统一，便于维护修理，但是耗电量比较大。

（2）局部照明。局部照明是指在小范围内为增加某些特定地点（如作业面、操作仪表、显示装置等）的照度值或对各种视觉工作对象实施个别照明的方式。它根据要求的条件，给每个必要的视觉对象以较高的照度值，耗电少，明视中心突出。但此种照明方式照度分布不均匀，容易使眼睛不断地产生明适应和暗适应，产生视觉疲劳。因此，此种照明方式适用于对局部有较高的照度要求的作业场所，如果局部照明强度要求不超过 30 ~ 40 勒克斯，则不必采用局部照明。

（3）特殊照明。特殊照明是指在某些特殊场所（如冲洗底片的暗室）所使用的特殊照明方式。这种照明方式应根据各自的特殊用途、需要选取光源，技术性较强，在此不再赘述。

四、作业场所的色彩调节

（一）色彩对人生理的影响

目前，给人们提供一个良好的照明环境在许多地方已逐渐引起人们的重视，但良好的色彩环境并未得到相同的地位。实际上，色彩对人的生理和心理都会产生很大的影响。

色彩对人生理产生的作用主要表现为可以提高视觉的分辨能力和减少视觉疲劳。在适当的明环境下，有色彩对比比仅仅有亮度对比更能显示出视环境的层次、主体的视度以及辨认的灵敏度。但是由于视觉器官对色彩的明度和饱和度的变化，没有对色调的变化那么敏锐，因此，在色彩环境设计时应以色调变化为主。

不同的色调对人的生理过程产生不同的影响。比如，红色会使人的器官产生兴奋与不稳定感，容易致使血压升高，脉搏加快，视觉不适而产生疲劳。绿色、黄绿色、蓝绿色和淡青色被认为最不容易引起视觉疲劳的色彩，常称为保眼色。环境中色彩环境差别较大时，常常会使人眼产生视线转移，在转移过程中又不断进行明暗适应和调节，这会加速视觉疲劳。饱和度高的色彩会给人眼带来强烈的刺激，引起人的不适感（见表 10 - 4）。

表 10 – 4   色相的心理效应

色相	心理效应	色相	心理效应
红	激情、热烈、积极、喜悦、吉庆、革命、愤怒、焦灼	青	沉静、冷静、冷漠、孤独、空旷
橙	活泼、欢喜、爽朗、温和、浪漫、成熟、丰收	青紫	深奥、神秘、崇高、孤独
黄	愉快、健康、明朗、轻快、希望、明快、光明	紫	庄严、不安、神秘、严肃、高贵
黄绿	安慰、休息、青春、鲜嫩	白	纯洁、朴素、纯粹、清爽、冷酷
绿	安静、新鲜、安全、和平、年轻	灰	平凡、中性、沉着、抑郁
青绿	深远、平静、永远、凉爽、忧郁	黑	黑暗、肃穆、阴森、忧郁、严峻、不安、压迫

资料来源：刘盛璜编著：《人体工程学与室内设计（第 2 版）》，中国建筑工业出版社 2004 年版，第 78 页。

（二）色彩调节

色彩调节是指合理地选择色彩，使环境获得一个良好的色彩效果。在作业场所，色彩调节包括天花板、地面、机器、工作面等的色彩选择。进行色彩选择，不仅需要有较为丰富的色彩知识，以便统一考虑色彩的三个要素（色调、明度、饱和度），考虑到配色、反射系数，还需要考虑作业环境的综合状况，如高温车间还是低温车间？工作间较大还是较小？机器设备的性质特点纹理触感等方方面面的问题。因此，工作业场所的色彩设计是一个较为具体和复杂的问题，是一门综合性的学问，一般对它的设计需要由专业的色彩设计师来进行。在此，仅提供一些一般性的资料和建议。

1. 工作房间

工作房间的色彩选择首先要考虑整个作业空间是选择冷色调还是暖色调。红橙黄等暖色给人以温暖的感觉，青绿蓝冷色给人以寒冷的感觉。因此，在温度较高的工作场所内，如：锅炉房、轧钢车间、锻造车间、铸造车间等宜选用冷色调。

其次，要避免环境色彩过于单一，也不能过于杂乱，两种极端均会导致视觉疲劳。天花板、墙壁、地板与机器的色彩既要有对比，又要适当、协调。为此，要注意考虑色彩的反射率，天花板、墙壁、墙围、地板的反射率应依次降低。这样可以避免头重脚轻给人以稳定协调的感觉。

2. 机器设备

机器设备大都由主机、辅机、动力设备以及控制台、显示仪表等几个部分组成。给这些设备配色，要综合考虑两个方面的问题：一是色彩要与设备的功能相适应；二是要与周围的环境色彩相协调。使配色既满足功能要求，又满足人们的生理心理需求，满足人们的审美需要。

机械产品的色彩，在配色上需要有主色调、辅助色和重点色。主色调配在机器设备的主要位置上，一般占据的面积较大，对整体色彩起主要作用。辅助色面积较小，衬托主色调，以实现整体色彩的协调。重点色是机器重点部位的局部色彩，一般占据的面积较小，起着强调重点的作用。整体用色不宜过多，避免杂乱之感。

机器设备的主色调与其功能有关。在实际生产中，机器主色调一般选择浅灰色、苹果绿、浅蓝、奶白等色彩，其明度（反射率）要比墙面暗些，又比墙围亮些，这样在墙围的衬托下，机器有稳定感、安全感和可靠感。同时，与墙壁墙围相比，又比较突出显眼。机器上的主要操作部件（操纵杆、开关、把手）、信号装置一般应与主机色彩一致，避免与其他部分发生混乱，有时局部可以用重点色，以便于识别和操作。显示指示仪器仪表的颜色要求有较大的明度，以便与背景有一定的对比，可以引起重视。加工类型的机械还应考虑加工材料的色彩，使它们能形成较好的色彩对比。另外，机器设备中的危险与示警部位（如外露的齿轮、刀具的前端、自动报警开关等），为了引人注意，可在局部涂以显眼的橙色、黄色或红色，色面不宜过大，以避免整体色彩发生紊乱。

3. 标志色

色彩标志是用来沟通人与人之间的形象语言。差不多每个国家和地区，在交通、工业产品、生产设备等方面都采用颜色作标志。根据色彩的特点及其带给人的不同刺激，分别赋予其特定的含义。例如，红色一般表示"禁止""危险"，因为它波长最长，最具有穿透力，在同样的天气条件下传播的距离最远，对人的视觉和心理刺激也最强烈，所以把它用于禁令类标志（像防火、停止、禁止）；绿色表示"安全"，因为它对人的视觉刺激最小，给人以舒适的感觉，所以有许多国家把它用于导游、指路等服务类标志。黄色比较醒目，一般作为注意的标志色。

第三节　听觉环境及噪声的控制

一、声音

一定的声音刺激形成了听觉环境，因而听觉环境也常常称为声环境。人们所处的室内、室外空间总是伴随着一定的声音。世界上，任何人都处在各种声音的包围之中，如果周围没有了声音，人就会感到孤寂难熬，甚至失去理智。因此适当的声音是人类生存所必需的。

（一）声音的基本概念

声音是机械振动波。产生机械振动的物体，称为声源。声音从声源传播出来需要媒质（介质），气体、液体、固体都可以成为传播声音的介质。声音在介质中传播，依靠介质质点在其平衡位置往返振动，刺激耳膜，形成声音。声音传播的空间称为声场。

一般地，人们把声音依其频谱构成分为纯音和复合音。纯音是单一频率的声波。复合音则是含有多种频谱成分的声波。根据其含有的波谱成分的状况，复合音又可以分为三大类：

（1）乐声。作为其组成的多种频率之间呈整数倍关系，并且其变化呈现一定的周期性。

（2）噪声。作为其组成的各频率之间不呈整数倍关系，其变化不呈现出一定的周期性。

（3）语言。组成中的频谱，其中元音是周期变化的规则声波；辅音是非周期变化的不规则声波。因此，语言是兼有乐音和噪音两种特性的复合音。

当然，乐声与噪声的区分，并不只决定于频谱成分，还取决于人的主观感受。有些声音虽然包含多种不呈整数倍的频谱，但如果强度不大，人们往往不觉得受其干扰，因而不把其当作噪声；乐声往往是受欢迎的，通常与欣赏联系在一起，但对于一个正专心看书准备应考的学生来讲，这种声音是不受欢迎的。所以，有些工效学教材中，提出可以简单地以人的主观感受来区分噪声和乐声。噪声就是不希望出现的、不受欢迎或不被需要的声音；乐声则是受人欢迎的，被人欣赏的声音。另外，有些教科书从人们的听力保护、身体健康的角度，对噪声的定义还包含进诸如损伤、危害的含义。如噪声是一种在持续时间、强度或其他方面特征引起人们某种心理和生理危害或影响人们日常生活的声音。按照这个定义，噪声可以泛指一切高于90分贝的响声。

（二）声音的计量

1. 声音的客观计量

（1）声压（P）与声压级（L_p）。

声波在大气中传播形成疏密波，疏部的大气压强低于一个大气压强，密部的大气压强又高于一个大气压强，于是，声波在声场中形成声压。声压是表示声音强弱的物理量，一般用 P 表示，单位是帕斯卡（Pa）。声音越强，对应的声压越高。

人耳的听觉范围很广。一般将正常人耳刚能听到的最小声压称听阈声压，使人耳产生疼痛感觉即人耳能够忍受的最高声压称为痛阈声压。听阈声压值为 2×10^{-5} 帕斯卡，痛阈声压约为20帕斯卡。适应人耳听力范围的声压相差几百万倍，用声压作为声音的度量单位是不适宜的。

韦伯-范希纳定律认为：人的感觉的大小与刺激量的对数成正比。为了使用方便，并考虑到人的感觉特性，人们用对数把在人耳听力范围的声压分为120个等级（见表10-5），称为声压级，用 L_p 表示，单位为分贝（dB），即：

$$L_p = 20 \lg P/P_0$$

式中，P——声压（Pa）；

P_0——基准声压（听阈声压值），$P_0 = 2 \times 10^{-5}$Pa。

表 10 −5   各种环境中的声压和声压级

环境	声压（Pa）	声压级（dB）	环境	声压（Pa）	声压级（dB）
火箭发射	630	150	繁华大街上	0.063	70
喷气式飞机附近	200	140	普通说话	0.020	60
开坯锻锤	63	130	微型电机工作时	0.0063	50
大型球磨机	20	120	安静房间里	0.0020	40
大型鼓风机附近	6.3	110	轻声谈话	0.00062	30
纺织车间	2.0	100	树叶落下的夜晚	0.00020	20
汽车喇叭声	0.63	90	乡村安静的夜晚	0.000063	10
公共汽车上	0.20	80	刚刚能听到的声音	0.000020	0

资料来源：冯国红主编：《人因工程学》，武汉理工大学出版社 2013 年版，第 44 页。

（2）声强（I）与声强级（L_I）。

传播着的声波，在单位时间内通过与声波传播方向垂直的单位面积的平均声能称为声强，以 I 表示，单位为瓦特/平方米（W/m^2）。

声强级等于某一频率的声强与基准声强比值的常用对数乘以 10，声强级的单位为分贝，其表达式为：

$$L_I = 10 \lg(I/I_0)$$

式中，I——声强（W/m^2）；

I_0——基准声强（听阈声强值），$I_0 = 10^{-12} W/m^2$

另外，直接反映声源发生能量大小的物理量为声功率，它是噪声源在单位时间内，以声波的形式辐射出的总能量，以瓦特表示。

2. 声音的主观计量

（1）响度。

由于人耳的特殊生理构造，人耳听到的声音大小并不完全客观地取决于声源的声压级，还与声音的频率有关，对于声压级相同而频率不同的声音，人耳会感到不一样响。

响度是人耳对声音强度的主观感觉。以 N 表示，单位为"宋"（sone）。响度 1 宋的定义为：声压级为 40 分贝，频率为 1 000 赫兹，来自听者正前方的平面声波的强度。如果另一个声音听起来比这个响 n 倍，则其响度为 n 宋。

响度与声音的频率有关，当声压级一定时，频率越高，人耳感觉越响；而当频率一定时，声压级越高，人耳感觉越响。

（2）响度级（LN）。

响度级是响度的相对量，响度级是某响度与基准响度相比较而言的，单位为

"方"（phone）。即以 1 000 赫兹纯音作为基准音，凡是听起来和该纯音一样响的声音，不论其声压级和频率是多少，它的响度级都等于该纯音的声压级数。声压级为 0 分贝的 1 000 赫兹纯音的响度级为 0 方。

运用与基准音比较的方法，可以得到整个人耳可听声音范围内不同频率、不同声压级的响度级，并绘制出等响度曲线，如图 10 - 6 所示。

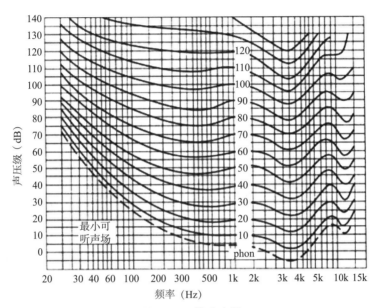

图 10 - 6 等响度线

资料来源：冯国红主编：《人因工程学》，武汉理工大学出版社 2013 年版，第 44 页。

图 10 - 6 中，频率 30 赫兹声压级 100 分贝的声音与频率是 100 赫兹声压级 85 分贝的声音处在同一条等响度曲线上。也即人耳听起来一样响，响度级都是 80 方（1 000 赫兹的声压级）。从等响度曲线可以看出，人耳对高频声音，特别是 3 000 ~ 4 000 赫兹的声音最敏感，而对 100 赫兹以下的低频声反应很迟钝。图中最下方的虚线是人耳可听见的最小声音，响度级为 4.2 方，称为听阈曲线。最上方的那条曲线是使人耳产生痛觉的等响度曲线，其响度级为 120 方，称为痛阈曲线，表示各频率的纯音不再能引起听觉，只能引起痛觉的临界声压级。在听阈与痛阈等响度曲线之间，是正常人耳能听到的全部声音。

（3）响度（N）与响度级。

响度级和响度之间有确定的关系，1 宋对应 40 方。其关系式为：

$$LN = 40 + 10\log_2 N$$

二者关系见图 10 - 7。

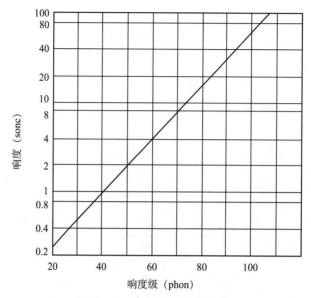

图 10 - 7　响度与响度级的关系

资料来源：冯国红主编：《人因工程学》，武汉理工大学出版社 2013 年版，第 45 页。

（4）计权声级。

如前所述，人耳对不同频率的声音的敏感程度是不同的。在相同声压级情况下，高频声音比低频声音响。为使噪声测量结果与人的主观感觉量一致，通常在声测量仪器中，引入一种模拟人耳听觉在不同频率上的不同感受性的计权网络，对被测噪声进行测量。通过计权网络测量的声压级即为计权声级，它是在人耳范围内按特定频率计权而合成的声压级，见图 10 - 8。

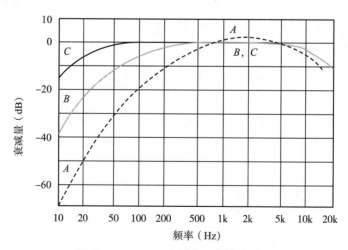

图 10 - 8　A、B、C 计权网络衰减曲线

资料来源：冯国红主编：《人因工程学》，武汉理工大学出版社 2013 年版，第 46 页。

不同计权网络测量的结果分别以分贝（A）、分贝（B）、分贝（C）表示，称为A声级、B声级和C声级。以前规定70分贝以下用A声级计，79～90分贝用B声级计，90分贝以上用C声级计。后来的研究表明，无论声强有多大，A声级都能较好地反映人耳的响应特征，所以，如无特殊说明，基本都用A声级作为噪声的评价指标。

二、噪声及其危害

（一）噪声的分类

在实际生活中，噪声的表现及其后果是多种多样的，人们运用多种分类标志对其进行分类。

根据声源的来源，噪声分为：

（1）工业噪声。工业生产产生的噪声。

（2）交通噪声。各种交通工具产生的噪声，现代城市的噪声80%是交通噪声。

（3）社会噪声。社会活动和家庭生活引起的噪声。

根据人们对噪声的主观感受，噪声分为四种：

（1）过响声。很响的使人烦躁不安的声音。

（2）妨碍声。声音不太大，但妨碍人们交谈、学习和睡眠的声音。

（3）刺激声。尖锐刺耳的声音。

（4）无形声。日常被人们习惯了的低强度噪声。

根据噪声随时间变化的特性，噪声分为：

（1）稳定噪声。声强变化小于5分贝的声音。

（2）周期变化性噪声。声强变化呈现一定的周期性。

（3）无规律性噪声。声音的强弱随时间无规律地变化。

（4）脉冲噪声。突然暴发又很快消失，持续时间小于1秒，时间间隔大于1秒，声级变化大于40分贝的噪声。

根据噪声产生的方式，噪声分为：

（1）空气动力性噪声：气体压力突变产生振动发出的噪声。

（2）机械性噪声：由机械传动、撞击、摩擦、挤压等发出的噪声。

（3）电磁性噪声：由电磁力周期变化产生的机械振动声。

（二）噪声的危害

噪声的危害，早在几千年以前就已被人们认识到了。例如，大约在公元75年，罗马著名学者普林尼（Pliny）就已经提到住在尼罗河的一个瀑布附近的居民，听力受到损伤。但是，在各式各样的机械与运输工具出现以前，人类感受到的噪声种类与噪声量相当微小，充其量不过是家禽家畜的鸣叫声、手工具的敲打声、日常用品的互相碰撞声以及雨声、雷鸣声等。但是人类的智慧改变了这一切，人们发明了机器、火车、警报器、飞机等产生噪声的器具，致使人们无论在作业场所还是在家庭、社会中都面临着各种噪声的侵扰。噪声在目前已被公认为一种新型城市污染，引起了人们的高度重视，它的不良影响主要表现在以下几个方面。

1. 噪声引起听力损伤

在噪声所引起的不良效应中听力损伤是最重要的。所谓听力损伤是指听觉敏感性降低的现象。可用听阈偏移值（E）进行定量的测量计算，即：

$$E = 20\lg P_W/P_0 \, \text{dB}$$

式中：E——听阈偏移值（分贝）；

P_W——被测人听力听阈的声压，Pa；

P_0——正常人听力听阈的声压，Pa。

听力损伤有下述三种情况：

（1）暂时性听阈偏移。

在噪声作用下，听觉敏感程度下降，听阈暂时提高。噪声停止后听觉的敏感性完全可以恢复的听阈偏移。多采用 2 分钟后的听阈偏移（即暴露结束后 2 分钟听阈的任何变量，称 TTS_2）作为度量指标。

暂时性听阈偏移的程度受噪声强度、频率、噪声暴露时间以及个体噪声敏感性等因素的影响，而且高频噪声影响大于低频噪声。

暂时性听阈偏移的恢复时间与听阈偏移程度有关，偏移越大，需要的恢复时间就越长。40 分贝以下的听阈偏移，在噪声停止作用之后 16 ~ 18 小时即可完全恢复。

（2）永久性听阈偏移。

噪声引起的不能完全恢复的听阈偏移称永久性听阈偏移。它是由暂时性听阈偏移累积而成的，又称噪声性耳聋。噪声性耳聋与噪声的强度、频率和作用时间有关。永久性听阈偏移是一种慢性渐进性的听觉系统的损害，通常先是在 4 000 赫兹处产生听力下降，随后逐渐扩展到 3 000 ~ 6 000 赫兹范围内，最后会危害到整个频谱。

（3）爆发性耳聋。

噪声的声压级很大，导致鼓膜破裂，双耳完全失听。如高于 150 分贝的脉冲噪声，鼓膜内外会产生较大的压力差，导致鼓膜破裂，使人双耳完全失去听力。

2. 语言干扰

噪声能掩蔽人的语言信息，影响人们的正常语言交流（见表 10 - 6）。而且由于语言通讯的障碍，常常造成工作失误。研究表明，在办公室打电话时，噪声在 55 分贝以下，通话清晰；在 65 分贝以下时，稍有困难；在 75 分贝以上时，通话相当困难；在 85 分贝时，几乎无法通话。

表 10 – 6　　　　　　　　　　　　　噪声干扰与会话距离

语言干扰级 [分贝]	最大距离（米）	
	正常	大声
35	7.50	15
40	4.20	8.40
45	2.30	4.60
50	1.30	2.40
55	0.75	1.50
60	0.42	0.84
65	0.25	0.50
70	0.13	0.26

资料来源：任文堂等编著：《工业噪声和振动控制技术》，冶金工业出版社 1989 年版，第 43 页。

3. 噪声对心理状态的影响

噪声会引起烦恼，烦恼是烦躁、焦虑、讨厌、生气等不愉快的心理情绪的统称。在噪声的物理因素中，声强、声强波动、频率波动、持续时间等一般均与烦恼程度呈正相关，间断噪声和脉冲噪声较之连续噪声引发的烦恼更高，且间歇时间规律性越低，烦恼越大。一般认为，高频噪声比低频噪声更为恼人，但维奇等（Veitch et al.，2002）的研究发现，高频噪声对言语清晰度的影响大于低频噪声，而对声环境满意度或烦恼度，高低频的影响并无显著差异[①]。

专栏 10.2：噪声与社会心理行为

不可控噪声会增加个体的环境应激压力反应水平，而环境应激水平的升高会使人对社会性线索的敏感性降低，对环境中其他人易产生消极反应。噪声对社会心理行为的影响可以在人际交往、助人行为及攻击性行为等方面体现出来。

（1）噪声与社会交往。

有研究表明，噪声会降低人际吸引，增大彼此间的人际距离。居住区周围的交通噪音会使邻里间的交往减少。噪声对社会交往的影响可能是因为噪声增加了环境信息量，使得个体的信息负荷过载，从而不愿意再寻求刺激或不愿再关注其他信息，或是信息过载使得个体的注意力变窄，因此只能关注部分信息。

（2）噪声与助人行为。

社会心理学研究认为，人在心情愉快时更愿意帮助别人。噪声使人易怒烦躁，因而

[①]　郭伏、钱省三主编：《人因工程学（第 2 版）》，机械工业出版社 2019 年版，第 313 页。

也会影响助人行为。马休斯等（Mathews et al., 1975）的现场实验验证噪声会影响助人行为。实验为一个 2×2 的双因素被试间实验设计。自变量一为实验助手手臂打着石膏与否两水平，自变量二为环境噪声（50分贝、87分贝）两水平，实验场景为实验者在下车时散落了一箱书。观察经过者有多少人停下来帮助实验者拣起散落在地上的书本，以此作为助人行为的因变量指标。结果当助手在打着石膏时，高噪声使得助人行为从80%减少到15%。噪声导致人们忽略了那些表明他人需要帮助的线索（实验中手臂打着的石膏）。另外，噪声对助人行为的影响还取决于噪声是否可控、噪声的音量及需要帮助者的特征等。

（3）噪声与攻击性行为。

噪音并不会直接引发攻击性行为，但会通过增加人的唤醒水平从而增加攻击行为。意即只有当人们已经产生攻击意图时，噪声会加强这种意图。同理，与噪声对助人行为的影响相类似，噪声对攻击行为的影响亦受噪声强度以及可控性和可预测性的影响。

资料来源：葛列众主编：《工程心理学》，中国人民大学出版社2012年版，第314~315页。

4. 噪声对工作效率的影响

噪声对人类工作绩效的影响是一个非常复杂的至今还没有定论的问题。这是因为噪声对人类行为的影响存在着3个截然不同的效应：第一，由于噪声造成人的听力损伤、妨碍人们之间的语言交流、引起人的烦躁焦虑等不愉快的心理情绪使人的注意力分散、记忆削弱、产生差错和遗漏，因此有致使工作绩效下降的倾向。第二，一定的声音环境是人们所必须的，它给人们带来有关生命与生机的信息，所以适当的噪声有着良好的动机性补偿效果，它可以导致工作绩效的增加。第三，人类自身有着极强的适应能力，可以对噪声形成听觉适应，对一定强度以下的噪声反应并不敏感。所以，要探讨噪声对人类工作绩效的影响应该把注意力分散、听觉适应及动机性补偿效果等因素进行综合考虑。

一般认为，高频噪声对工作绩效的干扰比低频噪声更大；低强度噪声一般对工作绩效是没有危害的，只有强度很大的噪声才会对工作绩效产生影响。还有学者指出，噪声往往只影响工作的质量，增加差错，但并不影响作业速度等。

因而，温和的噪声在一定程度上有助于人的工作和生活，如低强度的稳态噪声（空调或风扇的声音），可以使个体维持较高的唤醒水平。另外，办公场所中一定程度的背景噪声或背景音乐可对场所中的谈话声起到掩蔽作用，从而有利于维持办公空间的私密性。

三、噪声限值与控制

尽管噪声对工作绩效的危害是一个至今仍在探讨的问题，但其对人生理和心理的消极影响则是确定无疑的。为了保障员工的安全和健康，保护人的听力，国际标准化组织（ISO）与世界各国都提出了噪声的允许标准。

我国先后公布了多个重要的噪声标准，如《工业企业噪声卫生标准》《工业企业噪声控制设计规范》《城市环境噪声标准》《机动车噪声标准》，等等。

《工业企业噪声控制设计规范》（GB/T 50087 2013）中，规定了各类工作场所的噪声限值，见表 10 - 7。

表 10 - 7　　　　　　　　　　工业企业厂区内各类地点噪声标准　　　　　　　　　单位：分贝

工作场所	噪声限值
生产车间	85
车间内值班室、观察室、休息室、办公室、实验室、设计室室内背景噪声级	70
正常工作状态下精密装配线、精密加工车间、计算机房	70
主控室、集中控制室、通信室、电话总机室、消防值班室、一般办公室、会议室、设计室、实验室室内背景噪声级	60
医务室、教室、值班宿舍室内背景噪声级	55

注：①生产车间噪声限值为每周工作 5 天，每天工作 8 小时等效声级；对于每周工作 5 天，每天工作时间不是 8 小时，需计算 8 小时等效声级；对于每周工作日不是 5 天，需计算 40 小时等效声级；②室内背景噪声级指室外传入室内的噪声级。
资料来源：中华人民共和国住房和城乡建设部发布：《工业企业噪声控制设计规范》（GB/T 50087 - 2013），2013 年 11 月发布，2014 年 6 月实施，第 4 页。

当噪声超过允许标准时，就应对其进行控制。声源、传播途径和噪声接受者是噪声干扰的三要素，因此可从降低声源的噪声、控制噪声传播和个人防护三个方面控制噪声。

（一）改善噪声源

工厂中的噪声主要是机械噪声和空气动力性噪声。因此，在生产现场，减少机器设备本身的振动和噪声，如选择低噪设备、改革生产加工工艺，提高机械设备的精度等。使发声物体的发声强度降至最小，是从根本上解决噪声污染的措施。另外，合宜地保养与润滑、减少气流噪声、在机器上装隔声罩等也是降低机械性噪声的有效措施。

（二）控制噪声传播

把作业区与生活区分开，把噪声大的工厂或车间建筑在较偏僻地点，"产生噪声的车间与非噪声作业车间、高噪声车间与低噪声车间应分开布置[①]。"还可利用隔音材料

_____

① 中华人民共和国卫生部：《工业企业设计卫生标准》（GBZ1 - 2010），2010 年 1 月发布，2010 年 8 月实施，第 9 页。

将噪声源的接受者分开如装配隔音设备、吸音设备与隔音室等。一般家庭若紧闭门窗可将噪声强度降低 10 分贝。

（三）个人防护

若采用工程技术措施仍达不到要求的，应根据实际情况合理设计劳动作息时间，并采取适宜的个人防护措施。包括使用耳塞、护耳器和头盔之类的防护器具达到控制噪声的目的。实验证明此种方法效果显著，一般护耳器具可将噪声强度降低 10 ~ 40 分贝（声波频率越高，降低量越大，频率在 1 000 ~ 4 000 赫兹时效果最好）。不过使用护耳器具会妨碍人员的正常交流，引起不适及不快感，所以只有在较强的噪声环境中才有必要使用。

（四）声反射

声反射是近年来渐渐受到重视的一种防护强烈噪声的新方法。声反射是中耳的两片内听肌在听到 70 分贝以上的声刺激时自然引发的一种反射收缩，这样收缩的结果可以暂时减轻通过中耳的声波震动强度。利用声反射防护耳朵时，一定要在突发强烈噪声之前以人为方式诱导内听肌收缩，引发声反射来防护耳朵。一般的研究认为，声反射的防护效能不及耳塞，但其优点也是相当明显的：不妨碍人员的正常交谈，不会引起不适或不快。另外，声反射对低频噪声（1 000 赫兹以下）的防护效果优于耳塞。

第四节　热觉环境及其改善

有调查显示：办公室员工对工作环境抱怨最多的是办公室太冷，受到抱怨次多的是工作场所太热。可见，人对冷热环境的敏感与重视程度。但是研究显示，在户外工作或工厂没有空调的环境下（如仓库、汽车修理车间），超高的温度似乎对人们的脑力工作没有显著影响，但是确实会使艰巨的体力任务绩效降低[1]。

人体对周围环境的冷热感觉称为热觉。相对于大尺度的外部空间的气候环境，工效学关注办公室、教室、飞机、坦克等特定空间的温度、湿度等因素，因此也称其为微气候环境。

一、热觉环境的构成条件

提到热环境，人们会立刻想到气温，气温的确是构成热环境的最基本要素，但却不

---

① ［美］杜安·舒尔茨等著：《工业与组织心理学（第 10 版）》，上海人民出版社 2014 年版，第 266 页。

是唯一要素。除气温外，作业场所内的空气湿度、气流速度及各种物体的辐射热等要素共同影响人们的冷热感觉，因而被称为热觉环境的四要素。

气温（t）是空气的冷热程度，它是评价热觉环境的首要因素，常用的气温度量标准有三种：摄氏度（℃）、华氏度（℉）和开（K）。我国法定气温单位采用摄氏度。

湿度（H,%）是指空气中水蒸气的含量，可分为绝对湿度与相对湿度。绝对湿度以单位体积空气中水蒸气的质量和分压值表示，单位为克/立方米（g/m^3）或千帕（kPa）。但是直接测量水蒸气的密度有一定困难，而且人对空气干湿程度的感受不与空气中水蒸气的绝对数量直接相关，而与空气中水蒸气距饱和状态的差距直接相关。因此，人们常常用相对湿度来表达空气的干湿程度。相对湿度是水蒸气含量与同一温度条件下饱和水蒸气含量的百比分。饱和状态下相对湿度为100%，相对温度高于80%时为高湿度，低于30%时称低湿度。湿度主要影响人体散热进而影响人体的冷热感觉。

空气流动的速度叫气流速度（也称"风速"，单位为米/秒）。气流速度的变化，会改变人体的散热条件，影响人体的热感觉。当空气气温高于人体表面温度时，空气流动的结果会促使人体从外界吸收更多的热量；相反，当外界环境的气温低于人体表面温度时，则空气流动会促使人体散发出更多的热量。

物体在绝对温度大于0开（−273.15℃）时的辐射能量，称为热辐射。太阳及生产中使用的熔炉、开放的火焰、熔化的金属、室内工作空间的四壁均能产生热辐射，一般的热辐射主要靠波长较长的可见光和红外线传播。红外线不能直接使空气加热，但可使周围物体加热。当周围物体的表面温度超过人体的表面温度时，周围物体表面则向人体释放热辐射而使人体受热，称正辐射；相反，当周围物体的表面温度低于人体表面温度时，人体则向周围物体辐射散热，称为负辐射。负辐射有利于人体散热，在防暑降温上有一定的意义。热辐射的强度通常以每平方米每分钟被照射的表面所受到的热量表示，单位为：卡/（平方厘米·分）［cal/（cm^2·min）］。通常工作空间的各热源表面温度各不相同，因此采用平均辐射热来代辐射温度。

构成热环境的四个要素之间，是可以互换的。某一因素的变化给人体热觉造成的影响可由另一因素的相应变化得到补偿。如，湿度增高所造成的影响可由风速增大所抵消。

二、人体对热环境的感受和评价

（一）人体的热交换与平衡

由于能量代谢的作用，人体不断产生大量的热，同时又由皮肤和体液通过对流、传导、辐射、蒸发等途径不断地与外界环境进行热交换。当人体能量代谢产生的热量及从外界环境得到的热量与人体向周围环境散发的热量相等时，人体就处于热平衡状态，此时人体温度保持在固定的正常状态之下。热平衡是保证生命活动正常进行的必要条件。

（二）人体的调节与适应

（1）热调节。当一个人从某一热环境进入另一热环境时，生理上就会产生一系列的适应过程，称作热调节。人体的热调节过程非常复杂，它会引起人体的肤表温度、直肠温度、血压、血流量以及汗液等方面的变化。当人体由最适宜环境进入冷环境时，肤表就会变冷、血管收缩、直肠温度上升、颤抖、血压下降、肤表血液量减少。当人体由冷环境进入温暖环境时，则肤表温度上升、流入肤表的血液增多、直肠温度下降、颤抖、流汗等。

（2）冷适应和热适应。当人体在很冷或很热的环境下滞留较久时，人体最终会适应寒冷环境或温暖环境，这种情况称为冷适应和热适应。研究表明，当人体处于一个较冷或较热的环境中时，刚开始其生理会产生一系列如上所述的调节过程，但一段时间以后，许多生理指标恢复到原来的水平，产生明显的冷适应或热适应。

（三）热舒适性的度量

上述调节与适应是指仅仅能够维持人体的热平衡，绝不意味着人体此时很舒适。从生理学的角度来看，存在一个对身体最合适的热环境，称热环境的舒适区。热觉环境的舒适与否是人们的一种主观感受。在客观上，它取决于构成热环境的四个要素：气温、气湿、风速、热辐射的综合影响。但是人的体质、年龄、性别、服装、劳动强度以及长期的热适应和冷适应等，会修正上述的主观感受。因此在确定舒适的热环境时，人们希望能将这些因素作通盘考虑，这就需要发展出能够表达几种要素综合作用的组合指标。但是，到现在为止，仍然没有将所有影响热觉环境的因素全部组合起来的单一指标。不过，已经出现一些将部分因素组合起来形成的不同的热觉指标，不同的指标所强调的热环境因素有一定差异。

1. 有效温度（effective temperature，ET）

有效温度的概念是 1923 年由美国的霍顿（Houghten）和雅格洛（Yaglou）提出，这是一个最常见的组合指标。有效温度是指在微气候环境下，根据受试者的同等主诉温度感所制定的经验性温度指标。建立有效温度量表的方法是要受试者比较两相邻房间的冷暖程度。在实验过程中，其中一间房间的气流速度保持在 0 米/秒、相对湿度处于饱和状态（100%），温度则不断调换；另一房间的温度、湿度、气流速度则在不断变换。如果后一间房间温度、湿度与气流速度的某一组合与前一间房间一定温度下的热感觉相同，则这一温度即为后一间房间的有效温度。

例如，当温度 22.4℃，相对湿度 70%，风速 0.5 米/秒时，人们的热感觉与相对湿度 100%，风速 0 米/秒标准水平下，17.7℃ 的热感觉相同，则其有效温度就是 17.7℃。通过这种方式，找出不同温度与湿度组合给人的冷暖感受。实验指出，人们感到的比较舒适的热觉环境在有效温度为 21±3℃ 的范围内。当然，由于个体的差异，不同的人其感到舒适的有效温度有着一定的差别。但调查表明，情况基本符合正态分布，大致有95% 的人的舒适温度区域在上述范围之内。

人体对微气候环境的主观感觉除了受上述温度与湿度的影响外，还与人体的着装、辐射热、冬夏季、作业性质等等因素有关，后来的研究者又相继提出了新有效温度、标准有效温度等组合指标。

2. 热舒适指数

这是近来比较重视的一种热环境综合评价指标，它主要用以测量强烈辐射热对人体生理的影响。理解这个指标的关键是掌握热负荷的概念。所谓热负荷是指为维持人体的热平衡，在一定时间内（通常用 1 小时）所必需排出的热量，缩写为 $Ercq$。人体的热负荷来自于新陈代谢、辐射、对流等途径。另外，把正常人体在一定时间内（通常为 1 小时）由于体液与皮肤的蒸发作用所能散发的热量记作 $Emax$。以 $Ercq$ 与 $Emax$ 之间的差额来表示人体的热舒适程度。此指标越大，人体的热舒适感越差。

3. 不舒适指标

舒伯特（S W Shepperd）和希尔（U Hill）经过大量研究证明，发现最合适的温度（t,℃）和湿度（H,%）的关系为：

$$H = 188 - 7.2t \quad (12.2℃ < t < 26℃)$$

例如，室温 $t \sim 20℃$ 时，湿度最好为 $H = 188 - 7.2 \times 20 = 44$，即相对湿度为 44%。

针对这个情况，博森（J. E. Bosen）提出一个不舒适指数（discomfort index，DI）来综合表达人体对温度、湿度环境的感觉。

$$DI = (t_d + t_w) \times 0.72 + 40.6$$

式中，t_d 为干球温度（℃）；t_w 为湿球温度（℃）。

不舒适指数是对干球温度和湿球温度的简单相加。美国人的实验表明：当 $DI < 70$ 时，绝大多数人感到舒适；当 $DI = 75$ 时，有一半人感到不舒适；当 $DI < 79$ 时，绝大多数人感到不舒适。但日本学者认为，日本人有所不同，二者的比较如表 10-8 所示。

表 10-8 不适指数与不适主诉率

不适指数	不适主诉率（%）	
	美国人	日本人
70	10	35
75	50	36
79	100	70
86	难以忍受	100

资料来源：冯国红编著：《人因工程学》，武汉理工大学出版社 2013 年版，第 54 页。

三、热环境条件对人的影响

（一）低温环境对人体的影响

温度低于人体舒适温度的环境称为低温环境。因此18℃以下即可视为低温。但由于人体自身具有调节功能和适应能力，通常温度在不十分低的情况下可依靠自身体温调节系统，使人体处于正常状态。但人体对低温的适应能力远远不如人体的热适应能力。气温降低时，人体的不舒适感迅速上升，机能迅速下降。长久处于低温环境（10℃以下），就会出现不适状况。

1. 低温对工作效率的影响

在低温环境下，最先感到不适的是人体的末端，像手、脚、腿和胳膊，以及暴露部分，如耳朵、鼻子和脸。而手脚等却是人体最重要的操作器官。低温环境条件首先影响的是人体四肢的灵活性。在干球温度15℃时，作业几小时以后，手就会丧失柔软性、灵活性，所以低温不仅影响人的舒适性，还对工作效率与工作安全产生不利影响。广泛的研究表明，当环境温度为7℃时，手工作业的效率仅为最舒适温度时的80%。

2. 低温冻伤

除造成人体不适及降低作业效率以外，冻伤是低温的另一消极后果。冻伤的形成与温度的高低及在低温中暴露时间的长短有关。例如，在温度为5~8℃时，人体出现冻伤一般需要几天时间；而在-73℃时，只需暴露12秒即可造成冻伤。人体易发生冻伤的部位也是手、足、鼻尖和耳廓等身体的末端部位。

3. 低温的全身性影响

人体如在低温环境暴露时间过久或温度过低，则深部体温便会逐渐降低，出现一系列低温症状：呼吸和心率加快、颤抖、头痛等。深部体温降至34℃以下时，产生健忘、口吃和定向障碍；降至30℃时，全身剧痛，动态平衡意识模糊；降至27℃时，随意运动丧失、瞳孔反射、深部腱反射和皮肤反射全部消失，人濒临死亡。

（二）高温环境对人体的影响

温度超过人体舒适温度的环境称高温环境。最简单地，24℃以上的温度即为高温。但对人的工作效率有不利影响的温度通常在29℃以上。一般认为，在温度大致达到27~32℃时，肌肉用力的工作效率开始下降，当温度高达32℃时，需要集中注意力的工作以及精密工作的效率开始下降。对日本的5个制造工厂和1个纺织厂的调查结果显示，3 年间春夏季的产量都较低①。

高温环境主要有以下 3 种类型：

（1）高温、强辐射作业。如炼铁、炼钢、铸造、热处理、陶瓷等作业。其高温主要来自作业对象的热辐射，相对湿度较低。

（2）高温、高湿作业。如印染、造纸、缫丝等作业。其特点是相对湿度大，气温高，若通风不良会形成湿热环境。

（3）夏季露天作业。夏天进行的露天采掘、建筑施工和搬运等作业。

在高温环境下，人体首先会进行自身的调节与适应。由于此时人体的许多生理指标都发生了变化，从而增加了作业者的烦躁感，引起人体不适。不仅如此，由于体表血液循环加快，导致心脏负担加重、脉搏加快，大脑中枢相对缺血，大脑皮层兴奋过程减弱，使注意力分散，严重的还会诱发事故。有关学者曾对兵器工厂做过调查，发现环境温度与工作效率和事故发生频率存在着密切的关系。当环境有效温度为 17 ~ 22.5℃时，事故的发生率最低，当环境温度升到 25.3℃时，事故增加 8% ~ 40%，男性上升率较高。环境温度与工作效率之间的关系更是一个被许多人研究的重要课题。有人曾对铲土工人做过此项实验，证明随着温度的提高，铲土工人的作业效率明显下降，当有效温度上升到 29.5℃时尤其明显。许多实验还证明，有效温度越高，脑力劳动持续的时间越短。

持续在高温环境下作业，会使人体产热量持续大于散热量，导致在人体内产生热积蓄。长期过多的热积蓄会导致人体热循环机能的失调，体温会逐渐升高，局部体温达 38℃时，便会产生不舒适的反应，人在体力劳动中主诉的可耐受深部体温为 38.5 ~ 38.8℃，高温产生极端不舒适反应的深部体温临界值为 39.1 ~ 39.4℃，超过这一限度，即会出现全身性高温生理危象。全身性高温的主要症状为：头晕、头痛、胸闷、心悸、视觉障碍、恶心、呕吐、抽搐等。温度过高还会引起虚脱、肢体强直、昏厥、昏迷甚至死亡。同时由于出汗，大量补充饮水，致使胃液冲淡，还引起消化系统疾病。

四、热环境的改善与处理

热环境的处理包括气候控制、衣着及其他防护工具的使用与科学地安排生产组织等几个方面。

气候控制是解决热环境的最主要方法，其具体手段包括：暖气设备、冷气设备、空气流通、辐射热的隔离、选用反光、隔热的建筑材料屏蔽热源、利用遮阳、遮雨篷、在建筑物四周种植树木等。

衣服是人类御寒的主要工具。除了御寒外，人类还设计了许多具有防风、防雨、防

① 李维立、曹祥哲编著：《人机工程学》，人民邮电出版社 2017 年版，第 140 页。

热等特殊功能的服装和工具。高温作业环境下的工作服，应具有导热系数小、隔热性和透气性比较好的特点，特别高温下的作业者应穿冰服或风冷服。低温作业环境下的工作服应采用热阻值大、吸汗和透气性强的御寒衣料。

当热环境特别恶劣并且无法改善时，就只好从生产组织与人事管理方面进行一些适应性调整。如合理安排作业负荷、科学安排休息场所、注意职业适应、甄选能忍受恶劣环境的作业人员、使用轮班工作制度、制定适当的工作与休息时间表等。

复习与思考

（1）影响人们作业效率的环境因素有哪些？

（2）根据人体的舒适程度，作业环境被划分为哪四个区域？这种划分的意义是什么？

（3）良好照明环境应具备的条件有哪些？

（4）什么是眩光？它有哪几种类型？对作业有何不利影响？如何克服？

（5）什么是噪声？噪声对作业者及其作业有何影响？

（6）评价热觉环境的指标有哪些？它们各有什么特点？

视野拓展

人工延长照明治疗季节性情感障碍

季节性情感障碍，是指在每年同一时间反复出现抑郁发作为特征的一组疾患。据观察29例典型病例，发现他们具有以下临床特征。

抑郁症常在11月或12月发作，翌年3月症状迅速消失。抑郁症平均持续3.9个月，抑郁症状为悲伤和活动减少。绝大多数患者睡眠时间延长、傍晚时感到精力和心境特别差，性欲减退。在抑郁症期间，几乎全部患者（97%）都感到难于工作，且有人际交往的困难。但翌年春、夏则相反，精力旺盛，完全康复，并主动要求工作。少数患者抑郁症发作时伴有某些躯体症状：关节疼痛、僵直或头痛、便秘、肌痉挛等。

近年来，认识到明亮的光线（>2 500勒克斯）是影响人体某些生物节律的重要同步因子，并开始应用人工延长光照时间的方法，来治疗某些由生物钟紊乱所致的疾病，如躁郁症、时差综合征等。

由于推测"季节性情感障碍"是一种与白昼长短的变化有关的季节性病症。有人对11例反复在冬季发生抑郁、春夏发生轻度躁狂的患者，使用明亮的白光（2 500勒克斯）延长自然的光照时间。这种治疗至少持续 2 周时间，结果都观察到有类似抗抑郁剂的作用，即部分或完全缓解了他们的冬季抑郁症状。其效果一般在开始治疗后第 3 天或第 7 天出现，但在停止光治疗后的第 3~4 天可出现不同程度的复发。然而，另 9 例接受弱黄光（100 勒克斯）治疗的患者中，仅 3 例有明显进步，3 例病情恶化，3 例基本无效。与亮白光治疗相比，两者有显著差异，以亮白光疗效较好。

资料来源：金观源、相嘉嘉著：《现代时间医学——生物钟与临床》，湖南科学技术出版社 1993 年版，第 114~115、185~186 页。

第十一章

事故分析与安全设计

安全第一，质量第二，生产第三①。

—— [美] 格里（美国钢铁公司前董事长，1906）

第一节 安全与事故概述

安全与健康对企业员工的重要性是不言而喻的。员工的安全与健康发生问题，不仅会造成相关员工生理和心理的损害，经济和收入的损失，严重的还会造成其残疾甚至死亡。因此，企业员工的安全与健康问题一直是劳动经济学、劳动社会学、管理工程学、人力资源管理、工效学等学科关注的重要课题，也是企业管理者，尤其是企业人力资源管理者所关心的一个重要问题。

专栏 11.1：国际劳工组织发布报告，每天约 6 500 人死于职业病

总部位于日内瓦的国际劳工组织 18 日发布报告说，目前全球超过三分之一的劳动人口工作时间过长，每天约有 6 500 人死于职业病。

在 4 月 28 日"世界职业安全健康日"前夕，国际劳工组织发布的这份报告警告说，现代工作模式、全球人口增加、气候变化等正对职业场所安全构成挑战，因职业安全和健康问题导致的经济损失占全球国内生产总值的 4%。

报告说，全球大约 36% 的劳动人口工作时间过长，即每周工作时长超过 48 个小时。全球每天约有 6 500 人死于职业病，另有约 1 000 人死于工作造成的意外事故。此外，每年全球还有超过 3.7 亿人因工作相关的意外受伤或生病。

报告建议，各国可利用数字化、机器人等新技术减少职业风险，应关注不同类型劳动人口的职业风险差异，通过可持续发展和绿色经济创造新的就业机会，并应不断改善

---

① 刘清林主编：《铁路企业班组管理基础知识》，中国铁道出版有限公司 2010 年版，第 50 页。

职业安全状况。

资料来源：凌馨：《全球超三分之一劳动人口工作时间过长每天有数千人死于职业病》，载于《新华网》2019年4月19日。

从20世纪90年代开始，全球每年约有50万人丧身严重的交通事故，道路交通事故已成为当今世界的一大社会公害，引起了各国的关注。道路交通事故对于人类社会造成的总体伤害与损失的规模也是巨大的。道路交通事故除了直接的车辆损坏外，还会对车辆上的乘员造成伤害。如果受害人因交通事故失去工作能力，还会带来昂贵的社会保障成本。假定受害方30岁，60岁退休，寿命是75岁，每年收入3万元，则受害人损失额约为 30 × 3 = 90（万元），但是带来的社会成本就是 90 + 45 × 2 = 180（万元），即出一次车祸的实际损失是180万元（假设收入的2/3用于消费）。

在我国企业中，发生事故虽然可以通过社会工伤保险的社会机制来保障受害人的权益，但是，根据《中华人民共和国社会保险法》中有关工伤保险的规定，企业还是要在工伤津贴等多个方面付出，而且带来的财务损失也是难以估计的，对员工而言损失也很大。除了经济损失，还会产生家庭负担和社会支出、心理和社会关系的变化，即便有工伤事故后期的职业康复、医疗康复、社会康复等保障措施，对于员工的最宝贵劳动能力而言也只能是补偿或部分补偿。

除了人身伤亡之外，安全事故造成的直接财产损失往往也是巨大的。由汽车、火车、轮船、飞机等交通工具造成的安全事故，直接损失可能成千上万元，甚至百万千万元。工厂中发生的事故，直接的经济后果虽没有这么大，但其相对损失，其对生产的影响却是巨大的。安全事故造成的损失除了经济之外，还有对社区、城市和他人的影响；对自然与社会环境的影响；对产业发展和科技进步的影响；等等。

由于事故带来的上述严重后果，安全生产与事故预防就成为企业非常重要甚至是头等重要的工作。因而加强对安全与事故问题的研究，采取有效的预防措施，把事故发生的概率降低到最小限度，就成为有关学科与管理实践迫切需要研究与解决的课题。

专栏 11.2：山东某铝厂"8.19"铝液外溢爆炸重大事故

事故发生经过：2007年8月19日16：00，山东某铝厂所属铝母线铸造分厂生产乙班接班组织生产，当班在岗人员27人，首先由1号40吨混合炉向1号铝母线铸造机供铝液生产铝母线，因铝母线铸造机的结晶器漏铝，岗位工人堵住混合炉炉眼后停止铸造工作。19：00左右，混合炉开始向2号普通铝锭铸造机供铝液生产普通铝锭；至19：45左右，混合炉的炉眼铝液流量异常增大，出现跑铝，铝液溢出流槽流到地面，部分铝液进入1号普通铝锭铸造机分配器的循环冷却水回水坑内，熔融铝液与水发生反应形成大量水蒸气，体积急剧膨胀。在一个相对密闭的空间中，能量大量聚集无法释放，约20：10发生剧烈爆炸。

事故损失：事故造成厂房东区8跨顶盖板全部塌落，中间5跨的钢屋架完全严重扭曲变形且倒塌。南北两侧墙体全部倒塌，东侧办公室门窗全部损毁。1号普通铝锭铸造机头部由西向东向上翻折。原铸造机头部下方地面形成9米×7米×1.9米的爆炸冲击坑。1号混合炉与2号混合炉之间的溜槽严重移位，两台天车部分损坏，邻近厂房局部受损。事故共造成16人死亡、59人受伤，其中13人重伤，初步估算事故直接经济损失665万元。

事故原因分析：第一，直接原因。大量高温铝液流入循环冷却水回水坑，在相对密闭空间内与水发生反应，产生大量蒸气，压力急剧升高，导致爆炸。第二，间接原因。一是工程设计单位无相关资质，现场建设施工又违反了设计，造成现场通道变窄，影响现场人员撤离；二是现场应急处置不当。当班人员发现漏铝后，20分钟左右未处理好，并未撤离反而涌入更多人员；三是工厂制定的部分安全操作规程未履行审核和批准程序，内容不明确、不具体；四是工厂制定的应急预案不符合规范要求，内容缺失，可操作性差。

资料来源：杜科选编著：《铝电解和铝合金铸造生产与安全》，冶金工业出版社2012年版，第24~25页。

第二节　安全与事故模型

一、基本概念

安全、事故是有关安全生产的一对基本概念。

安全指人的身心免受外界因素危害的存在状态（健康状况）及其保障条件。这里的安全内涵既包含人作为主体主、客观上的存在状态，同时也包括与这种状态密切相关的外部条件和因素。

与安全密切相关的还有大安全观和本质安全两个概念。大安全观是在技术安全、安全工程和职业安全的基础上提出的，包括传统的劳动保护和职业卫生，更突出以质量、安全、环保、减灾、保险等保障技术为一体的科学意识和方法论。大安全观提出的主要背景是现代科学技术和产业发展使得人们活动交往的空间、时间扩大，活动交往方式多样化，安全不仅存在于个人、家庭、工作、组织层面，更是扩展到社区、地区、国家、国际层面，因此大安全观的外延就扩展到国际安全、国家安全、政治安全、生态安全等多个维度。本质安全一词源于20世纪50年代航天设备系统复杂技术发展的安全需要而提出来的安全理论和概念。根据《爆炸性环境 第18部分：本质安全系统》（GB 3836. -2010），本质安全是指通过设计等手段使生产设备或生产系统本身具有安全性，即使在误操作或发生故障的情况下也不会造成事故的功能。狭义上本质安全是指机器、设备本身所具有的安全性能，即当系统发生故障时，机器、设备能够自动防止操作失误或引发事故，从而保障人身、设备和财产的安全。广义上本质安全指"人—机—环境—管理"这一系统表现出的安全性能。因此，本质安全是理念的转变，从对事故由被动的接受转变为积极的事先预防，而且在技术上是可以实现的。

事故是指使系统或人有目的的行动遭受阻碍或中止，可能导致人员受到伤害，或财产受到损失的非预谋性意外事件。事故通常具有普遍性、随机性、必然性、因果相关性、紧急性、危害性等特点。

一般来说，安全与事故是相对的，安全是处于无事故状态；但反过来说则不成立，因为无事故时并不一定是安全的。实际上，不安全未必一定发生事故，不发生事故并不就是处于安全状态。比如人们都知道，酒后驾车是一种不安全行为，但结果未必一定就发生事故。人们把事故状态和产生事故的可能状态都称为不安全状态。为了区分这两种不安全状态，一般把后者称为危险状态。只要有导致事故的因素存在，就处于危险状态。而只有当危险因素受到激发时，才会发生事故。因此消除事故，要从消除危险因素着手。只有不存在危险因素的情形，才称得上安全。也即安全是指不存在危险因素的情形。

科学的发展、技术的进步，为人类消除危险、防止事故提供了有力的技术支撑。但另一方面，在科学技术的发展过程中又出现了许多新的危险源。例如，工业生产的发展，使空气、饮水受到日益严重的污染；核电站的发展，为人类提供了巨大的电能和热能，但由于其不易控制的特性，也给人类造成过灾难性的后果。所以即使是在当今科学技术高度发达的时代，人类要预测事故、控制灾祸，仍然是相当困难的事。

二、事故成因分析

事故为什么会发生？一般情形下，人们对这个问题有许多不同的看法。有人强调事故发生的物的原因，如飞机在空中几台发动机全部熄火、汽车的刹车失灵、电线老化不绝缘、开关失灵等；有人强调事故发生的环境原因，如矿井底下瓦斯太多、引起爆炸、大风使吊车倒塌等；还有人强调事故发生的人的原因，如操作人员人为地破坏或不遵守安全规则导致事故的发生。

实际上，引发事故的原因非常复杂。安全研究学者从控制事故原因的角度出发，将事故的基本成因总结为人的原因、物的原因、环境原因三大因素。事故发生是上述三大因素相互作用的结果。如吊车钢绳断裂压死行人事故就是由人、物、环境等诸因素中的薄弱环节交错结合造成的。即一个不够谨慎的工人，使用了一个超过使用期的钢绳，起吊一个超大型的混凝土构件，因而发生了钢绳断裂、重物坠地压死行人的惨事。如果操作者是一个做事谨慎的工人，起吊前他能了解起吊物的重量和钢绳的强度；如果吊车的钢绳强度足够或者起吊的不是超重的物件；再或者工地管理严格，吊车施工现场阻隔行人通过，那么致人死命的重物坠地事件就不会发生。所以生产中的安全事故往往是多方面因素共同作用的结果。要预防事故，就需要对多方面的有关情况进行分析，发现其中的薄弱环节，采取有效措施，消除事故隐患，防患于未然。

根据上述观点，安全专家得出事故致因模型，如图 11 - 1 所示。

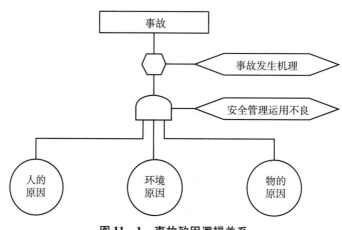

图 11 - 1　事故致因逻辑关系

资料来源：丁玉兰编著：《人机工程学》，北京理工大学出版社 2005 年版，第 179 页。

基于不同的视角，形成了多种事故致因理论：通过阐明事故为什么会发生，怎样发生，以及如何预防，为事故原因的分析、事故的预测预防提供科学的、完整的依据。

（1）多米诺骨牌理论。由美国著名安全工程师海因里希（W H Heinrich）提出，认为伤亡事故的发生是一连串事件按一定顺序互为因果依次发生的结果，是因为人的不安全行为或机械、物质的不安全状态造成，人的不安全行为和物的不安全状态是由于人的缺点错误造成的，人的缺点错误起源于不良的社会环境或先天的遗传因素。海因里希将影响结果的因素归为五大类：M：遗传及社会环境；P：人的缺点；H：人的不安全行为或物的不安全状态；D：事故；A：伤害。

该理论关注到了事故发生的阶段性因素和关键因素，只要在造成事故发生的事件顺序中消除一个事件因素就可以防止事故的最终发生，这对事故预防具有积极的意义，特别是安全检查和教育对于事故预防意义重大。同时也要看到，海因里希的理论对事故致因连锁关系的描述过于简单，而实际事故的发生的因素不仅多种多样，而且各因素间的关联关系是复杂随机的，前因的发生未必一定导致后果的发生（见图 11 - 2）。

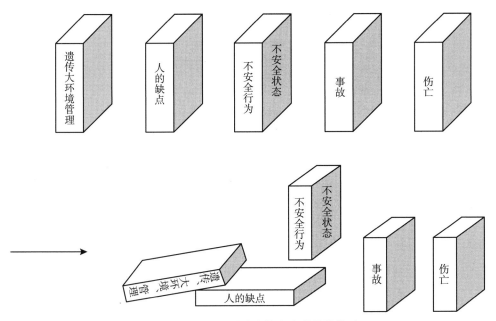

图 11 – 2   海因里希的事故多米诺骨牌模型

资料来源：朱红青、陈国新编：《煤矿事故调查（A 类）》，中国矿业大学出版社 2002 年版，第 21 页。

（2）事故发生的能量转移理论。能量转移理论认为事故是一种不正常的或不希望的能量释放，过量能量或危险物质的释放都是由人的安全行为或（和）物的不安全状态造成的。该理论由美国安全专家哈登（Haddon）于 1966 年提出，认为事故的本质就是能量的不正常转移。通过对机械能、电能、化学能、辐射能等的特点和转移规律的研究，从而设计出预防事故的能量控制方法。例如可针对不同的能量类型、能级采取消除能量、限制能量等级，以及时疏导防止能量蓄积、对能量进行有效屏蔽和隔离、控制人与能量之间的距离、控制和延缓能量的释放等技术措施来控制能量的不正常转移，从而降低和消除这种不正常转移给人带来的伤害，如图 11 – 3 所示。

（3）轨迹交叉论。轨迹交叉论认为，伤害事故是许多相互联系的事件顺序发展的结果，可分人和物（含环境）两大部分。在一个系统中，当人的不安全行为和物的不安全状态在一定时间、空间发生了运动轨迹的接触（交叉），能量转移于人体时，伤害事故就会发生。人的不安全行为和物的不安全状态的产生和发展，既有各自的原因，又存在相互的促进和影响，有时人的不安全行为促进了物的不安全状态的发展，或导致新的不安全状态的出现，而物的不安全状态可以诱发人的不安全行为。物的不安全状态可以导致自身、他物和人的危险，人的不安全行为同样也可以导致自身、起因物、他物以及他人的危险。因此，实际生产中事故的发生可能呈现较为复杂的因果关系。

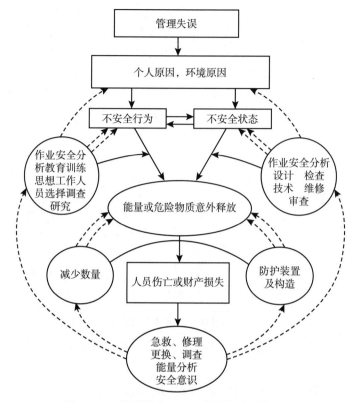

图 11-3 能量转移理论观点的事故连锁模型

资料来源：庄越、雷培德编著：《安全事故应急管理》，中国经济出版社 2009 年版，第 38 页。

轨迹交叉理论强调人的因素和物的因素在事故致因中占有同样重要的地位，避免人与物两种因素运动轨迹交叉就可以预防事故的发生。但是在实际生产管理中，突出预防物的不安全状态，提倡采用可靠性高、结构完整性强的系统和设备，在避免安全事故发生方面意义更大。即人为失误，也可以通过物的安全性设计的管理而避免，这是本质安全的基本理念。同时，该理论对于调查事故发生的原因，也是一种较好的工具（见图 11-4）。

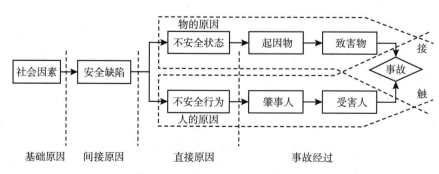

图 11-4 轨迹交叉理论事故模型

资料来源：张顺堂、高德华主编：《职业健康与安全工程》，冶金工业出版社 2013 年版，第 15 页。

三、人的行为因素模型

根据不同的视角，有着不同的事故致因模型。工效学里，更注重对人的因素为主因的事故致因模型的研究，简称人的行为因素模型。

事故发展的原因，很大程度上取决于人的行为性质。根据前述我们对员工系统进行的研究，人的行为是由感觉（S）－认识－（O）－响应（R）组合成的连锁反应。事故发展的人的行为因素致因模型可以用图11－5来表述。

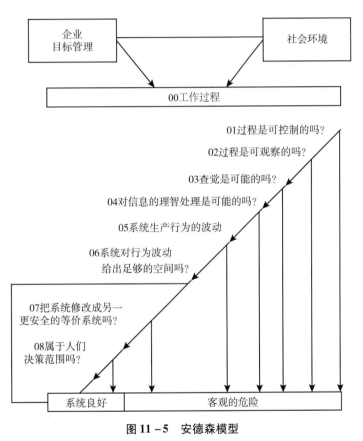

图11－5 安德森模型

资料来源：李建华主编：《人机工程学》，中国矿业大学出版社2009年版，第174页。

图11－5表明，当存在可能发生的危险因素时，事故是否发生取决于人的因素。人若能对上述序列问题，逐个作出肯定的反应，危险状态就会受到抑制，事故就能防止。反之，若对上述序列的各问题中有一个作出否定的回答，危险状态就会发展，事故就可能越来越逼近，最后就会措手不及而发生事故。

图11－5是表明事故发展过程与当事人的认知与行动的依赖关系，而没有反映事故危险发生的原因。要防止事故，就必须进一步了解不能阻止事故危险的原因，也就是说

必须了解当事人在上述序列问题上为什么不能作出肯定的反应。这有可能是主观原因，也可能是客观原因。如第一个问题，当事人没有感受到异常状态信号的原因有多种：主观上可能有当事人对信号变化的感觉能力不灵敏；客观上有当事人的操作任务过于繁重，注意力高度集中于任务的主要环节；或者信号过弱及信号模糊不清；还可能由于环境中的干扰因素掩蔽了危险信号；等等。再比如第二个问题，当事人如果感受到异常信号的存在，但如若没有意识到异常状态信号的危险意义，他就意识不到存在的危险，因而不可能采取积极的措施消除危险状态，事故依然可能发生。而当事人之所以没有意识到异常信号的危险意义，也可能有多种原因，或者由于当事人是一名未受安全培训的新员工，对危险信号缺乏知识经验；或者由于他记忆错乱，混淆了不同信号的意义，把危险信号错认为安全信号；或把高等级危险信号误认为低等级危险信号。

因此，要避免事故的发生，一个非常重要的途径就是把图中问题的否定反应变为肯定反应，了解和分析导致当事人作出否定反应的原因，采取有效预防措施。为使上述分析更清晰，有关学者将其总结为事故发生顺序模型，如图11-6所示。

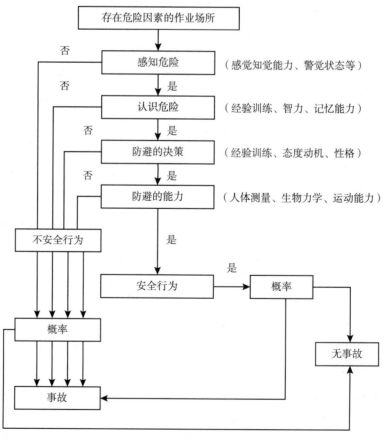

图11-6　事故发生顺序模型

资料来源：李建华主编：《人机工程学》，中国矿业大学出版社2009年版，第176页。

根据对事故的实际案例分析，结果表明，按照事故的行为顺序模式，不同阶段的失误导致事故的比例如下①：

对将要发生的事故没有感知　　　　36%

已感知，但低估了发生的可能性　　25%

已感知，但没能作出反应　　　　　17%

感知并作出反应，但无力防避　　　14%

根据上述分析问题的思路，人的行为、心理因素对于事故最终发生与否有很大影响。但应该强调的另外一个方面是，这种分析是在作业场所存在危险因素的情况下。所以，要避免事故发生，一方面要通过培训等途径对人的行为因素加以控制；另一方面，还需在对员工工作系统的设计中，尽量避免事故的要素，降低工作系统本身的危险程度。后一方面的工作贯穿本门课程的始终，因而本章仅讨论前一个方面的问题。

第三节　人员差错分析

如前所述，事故的发生有人物环境管理等诸方面的原因。一般认为，在各种事故原因中，人的因素占有很大的比重。由于人在事故的产生原因中是一个主动性的关键因素，同时也是事故损失的主要受损者，因此给予本质安全的观念，在人的行为上进行改进就十分重要。根据我国秦皇岛港务局安检处的统计，1980年以来，该港务局系统的各类工伤事故中，更是有约95%是由人为差错造成的。在我国的交通安全事故的原因调查分析中，有90%源于人为因素②。南京交管部门对2017年1~6月外卖企业送餐电动自行车3 242起交通事故统计分析表明，存在交通违法行为的2 807起，外卖小哥的担责率高达94.04%，主要包括闯红灯、占用机动车道和逆向行驶这三种交通违法行为，占交通事故违法总数的78.3%③。

因此，总的来说，大多数事故的根源在于人的差错。无论是日常生活中还是在工作生产中，人常常出现发生差错的现象，如淋浴后忘记关掉煤气、炒菜时误将白糖当成食盐、下班时没有关掉电源等，不一而足。由于人的差错普遍存在，有关学者很早就展开了这方面的研究。但是由于人的错误非常复杂，这方面的研究成果还是非常有限的。

人的差错一般表现在人的行为中。差错行为是指不符合要求的行为。如按操作规程，工人上班时应先打开总的电源开关，再启动单机开关，若先打开单机开关，再去打开总的开关，就违反了操作规程，这就是错误的操作行为。错误的操作行为有的不一定产生有害

① 李建华主编：《人机工程学》，中国矿业大学出版社2009年版，第175页。

② 田建、李志强：《基于典型案例的公路客运交通事故原因分析及对策》，载于《交通企业管理》2018年第9期，第78~80页。

③ 王瑞：《外卖小哥们为拼速度每天18起事故　美团伤亡人数第一》，载于《现代快报》2017年9月7日。

结果，有的则会酿成事故。但人的差错行为特点并不因是否酿成事故而有所不同。

一般认为，人员发生差错有着多方面的原因。不同种类的差错，其发生的原因是各不相同的，即使是同样的差错现象也可能起于不同的原因。了解人的差错原因是预防差错的关键，差错原因可分为外在原因和内在原因。

一、工作系统设计不当

人是环境与自然的产物，所以虽然人体精妙的构造使人体的各系统都具有极强的调节与适应能力，但这种调节与适应仍然具有相当的限制。因而当操作者使用的器具、所处的空间场所、工作时间与速度、环境中的气温、湿度、气压、光照、噪声等因素不符合员工的特点和需要时，则人的差错就极易发生。

如光线过强会引起眩光效应，使视觉灵敏度下降；光照过低容易引起视觉疲劳，造成决策差错；噪声过高，言语交流容易受到干扰；高温、低温环境都会降低人的操作能力，并使事故率上升。因此对异常的物理环境，必须采取防护措施。

再比如，显示器色彩杂乱致使操作者读错示数；走廊宽度不够，使工人误撞控制器，栏杆高度过低，造成人员不慎坠地等，这些差错是因为在这些系统的设计过程中忽略了人的因素而造成的。另外，作业制度、操作规程、安全条例、工作时间安排、人事政策甚至政府政策、法令、社会舆论、社会风气、亲朋同事间的关系等等因素都会导致人的差错行为。因为，这些软性系统不良的设计及状态会影响人的工作情绪、分散人的注意，人的差错发生概率随之上升。

专栏 11.3：飞行员差错的统计分析

要分析人在什么状态下出现人为差错，美国人体工程学家菲茨和琼斯对飞行员的视觉失误情况的调查结果很能说明问题。菲茨和琼斯访问了许多飞行员，对他们的失误情况进行了调查。根据飞行员对失误情况的叙述，他俩将结果归纳，见表 11 - 1。

表 11 - 1　　　　　　　　227 例飞行员的失误分类（P. M. Fitts 等）

失误的种类	举例	失误数
1. 读取复式旋转仪表时的失误	·仪表有两根以上的指针，引起混淆，如只看到高度计上 1 000ft 这一指针显示	4
	·读取旋转仪表出现的失误，如：读取了转速计上 1 000rpm 这一指针显示	8
2. 颠倒失误	·对飞机的倾斜方向做了相反的解释	47
3. 难读引起的失误	·由于不合适的仪表如不合适的亮度、灰尘、陈旧的刻度、震动和障碍物等引起的失误	32
	·视差引起的失误	5

失误的种类	举例	失误数
4. 置换失误	·将一种仪表与另一种仪表搞混引起的失误 ·不知道仪表与哪台发动机对应而引起的失误 ·由于不习惯仪表的配列而引起的失误	24 6 6
5. 仪表工作不良引起的失误	·仪表不工作或仪表显示不正确引起的失误	25
6. 解释尺度引起的失误	·解释尺度引起的失误，即不能正确地解读数字刻度引起的失误	15
7. 错觉引起的失误	·错觉引起的失误，如仪表显示与身体感觉不一致，而对飞机的位置进行错误的解释	14
8. 信号解读失误	·信号解读引起的失误，没有注意报警灯或将报警灯与其他显示灯混淆	5

注：1ft（foot：英尺）=0.3048m；1rpm（Revolutions Per Minute：每分钟转速）=1r/m。
资料来源：[日] 浅居喜代治著：《现代人机工程学概论》，科学出版社1992年版，第101页。

表中的统计分析有个显而易见的结果，即机器仪表设计不当所导致的失误处于首位。而人的其他失误是由于人的意识状态引起还是机器环境不当引起则没有进一步的说明。

这类差错责任的归属一直是一个有异议的话题。比如当飞行中因飞行员读错仪表而发生机毁人亡的事故时，有人认为这是驾驶员的责任事故，应该由驾驶员承担责任。但也有人认为，这很可能是飞机设计时，设计者忽略了人的因素所引发的差错行为。

二、人的内在因素

上述工作系统设计不当造成的差错行为是人发生差错的外在条件。外在条件设计安排不当会增加人发生错误的可能性，合理地设计这些系统可以减少差错行为发生的可能性，这在工效学各个章节里均有所介绍。本章我们将视角集中在人的差错形成的内在原因上。外在的客观因素只是事故发生的间接因素，人内在的主观因素才是差错发生的决定因素，这些因素被称为差错发生的直接因素。概括起来有如下几个方面：

（1）意识水平。

人在觉醒状态时意识水平高，疲劳时意识水平低。当人体处于过度兴奋状态或疲劳瞌睡状态时，自我控制力均减弱，因而差错容易发生。而人处于适当的觉醒水平时，差错发生的可能性最小。

（2）注意力。

许多事故的起因都可归诸操作者的"不注意"。注意就其心理机制来说包括两个侧面，即注意的程度和注意的选择性。注意的程度是指注意力集中的程度，而选择性是与注意瞬间所能处理的信息即注意的范围有关的。一般认为，注意力是一种能力。如果一个人具有较强的注意能力，在操作过程中，既能集中注意，又能将注意加以适当分配，则其工作中的差错行为较少。而对那些注意能力低弱的人，或者工作时不能集中注意，所谓心不在焉、视而不见、听而不闻；或者注意力过于集中于一点，不能兼顾其余，其工作中的行为差错则较多。

（3）知识经验。

人的许多差错行为还与其能力知识有关。能力低、知识经验少的人与能力强、知识经验丰富的人相比更有可能发生差错。能力和知识均可得自于教育与学习。所以，通过培训，增加员工的相关知识与操作经验是减少事故发生的重要途径。

（4）性格类型。

研究发现，事故的发生明显集中在某一类别的人身上，而另一类人却很少发生事故。统计研究发现：小部分工人（20%）造成了大部分事故（70%），这个事实引起了一些心理学家的兴趣。经过研究，埃里斯特·麦考密克（Ernest McCormick）和约瑟夫·提芬（Joseph Tiffin）提出个人特性与事故相关联模型，如图 11－7 所示。他们指出，个人特性（个性、动机等）是某些行为倾向（如冒险倾向）和不正确态度的基础，容易引发差错行为，最终导致事故发生。那些具有容易引发差错行为特性的个体被称为"事故倾向人"[①]。

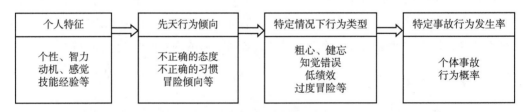

图 11－7　个人因素与员工事故行为关联模型

资料来源：廉茵编著：《公共部门人力资源管理（第2版）》，对外经济贸易大学出版社 2013 年版，第 220 页。

一般理解，"事故倾向人"是指那些经常掉东西或忘记关门或者容易摔倒的人。心理学家对"事故倾向"的定义为：在研究中发现的导致过分事故数量的那些品质和特征。因此，大多数的心理学家认为，事故倾向是一种个性类型，可以通过一些具体的和可测量的个性特征来界定"事故倾向人"。

但是许多研究发现，这种测量相对来说还是比较复杂的。因为不同类型的事故与不同的性格类型相对应。比如对交通事故的研究发现，具有场依存性特点的驾驶员比具有

---

① 廉茵编著：《公共部门人力资源管理》，对外经济贸易大学出版社 2013 年第 2 版，第 220 页。

场独立性特点的驾驶员更容易发生事故。所谓场依存性倾向是指当其驾车时，比较多地把注意集中在他前面的一辆车上，而很少注意从更前面的车辆状况中去获取行车的信息，因而容易发生撞车事故。但这种场依存性对另外一些特别需要集中注意力的作业而言，又是降低差错行为的特点。另外，一般情况下，做事细心、处事谨慎的人比脾气急躁、行动鲁莽的人发生差错的可能性要低。这是因为细心谨慎的人，按章办事的多，违反操作规程的少。而脾气急躁、鲁莽的人则经常违章越规，做出不该做的行为。

（5）心理特征。

人的心理特征同样会影响事故的发生和发展，从而带来意想不到的后果。在事故发生前人的心理特征主要有：心理疲劳、错觉心理、侥幸心理、逞能心理、麻痹心理、冒险心理、逆反心理、敷衍心理、厌旧心理、激情心理、挫折心理、应激心理、紧张心理、幻觉心理、压抑心理、从众心理等。在事故发生中人的心理特征是：文饰心理、忘我心理、无知心理、恐慌心理、紧张心理等。在事故发生后人的心理特征主要有：防御心理、回避心理、拒绝心理、自卫心理、恐慌心理等。

第四节 事故分析

如前所述，事故是一种不希望发生的意外变故或灾祸，它的发生会对人的健康生命和财产造成较大的损害。但是，时至今日，事故的完全避免还是一件不可能的事。因而对事故较为正确的态度是：①不希望发生；②以预防为主，使事故发生率尽可能减至最低限度；③万一发生事故，就要严肃对待，对事故进行认真的分析，从中吸取教训。事故分析即对事故特别是伤害事故的事实、过程、原因进行的分析。事故分析是事故研究的一项重要内容。

一、事故分类

事故可以从多方面进行分类。

（一）按有无人员伤害分类

事故可以按人员有无伤害分为人员伤害事故和非人员伤害事故。事故中有无人员伤害带有很大的偶然性。但它的有无，是评估事故严重性的重要指标。另外对事故严重性的评估还需要考虑人员伤亡的程度，财物损失及工程延误等方面的状况。

（二）按人员伤害程度分类

人员伤害程度有两种计算标准：

第一种是按人员伤害引起的工作日损失来评价。根据《企业职工伤亡事故分类标准》（GB 6441—1986）将企业工伤事故分为三等：

轻伤：损失劳动时间为 1～105 个工作日；

重伤：损失劳动时间在 105～6 000 个工作日；

死亡：损失劳动时间在 6 000 个工作日以上。

这里需要说明的是：根据有关规定，一个工作人员死亡，损失工作日数即为 6 000，这是根据我国职工的平均退休年龄和平均死亡年龄推算出来的；负伤损失的工作日数，则以负伤后因治疗和休息而停止工作的日数来确定。

第二种计算标准是按伤害轻重和伤亡人数来评价。根据 2007 年 3 月 28 日通过的《生产安全事故报告和调查处理条例》，将事故伤害程度分为下列四等：

（1）一般事故，是指造成 3 人以下死亡，或者 10 人以下重伤（包括急性工业中毒，下同），或者 1 000 万元以下直接经济损失的事故。

（2）较大事故，是指造成 3 人以上 10 人以下死亡，或者 10 人以上 50 人以下重伤，或者 1 000 万元以上 5 000 万元以下直接经济损失的事故。

（3）重大事故，是指造成 10 人以上 30 人以下死亡，或者 50 人以上 100 人以下重伤，或者 5 000 万元以上 1 亿元以下直接经济损失的事故。

（4）特别重大事故，是指造成 30 人以上死亡，或者 100 人以上重伤，或者 1 亿元以上直接经济损失的事故。

（三）按事故性质分类

事故性质可作多种归类。常见的事故类别有：物体打击事故、高处坠落事故、灼烫事故、触电事故、淹溺事故、坍塌事故、焚烧事故、爆炸事故、交通事故、跌撞事故、中毒事故、窒息事故、卷入事故、挤压事故等。

二、事故原因分析

事故原因分析是事故分析的主要内容。事故发生后要及时分析原因，以确定事故性质，分清事故责任。只有原因清楚，才能明确责任，也才有可能真正从事故中吸取教训。

工业革命以来，产生了大量的产业事故，造成了惊人的经济与社会损失。学者对此进行了大量的研究，提出了很多具有理论与实践意义的事故分析模型，如较早时期由格林伍德（Greenwood）和伍兹（Woods）提出的事故倾向理论，弗洛伊德的个性动机理论和科尔（Kerr）的社会-环境模型。这些理论或模型较为简单，一般都只确认事故原因的一个侧面，并且据此提出单一的补救措施，因而至今已很少得到明确的应用。现在较为常用的事故分析方法被称之为系统理论方法。这类方法认为，很多事故非常复杂，事故是在各种因素共同作用下产生的。由于事故产生原因众多，不容易看清楚，需要采取正确的分析步骤和科学的分析方法才能将事故原因揭示出来。

为使原因分析简捷有效，重点突出，学者们首先将产生事故的各种原因按性质分为直接原因、间接原因；按作用的大小分为主要原因、次要原因。

（一）直接原因与间接原因

事故的直接原因是指直接导致事故发生的因素。物的因素人的因素都可以是事故发生的直接原因。例如，有设计缺陷的仪表、杂乱的施工现场，不良的环境，都属于事故直接原因中的物的因素；而违反操作规程、操作失误等，都属于事故直接原因中的人的因素。

间接原因则是指使事故直接原因产生和存在的因素。如违反操作规程是事故发生的直接原因。而该因素之所以存在，可能因为安全检查不严格，也可能是因为缺少安全教育和培训，还有可能是操作规程设计不合理。那么安全检查不严格、缺少安全教育和培训、操作规程设计不合理则被看作是引发事故的间接原因。

（二）主要原因与次要原因

在事故发生的各种原因中，有些原因作用很大，起主导作用，人们称之为主要原因。有些作用很小，称为次要原因。不论是直接原因还是间接原因，无论是人的因素还是物的因素，都可能成为事故发生的主要原因。比如我们前面分析的，工人违章操作发生了伤人事故，违章操作是事故直接原因，而进一步的分析表明，该工人之所以发生违章操作，是因为他刚进厂，没有进行安全培训，而且管理人员把关不严，让他上岗操作，那么这种情况认定事故的主要原因在于管理上面。反之，如果工人经过培训，规章制度健全，管理人员按章办事。但这个工人由于贪图省事而违章操作，那么事故的主要原因应该是工人不遵守操作规程的行为。确定事故发生的主要原因是事故分析的重要内容。

三、事故分析的方法

比较常用的事故分析方法主要有如下三种：

（一）因果图分析法

因果图是与事故发生有关的所有因素之间的逻辑关系图。根据因果图所示的逻辑关系，可以找出事故发生的所有可能原因。因果图由主线、支线、次支线、再次支线相连，它们分别表示促使事故发生的不同层次的因果关系，层层相促，形成一个如图 11-8 的鱼刺骨架状的图形，所以有人称其为鱼刺图。

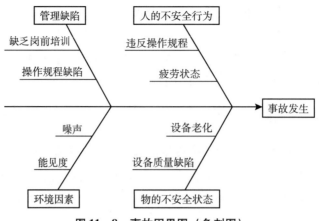

图 11 – 8 事故因果图（鱼刺图）

制作因果图首先要找发生事故的所有可能原因。这些原因可以从与事故有关的人、物、环境、管理四个方面入手。对每个方面尽可能多地列举出可能促使事故发生的因素，并分析出现每种因素的原因。一种现象既是后一现象的原因，同时也是前一现象的结果。这样，经过层层分析，找出事故发生的所有直接原因与间接原因。

（二）事件树分析法

事件树分析是通过事件随时间演变的过程分析事故的方法。在事件发展过程中若能及时发现不安全因素，采取消除事故隐患的措施，就可能避免事故的发生。若事件发展过程中，事故隐患不能及时发觉并排除，事件就会向坏的方向变化，最终引发事故。事故发展中的每个环节和每一步变化都可从好坏两种发展可能进行分析。图 11 – 9 所示的是行人过马路的事件树。

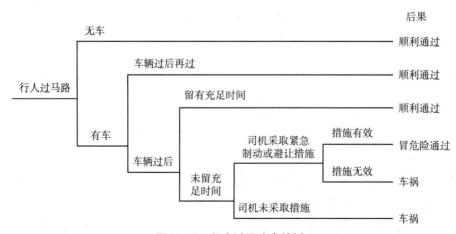

图 11 – 9 行人过马路事件树

资料来源：谢振华主编：《安全系统工程》，冶金工业出版社 2010 年版，第 46 页。

（三）缺陷树分析法

缺陷树分析是事故分析中使用最为普遍的方法。缺陷树分析是一种图形演绎方法，是对一种故障或失效状态在一定条件下的逻辑推理方法。该方法分为如下三个步骤：

第一步，通过对事故的现场调查，收集有关资料和数据，找出事故故障、失误及各原因之间的联系，建立模型，最后做成缺陷树。

第二步，根据所制的缺陷树的分析，找出事故发生的主要路径。

第三步，探讨改进系统安全性的方法。根据价格、时间及空间等的限制条件，选择最佳的改进方法，制定出防止事故的对策。

缺陷树是由事件的符号同与其连接的逻辑门组成的。编制缺陷树时经常使用三类基本符号：事件符号、逻辑门符号和转移符号。

（1）事件符号和转移符号，如图 11 - 10 所示。有矩形、圆形、屋形、菱形、三角形等。各符号所代表的意义如下：

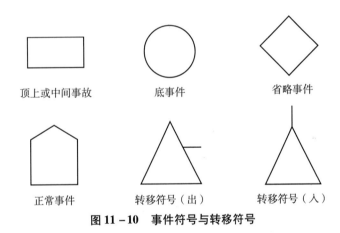

图 11 - 10　事件符号与转移符号

资料来源：邓琼编著：《安全系统工程》，西北工业大学出版社 2009 年版，第 71 页。

①矩形：上位事件或中间的缺陷事件。

②圆形：底事件，即往下不能再追查出原因的事件。

③屋形：表示正常事件。

④菱形：表示省略事件，即虽有缺陷，但不予以追查。

⑤三角形：表示转移符号。在编制的缺陷树很大时，往往需要分段作图，用此符号指示转向何处或从何处转入。

（2）逻辑门符号是连接各个事件并表示其逻辑关系的符号，主要有与门、或门、条件与门、条件或门以及限制门等，如图 11 - 11 所示。

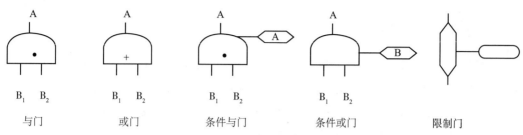

图 11 - 11　缺陷树逻辑门符号图

资料来源：许素睿编：《安全系统工程》，上海交通大学出版社 2015 年版，第 81 页。

①与门：输入事件 B_1、B_2 同时发生时，A 事件才会发生。

②或门：输入事件 B_1、B_2 中任何一个发生时，A 事件都可发生。

③条件与门：事件 B_1、B_2 同时发生，并满足条件 a 的情况下，事件 A 才会发生。

④条件或门：事件 B_1、B_2 中任一事件发生，并满足条件 b 的情形下，事件 A 才会发生。

⑤限制门：当输入事件满足某种给定条件时，直接引起输出事件，否则输出事件不发生。

我们用下列实例来具体说明缺陷树的编制方法。该事故是维修作业时机械起动作业人员被机械夹死的事故。该事故被记作我们所分析的最上位事件，把它写在第一层长方框内。最上位事件写得越具体，越便于以下的原因分析。上下层之间用逻辑门连接，若下层事件必须全部同时出现时顶上事件才发生，则用与门连接；若下层事件中只要一个出现时顶上事件就会出现，则用或门连接。与此相似，把构成第二层事件的可能直接原因，分别写在第三层上。以此类推，层层相连接，直至写出最下层的原因事件。这样就构成了一个缺陷树，见图 11 - 12。

该缺陷树表明作业人员被夹的直接原因是维修作业与机械起动两个事件同时发生。而机械起动的原因可能是操作员起动，也可能是电路故障。这两个事件只要发生一件，即可造成机械起动事件。由于电路故障属于硬件方面的原因，在此不作深入探讨。而操作员之所以起动机械的可能原因有两个：一个是操作员没有看到维修员，另一个是不慎误操作，两个事件用或门相连，表明只要一个事件发生，其顶上事件就会发生。而没看见的原因可能因为操作员处于死角，也可能是很难看见，原因可能是光线不足，也可能是反射眩光。如此一一分析出事故发生的所有可能原因。

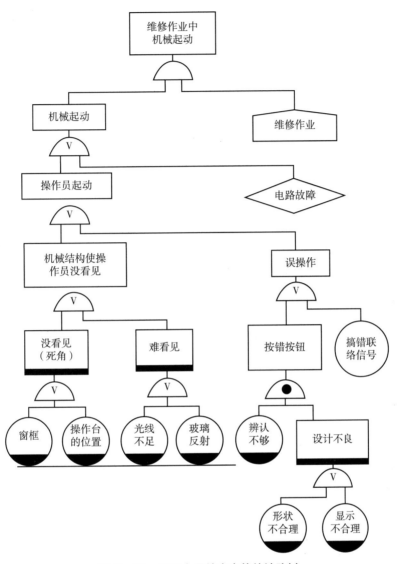

图 11-12   作业人员被夹事故的缺陷树

资料来源：［日］浅居喜代治著：《现代人机工程学概论》，科学出版社 1992 年版，第 224 页。

第五节   事故的预防

安全保障必须以预防为主，加强事故预防可使事故率减至最低限度。美国安全委员会认为，预防事故取决于 3 个 "E"：设计（engineering）、教育（education）和执行（enforcement）：即工作系统应该安全设计、员工应该接受安全程序教育、任何安全规章都应当被执行。在实践中，可将三个 E 浓缩为两类基本活动：减少不安全环境因素（优化工作系统设计）和减少不安全行为因素（教育和执行或者叫作安全管理）。前一类基本活动是工效学各个章节中所要讨论的重要内容，在此我们主要介绍第二类基本活动。

施行安全管理有如下几个方面的内容：

（1）制定安全管理目标。制定安全管理目标是进行安全管理的首要工作。安全管理目标应全面反映安全管理工作应该达到的要求，这种要求还应具体化为各种指标。例如：对职工进行安全教育和安全培训的人数和次数，各类伤亡程度人次率限度，以及事故引起的工作日和财产损失以及其他方面的最高或最低限额指标。

在企业的安全管理实践中，也涌现了许多安全生产管理模式。例如，鞍山钢铁公司的"0123"管理模式："0"—重大事故；"1"—第一责任；"2"—岗位、班组双标建设；"3"—全员教育、全面管理、全线预防。扬子石化公司的"0457"管理模式："0"—事故为零；"4"—全员、全过程、全方位、全天候为对策；"5"—安全法规系列化、安全管理科学化、教育培训正规化、工艺设备安全化、安全卫生设施5项标准；"7"—七大体系，即安全生产责任制落实体系、规章制度执行体系、检查监督体系、教育培训体系、设备维护和整改体系、事故抢救体系、科研防治体系。

（2）建立健全安全管理标准和规则。为了保障生产安全，许多国家制定了许多有关生产安全的法律、规程和标准。每个企业也都制定了这样或那样的安全规章制度。而且随着社会的进步，人们生活水平的提高，安全的标准也越来越高。如在1970年通过的美国《职业安全与健康法案》（*Occupational Safety and Health Act*，OSHA），国会将其目的表述为："确保国家的每位工作男女有安全和健康的工作条件"、规定雇主有责任提供"一个公认没有危险的工作场地"。OSHA的标准十分全面详细，看起来几乎覆盖了可以想象出来的任何危险情形，下述资料是其脚手架标准的一部分。

专栏11.4：OSHA标准范例（手脚架标准）

护轨不小于2英寸×4英寸或同样的尺寸，不低于36英寸或高于42英寸，中栏杆（若需要）是1英寸×4英寸的木材或等值形式，所有高于地面或楼面10英尺的脚手架的所有敞口边应安装轴踵板。轴踵板最低高度4英寸。金属网线应当根据本节（a）（17）段规定安装。

资料来源：［美］加里·德斯勒著：《人力资源管理》，中国人民大学出版社2018年版，第626页。

1999年国际相关组织提出的OHSMS18000标准（全称为"Occupation Health and Safety Assessment Series 18001"，职业安全及卫生管理体系评审的系列标准），是20世纪80年代后国际上兴起的现代安全生产管理模式和标准，已经被世界各国接受。2001年11月我国正式颁布了GB/T 28001 – 2001《职业健康安全管理体系规范》，是推荐性国家标准，该标准与 OHSAS18001 内容基本一致。2011 年 12 月 30 日发布了 2011 版的 GB/T 28001。2016 年 12 月国家标准化管理委员会（SAC）推出了 GBT 33000 – 2016《企业安全生产标准化基本规范》。2020 年 3 月，国家标准化管理委员会发布了 GB/T45001 – 2020《职业健康安全管理体系要求及使用指南》，以此代替了 GB/T 28001 – 2011、GB/T 28002 – 2011[①]。

（3）对安全装置、劳动保护用具以及其他防护设施作定期的检查和考核。安全管理标准和规则通过检查和考核来执行。这里的检查分两个层次，一是安全管理当局对企业的检查，一是企业自己实施的检查。美国 OSHA 标准要求法案覆盖的每位雇主都必须遵从官员的检查，这些官员被授权在合理的时间内不受阻拦地进入执行工作的任何工厂、车间和机构，并在正常的工作时间和其他合理的时间内检查和调查工作场地的所有设施，并对相关人员如雇主、操作者、代理人提问。企业为实现安全管理目标也要不断地进行自查。对检查中发现的矛盾和问题，要分析原因，采取有力措施，及时予以解决。还应对每个部门、每个班组和职工个人执行安全管理的情形定期进行考核和评价，对安全管理中的优秀典型和先进经验要认真进行总结和推广。

（4）实施安全教育和安全培训。安全事故多数是由于操作人员的不安全行为和忽视安全思想引起的。这些不安全行为主要有：违反操作规程、未能控制速度、安全装置不当、误置、捆扎不良、工作姿势或位置不妥、在移动的设备上工作、不专心、未使用保护装置，等等。这些行为绝大部分是可以避免的，所以对操作人员进行安全教育与培训是十分必要的。安全教育与培训可以强化安全意识，安全倾向并替代经验。

（5）调查、分析事故的原因，研究制定改进安全的实施对策（事故分析的具体方法与程序在上节中已作系统全面介绍）。

（6）在发生事故时组织救护与避难。

（7）有关安全的重要事项的记录和各种安全资料的保存。

随着科学技术的发展和管理信息化，众多软件公司设计出兼具有通用性和针对性的企业安全管理软件，帮助目标企业从技术上、管理上实现安全生产。如深圳赛为安全技术服务有限公司（Safeway）基于职业健康、安全与环保（HSE）理念的"安全眼"（Safeye）管理系统；上海宝曼企业管理咨询有限公司的"EHS"（Environment，Health，Safety）综合性安全管理软件系统；长沙宸雨信息科技有限公司 LEAM 安全生产管理系统等。

---

① OHSAS18001、GB/T 28001、GB/T45001 是指"职业健康安全管理体系"下的"管理规范"；OHSAS18002、GB/T 28002、GB/T45002 是指"职业健康安全管理体系"下的"实施指南"。

复习与思考

（1）事故发生的原因有哪些？你更强调哪种因素？为什么？

（2）什么是人的差错？它有哪些类型？产生的原因有哪些？

（3）事故有哪些分类？事故原因有哪些分类？

（4）分析事故的常用方法有哪些？它们的具体方法如何？

（5）如何预防生产事故？保障生产安全？

案例讨论

"高校废弃实验室爆炸"事件

2013年4月，某高校一废弃实验室发生爆炸，引发房屋坍塌、1死3伤事故。

经调查，该事件是由学校委托一施工队来拆除实验室空调引起的。安徽人谷某等5人在拆空调时发现实验室内有一些值钱的铁废料，他们在假期利用临时出门证，携带氧气瓶和液化气罐及切割工具，瞒过门卫进入废弃实验室，用明火方式切割钢罐等金属构件时起火并引发爆炸，造成房屋坍塌，4人施工人员被埋，2名重伤，2名轻伤，其中1名重伤人员经医院抢救无效死亡。校方称，该废弃实验室原为化学实验室，曾进行过爆炸试验，虽然已经有10多年不再使用，却还存放着易燃易爆的钢罐，而是否有其他易燃易爆的化学物质，校方自己也不清楚。在新闻发布会上，校方承认存在管理上的疏忽。

资料来源：马佳：《大学实验室安全警钟再鸣》，载于《中国科学报》2013年5月17日第11版。

问题：请分别使用因果图分析法、事件树分析法分析上述事件，找出事故发生的直接原因、间接原因及主要原因，并谈谈类似事故如何避免？